Hinter dem Sachregister befindet sich ein ausführliches Verzeichnis der

Guttentag'schen Sammlung

Deutscher Reichs- und Preußischer Gesetze

— Textausgaben mit Anmerkungen; Taschenformat —,

die alle wichtigeren Gesetze in unbedingt zuverlässigem Abdruck und mit mustergültiger Erläuterung wiedergibt.

Guttentag'sche Sammlung
Nr. 64. Preußischer Gesetze. Nr. 64.
Text-Ausgaben mit Anmerkungen und Sachregister.

Die Preußischen Baupolizeigesetze

nebst den sonstigen einschlägigen Reichs- und Landesgesetzen

erläutert

von

Dr. jur. H. Heine
Obermagistratsrat

Berlin und Leipzig 1928
Walter de Gruyter & Co.
vormals G. J. Göschen'sche Verlagshandlung — J. Guttentag, Verlagsbuchhandlung — Georg Reimer — Karl J. Trübner — Veit & Comp.

Vorwort.

Das vorliegende Werk soll in erster Linie zum Gebrauch für den Juristen und Verwaltungsbeamten dienen. Von Erläuterungen in mehr technischer Hinsicht ist daher im allgemeinen abgesehen, und auch ministerielle und sonstige Bestimmungen technischer Art sind nur insoweit angeführt oder abgedruckt worden, als es zum Überblick über das ganze Gebiet oder zufolge des Zusammenhanges mit anderen Vorschriften geboten erschien. Durch diese Beschränkung ist hoffentlich das Ziel erreicht worden, die in erster Linie in Betracht kommenden Gesetze und sonstigen Vorschriften und die im Zusammenhang hiermit entstehenden Rechtsfragen in übersichtlicher Weise zusammenzufassen und zu erörtern. Die Rechtsprechung des Oberverwaltungsgerichts und anderer Gerichte ist hierbei berücksichtigt worden, soweit es der gegebene Umfang dieses Buches gestattete. Dieser nötigte zu einer gewissen Beschränkung namentlich hinsichtlich der Einheitsbauordnung und der zahlreichen hiermit zusammenhängenden Entscheidungen des höchsten Gerichtshofes in bezug auf frühere Bauordnungen. Auch sonst ist von der Erörterung von Einzelheiten abgesehen worden, soweit sie von minderem Interesse erschienen oder die erstrebte Übersichtlichkeit und Kürze gefährdet hätten.

Bei den Erläuterungen zur Einheitsbauordnung war mir die Hilfe wertvoll, die der Dirigent der Berliner Baupolizei, Herr Oberbaurat Clouth, durch Hinweise aus der Praxis mir hat zuteil werden lassen. Ich spreche hierfür auch an dieser Stelle meinen Dank aus.

Berlin, im Januar 1928.

Dr. iur. Heine.

Inhaltsübersicht.

Literatur.

v. Arnstedt, Das Polizeirecht 1905/07.

Baltz-Fischer, Preußisches Baupolizeirecht. 5. Aufl. 1926/27. Baupolizeirechtliche Vorschriften (Druckschrift Nr. 3 des Preußischen Volkswohlfahrtsministeriums) 1925.

Biermann, Privatrecht und Polizei in Preußen 1894.

v. Bitter, Handwörterbuch der Preußischen Verwaltung. 2. Aufl. 1911.

Born, Das preußische Baupolizeirecht 1902.

v. Brauchitsch, Die neuen preußischen Verwaltungsgesetze Bd. I. 23. Aufl. 1925; Bd. IV. 17. Aufl. 1926; Bd. V. 9. Aufl. 1914.

Clouth, Kommentar zur Bauordnung für Berlin 1927.

Drews, Preußisches Polizeirecht. Allgem. Teil 1927.

Ebermayer, Strafgesetzbuch 1925.

Genzmer, Die Polizei 1905.

Goldschmidt, Die preußischen Gesetze gegen Verunstaltung 1912.

Hiller-Luppe, Gewerbeordnung. 20. Aufl. 1921/25.

Kamptz und Genzmer, Rechtsprechung des Oberverwaltungsgerichts.

Koch, Das allgemeine Landrecht für die preußischen Staaten. 8. Aufl. 1884/86.

Johow, Entsch. des Kammergerichts in Strafsachen.

Landmann, Die Gewerbeordnung für das Deutsche Reich. 7. Aufl. 1917/25.

Ledermann-Brühl, Die Städteordnung 1913.

Lezius, Denkmalpflege 1908.

Mayer, Deutsches Verwaltungsrecht. 3. Aufl. 1924.

v. Oesfeld, Die Rechtsgrundsätze in Preußischen Bausachen 1887.

Rosin, Das Polizeiverordnungsrecht in Preußen. 2. Aufl. 1895.

Saß, Preußisches Baupolizeirecht 1909.

Stölzel, Wohnungsgesetzgebung in Preußen. 2. Aufl. 1920.

v. Strauß u. Torney-Saß, Das Gesetz betr. die Anlegung und Veränderung von Straßen und Plätzen in Städten und ländlichen Ortschaften. 6. Aufl. 1920.

Abkürzungen.

ALR. = Allgemeines Landrecht.
BBO. = Berliner Bauordnung.
DJZ. = Deutsche Juristenzeitung.
EBO. = Einheitsbauordnung.
FlG. = Gesetz betr. Anlegung und Veränderung von Straßen und Fluchtlinien.
GO. = Gewerbeordnung.
HMBl. = Handelsministerialblatt.
KAG. = Kommunalabgabengesetz.
KG. = Kammergericht.
KO. = Kreisordnung.
LVG. = Gesetz über die allgemeine Landesverwaltung.
MinBliV. = Ministerialblatt für die innere Verwaltung.
PVG. = Polizeiverwaltungsgesetz.
PrVBl. = Preußisches Verwaltungsblatt (seit 1928 Reichsverwaltungsblatt und Preußisches Verwaltungsblatt).
RGSt. = Entscheidungen des Reichsgerichts in Strafsachen.
RGZ. = Entscheidungen des Reichsgerichts in Zivilsachen.
RV. = Reichsverfassung.
RVO. = Reichsversicherungsordnung.
StGB. = Strafgesetzbuch.
StO. = Städteordnung.
WG. = Wohnungsgesetz.
ZBlUV. = Zentralblatt für die Unterrichtsverwaltung.
ZG. = Gesetz über die Zuständigkeit der Verwaltungs- und Verwaltungsgerichtsbehörden.

Einleitung.

Behörden.

Die örtliche Baupolizeibehörde ist in der Regel diejenige Behörde, der allgemein die Verwaltung der Polizei obliegt, also in den Städten der Bürgermeister, in der Provinz Hannover der Magistrat, auf dem Lande der Amtsvorsteher, Bürgermeister, Amtmann, Distriktskommissar, in Hannover der Landrat.

Wo in den großen Städten die Ortspolizeiverwaltung einer besonderen staatlichen Behörde übertragen ist, ist seit 1918 wohl überall die Baupolizei den städtischen Behörden überlassen worden. Freilich bedeutet dies kein völliges Aufgehen der Baupolizei in die städtische Verwaltung, wie sich aus dem allgemeinbekannten Begriff der staatlichen Auftragsangelegenheit ergibt. Die Bestrebungen der Kommunen und insbesondere der Städtebauer zielen daher auf eine engere Vereinigung der Baupolizei mit der Kommunalverwaltung. Liegt es doch bei dem jetzigen Zustand der mehr oder minder scharf durchgeführten Trennung von Polizei und Kommunalverwaltung — sei es, daß es sich dabei um einen getrennten Behördenapparat handelt oder nur um eine durch Einheitlichkeit der Behörden und Personalunion gemilderte begriffliche Scheidung von Kommunalverwaltung und Polizeiverwaltung — in der Hand der Polizei, also eines einzelnen, und der ihr vorgesetzten Staatsbehörden, inwieweit sie gewillt sind, die Absichten der Kommunalverwaltung zu fördern. Es kann sich hieraus eine Divergenz der Bestrebungen selbst ergeben, wenn zwar nach außen hin nur ein einheitlicher Apparat in Erscheinung tritt, jedoch der Leiter der Polizeiverwaltung aus eigenem Antrieb oder auf Anweisung der Aufsichtsbehörde andere Maßnahmen trifft, als von der die städtebaulichen Interessen vertretenden kommunalen Instanz, deren Vertretung dem Polizeibeamten unter Umständen zugleich obliegt, für zweckmäßig gehalten werden.

Vom Standpunkt des Kommunalpolitikers und besonders des Städtebauers bedeutet dieser Zustand naturgemäß eine Hemmung, deren Beseitigung oder mindestens Milderung durch Vereinheitlichung des Behördenapparates angestrebt wird. Dies ist um so erklärlicher, als gerade die Gestaltung des Städtebildes eine ebenso wichtige, wie im Falle des Erfolges dankbare, ureigenste Aufgabe der Kommunalverwaltung ist. Daß gerade auf diesem Gebiet die Selbständigkeitsbestrebungen der Städte besonders lebhaft sind, kann demnach nicht wundernehmen.

Auf der anderen Seite hat die Staatsverwaltung bisher geglaubt, die begriffliche Scheidung der Kommunalverwaltung von der im Auftrage des Staates geübten Polizeiverwaltung aufrechterhalten und darüber hinaus für große städtische Verwaltungen gesonderte Baupolizeibehörden verlangen zu müssen. Auch hierfür lassen sich gewichtige Gründe anführen. Häufig werden, wenn der Städtebauer zugleich Baupolizeibeamter ist, zwei Seelen in seiner Brust wohnen, und es wird nicht immer möglich sein, seine unter Umständen durch Beschlüsse der Gemeindebehörden gebundene Stellung als Kommunalbeamter mit der als Polizeibeamter in Einklang zu bringen, wenigstens nicht, wenn er gewissenhaft neben den gemeindlichen und insbesondere den städtebaulichen Interessen auch polizeiliche Gesichtspunkte zur Geltung bringen will. Beide Interessen stehen sich häufig gegenüber. Gewiß sind auch die Aufgaben des Städtebauers solche, an denen die Öffentlichkeit das allergrößte Interesse hat und die demnach das Gewicht des Allgemeinwohls für sich haben. Auf der anderen Seite besteht die Tätigkeit der Baupolizei zum großen Teil in der Vermittlung zwischen den Bedürfnissen der Allgemeinheit und des einzelnen. Sie muß jeweils genau prüfen, inwieweit ein polizeilicher Eingriff berechtigt ist, und hierbei zuweilen schützend vor den einzelnen treten, sei es, daß es sich um widerstrebende Interessen von Nachbarn, Behörden oder sachverständigen Gremien handelt. Daß hier für den Städtebauer, der zugleich die Baupolizei inne hat, wie besonders auch für das betroffene Publikum im Falle der Vereinigung beider Verwaltungen große Schwierigkeiten entstehen können, liegt um so mehr auf der Hand, als der Städtebauer die Rechtslage nicht immer voll würdigen kann und leicht dazu neigen wird, die sich aus ihr ergebenden Bedenken lediglich als lästige formale Hindernisse zu betrachten. Übrigens ist kein Grund ersichtlich, warum nicht auch bei Trennung der Gewalten eine städtische Polizeiverwaltung bei voller Wahrung der ihr zukommenden Selbständigkeit die Interessen der Gemeinde im Rahmen des Möglichen ebenso wahrnehmen soll, wie die für städtebauliche Fragen zuständige kommunale Verwaltungsstelle, zumal als Korrektiv gegebenenfalls die oberste Spitze der gesamten Verwaltung vorhanden ist[1]).

Beamte.

Da die Baupolizei in der Regel von Kommunalbeamten ausgeübt wird, so bedarf ihr Verhältnis zur Staatsverwaltung, deren Geschäfte sie besorgen, der Erwähnung.

In einem Erlaß des Volkswohlfahrtsministers vom 19. März 1924 betreffend die Stellung der Vorsteher der Berliner Baupolizeiämter ist gesagt, daß diese Beamten, wenn sie baupolizeiliche Aufgaben besorgen, nicht im Dienste ihres städtischen Bezirks tätig sind, sondern im Auftrage des Staates ihren Dienst versehen. Sie sollen daher der Selbstverwaltung ihres Bezirks völlig objektiv gegenüberstehen und sich einer unparteiischen, nur durch polizeiliche Gesichtspunkte bestimmten Ausübung ihres Amtes befleißigen. Es darf nicht verkannt werden, daß die Baupolizeibeamten bei Befolgung dieser Grundsätze leicht in eine schiefe Stellung zu ihrer Anstellungsbe-

[1]) In Berlin ist die Baupolizei dem Oberbürgermeister übertragen, der durch einen Dirigenten und die ihm unterstellte Zentrale der Baupolizei die der Zentralverwaltung obliegenden Geschäfte ausübt. In den Bezirken ist die Baupolizei von dem Oberbürgermeister auf die Bürgermeister übertragen, denen in jedem Bezirk ein Baupolizeiamt mit einem Oberbaurat oder Baurat als Leiter unterstellt ist.

Die Zentrale der Baupolizei bearbeitet die allgemeinen Verwaltungs- und Aufsichtsangelegenheiten, insbesondere Polizeiverordnungen, ferner sind Gesuche betreffend die allgemeine Zulassung von Bauweisen an die Zentrale der Baupolizei zu richten. Sie ist zuständig für die Erteilung gewisser Befreiungen von den Bauvorschriften (vgl. § 5 der Bauordnung). Bei der Zentrale der Baupolizei befindet sich auch das Statische Prüfungsamt zur Nachprüfung schwierigerer statischer Berechnungen. Im übrigen sind die Baupolizeiämter in erster Linie für alle baupolizeilichen Angelegenheiten einschließlich der Be- und Entwässerungspolizei zuständig.

hörde kommen können, da häufig die Baupolizei als eine rein städtischen, insbesondere städtebaulichen Zwecken ausgesprochenerweise als Werkzeug dienende Verwaltung angesehen wird. Dies mag in gewissem Umfange gerechtfertigt sein, ist es aber durchaus nicht in jeder Hinsicht. Ebensowenig wie die Stadt von der Baupolizei als schlichte Privatperson angesehen werden kann, kann die Baupolizei die Stadt schlechthin als Trägerin öffentlicher Interessen betrachten und über den der Polizei gezogenen Rahmen hinaus in ihrem Interesse tätig sein. Diese eigentlich selbstverständliche Einsicht muß der Baupolizeibeamte haben und fordern.

Bei Verletzung von Amtspflichten durch kommunale Polizeibeamte haftet der Kommunalverband, nicht der Staat (PrVBl. Bd. 47 S. 297).

Die formellen Beziehungen des kommunalen Polizeibeamten zum Staat sind in der Regel keine anderen, als die jedes anderen Kommunalbeamten. Allerdings ist nach § 4 Abs. 2 des Gesetzes über die Polizeiverwaltung vom 11. März 1850 die Bestätigung durch die Polizeiaufsichtsbehörde (vgl. Genzmer Anm. 11 zu § 4 PVG.) erforderlich. Jedoch bezieht sich diese Vorschrift in erster Linie auf die Ernennung der Polizeibeamten, ist also auf Fälle gemünzt, bei denen jemand ausdrücklich als Polizeibeamter von der Stadt angestellt wird. Hierbei ist in erster Linie an die Vollzugsbeamten zu denken, und insoweit dürfte die Notwendigkeit der staatlichen Bestätigung außer Zweifel stehen. Wenn aber ein städtischer Beamter, ohne zum Polizeibeamten ausdrücklich ernannt zu werden, einen solchen Dienst zugewiesen erhält, so ist es fraglich, ob hierzu die Bestätigung der

Polizeiaufsichtsbehörde notwendig ist. Die Bestätigung dieser Beamten durch die Aufsichtsbehörde würde in den meisten Fällen eine bloße Formalität bedeuten. Aus der Rechtsprechung des Oberverwaltungsgerichts und des Kammergerichts dürfte sich kein Anhaltspunkt dafür ergeben, daß die Bestätigung erforderlich ist. Dagegen hat das Kammergericht u. a. dahin entschieden, daß eine Verfügung, die von einem auf Privatdienstvertrag angestellten, also doch wohl nicht als Polizeibeamter bestätigten Gerichtsassessor für den Bürgermeister erlassen worden ist, gültig sei (vgl. Entsch. v. 19. August 1926 Nr. 3 S. 207/26). Ferner ist in der Entscheidung des Oberverwaltungsgerichts Bd. 30 S. 412 darauf hingewiesen, daß die bureaumäßig organisierte Polizeiverwaltung eines mehr oder minder zahlreichen Hilfspersonals bedarf, das den Träger der Polizeigewalt bei den Erlassen seiner Anordnungen unterstützt oder sie zur Ausführung bringt. Diese Beamten handeln bei Erfüllung der ihnen erteilten Dienstinstruktionen und Aufträge lediglich nach dem Willen des Chefs der Polizeiverwaltung, machen ihn also für ihr Handeln nach außen hin verantwortlich (S. 416 a. a. O.). Auch in dieser Entscheidung ist nichts von einer notwendigen Bestätigung dieser Beamten erwähnt, sondern es soll danach die Tätigkeit jedes der zu dem genannten Zweck angestellten Hilfsorgane des Bürgermeisters die in dem Urteil dargelegte Wirkung haben. Von der Bestätigung der im Bureaudienst tätigen Beamten der Baupolizei wird daher abgesehen werden können, auch wenn es sich um Beamte handelt, die zugleich Außendienst ausüben (vgl. Genzmer a. a. O.). Endlich ist eine Entscheidung des

Oberverwaltungsgerichts vom 15. Februar 1923 — IV A 12. 22 — von Interesse, wo folgendes ausgeführt ist: „Zunächst rügt die Klägerin, daß die Verfügung vom 8. Oktober 1921 nicht erkennen lasse, welche Stellung in der Staatsverwaltung der Unterzeichner der Verfügung einnehme, eine Prüfung der gesetzlichen Ermächtigung zum Erlasse der Verfügung also unmöglich sei. Nach der von der Klägerin überreichten Abschrift trug die Verfügung vom 8. Oktober 1921 oben links die Bezeichnung der Behörde wie folgt: ‚Der Oberbürgermeister von Berlin, Baupolizeiamt Berlin-Lichtenberg'. Unterzeichnet war sie: ‚Im Auftrage (Name)'. Damit genügte die Verfügung den in gedachter Beziehung an sie zu stellenden Anforderungen, und da sie nach dem amtlichen Berichte des Oberbürgermeisters von dem Stadtbaurat .... als seinem berechtigten Vertreter in Baupolizeiangelegenheiten unterzeichnet war, besteht an ihrer förmlichen Rechtswirksamkeit insoweit kein Zweifel." In gleicher Weise können, da es sich nicht etwa um ein nach § 62 Abs. 2 StO. beauftragtes Magistratsmitglied handelte, auch andere Beamte als Vertreter des Oberbürgermeisters bezeichnet werden, so daß auch insoweit eine Bestätigung nicht erforderlich sein würde.

Bereich und Grenzen der Baupolizei.

1. Die Aufgabe der Baupolizei besteht, abgesehen von den besonderen durch das Wohnungsgesetz, das Verunstaltungsgesetz u. a. m. ihr übertragenen Aufgaben, in der Herbeiführung einer die allgemeine Sicherheit und Ordnung gewährleistenden Ausführung und Unterhaltung der Bauwerke (§§ 67 f., 33 f. I 8 ALR.). Dabei greift

sie in die grundsätzlich bestehende Baufreiheit (§ 65 I 8 ALR.) ein und bedeutet daher zugleich eine Einschränkung der Handlungsfreiheit durch Baubeschränkungen.

Maßgeblich für die Zugehörigkeit einer polizeilichen Maßnahme zum Gebiet der Baupolizei ist ihr Zusammenhang mit einem Bauwerk. Was hierunter zu verstehen ist, bedarf im allgemeinen keiner Erläuterung, wird aber in Grenzfällen zweifelhaft. Auch eine einheitliche Bezeichnung für Bauwerke in den Gesetzen, Bauordnungen und anderen polizeilichen Bestimmungen ist nicht vorhanden, vielmehr werden Bezeichnungen wie bauliche Anlagen, Baulichkeiten, Bauten usw. in gleichem Sinne gebraucht. Entscheidend für den Einzelfall ist der Begriff, den die anzuwendende Rechtsnorm mit dem Ausdruck verbindet (OVG. vom 4. März 1907 im PrVBl. Bd. 29 S. 284).

Soweit danach eine nähere Begriffsbestimmung für Bauwerke nötig ist und allgemein gegeben werden kann, werden die folgenden Gesichtspunkte zu berücksichtigen sein.

Es muß sich um eine durch menschliche Tätigkeit mit einer gewissen Zweckmäßigkeit (vgl. RGSt. Bd. 15 S. 263, Bd. 30 S. 247) hergerichtete Anlage handeln, so daß ein künstliches Werk und nicht bloß die Zusammenlegung oder lose Verbindung von Material herbeigeführt wird. Aus diesem Grunde können beispielsweise lose aneinander gestellte Latten nicht als ein Bauwerk angesehen werden (vgl. RG. vom 21. Febr. 1895, Goltd. Archiv Bd. 43 S. 440).

Dabei kommt es auf die Art des verwendeten Materials nicht an (OVG. im PrVBl. Bd. 25 S. 563). So sind Jahrmarktsbuden aus Holz und Leinwand zu den der

Baupolizei unterliegenden Anlagen zu rechnen, ebenso Wanderzirkusse (vgl. Seite 303), desgleichen im Freien errichtete Filmkulissen. Auch könnte ein Bauwerk im Rechtssinne aus unbearbeitetem Material (Felsblöcken, Baumstämmen) errichtet werden. Selbst eine Anlage, die durch Bearbeitung des Erdbodens (beispielsweise Ausschachtung oder Sprengung, vgl. RGSt. Bd. 23 S. 277) ohne Verwendung weiteren Baustoffes hergestellt wird, fällt unter den Begriff des Bauwerks. Zu den Bauwerken zählen auch unvollendete Anlagen, wie Rohbauten (vgl. RGSt. Bd. 6 S. 131, Bd. 30 S. 248).

Aus dem Gesagten ergibt sich bereits, daß es sich um Anlagen über oder unter der Erdoberfläche, insbesondere des Straßen- oder Hofniveaus handeln kann (vgl. KG. vom 15. Januar 1891 bei Johow Bd. 11 S. 260, OVG. im PrVBl. Bd. 6 S. 6, Bd. 13 S. 615). So rechnen Hofunterkellerungen, Fuhrwerkszentesimalwagen, gemauerte Mist- und Müllgruben, Entwässerungsleitungen und Gullys zu den Bauwerken (OVG. im PrVBl. Bd. 6 S. 6, Bd. 8 S. 136, Bd. 11 S. 587, Bd. 28 S. 839), desgleichen ein ausgemauerter Brunnenkessel (KG. vom 7. November 1895 in Goltd. Archiv Bd. 43 S. 440), ferner namentlich Untergrundbahnanlagen, desgleichen Hochbahnanlagen, Brücken, Kräne, konstruktiv hergestellte Leitungsmasten, insbesondere solche auf gemauertem Sockel, desgleichen Gerüste für Reklamebeleuchtungen. Selbst eine zwischen zwei Pflöcken befestigte, umlegbare Fahnenstange wird noch hierher zu zählen sein.

Einfriedigungen werden im allgemeinen zu den baulichen Anlagen gerechnet (OVG. Bd. 7 S. 328, Bd. 8 S. 312, Bd. 10 S. 300, Bd. 12 S. 366, Bd. 27 S. 364), sind es aber nicht immer (OVG. im PrVBl. Bd. 15 S. 77). Sie gelten jedenfalls nicht als Bauten im Sinne des § 11 FlG. (OVG. Bd. 25 S. 386).

Auch frei aufgestellte Reklametafeln sind bauliche Anlagen, während an Häuserwänden befestigte Schilder nicht als selbständige Baulichkeiten angesehen werden können, was natürlich nicht ausschließt, daß sie, abgesehen von ästhetischen Gesichtspunkten, der baupolizeilichen Kontrolle in bezug auf ihre Befestigung unterliegen.

Zu den baulichen Anlagen zählt beispielsweise nicht eine aus Röhren bestehende Illuminationsanlage (PrVBl. Bd. 25 S. 563), ebensowenig ein Leinwandvordach vor einer Verkaufsbude oder ein Leinwandrouleaux, unter welchem vorübergehend auf dem Hof gewerbliche Verrichtungen vorgenommen werden (vgl. das Nähere bei Baltz-Fischer S. 260 Nr. 8).

Zu den baulichen Anlagen wird man demnach in Zweifelsfällen alles das zu rechnen haben, was künstlich zusammengefügt wird (vgl. das lateinische construere = bauen). Daher ist beispielsweise ein in die Erde gesenkter Telegraphenmast für sich allein keine bauliche Anlage, desgleichen zählen eingerammte, miteinander nicht verbundene Pfähle zur Verhinderung des Wagenverkehrs nicht hierher.

Allgemein gehört endlich zu den Voraussetzungen für das Vorhandensein eines Bauwerks die nach der Einrichtung der Anlage vorgesehene Verbindung mit dem Standort, sei es durch Einmauern, Einrammen usw. oder auch nur durch das Gewicht der baulichen Anlage, z. B. bei transportablen Holzhäusern (vgl. die Entscheidung des Kammergerichts im PrVBl. Bd. 12 S. 547 sowie bei Johow Bd. 10 S. 227, anders OLG. Dresden im PrVBl. Bd. 15 S. 204).

Hierher gehören auch Wagen, bei denen die Möglichkeit der Fortbewegung zurücktritt hinter ihrer Einrichtung beispielsweise als Verkaufsstand (vgl. die Entscheidung des KG. in DJZ. 03 S. 455). Wagen gelten ferner dann als bauliche Anlagen im Sinne von § 11 FlG., wenn sie zur Umgehung des Gesetzes dienen sollen (vgl. Baltz-Fischer S. 259 und die dort angeführten Entscheidungen). Im allgemeinen sind dagegen Wohnwagen nicht als bauliche Anlagen anzusehen (OVG. Bd. 54 S. 231), desgleichen nicht Eisenbahnwagen, Schiffe, Luftschiffe, dagegen am Ufer befestigte, schwimmende Badeanstalten (vgl. Baltz-Fischer a. a. O.). Weitere Anhaltspunkte werden durch die Einheitsbauordnung gegeben, deren Aufzählung genehmigungspflichtiger Baulichkeiten aber nicht erschöpfend sein will. Demnach können in den örtlichen Bauordnungen auch weitere Anlagen als genehmigungspflichtige Baulichkeiten bezeichnet werden. So sind in der Berliner Bauordnung Starkstromleitungen als genehmigungspflichtig bezeichnet, desgleichen Reklamevorrichtungen, soweit sie nach dem Ortsgesetz gegen Verunstaltung genehmigungspflichtig sind. Nach dem Entwurf des Volkswohlfahrtsministeriums zu einer Polizeiverordnung über Außenantennen vom 6. Januar 1927 (zu II 9 Nr. 525) sind ferner Antennen bauliche Anlagen.

Erwähnt sei noch, daß den baulichen Anlagen auch unbebaute Bauplätze an der Straße in gewisser Hinsicht gleichzuachten sind, insofern nämlich die Sorge für deren Einfriedigung in Betracht kommt. Zwischen bebauten Grundstücken und den Bauplätzen besteht in dieser Hinsicht ein untrennbarer Zusammenhang (OVG. Bd. 41 S. 368).

2. Wie oben erwähnt, ergibt sich die Zuständigkeit der Baupolizei aus der Beziehung einer polizeilichen Maßnahme

zu einem Bauwerk. Dies bedarf indes einer Einschränkung, da nicht jede auf ein Bauwerk bezügliche polizeiliche Maßnahme in den Bereich der Baupolizei fällt. Eine Abgrenzung der baupolizeilichen Zuständigkeit gegenüber dem Wirkungskreis anderer Polizeibehörden wird im allgemeinen an der Hand folgender Grundsätze getroffen werden können.

Innerhalb des durch die Beziehung zu einem Bauwerk oder einer Mehrheit von Bauwerken umschriebenen Bereichs der Baupolizei erfolgen polizeiliche Maßnahmen zur Wahrnehmung entweder baupolizeilicher oder anderer polizeilicher Interessen.

a) Baupolizeiliche Interessen liegen in erster Linie insoweit vor, als es sich um die Sorge für die Standsicherheit der Bauwerke handelt. Aber auch die Fürsorge gegen Feuersgefahr und Gesundheitsschäden ist hierher zu rechnen, denn die gesamten Bestimmungen des materiellen Baupolizeirechts haben die Sicherung von Leben und Gesundheit gegen Gefahren, die aus dem Zustand von Bauwerken oder Baugrundstücken erwachsen können, darunter auch die Sicherung gegen Feuersgefahr zum Gegenstand (PrVBl. Bd. 27 S. 165, OVG. Bd. 39 S. 368, Bd. 73 S. 407, Baupol. Mitteilungen Bd. 4 S. 213). Die Baupolizei bewegt sich also hier auf ihrem eigensten Gebiet und es kommt demgegenüber eine besondere Feuer- oder Gesundheitspolizei, soweit es sich um den Bereich der Baupolizei handelt, nicht in Betracht. Demgemäß ist die Zuständigkeit der Baupolizei gegeben, wenn es sich um die Räumung oder Instandsetzung von Wohnungen handelt, sofern die Unbewohnbarkeit auf Mängel der baulichen Anlage zurückzuführen ist, oder sofern zur Beseitigung eines gesundheitsschädlichen

Zustandes bauliche Vorkehrungen zu treffen sind. Hierher gehört insbesondere der Schutz gegen Feuchtigkeit, soweit es sich dabei um die Beschaffenheit des Bauwerks handelt (vgl. OVG. Bd. 49 S. 365). Auch die Auflage, Wohnräume in einen bewohnbaren Zustand zu versetzen und zu diesem Zwecke Öfen darin aufzustellen, fällt in den Bereich der Baupolizei (OVG. v. 25. Februar 1926 im PrVBl. Bd. 47 S. 324). In bezug auf die Feuersicherheit gehört beispielsweise zur Zuständigkeit der Baupolizei das Verbot, feuergefährliche Räume als Wohn- und Schlafräume zu benutzen, desgleichen die Sorge für wegen Feuersgefahr notwendige bauliche Veränderungen (PrVBl. Bd. 26 S. 719). Auch die Freihaltung einer nach den Bestimmungen der Bauordnung in einer bestimmten Breite notwendigen Durchfahrt gehört hierher (PrVBl. Bd. 25 S. 29).

Es braucht sich im übrigen, wie im letzterwähnten Fall, nicht immer um bauliche Maßnahmen zu handeln. So bleibt die Baupolizei im Bereich ihrer Zuständigkeit, wenn sie einer Durchbrechung der von ihr geschaffenen Bezirkseinteilung dadurch entgegentritt, daß sie die Benutzung von Gebäuden oder Gebäudeteilen zum Betrieb geräuschvoller Gewerbe außerhalb des hierfür bestimmten Bezirks ohne Rücksicht darauf untersagt, ob diese Benutzung besondere bauliche Herstellungen voraussetzt oder nicht. Dies gilt auch für im Freien ausgeübte Betriebe (OVG. Bd. 49 S. 366, 368, Bd. 69 S. 390). Immer muß jedoch die Beziehung zu einer baulichen Anlage, im vorliegenden Fall zu dem eine Mehrheit von baulichen Anlagen bildenden Baubezirk, gewahrt sein.

Zum Bereich der Baupolizei zählt auch, da es sich hier ebenfalls um mit einer baulichen Anlage im Zusammenhang stehende, polizeilich zu fordernde gesundheitliche Maßnahmen handelt, die Be- und Entwässerungspolizei, zumal die Be- und Entwässerungsanlagen als Bestandteile der Häuser selbst bauliche Anlagen sind (OVG. Bd. 27 S. 386, Bd. 41 S. 365, Bd. 73 S. 403, PrVBl. Bd. 25 S. 627, vgl. aber wegen der Kanalisation Bd. 5 S. 366).

Auch die Fluchtlinienpolizei (vgl. §§ 1, 11 FlG.) ist als Bestandteil der Baupolizei zu erachten, insofern sie für die Innehaltung der mit ihrer Zustimmung festgesetzten Fluchtlinien sorgt, also unmittelbar bautechnische polizeiliche Gesichtspunkte wahrnimmt.

Danach umfaßt also die Baupolizei einmal alle diejenigen polizeilichen Maßnahmen, die im Zusammenhang mit einem Bauwerk oder einer Mehrheit von Bauwerken stehen und entweder unmittelbar bautechnischer Art sind — wie die Maßnahmen im Interesse der Standsicherheit der Bauwerke und der Innehaltung der Fluchtlinien — oder den Schutz des Publikums gegen Feuer und Gesundheitsschäden bezwecken. In diesem Rahmen ist die Baupolizei zur Abwehr von Gefahren stehts zuständig.

b) Dagegen ist die Zuständigkeit der Baupolizei von Fall zu Fall zu prüfen, wenn es sich zwar — was immer Voraussetzung ist — um eine bauliche Anlage handelt, jedoch der Anlaß zu polizeilichem Einschreiten nicht auf dem Gebiet der Baukunst, der Feuersicherheit oder dem Schutz der Gesundheit liegt. Dabei ist grundsätzlich davon auszugehen, daß die Baupolizei innerhalb des durch die Beziehung zu einem Bauwerk gleichsam äußerlich umgrenzten Bereiches dazu berufen ist, den Schutz der öffentlichen Ordnung, Sicherheit und Ruhe auch mit Rücksicht auf die Gesichtspunkte aller anderen Zweige der Polizeiverwaltung auszuüben und alles zum Schaden oder zur Unsicherheit des gemeinen Wesens dienende zu verhindern. Baupolizeiliche Maßnahmen haben demnach nicht zur Voraussetzung, daß ein baupolizeiliches Interesse vorliegt (OVG. Bd. 27 S. 391, Bd. 41 S. 365, Bd. 32 S. 339, PrVBl. Bd. 23 S. 329).

Es sind demnach von der Baupolizei namentlich verkehrspolizeiliche Gesichtspunkte zu beachten, z. B. bei Garagenbauten und Aufstockungen, ferner z. B. bei der Anordnung von Schutzstangen vor Schaufenstern (PrVBl. Bd. 29 S. 709). Sie kann, wo Fluchtlinien nicht bestehen, u. U. das Bauen unmittelbar an öffentlichen Wegen, insbesondere an Chausseen verbieten (OVG. Bd. 26 S. 338). Sie kann ferner die Genehmigung zu einem Bau mitten auf einer öffentlichen Straße versagen. Desgleichen ist die von dem Polizeipräsidenten zu Berlin als Baupolizeibehörde erfolgte Versagung der Baugenehmigung zur Errichtung eines Portalbaues für den Friedhof der in den Revolutionskämpfen von 1848 gefallenen Zivilpersonen für begründet erachtet worden, weil der Bau als eine Ehrung der Revolution und der in ihr gefallenen Personen aufgefaßt werden könnte und so durch die Bildung und Stärkung revolutionärer Gesinnung die öffentliche Ordnung, Sicherheit und Ruhe unmittelbar gefährde (OVG. Bd. 36 S. 403).

In all diesen Fällen ist die Baupolizei für Maßnahmen zuständig, die im Interesse anderer Polizeiverwaltungen liegen. Diese Zuständigkeit hat jedoch ihre Grenze dort, wo die Zuständigkeit anderer Polizeiverwaltungen für die Wahrnehmung ihrer Interessen gegeben ist, obgleich es sich dabei um bauliche Anlagen handelt. Daß nicht für alle baulichen Maßnahmen in jeder Hinsicht die Zuständigkeit der Baupolizei gegeben ist, ist vom Oberverwaltungsgericht wiederholt ausgesprochen worden (OVG. Bd. 27 S. 391, Bd. 41 S. 366, Bd. 49 S. 369, Jebens im PrVBl. Bd. 27 S. 553). So ist die Beseitigung eines zu nahe an der Chaussee gelegenen Bauwerks Sache der Chausseepolizei (OVG. Bd. 11 S. 374, Bd. 43 S. 372, Baltz-Fischer S. 14). Die Zuständigkeit der Baupolizei für die Wahrnehmung allgemein polizeilicher Interessen ist daher nur insoweit anzunehmen, als sich nicht — abgesehen von etwa entgegenstehenden gesetzlichen Bestimmungen — aus der Zuständigkeit einer anderen Polizeiverwaltung auf Grund besonderer Verhältnisse etwas anderes ergibt.

Rechtsnormen.

1. Polizeiverordnungen.

a) Für den Inhalt der Polizeiverordnungen ist nächst § 10 II 17 ALR. (s. S. 33) das Polizeiverwaltungsgesetz vom 11. März 1850 maßgeblich. Ferner sind beim Erlaß von Polizeiverordnungen die Bestimmungen des Landesverwaltungsgesetzes (§§ 136 f., vgl. ferner Brauchitsch Bd. I S. 126 f.) zu beachten. Hiernach werden die Ortspolizeiverordnungen von dem Gemeindevorsteher (auf dem Lande gemäß § 62 KO. von dem Amtsvorsteher), die Kreispolizeiverordnungen vom Landrat, die Landespolizeiverordnungen vom Regierungspräsidenten oder Oberpräsidenten erlassen. Dagegen hat auf dem Gebiet der Baupolizei der Ressortminister nicht die Befugnis zum Erlaß von Polizeiverordnungen.

Die Ortspolizeiverordnungen bedürfen der Zustimmung des Gemeindevorstandes bzw. des Amtsausschusses, die Kreispolizeiverordnungen der Zustimmung des Kreisausschusses, die Polizeiverordnungen des Regierungspräsidenten der Zustimmung des Bezirksausschusses. In Berlin bedürfen die vom Polizeipräsidenten als Landespolizeibehörde erlassenen Verordnungen der Zustimmung des Oberpräsidenten. Die Verordnungen des Oberpräsidenten — außer in Berlin — bedürfen der Zustimmung des Provinzialrates. Die nachträgliche Zustimmung des Gemeindevorstandes zu Ortspolizeiverordnungen genügt nicht, sie muß vielmehr beim Erlaß der Polizeiverordnung bereits vorliegen.

Die Aufhebung von Polizeiverordnungen geschieht in derselben Weise wie der Erlaß, also durch Polizeiverordnung mit Zustimmung des Gemeindevorstandes usw. Wegen der Aufhebung durch übergeordnete Instanzen vgl. § 145 LVG. und Brauchitsch a. a. O.

Die Polizeiverordnung nähert sich durch ihre Beschränkung auf das — abgesehen von besonderen gesetzlichen Bestimmungen — durch § 10 II 17 ALR. umgrenzte Gebiet inhaltlich der polizeilichen Verfügung, deren wesentliche Gleichartigkeit vom Oberverwaltungsgericht mehrfach betont worden ist (vgl. Rosin S. 63, v. Arnstedt Bd. 1 S. 66). Andererseits ist die Polizeiverordnung im Gegensatz zur polizeilichen Verfügung materiell Gesetz und es handelt sich demnach beim Verordnungsrecht um eine delegierte Gesetzgebungsbefugnis (vgl. Rosin S. 34f., 55f., Brauchitsch I S. 127 Anm. 1 zu § 136). An den Inhalt der Polizeiverordnung ist die Behörde selbst dann gebunden, wenn die Polizeiverordnung von einer nachgeordneten Instanz erlassen ist (OVG. Bd. 9 S. 337). Demgemäß kann, wenn eine Polizeiverordnung eine Materie erschöpfend regelt, nicht durch polizeiliche Verfügung etwas darüber hinaus verlangt werden. Ob eine Materie als erschöpfend geregelt anzusehen ist, muß von Fall zu Fall beurteilt werden. Ungewöhnliche, nur ausnahmsweise vorkommende Einrichtungen liegen regelmäßig außerhalb des Rahmens, der die durch allgemeine polizeiliche Vorschriften geregelten Fälle umschließt. So ist es beispielsweise zulässig, für Ställe in Hofunterkellerungen nach § 10 II 17 ALR. Forderungen über die Vorschriften der Bauordnung in bezug auf Ställe hinaus zu erheben (OVG. Bd. 10 S. 269, PrVBl. Bd. 14 S. 163, Baltz-Fischer S. 87).

Durch Polizeiverordnungen können keine neuen Verpflichtungen auferlegt, sondern nur bestehende geregelt werden (OVG. Bd. 8 S. 356, Bd. 10 S. 206, Bd. 32 S. 427, Bd. 52 S. 305, Bd. 64 S. 452, mit Einschränkung Brauchitsch I S. 127 Anm. 1; anders Rosin S. 94 Anm. 27).

Polizeiverordnungen müssen eine Strafandrohung enthalten oder sich an eine anderweit ausgesprochene Strafandrohung anschließen (Baltz-Fischer S. 220 Anm. 4). Die Höhe der anzudrohenden Geldstrafe richtet sich nach Art. III des Gesetzes betr. Vermögensstrafen und Bußen vom 6. Februar 1924. Hiernach können Übertretungsstrafen bis zu 150 Mark und nach § 29 StGB. Haftstrafen bis zu sechs Wochen angedroht werden.

In formeller Hinsicht müssen die Ortspolizeiverordnungen, um gültig zu sein, den von dem Regierungspräsidenten gemäß § 144 LVG. in bezug auf die Form und die Verkündung erlassenen Bestimmungen genügen. Sie enthalten üblicherweise einen Hinweis auf die zugrunde liegenden gesetzlichen Bestimmungen, insbesondere auf §§ 5, 6 PVG., 143, 144 LVG., Art. III der Verordnung über Vermögensstrafen und Bußen.

Die Ortspolizeiverordnungen in Berlin werden durch das Gemeindeblatt veröffentlicht.

Landespolizeiverordnungen müssen nach § 140 LVG. auf die zugrunde liegenden gesetzlichen Bestimmungen des Landesverwaltungsgesetzes Bezug nehmen, insbesondere also die Landespolizeiverordnungen der Regierungs- und Oberpräsidenten auf § 137 LVG. und die dort angeführten §§ 6, 12, 15 PVG. Sie müssen durch die Amtsblätter derjenigen Bezirke bekanntgegeben werden, in welchen sie Geltung erlangen sollen.

b) Bauordnungen sollen nach Art. IV § 2 Abs. 3 WG. im allgemeinen als Ortspolizeiverordnungen erlassen werden. Maßgeblich für ihren Inhalt sind die allgemein für den Erlaß von Polizeiverordnungen geltenden Bestimmungen, ferner insbesondere das Wohnungsgesetz sowie die Einheitsbauordnung.

Die Bestimmungen der Bauordnungen über die Beschaffenheit der Gebäude und die Ausnutzbarkeit der Grundstücke schaffen in den der Baupolizei gezogenen Genzen unmittelbar neues Recht (OVG. Bd. 24 S. 354), dergestalt, daß es im einzelnen Fall nicht des Vorliegens der Voraussetzungen des § 10 II 17 ALR. bedarf, insofern nur die Bestimmungen der Bauordnung im ganzen rechtlich begründet sind (OVG. Bd. 13 S. 395, PrVBl. Bd. 26 S. 847). Die gesetzlichen Bestimmungen, auf welche die Bauordnung gestützt wird, müssen jedoch bei Erlaß der Bauordnung bereits vorhanden gewesen sein. Eine Polizeiverordnung, die zwar den Bestimmungen des Wohnungsgesetzes entspricht, aber vor dessen Inkrafttreten erlassen ist, ist demnach ungültig (OVG. Bd. 78 S. 451).

Die Handhabung der hiernach zu erlassenden Bestimmungen liegt allein in der Hand der Baupolizei. Demnach ist es beispielsweise nicht zulässig, die Bebauung eines Grundstückes in einer größeren als der in der Bauordnung zugelassenen Tiefe von der Zustimmung der Gemeinde abhängig zu machen (OVG. Bd. 10 S. 208, Bd. 19 S. 371, Bd. 58 S. 436).

In formeller Hinsicht ist für die Bauordnungen zu beachten, daß zwar für baupolizeiliche Verordnungen die Überschrift Bauordnung zulässig ist, daß aber dann im Text die Bezeichnung Polizeiverordnung enthalten sein muß, um Zweifeln in bezug auf ihre Gültigkeit vorzubeugen (vgl. Baltz-Fischer S. 222 Anm. 12). Das Kammergericht erachtet Bauordnungen, die nicht als Polizeiverordnungen bezeichnet sind, für ungültig (Entscheidung v. 28. 1. 27 — 1 S. 1025/26 —). Außer den allgemein in den Polizeiverordnungen anzugebenden gesetzlichen Bestimmungen wird ferner auf die Artikel IV und IX § 2 des Wohnungsgesetzes hinzuweisen sein.

c) Eine ähnliche Bedeutung wie die Polizeiverordnungen haben gewisse andere behördliche Erlasse, denen durch Gesetz diese Wirkung beigelegt wird (vgl. Rosin S. 31). Für die Baupolizei kommen in dieser Hinsicht die nach § 8 des Verunstaltungsgesetzes vom 15. Juli 1907 zu erlassenden Anordnungen der Regierungspräsidenten in Betracht. Hierbei handelt es sich um Anweisungen an die nachgeordneten Behörden (vgl. Lezius S. 162 Anm. 2), die aber doch mehr als eine bloße Verwaltungsanordnung bedeuten, indem sie inhaltlich eine Ergänzung des Gesetzes bilden. Solche Anordnungen bilden den Übergang zwischen den Rechtsverordnungen und den Verwaltungsverordnungen, welche keine

Beziehungen zwischen der Polizeibehörde und der Allgemeinheit schaffen, sondern lediglich die nachgeordneten Behörden binden.

Bekanntmachungen, die an eine Polizeiverordnung anknüpfen, haben, auch wenn sie in ihr vorbehalten sind, nicht die rechtliche Wirkung von Polizeiverordnungen, wenn sie nicht für sich allein den für diese geltenden Bestimmungen entsprechen (OVG. Bd. 33 S. 420). Andrerseits wird auch solchen gehörig bekanntgegebenen polizeilichen Anordnungen, die nicht den für den Erlaß von Polizeiverordnungen geltenden Anforderungen entsprechen, bindende Wirkung beigelegt, wenn die Zulässigkeit der polizeilichen Anordnung durch Gesetz oder Polizeiverordnung vorgeschrieben ist (vgl. Brauchitsch I S. 128 Z. 4). Jedoch sollen solche Anordnungen, wenn sie nicht in der für Polizeiverordnungen vorgeschriebenen Art veröffentlicht sind, verbindliche Kraft für den Einzelnen nur haben, soweit er nachweislich von dem Inhalt Kenntnis verlangt hat (Drews S. 96).

2. Ortsstatute.

Ortsstatute sind nach § 11 der Städteordnung zulässig zur Regelung der eigenen Angelegenheiten der Städte. Sie berühren den Bereich der Baupolizei nur ausnahmsweise. So besteht ein polizeiliches Interesse an den Ortsstatuten betreffend Einrichtungen zur Be- und Entwässerung der Grundstücke (vgl. hierzu Ledermann-Brühl S. 79, 80). Das Vorhandensein solcher Statuten, durch welche jeder Eigentümer durch Zahlung einer rechtsgültig festgesetzten Gebühr zur Inanspruchnahme der städtischen Einrichtung berechtigt ist, ist Voraussetzung für den Erlaß einer Polizeiverordnung über deren Benutzung. Die Ungültigkeit des Statutes hat die Ungültigkeit der Polizeiverordnung zur Folge (OVG. Bd. 52 S. 307, Bd. 68 S. 313, Bd. 76 S. 356, PrVBl. Bd. 22 S. 454). Andererseits dürfen Ortsstatute nicht selbst polizeiliche Anordnungen enthalten (OVG. Bd. 26 S. 54). Ortsstatute und Polizeiverordnungen ergänzen sich demnach gegenseitig.

Aus dem Gesagten geht bereits hervor, daß es sich bei Ortsstatuten der erwähnten Art nicht um Rechtsnormen handelt, welche sich unmittelbar an die Baupolizeibehörde wenden, vielmehr handelt es sich dabei lediglich um die Beziehungen der Gemeinde zu ihren Gliedern, welche allerdings für die Baupolizei von Bedeutung sein können. Anders liegt die Sache bei den auf Grund besonderer Gesetze erlassenen Ortsstatuten, durch welche im Rahmen der durch das Gesetz erteilten Ermächtigung die Gemeinden Bestimmungen treffen können, welche die Baupolizeibehörde binden. Solche Ortsstatute können nach dem Verunstaltungsgesetz vom 15. Juli 1907 und nach § 12 des Fluchtliniengesetzes erlassen werden. Sie haben Gesetzeskraft und gehen etwa widersprechenden Polizeiverordnungen vor. Solche Polizeiverordnungen sind ungültig. (OVG. im PrVBl. Bd. 48 S. 76 und in den Baupolizeilichen Mitteilungen Bd. 14 S. 77.)

3. Gewohnheitsrecht.

Nach ständiger Rechtsprechung des Oberverwaltungsgerichts muß letzten Endes jede polizeiliche Maßnahme auf § 10 II 17 ALR. zurückgeführt werden können, so daß insofern — nämlich hinsichtlich des Grundes des polizeilichen Einschreitens — Gewohnheitsrecht ausscheidet. Dagegen ist für den Inhalt der polizeilichen Anordnung Gewohnheitsrecht von Bedeutung, soweit sich daraus Rechtsverhältnisse und besonders Verpflichtungen gewisser Personen ergeben, welche durch Polizeiverordnungen geregelt werden können (vgl. Rosin S. 64 Anm. 2; OVG. im PrVBl. Bd. 10 S. 184 Spalte 1 am Ende, ferner OVG. Bd. 6 S. 212, Bd. 76 S. 355). Ein weitergehender Einfluß des Gewohnheitsrechts kommt wenigstens im Bereich der Baupolizei nicht in Betracht. Insbesondere kann nicht gegen die Bestimmungen der Bauordnung abweichendes Gewohnheitsrecht geltend gemacht werden (PrVBl. Bd. 29 S. 89), wie auch durch vorhandenes Gewohnheitsrecht die Polizei im Erlaß von Polizeiverordnungen nicht beschränkt ist (vgl. Rosin S. 91).

Die gesetzlichen Voraussetzungen für polizeiliche Maßnahmen.

1. Alle polizeilichen Maßnahmen müssen im Wirkungskreis der Polizei bleiben. Dieser wird im allgemeinen bezeichnet durch den in ganz Preußen geltenden (vgl. Drews S. 6) § 10 II 17 ALR., welcher lautet: „Die nötigen Anstalten zur Erhaltung der öffentlichen Ruhe, Sicherheit und Ordnung und zur Abwendung der dem Publiko oder einzelnen Mitgliedern desselben bevorstehenden Gefahr zu treffen, ist das Amt der Polizei." Im Rahmen dieser Vorschrift können — abgesehen von sonstigen Maßnahmen — Polizeiverordnungen und polizeiliche Verfügungen erlassen werden. Ist eine Polizeiverordnung erlassen, so bedarf es bei polizeilichen Verfügungen, die darauf beruhen, des Zurückgreifens auf § 10 II 17 ALR. nicht mehr.

Die genannte Vorschrift enthält nach ständiger Rechtsprechung des Oberverwaltungsgericht und nach der ganz überwiegenden Rechtslehre die Begriffsbestimmung der Polizei (vgl. die grundlegende Entscheidung OVG. Bd. 9 S. 353f., Bornhak im VerwArch. Bd. 5 S. 137f., Schilling im VerwArch. Bd. 2 S. 474f., Neukamp im VerwArch. Bd. 3 S. 60 Note 49, ferner die Angaben bei Biermann, Privatrecht und Polizei S. 5f. sowie bei Rosin S. 123 Anm. 5, im VerwArch. Bd. 3 S. 254/5 Anm. 12/13 und in Stengels Wörterbuch Bd. 3 S. 100). Es handelt sich demnach im Gegensatz zu der unter dem Begriff „Wohlfahrtspolizei" vor Erlaß des Allgemeinen Landrechts zusammengefaßten, das Gemeinwohl fördernden Tätigkeit der Staatsgewalt um die unter den Begriff der Sicherheitspolizei fallende, mehr negative Abwendung von Gefahren.

Weiter wird der Polizeibegriff allerdings in der Verordnung wegen verbesserter Einrichtung der Provinzial-, Polizei- und Finanzbehörden vom 26. Dezember 1808 und der Geschäftsinstruktion für die Regierungen vom gleichen Tage gefaßt, an deren Stelle später die vom 23. Oktober 1817 getreten ist. Das Oberverwaltungsgericht sieht hierin jedoch keine gesetzliche Anordnung, durch welche der Beruf der Polizei abweichend vom Allgemeinen Landrecht näher normiert werden sollte, und es handelt sich nach dieser Auffassung auch nicht um die Bestimmung der den Regierungen als Polizeibehörden im heutigen Sinne obliegenden Aufgaben (vgl. OVG. Bd. 9 S. 371/2). Ob diese Auffassung zutrifft, kann hier dahingestellt bleiben, da nach der ständigen Rechtsprechung des Oberverwaltungsgerichts eine andere Auffassung für die Praxis nicht in Betracht kommt. Die Berechtigung des Standpunktes des Oberverwaltungsgerichtes im Ergebnis und seine Bedeutung für die Handhabung der polizeilichen Angelegenheiten ist neuerdings von

Drews (Preußisches Polizeirecht S. 5) überzeugend hervorgehoben worden.

An der hiernach festzuhaltenden Rechtslage wird auch durch das Polizeiverwaltungsgesetz vom 11. März 1850 nichts geändert, das sich übrigens hinsichtlich der maßgeblichen §§ 6 f. nur auf Polizeiverordnungen, nicht auf Verfügungen bezieht. Dies Gesetz, und ebenso die Verordnung vom 20. September 1867 für die neu erworbenen Provinzen, enthält keine grundsätzliche Erweiterung des Polizeibegriffs (vgl. OVG. Bd. 7 S. 15, Bd. 9 S. 350, Bd. 23 S. 351, Bd. 26 S. 327, Bd. 41 S. 280, PrVBl. Bd. 27 S. 66, Biermann S. 5, v. Arnstedt, Preußisches Polizeirecht Bd. 1 S. 37, dagegen Rosin im VerwArch. Bd. 3 S. 347 f.), wohl aber spezielle Vorschriften, auf die in der Praxis zurückgegriffen zu werden pflegt.

Die den Begriff der Polizei durch Einbeziehung der Wohlfahrtspolizei weiter fassende Lehre, insbesondere von Rosin (Polizeiverordnungsrecht, insbesondere S. 126/7 und im VerwArch. Bd. 3 S. 249 f.) hat sich nicht durchzusetzen vermocht. Sie würde, worauf Biermann mit Recht hinweist, zu einer unerträglichen Bevormundung des Publikums durch die Polizei führen können, wogegen die Mitwirkung der Gemeinden beim Erlaß von Polizeiverordnungen keineswegs genügenden Schutz bieten würde, zumal dann nicht, wenn — wie im Bereich der Baupolizei — ihre städtebaulichen Interessen berührt werden.

Wenn durch die neuere Gesetzgebung für einzelne Teile der Sicherheitspolizei der Begriff der Wohlfahrtspolizei geprägt ist (vgl. den Aufsatz v. Jebens im PrVBl. Bd. 23 S. 625 f., 629), so bedeutet dies nicht eine Erweiterung des bisherigen Begriffs der Polizei, sondern lediglich die Zusammenfassung gewisser Teile der Polizeiverwaltung, zu denen auch die Baupolizei gehört, zur Unterscheidung gegenüber derjenigen polizeilichen Tätigkeit, welche die Abwehr gewalttätiger oder widerrechtlicher Angriffe auf die Rechtsordnung bezweckt und als Sicherheitspolizei in diesem neueren und engeren Sinne bezeichnet wird.

2. Zur Erhaltung der „öffentlichen Ruhe, Sicherheit und Ordnung" hat die Polizei die nötigen Anstalten, d. h. Maßnahmen zu treffen. Dies setzt das Vorhandensein von Umständen voraus, welche die öffentliche Ruhe, Sicherheit und Ordnung gefährdet erscheinen lassen. Ebenso setzt die Abwendung der „dem Publiko oder einzelnen Mitgliedern desselben" bevorstehenden Gefahr das Vorhandensein von gefährdenden Umständen voraus. Es handelt sich also in beiden Fällen um die Abwendung der aus den vorhandenen Umständen sich ergebenden Gefahren lediglich mit dem Unterschiede, daß im ersten Falle die unpersönlichen Rechtsgüter der öffentlichen Ruhe, Sicherheit und Ordnung, im zweiten Falle die einzelnen Personen und ihre Rechtsgüter zu schützen sind.

Was unter der öffentlichen Ruhe, Sicherheit und Ordnung zu verstehen ist, braucht hier nicht näher erörtert zu werden (vgl. hierzu Biermann S. 16f.). Auf dem Gebiet der Baupolizei könnten die Maßnahmen zur Verhinderung willkürlichen und unkontrollierten Bauens als solche zur Erhaltung der öffentlichen Sicherheit und Ordnung angesehen werden. Indes beruhen diese auf Sonderbestimmungen, welche später zu erörtern sind. Dagegen muß auf die Bedeutung der auf den Schutz des Publikums vor Gefahr sich beziehenden Vorschrift eingegangen werden.

Gefahr ist ein Zustand der Dinge, welcher die Besorgnis begründet, daß ein schädigendes Ereignis eintreten werde (OVG. im PrVBl. Bd. 16 S. 126). Die Gefahr kann sich auf Körper, Freiheit, Ehre und Vermögen beziehen (vgl. § 1 I 6 ALR.). Aber während die Polizei zum Schutz des Lebens oder der Gesundheit im allgemeinen unbedenklich einschreiten kann, ist dies nicht ohne weiteres der Fall, wenn es sich um andere Rechtsgüter, insbesondere das Vermögen handelt. Der Grund hierfür ist einmal der, daß Leben und Gesundheit als schutzwürdigere Objekte gegenüber bloßen Sachgütern angesehen werden müssen. Die Polizei muß deshalb u. a. bei gleichliegenden Gefahrmomenten, z. B. bei Feuersgefahr, wenn es sich um den Schutz von Menschenleben handelt, eher eingreifen, als wenn nur Sachgüter bedroht sind (vgl. hierzu Lindenau im PrVBl. Bd. 47 S. 575). Auch liegt die Unversehrtheit von Leben und Gesundheit im Bereich des öffentlichen, insbesondere strafrechtlichen Interesses. Dagegen besteht dies Interesse, abgesehen von strafbaren Handlungen, im allgemeinen nicht, soweit es sich um den Schutz von privaten Vermögensgegenständen handelt. Zum Schutz privater Interessen ist die Polizei aber nicht berufen, vielmehr muß, ebenso wie die Polizei nicht willkürlich in private Verhältnisse eingreifen darf, der einzelne sich selbst helfen, soweit nicht öffentliche Interessen berührt werden und soweit er dazu in der Lage ist. Nur wenn durch erlaubte Selbsthilfe oder durch die Mittel der Zivilgerichtsbarkeit ein drohender Vermögensschaden nicht abwendbar ist, kann polizeilicher Schutz eintreten (vgl. OVG. Bd. 32 S. 429, Bd. 38 S. 299, PrVBl. Bd. 31 S. 257, Drews S. 23). Solche Fälle sind im Bereich der Baupolizei kaum denkbar (vgl. OVG. Bd. 39 S. 281).

Eine andere Beschränkung des polizeilichen Einschreitens ergibt sich aus der Bedeutung des Wortes „Gefahr", das nach der dem allgemeinen Sprachgebrauch entsprechenden Rechtsprechung des OVG. nicht auf unbedeutende Schädigungen angewandt werden kann. So kann die Polizei nach § 10 II 17 ALR. nicht wegen geringer Beeinträchtigung des Wohlbefindens oder bloßer Belästigung einschreiten, zumal solche Störungen, sofern sie überhaupt von Dauer sind, meist nicht so schnell zu einer unmittelbaren Gefahr für die Gesundheit führen, daß nicht der Betroffene durch Klage sich helfen kann. Auch müssen gegenüber der Ruhebedürftigkeit des einzelnen unter den heutigen Umständen besonders wirtschaftliche Interessen berücksichtigt werden (vgl. OVG. Bd. 26 S. 331). Doch ist dieser Grundsatz nicht zu überspannen. So hat das Oberverwaltungsgericht eine Gefahr angenommen in einem Falle, in dem nach ärztlichem Gutachten ein Geräusch für nervöse Personen in hohem Maße belästigend und bis zu krankhafter Höhe aufreizend, also gesundheitsgefährlich war (OVG. Bd. 23 S. 269). Jedoch kann eine polizeiliche Maßnahme mit dem Ziel, einen kranken Menschen vor einer Steigerung des Krankheitszustandes, d. h. einer Gesundheitsgefahr, die ohne die Geräusche nicht bestehen würde, zu bewahren, aus § 10 II 17 ALR. nicht hergeleitet werden (OVG. im PrVBl. Bd. 28 S. 221). Nur das Schutzbedürfnis eines normalen Menschen gegen Geräusch ist maßgeblich. So kann das Geräusch einer Nähmaschine in einer von der werktätigen Bevölkerung bewohnten Gegend nicht verboten werden (OVG. im PrVBl. Bd. 47 S. 224, Staats- u. Selbstverwaltung Bd. 7 S. 511). Für die Baupolizei handelt es sich z. B. um Garagen, Ställe oder gewerbliche Betriebe. Hier wird eine strengere oder mildere Auffassung Platz greifen können, je nachdem die Anlage nach baupolizeilichen Gesichtspunkten an sich zulässig ist, oder nur im Wege der Ausnahmebewilligung zugelassen werden kann.

Eine Gefahr ist auch dann nicht anzunehmen, wenn es sich um wirtschaftliche Nachteile von geringer Bedeutung handelt. Die Gefahr eines erheblichen Schadens ist vom OVG. selbst in einem Falle nicht angenommen worden, in dem eine Wohnungseinrichtung den Witterungseinflüssen ausgesetzt auf der Straße stand (OVG. Bd. 44 S. 448).

3. Es bleibt zu prüfen, in welchem Zeitpunkt die Polizei einzugreifen hat.

Wenn nach § 10 II 17 ALR. „bevorstehende" Gefahren „abzuwenden" sind, so bedeutet dies bei wörtlicher Auslegung, daß nicht erst der Eintritt einer Gefahr abzuwarten, sondern daß bereits deren Entstehung zu verhindern ist. Hiervon ist begrifflich zu unterscheiden die Abwendung des aus einer bestehenden Gefahr drohenden Schadens. In der Praxis wird aber diese Unterscheidung kaum eine Rolle spielen. Übrigens kann es zweifelhaft erscheinen, ob nicht überhaupt nur im Falle einer bereits bestehenden Gefahr polizeiliche Maßnahmen möglich sind, denn diese können nur getroffen werden, wenn irgendein Angriffspunkt vorhanden ist, wenn mit anderen Worten ein bestehender Zustand geändert werden muß, um einen Schaden zu verhüten. Ein Zustand, dessen Änderung zur Vermeidung eines Schadens notwendig ist, bedeutet aber eine bereits vorhandene, wenn auch vielleicht noch entfernte Gefahr, ohne deren Vorliegen ein polizeiliches Einschreiten demnach nicht recht denkbar ist. Dem entspricht die übliche Ausdrucksweise, bei welcher die Ausdrücke „gegenwärtige", „drohende",

„bevorstehende" Gefahr in gleichem oder ähnlichem Sinne gebraucht werden und allenfalls eine Verschiedenheit der zeitlichen Nähe des schädigenden Ereignisses bezeichnen, nicht aber einen begrifflichen Unterschied zwischen einer bevorstehenden und einer bereits eingetretenen Gefahr machen (vgl. die Entscheidung d. OVG. im PrVBl. Bd. 16 S. 126/7).

Ein drittes Stadium ist der Eintritt des schädigenden Ereignisses, das häufig wiederum weitere Gefahren mit sich bringt, z. B. ein bereits ausgebrochenes Feuer gefährdet Menschenleben. In diesem Falle ist es die Gefahr weiteren Schadens, welche gegebenenfalls die Polizei zum Einschreiten verpflichtet.

Ist beim Einschreiten der Polizei eine Gefahr im Sinne des Vorstehenden immer schon vorhanden, so wird andererseits aus der Fassung von § 10 II 17 ALR. zu entnehmen sein, daß nicht erst dann einzuschreiten ist, wenn es sich um ein unmittelbar bevorstehendes, schädigendes Ereignis handelt, sondern schon dann, wenn die „Gefahr", d. h. der Zeitpunkt unmittelbar vor dem vermutlichen Eintritt des schädigenden Ereignisses, noch nicht eingetreten ist, sondern noch „bevorsteht". Mit anderen Worten hat die Polizei dafür zu sorgen, daß ein Zustand, welcher ein schädigendes Ereignis besorgen, aber nicht gerade in unmittelbare Nähe gerückt erscheinen läßt, sich nicht zur unmittelbaren Gefahr entwickelt, weil die Abwehr dann häufig zu spät kommen würde (vgl. die Entscheidung d. OVG. im PrVBl. Bd. 16 a. a. O.). Dies trifft namentlich zu auf die Maßnahmen zum Schutz der öffentlichen Ruhe, Sicherheit und Ordnung, für deren „Erhaltung" die Polizei zu sorgen hat, ohne daß es sich dabei nach dem Wortlaut des Gesetzes um die Abwendung einer Gefahr, d. h. nach dem Gesagten um das unmittelbare Bevorstehen eines schädigenden Ereignisses zu handeln braucht. So kann die Baupolizei zum Schutz der öffentlichen Ordnung und Sicherheit die Einfriedigung von Grundstücken, welche an Straßen oder Plätzen innerhalb der Ortschaften liegen, verlangen aus der Erwägung, daß nicht abgeschlossene Grundstücke wegen ihrer leichten Zugänglichkeit und der Schwierigkeit der polizeilichen Beaufsichtigung die öffentliche Sicherheit und Ordnung zu gefährden geeignet sind, daß sie oft als Schlupfwinkel für allerlei Gesindel dienen usw. (OVG. Bd. 68 S. 424),

Anderseits genügt nicht die entfernte Möglichkeit, daß ein schädigendes Ereignis eintreten könnte, vielmehr muß eine gewisse Wahrscheinlichkeit vorliegen. Die Polizeibehörde muß dann eingreifen, wenn die Verhältnisse eine solche Gestalt angenommen haben, daß bei verständigem Ermessen nunmehr die Ausführung von Maßnahmen geboten erscheint (vgl. die Entscheidung d. OVG. im PrVBl. Bd. 16 a. a. O., v. Arnstedt Bd. 1 S. 48 f.). Demgemäß kann die Polizei einen zweifelhaften Sachverhalt klären, wenn eine Gefahr zwar nicht sicher erkennbar, jedoch möglicherweise vorhanden ist (vgl. OVG. Bd. 77 S. 333).

I. Teil.

Preußische Gesetze.

Allgemeines Landrecht Teil I Titel 8.

Vom Eigentum.

§ 33. Soweit die Erhaltung einer Sache auf die Erhaltung und Beförderung des gemeinen Wohls erheblichen Einfluß hat, soweit ist der Staat deren Zerstörung oder Vernichtung zu untersagen berechtigt.

1. Die Vorschrift enthält lediglich einen allgemeinen Grundsatz, der zur Anwendung auf einen konkreten Fall einer besonderen Rechtsnorm bedarf. Die Baupolizei kann zur Erhaltung von Bauwerken aus dem Gesichtspunkt der Denkmalpflege nicht tätig werden (Lezius S. 13, OVG. Bd. 44 S. 388), vielmehr ist dies Sache der für die Denkmalpflege zuständigen Organe (vgl. Ziff. 2 zu § 35).

2. Mauern, Türme, Tore, Wälle und Umfassungsmauern sowie solche Anlagen, die zum Verschluß oder zur Verteidigung der Stadt dienen, sollen nach der für die alten Provinzen geltenden (OVG. Bd. 43 S. 416) AKO. vom 20. Juni 1830 (GS. S. 113) ohne Genehmigung der Aufsichtsbehörde weder verändert noch abgetragen werden, auch wenn sie der Stadtgemeinde oder Privaten eigentümlich gehören (AKO. vom 20. Juni 1830, GS. S. 113, Verfügung der Minister des Krieges usw. vom 31. Oktober 1830, vgl. ferner Wallis, Die Erhaltung der Stadtmauern, im PrVBl. Bd. 29 S. 783, Ledermann-Brühl S. 210 Anm. 4a, Baltz-Fischer S. 88 Anm. 2, Lezius S. 50f.). Zuständig sind nach der AKO. vom 20. Juni 1830 die Regierungspräsidenten als Landespolizeibehörde (OVG. Bd. 32 S. 422, Bd. 44 S. 394). Ferner ist § 50 Ziff. 2 StO. zu beachten.

§ 35. Statuen und Denkmäler, die auf öffentlichen Plätzen errichtet worden, darf niemand, wer er auch sei, beschädigen oder ohne obrigkeitliche Erlaubnis wegnehmen oder einreißen.

1. Wie nach § 33 kann auch nach obiger Vorschrift die Entfernung eines Denkmals oder seine Veränderung von der Baupolizei nicht verhindert werden. Jedoch kann die Aufsichtsbehörde die Ortspolizeibehörde anweisen, vor der Erteilung der Genehmigung zu berichten (Min.-Erl. v. 6. Mai 1897, ZBl. UB. S. 365, dgl. bei Lezius S. 106).

2. Zuständig für die Denkmalpflege ist der Minister für Wissenschaft, Kunst und Volksbildung. Ihm ist der Konservator für Kunstdenkmäler in Berlin beigegeben. Ferner sind in den Provinzen Provinzialkonservatoren tätig, die vor der Vernichtung oder Veränderung von Baudenkmälern zu benachrichtigen sein werden.

§ 36. Noch weniger dürfen, ohne dergleichen Erlaubnis, Gebäude in den Städten, die an Straßen oder öffentliche Plätze stoßen, zerstört oder vernichtet werden.

1. Nach § 60 auch gültig für das platte Land (OVG. Bd. 78 S. 430).

2. Die Vorschrift bezweckt u. a. das Entstehen wüster Stellen zu verhindern. Sie bietet in Verbindung mit § 66 eine Handhabe, um einer Verunstaltung der Straßen und öffentlichen Plätze vorzubeugen (OVG. Bd. 69 S. 407, Bd. 78 S. 428, Baltz-Fischer S. 89 Anm. 3). Bei voraussichtlich vorübergehenden Baulücken wird im allgemeinen zum Eingreifen kein Anlaß bestehen. Auch gegen Verunstaltungen durch den nur teilweise erfolgten Abbruch eines Gebäudes kann auf Grund obiger Vorschrift eingeschritten werden.

Die Vorschriften des Verunstaltungsgesetzes vom 15. Juli 1907 beziehen sich nicht auf den Abbruch von Baulichkeiten (vgl. Drucksachen des Abg.-Hauses 1907 Nr. 9 S. 7, Nr. 227 S. 6). Dagegen ist der Abbruch eines Teiles einer Baulichkeit u. U. eine bauliche Änderung, die dem Verunstaltungsgesetz unterliegt (OVG. Bd. 58 S. 415/9). Der Abbruch eines Teiles einer nach

§ 2 geschützten Baulichkeit zum Zwecke baulicher Veränderungen kann verhindert werden, solange nicht der Plan für die Baulichkeit in der neuen Gestalt vorgelegt wird, nach dem eine Beeinträchtigung der Baulichkeit nicht stattfindet (OVG. Bd. 78 S. 424).

3. Wegen der Genehmigung durch die Wohnungsbehörde vgl. S. 281, wegen der Gefährdung von Nachbarn S. 47 Z. 7; vgl. ferner § 34 EBO.

§ 37. Dergleichen Gebäude muß der Eigentümer, soweit es zur Erhaltung der Substanz und Verhütung alles Schadens und Nachteils für das Publikum notwendig ist, in baulichem Stande unterhalten.

1. Der Eigentümer ist zur Erhaltung jedoch nur nach Maßgabe der allgemein für die Baupolizei maßgeblichen Grundsätze verpflichtet (OVG. Bd. 78 S. 430). Verfügungen sind daher nicht in erster Linie auf § 37 I 8 zu stützen, vielmehr ist dieser Paragraph nur dann heranzuziehen, wenn es sich darum handelt, die Verpflichtung des Eigentümers im Gegensatz zu der etwa behaupteten Verpflichtung eines anderen (Pächters, Mieters usw.) zu erhärten. Diese einschränkende Auslegung ergibt sich auch aus § 38.

2. Der Umfang der polizeilich geltend zu machenden Forderungen ergibt sich demnach in der Hauptsache aus § 10 II 17 ALR. Es kann nicht die Erhaltung des bestehenden Zustandes gefordert werden, sondern lediglich, daß aus dem Zustand des Grundstücks keine Gefahr erwächst. Dies kann u. U. selbst zur Forderung der Beseitigung eines Gebäudes führen. Zu beachten ist § 35 EBO. Abgesehen von dem Zustand der Gebäude selbst, ist dafür zu sorgen, daß nicht durch die Art der Benutzung Gefahren, insbesondere Feuersgefahr, entstehen. Endlich muß die Polizei darauf achten, daß nicht infolge einer Änderung der Verhältnisse — z. B. der Grundstücksgrenzen (vgl. PrVBl. Bd. 11 S. 473), der Umgebung, der wissenschaftlichen Erkenntnisse — ein für polizeiwidrig zu erachtender Zustand entsteht.

3. Verfügungen sind in erster Linie an den Eigentümer des Grundstücks zu richten. „Dem Eigentümer als solchem liegt die öffentlich-rechtliche Pflicht ob, sein Grundstück in einem solchen

Zustand zu erhalten oder so umzugestalten, daß polizeilich zu schützende öffentliche Interessen nicht beeinträchtigt oder gefährdet werden, mag die unzulässige Beschaffenheit durch den Eigentümer selbst, durch Dritte oder durch Zufall entstanden sein." „Die öffentlich-rechtliche Verpflichtung des Eigentümers, polizeiwidrige Zustände seines Grundstücks abzustellen, wird auch nicht dadurch ausgeschlossen, daß er selbst etwa gegen einen Dritten einen Anspruch auf Abstellung des beanstandeten Zustandes haben sollte, oder die Polizeibehörde neben ihm auch einen Dritten aus öffentlich-rechtlichen Gründen in Anspruch zu nehmen berechtigt sein würde." (OVG. und Baltz-Fischer S. 90.) Der Eigentümer wird auch nicht dadurch entlastet, daß die polizeiwidrige Anlage nicht von ihm, sondern von einem Rechtsvorgänger herstammt. Selbstverständlich sind Forderungen auch gegen juristische Personen geltend zu machen, nicht dagegen ohne weiteres gegen ihren Vorstand. Eine fälschlicherweise an diesen gerichtete Verfügung würde, abgesehen von der Frage ihrer Rechtswirksamkeit, zur Zwangsvollstreckung in das Vermögen der juristischen Person und in das Grundstück nicht genügen. Gehört das Grundstück mehreren Personen, so haftet jeder Miteigentümer der Polizei für die Beseitigung polizeiwidriger Zustände (OVG. Bd. 69 S. 401). Ein Miteigentümer kann aber eine polizeiliche Auflage durch den Nachweis abwenden, daß er nicht die rechtliche oder tatsächliche Gewalt über das Grundstück habe, die ihn zur Befolgung der Anordnung in den Stand setzt (PrVBl. Bd. 31 S. 685). Wenn die Zwangsvollstreckung in das Grundstück nach § 40 I 8 betrieben werden soll, so muß eine Verfügung an alle Miteigentümer ergangen sein. Wegen der Einlegung von Rechtsmitteln durch einen Miteigentümer vgl. S. 208.

Ist ein Verwalter bestellt, so erscheint es zulässig, Verfügungen an den Eigentümer „zu Händen des Verwalters" zu richten. Dies ist namentlich jetzt, wo sich ein großer Teil des Grundbesitzes in Händen von Ausländern befindet, von Bedeutung. Eine gegen den Verwalter selbst gerichtete Verfügung würde, abgesehen von der Frage ihrer Rechtswirksamkeit im Einzelfalle, nicht zur Zwangsvollstreckung in das Grundstück berechtigen.

4. Der Eigentümer haftet nicht, wenn durch spezielle gesetzliche Bestimmungen eine andere Regelung getroffen worden ist, so im Falle des § 5 des Wohnungsmangelgesetzes (S. 284).

5. Verfügungen können auch gegen andere Personen gerichtet werden, die, ohne Eigentümer zu sein, in bezug auf das Grundstück und die ihnen aufgegebene Handlung verfügungsberechtigt sind. So sind polizeiliche Verfügungen, die ein zum eingebrachten Gut der Frau gehöriges Grundstück betreffen, an den Ehemann als Nutznießer zu richten, solange die Nutznießung dauert. Ferner sind im Falle des Konkurses und der Zwangsverwaltung Verfügungen an den Konkursverwalter oder den Zwangsverwalter zu richten. Die an den Zwangsverwalter eines Hauses gerichteten polizeilichen Verfügungen bleiben nach Aufhebung der Zwangsverwaltung dem Eigentümer gegenüber wirksam (PrVBl. Bd. 18 S. 524). Werden auf Grund der polizeilichen Verfügung die Mieten eines Grundstückes gepfändet und wird dies alsdann unter Zwangsverwaltung gestellt, so bleibt die Pfändung dem Zwangsverwalter gegenüber wirksam.

Anders liegt die Sache, wenn die Vertretungsbefugnis in bezug auf das Grundstück auf privatrechtlichen Beziehungen beruht. Zwar können auch in diesem Falle polizeiliche Verfügungen an lediglich dinglich oder obligatorisch berechtigte Personen wie Nießbraucher, Pächter, Mieter, ferner unter Umständen an den bloßen Verwalter gerichtet werden (vgl. OVG. Bd. 16 S. 392, Bd. 28 S. 392). Indes empfiehlt sich dies in der Regel nicht. Solche Personen sind auch nur insoweit in Anspruch zu nehmen, als ihre Verfügungsbefugnis, nicht dagegen, soweit ihre tatsächliche Gewalt reicht. In allen Fällen bleibt es mißlich, einem Nichteigentümer bauliche Maßnahmen aufzugeben (vgl. PrVBl. Bd. 27 S. 10). Ferner ist die Zwangsvollstreckung in das Grundstück auf Grund einer nicht an den Eigentümer gerichteten Verfügung nicht möglich (vgl. Z. 3 am Ende).

6. Zur Erfüllung polizeilicher Verfügungen ist ferner der Bauherr eines Neubaues verpflichtet, auch wenn er nicht Grundstückseigentümer ist. Dies ergibt sich daraus, daß aus Gründen der Billigkeit und Zweckmäßigkeit im Anschluß an eine erteilte Genehmigung nicht ein unter Umständen ganz unbeteiligter Dritter zu Leistungen herangezogen werden kann. Jedoch bleibt die Befugnis der Polizeibehörde, von dem Grundstückseigentümer die Schaffung ordnungsmäßiger Zustände zu verlangen, daneben bestehen. Es ist dann dessen Sache, sich mit dem Bauherrn, der etwa wider seinen Willen eine bauliche Maßnahme

in die Wege geleitet hat, auseinanderzusetzen. Dagegen kann nicht ein Bauunternehmer für den Bauherrn haftbar gemacht werden (vgl. Baltz-Fischer S. 91).

7. Auch der Urheber eines polizeiwidrigen Zustandes kann statt des Eigentümers oder sonst Verpflichteten in Anspruch genommen werden, außer wenn er in Ausübung eines besonderen Rechtes gehandelt hat (Schultzenstein in der D. Jur.-Zeitung Bd. 15 S. 1343, OVG. Bd. 58 S. 421, Bd. 56 S. 366; früher anders im PrVBl. Bd. 26 S. 407). Wird durch den Abbruch eines Gebäudes, Fundamentes, einer Stützmauer o. dgl. das Nachbargebäude gefährdet, so ist in erster Linie der Eigentümer des gefährdeten Grundstücks dazu verpflichtet, die erforderlichen Vorkehrungen zu treffen (vgl. OVG. Bd. 36 S. 400). Soweit aber die erforderlichen Vorkehrungen auf dem Grundstück, auf dem der Abbruch erfolgt, getroffen werden müssen, ist der Eigentümer im Falle des Notstandes, d. h. einer unmittelbar bevorstehenden, auf andere Weise nicht zu beseitigenden Gefahr (vgl. Jebens im PrVBl. Bd. 22 S. 329, Drews S. 50f. und im PrVBl. Bd. 47 S. 573) verpflichtet, diese zu dulden. Ein besonders häufiger Fall dieser Art liegt dann vor, wenn zufolge des Abbruches eines Gebäudes ein Nachbargebäude abgestützt werden muß. Die Abstützung auf seinem Grundstück muß gegebenenfalls der Eigentümer des Grundstücks, auf dem der Abbruch stattfindet, dulden, und unter der gleichen Voraussetzung, daß ein Notstand vorliegt, muß selbst der Nachbar auf der anderen Seite die Anbringung von Löchern in der Wand seines Gebäudes dulden, die als Widerlager für Querversteifungen dienen sollen. Darüber hinaus kann der Eigentümer des abzubrechenden Gebäudes als Urheber des gefahrdrohenden Zustandes selbst zur Anbringung der notwendigen Stützen für die Nachbargebäude gezwungen werden (vgl. OVG. a. a. O.). Wenn einem polizeiwidrigen Zustand nicht mit Maßnahmen auf dem eigenen Grundstück, sondern nur mit Maßnahmen auf dem Grundstück des Urhebers abgeholfen werden kann, so kann die Verfügung unter Umständen nur an den Urheber gerichtet werden; so im Falle, daß eine künstlich beseitigte Vorflut nur aus dem Grundstück des Urhebers wieder hergestellt werden kann (PrVBl. Bd. 27 S.212).

8. Hinsichtlich der besonders häufig auftauchenden Zweifelsfragen in den Fällen, in denen durch einen Mieter oder Pächter

ein polizeiwidriger Zustand herbeigeführt worden ist, ist folgendes zu bemerken:

Nimmt der Mieter oder Pächter eine Veränderung an einer Baulichkeit vor und verursacht er hierdurch einen polizeiwidrigen Zustand, so liegt es auf den ersten Blick am nächsten, daß die Baupolizei ihm die Beseitigung des ordnungswidrigen Zustandes aufgibt. Im Einklang hiermit würde der allgemeine polizeiliche Grundsatz stehen, daß die Polizei von dem Urheber eines polizeiwidrigen Zustandes dessen Beseitigung verlangen kann. Im vorliegenden Falle würde diesem Verfahren jedoch das Bedenken entgegenstehen, daß die Baupolizei dem lediglich zur Benutzung berechtigten Mieter oder Pächter aufgeben würde, Änderungen an der Substanz des Gebäudes vorzunehmen. Unter Umständen wird es sich auch darum handeln, ob der frühere Zustand wieder hergestellt oder lediglich ein der vorgenommenen Veränderung anhaftender Mangel beseitigt werden soll. Diese Wahl steht dem von der Polizei in Anspruch Genommenen frei; sie dürfte im allgemeinen eher dem Eigentümer als dem Mieter zustehen. Namentlich aber würde es einen Widerspruch zu der Rechtsstellung des Eigentümers bedeuten, wenn die Baupolizei einem Nichteigentümer Änderungen an einer Baulichkeit aufgeben würde. Aus diesen Gründen wird die Baupolizei auch in solchen Fällen, in denen wider den Willen des Eigentümers ein anderer polizeiwidrige Änderungen vorgenommen hat, im allgemeinen sich an den Eigentümer halten müssen. Hiervon kann sich der Eigentümer auch nicht dadurch befreien, daß er die Verpflichtung eines anderen zur Vornahme der erforderlichen Arbeiten nachweist. Solche Verpflichtungen haben lediglich zwischen den Parteien Geltung. Der Behörde gegenüber kommt in der Regel nur der Eigentümer in Betracht. Andererseits würde es für die Behörde nicht von ausschlaggebender Bedeutung sein, wenn etwa durch eine dem Eigentümer aufgegebene bauliche Veränderung ein Mieter benachteiligt werden würde. Der Mieter kann dann von der Behörde nicht etwa verlangen, daß sie nur solche Forderungen stellt, durch die seine Rechte nicht beeinträchtigt werden, oder daß sie etwa, um dies zu vermeiden, dem Eigentümer eine andere, kostspieligere Art der Beseitigung des Mangels aufgibt. Die Behörde ist insoweit von den zwischen den Parteien bestehenden zivilrechtlichen Beziehungen nicht abhängig.

9. Wenn mehrere Personen in Anspruch genommen werden, so hat die Polizeibehörde die Wahl, an wen sie sich halten will, jedoch kann sie sich nur an eine, nicht etwa vorsichtshalber gleich an mehrere Personen halten, soweit es sich um ein und dieselbe Forderung handelt. Dagegen ist es natürlich zulässig, beispielsweise einem Mieter die Räumung der Wohnung aufzugeben und zugleich an den Eigentümer die Verfügung zu richten, die Wohnung nicht mehr benutzen zu lassen. An mehrere Personen kann und muß sich unter Umständen die Polizeibehörde dann halten, wenn es sich um mehrere solidarisch Verpflichtete handelt, so, wenn ein mehreren Personen gehöriges Grundstück zur Zwangsversteigerung gebracht werden soll (vgl. oben unter 3).

10. Wegen der strafrechtlichen Verantwortlichkeit vgl. § 367 Z. 13 StrGB.

§ 38. Vernachlässigt er diese Pflicht dergestalt, daß der Einsturz des ganzen Gebäudes, oder eine Gefahr für das Publikum zu besorgen ist, so muß die Obrigkeit ihn zur Veranstaltung der notwendigen Reparatur, innerhalb einer nach den Umständen zu bestimmenden billigen Frist, allenfalls durch Zwangsmittel anhalten.

1. Wegen des Anlasses zum Eingreifen vgl. die Ausführungen zu § 37 unter 2) und auf S. 33 ff. Nur wenn diese Voraussetzungen vorliegen, ist die Polizeibehörde zum Eingreifen berechtigt und verpflichtet, gleichgültig, ob es sich um eine natürliche oder eine juristische Person oder etwa eine Behörde handelt. Jedoch sind exterritoriale Behörden und Personen der inländischen Polizeigewalt nicht unterworfen (Hatschek, Völkerrecht S. 92). Ob Anlaß zu polizeilichen Maßnahmen besteht, muß die Polizeibehörde nötigenfalls selbst auf ihre Kosten feststellen. Sie hat die Kosten der Untersuchung selbst dann zu tragen, wenn sich ergibt, daß der Verdacht einer bestehenden Gefahr gerechtfertigt war. Der Eigentümer muß dulden, daß die Polizei auf seinem Grundstück die notwendigen Feststellungen trifft.

2. Der Eigentümer braucht keinen Eingriff in sein Grundstück zu dulden, um auf einem Nachbargrundstück ordnungsmäßige Verhältnisse herzustellen. Auch Beschränkungen zu diesem Zwecke — z. B. in bezug auf die Höhe der Bebauung — braucht

er sich nicht gefallen zu lassen. Wegen der Fälle des Notstandes vgl. S. 47.

3. Über den Erlaß polizeilicher Verfügungen vgl. S. 213 f. In bezug auf ihren Inhalt ist darauf zu achten, daß der Eingriff nicht weiter gehen darf, als es zur Wahrung der polizeilich zu schützenden Interessen notwendig ist. Wenn daher mehrere gleichwertige Mittel für die Errichtung des durch die polizeiliche Auflage geforderten Grundstücks in Betracht kommen, so muß dem Eigentümer die Wahl gelassen werden. Es ist jedoch nicht nötig, daß dies ausdrücklich erwähnt wird, vielmehr ist im allgemeinen zu unterstellen, daß durch die Anordnung einer bestimmten Art der Beseitigung eines polizeiwidrigen Zustandes nicht eine andere Art der Beseitigung verboten werden soll. Im übrigen ist die unter Z. 4 II wiedergegebene Entscheidung des Oberverwaltungsgerichts zu vergleichen.

Aus dieser Entscheidung ergibt sich, daß der Eigentümer sich der Instandsetzung dadurch entziehen kann, daß er die Räumung bewirkt. Gelingt ihm dies nicht, und muß sodann die Polizeibehörde ihre Verfügung zwangsweise durchsetzen, so steht es in ihrem pflichtmäßigen Ermessen, ob sie den polizeilichen Zwang durch die angedrohte Instandsetzung oder durch Räumung ausüben will. Wenn es sich um Arbeiten handelt, die mit geringen Mitteln ausgeführt werden können, so wird sie nicht die Räumung bewirken können, wenn sie, was in der Regel der Fall sein wird, als der schwerere Eingriff in die Rechte der Beteiligten anzusehen ist. Denn es geht nicht an, daß bei der Auswahl des am wenigsten einschneidenden Mittels lediglich der betroffene Eigentümer und nicht auch sonstige Berechtigte, gegen die ja gegebenenfalls die Räumungsverfügung zu richten wäre (vgl. OVG. Bd. 24 S. 385, von Arnstedt, Bd. 2 S. 806), berücksichtigt werden. Jedenfalls braucht bei ganz geringen Mängeln die Polizei die Räumung nicht in Betracht zu ziehen (OVG. im PrVBl. Bd. 31 S. 223 f. und vom 13. Dezember 1923 IV B 4322, vgl. auch Drews S. 59). Das gleiche gilt, wenn der Eigentümer, obgleich er sich bereit erklärt hat, die Räume leer stehen zu lassen, durch entgegenstehendes Verhalten zu erkennen gibt, daß er die Räumung nicht ernstlich beabsichtige oder zu ihrer Durchführung außerstande sei. In solchem Falle ist die Räumung nicht als ein gleich geeignetes Mittel zur Abstellung des polizeiwidrigen Zustandes anzusehen (OVG. vom 29. September 1927 IV A 99. 25, vgl. auch PrVBl. Bd. 49 S. 262).

Es kommt hinzu, daß die Polizeibehörde bei ihren Verfügungen möglichst wenig in Privatrechte eingreifen soll (OVG. Bd. 38 S. 447), und daß im Falle der Räumung die Behörde unter Umständen die Hand dazu bieten würde, ein Miets- oder sonstiges Recht zu vereiteln, während auf der anderen Seite der Eigentümer zur Instandsetzung häufig auch privatrechtlich verpflichtet sein wird. Beim Vorliegen solcher Umstände wird die Polizeibehörde privatrechtliche Verhältnisse, insbesondere bei der Räumung von Wohnungen die Rechte der Bewohner, bei ihren Maßnahmen berücksichtigen müssen (vgl. OVG. Bd. 77 S. 464). Lediglich Instandsetzung und nicht Räumung kommt ferner dann in Betracht, wenn die Gefahr so dringend ist, daß die Räumung nicht rechtzeitig durchgeführt werden kann (vgl. OVG. im PrVBl. Bd. 48 S. 324).

Auf der anderen Seite gibt es Fälle, bei denen nur die Forderung der Räumung in Betracht zu ziehen sein wird, so etwa im Falle widerrechtlicher Benutzung von Räumen oder der Benutzung zu anderen Zwecken überlassener Räume zum dauernden Aufenthalt von Menschen. In solchen Fällen wird die polizeiliche Verfügung nur gegen den Bewohner zu richten sein und nur auf Räumung, nicht auf Instandsetzung gehen dürfen. Muß nach Lage der Sache die Baupolizei statt der Instandsetzung die Räumung betreiben, so steht dem nicht die Unmöglichkeit entgegen, die Bewohner anderweit unterzubringen, denn diese Unmöglichkeit bezieht sich eben nur hierauf, nicht aber auf die Räumung an sich.

Unter diesen Umständen wird ein Zustand, der vielleicht den Vorschriften der Bauordnung nicht entspricht, aber nicht gerade eine Gefahr bedeutet, häufig dann nicht zu verfolgen sein, wenn er sich nur durch eine Räumungsverfügung beseitigen läßt, denn es muß vermieden werden, daß noch größere Mißstände durch die Obdachlosigkeit der Bewohner oder durch die Überfüllung anderer Wohnräume entstehen. Auf diese Verhältnisse muß Rücksicht genommen werden, wie auch das Oberverwaltungsgericht in einer die Wohlfahrtspflege betreffenden Entscheidung anerkannt hat (vgl. OVG. Bd. 77 S. 479). Zwingt dagegen der Zustand der Gebäude zum Einschreiten, so bleibt nichts anderes übrig, als die Räumung in Kauf zu nehmen.

Wegen der gegebenenfalls eintretenden Verpflichtung der Gemeinde vgl. §§ 4, 5 des Wohnungsmangelgesetzes (S. 283 f.).

4. Der Volkswohlfahrtsminister hat unter II 9 Nr. 429 vom 11. November 1924 folgende Richtlinien (s. Volkswohlfahrt S. 458) erlassen:

„Der Verfall der Häuser infolge der bekannten Erscheinungen der Kriegs- und Nachkriegszeit (Baustoffmangel, Inflation, Kreditmangel) macht in immer steigendem Maße ein Einschreiten der Baupolizeibehörden erforderlich.

Die Ansichten über die Art und den Umfang der Möglichkeiten des Einschreitens waren bei der Neuheit des Stoffes für viele Baupolizeibehörden und bei der Ungeklärtheit der Bestimmungen nicht immer in den einzelnen Landesteilen einheitlich.

Durch zahlreiche Entscheidungen des Oberverwaltungsgerichts in den letzten Monaten ist die Rechtslage weitgehend geklärt worden, so daß auf Grund dieser Entscheidungen für das fernere Vorgehen der Baupolizeibehörden nach Lage der zeitigen Gesetzgebung gewisse Richtlinien als feststehend angesehen werden können, wobei jedoch ausdrücklich bemerkt werden muß, daß auch fernerhin jeder einzelne Fall einer besonderen Behandlung und eingehender Würdigung bedarf. Es muß daher erwartet werden, daß Verstöße gegen folgende Richtlinien grundsätzlicher Art in Zukunft vermieden werden.

I. Rechtsgrundlagen für das Vorgehen der Baupolizeibehörden.

Vorausgeschickt sei, daß die Baupolizeibehörden ihre Anordnung niemals nur zu dem Zwecke erlassen dürfen, die Räume der Wohnungsbenutzung zu erhalten oder dafür bereitzustellen. Mit einer derartigen Anordnung würden sie ihre Zuständigkeit überschreiten.

Die Rechtsgrundlagen für ein Vorgehen der Baupolizeibehörden gegen bauliche Schäden an und in Häusern sind vielmehr lediglich folgende:

1. Die Vorschriften der Bauordnungen. Diese beruhen teils auf feuer-, teils auf gesundheitspolizeilichen Beweggründen,

teils auf Zweifeln an der Standsicherheit der Häuser und ihrer Bauteile. Gegenüber der durch die Vorschriften getroffenen allgemeinen Regelung kommt es nach der feststehenden Rechtsprechung des Oberverwaltungsgerichtes nicht darauf an, ob bei den unter die allgemeine Regelung fallenden Einzelfällen das Vorliegen eines feuergesundheits-, standsicherheitspolizeilichen Interesses noch besonders nachgewiesen ist.

2. Auch auf eine auf Grund der Artikel 5 und 7 des Wohnungsgesetzes vom 28. März 1918 erlassene Wohnungsordnung kann ein Vorgehen der Baupolizeibehörden gegen bauliche Schäden in Wohngebäuden gestützt werden, da diese eine besondere ausdrückliche, nicht etwa nur für ein Vorgehen der Wohnungsaufsichtsbehörden maßgebliche Vorschrift des geltenden öffentlichen Rechts ist.

3. Die hauptsächliche gesetzliche Grundlage für ein polizeiliches Vorgehen gegen reparaturbedürftige Häuser bietet aber der § 10 Allgemeinen Landrechts II, 17. Hiernach muß eine Gefahr für Unbeteiligte oder für die Hausbewohner durch den Zustand des Hauses, sei es des äußeren, sei es des inneren, drohen.

4. Zuweilen werden auch die §§ 36 ff. Allgemeinen Landrechts I, 8 für ein Vorgehen gegen reparaturbedürftige Häuser herangezogen. Aber diese Vorschriften, welche die Pflichten des Eigentümers wegen Unterhaltung und Wiederherstellung von Gebäuden regeln, enthalten, soweit sie polizeiliche Gesichtspunkte betreffen, sachlich nichts anderes als die Vorschrift im § 10 Allgemeinen Landrechts II, 17. Der Zweck der Vorschriften in den §§ 37, 38 ist demgemäß der, die Gebäude aus polizeilichen Gründen zu unterhalten, d. h. zur Abwendung von Gefahren für das Publikum. Eine polizeilich wahrzunehmende Pflicht zur unbedingten Erhaltung des Zustandes der Gebäude wird in diesen Gesetzesbestimmungen nicht gefordert.

II. Inhalt der baupolizeilichen Verfügungen. Ziel der Verfügung und Art der anzuwendenden Mittel.

Die baupolizeilichen Behörden haben nach § 10 Allgemeinen Landrechts II, 17 die nötigen Anstalten zu treffen; sie dürfen nur das anordnen, was zur Erreichung des Zweckes nötig ist, nicht mehr. In einem Urteil vom 6. März 1924 — IV. C. 14/23

— (vgl. OVG. Bd. 79 S. 371) führt das Oberverwaltungsgericht über die Art der Anordnungen, die die Baupolizeibehörde treffen kann, folgendes aus:

„Wenn die Erreichung des Zweckes auf verschiedene Weise möglich ist, so muß sie das den Verpflichteten am wenigsten belastende Mittel wählen; denn nur dies ist nötig, die Anwendung des mehr belastenden Mittels dagegen nicht.

Sind mehrere gleichwertige Mittel gegeben, so muß sie dem Verpflichteten die Wahl unter diesen lassen. Denn die Beschränkung auf ein bestimmtes Mittel ist zur Erreichung des Zweckes gleichfalls nicht nötig.

Die Polizei ist aber nicht gehalten, nachzuforschen, welche Mittel zur Verfügung stehen oder welches dem Verpflichteten von seinem Standpunkt aus als das weniger belastende erscheint. Namentlich hat sie keine Veranlassung, auf die Zulässigkeit eines an sich schärferen und weitergreifenden Mittels besonders hinzuweisen. Sie kann sich darauf beschränken, das Ziel vorzuschreiben und die Mittel zu seiner Erreichung dem Verpflichteten zu überlassen oder die eine Maßnahme anzuordnen und die andere ausdrücklich freizugeben.

Im allgemeinen wird sie richtig verfahren, wenn sie das Nächstliegende, das nach Lage der Sache Gewiesene, anordnet, wobei sich dann stillschweigend die Meinung der Polizei voraussetzen läßt, daß das Angeordnete auch mit anderen Mitteln geleistet werden könne.

Nur darf die Anordnung nicht auf die Anwendung gerade dieses Mittels unter Ausschließung anderer gerichtet sein.

Es wird auf die Umstände des einzelnen Falles ankommen, wie die Verfügung zu beurteilen ist, und worauf sich die Anordnung zu erstrecken hatte und nur erstrecken durfte.

Bei Wohnungsmängeln wird die Instandsetzung in der Regel das Nächstliegende und Gewiesene, das weitergreifende Mittel des Benutzungsverzichts von der Polizei nicht (als Auflage) ins Auge zu fassen sein. Nur darf nicht erhellen, daß gerade Instandsetzung unter Ausschließung der Benutzungsaufgabe gefordert wird."

III. Verhalten der Baupolizeibehörden bei Freigabe der Wahl der Mittel.

Wenn dem Verpflichteten die Wahl überlassen wird, welches Mittel er zur Abwendung des polizeiwidrigen Zustandes wählen will, so hat die Polizei den Absichten des Verpflichteten gegenüber zu berücksichtigen, daß die anwendbaren Mittel nur selten gleichwertig sind.

Bietet z. B. der Grundstückseigentümer, um die Kosten der ihm aufgegebenen Instandsetzung zu vermeiden, einen Abbruch des Gebäudes an, so ist zu beachten, daß ein Abbruch des Gebäudes nach § 2a des Wohnungsmangelgesetzes vom 26. Juli 1923 der Genehmigung der Gemeindebehörde bedarf. Ob eine solche zu erteilen ist, ist Tatfrage. Die Entscheidung liegt letzten Endes in den Händen der Gemeinde, die wohl meistens bei der großen Bedeutung, die die Frage der Erhaltung der Wohnungen für die Allgemeinheit hat, zuungunsten des Eigentümers ausfallen wird. Auch der Mieter kann dem Abbruch eines Gebäudes, auch wenn der Eigentümer mit ihm einverstanden ist, aus eigenem Rechte widersprechen. Auch die Räumung von Wohnungen werden die Baupolizeibehörden als geeignete Erfüllung der von ihnen gemachten Auflagen zur Beseitigung der Mängel nur dann ansehen können, wenn die Gefahr für die Bewohner keine unmittelbare ist und insbesondere die Instandsetzungskosten die wirtschaftliche Kraft des Eigentümers übersteigen oder die Wiederherstellung des Gebäudes völlig unwirtschaftlich sein würde.

Ist aber die Gefahr eine **unmittelbar** bevorstehende, so kann sich die Polizei mit einem Angebot nicht zufriedengeben, dessen Durchführung wie bei einer Räumung der Wohnungen längere Zeit als angängig erfordert. Es kann z. B. nicht abgewartet werden, bis es dem Eigentümer gelingt, den Mietern eine andere Wohnung zu verschaffen, es sei denn, daß z. B. der seltene Fall vorliegt, daß der Eigentümer ein anderes Haus für seine Mieter zur Verfügung hat.

Es ist dabei zu bedenken, daß fast überall noch eine starke Wohnungsnot besteht, daß die Belegung freier Wohnungen der Genehmigung des Wohnungsamtes bedarf; es ist ferner zu beachten, daß der Mieter auf Grund seines Mietrechts Anspruch auf Wohnungsbenutzung hat, und daß er wohl durch polizeiliche Gewalt bei dringender Gefahr, aber nicht lediglich vom Eigentümer allein alsbald aus der gemieteten Wohnung herausgebracht werden kann, vielmehr gerichtliche Genehmigung der Kündigung hierfür erforderlich ist. Es wird stets zu berücksichtigen sein, daß infolge der Mieterschutzgesetzgebung und der Wohnungszwangswirtschaft der Mieter nicht ohne umständliches Verfahren vom Eigentümer zur Räumung der Wohnung veranlaßt werden kann. „In solchen Fällen wird", wie das vorstehend erwähnte Urteil des Oberverwaltungsgerichts weiterhin ausführt, „die Benutzungsaufgabe als gleichwertiges Mittel von der Polizei nur dann ins Auge gefaßt werden können und wohl regelmäßig auch müssen, wenn nach der Lage des Falles die polizeiliche Räumungsanordnung gegen den Mieter und Hauseigentümer sich als die nötige Anstalt darstellt."

So bleibt den Hauseigentümern in der Regel nichts anderes übrig, als das Haus instand zu setzen. Deshalb werden die Baupolizeibehörden, worauf ich in dieser Zeit arger Wohnungsnot besonderen Wert lege, meist in der Lage sein, die Instandsetzung des Hauses zwecks weiterer Benutzung für seine Bewohner zu erzwingen.

Wie die Baupolizeibehörden sich einem Hauseigentümer gegenüber verhalten sollen, dem die nötigen Mittel zur Instandsetzung seines Hauses fehlen, und der trotz seines Angebots, es abzubrechen oder räumen zu lassen, diese letzten beiden Ziele nicht erreicht, ist Zweckmäßigkeitsfrage im einzelnen."

5. Wird durch eine baupolizeiliche Räumung jemand obdachlos, so ist es Sache der allgemeinen Sicherheitspolizei, diesen Zustand zu beseitigen. In Berlin hat es die Wohnungsbehörde übernommen, Obdachlose unterzubringen. Vgl. im übrigen OVG. im PrVBl. Bd. 47 S. 298, ferner Baak daselbst, S. 319f.

§ 39. Sind diese fruchtlos, so ist die Obrigkeit den notwendigen Bau auf seine Kosten zu veranstalten berechtigt.

1. Statt dessen können auch andere Maßnahmen, z. B. Abbruch, Räumung, Absperrung verfügt werden.

2. Die Ausführung des Baues durch die Obrigkeit auf Kosten des Eigentümers wird also hier nicht als Zwangsmittel an-

gesehen, sondern als eine Folge von nach § 38 vergeblich angewendeten Zwangsmitteln.

§ 40. Kann oder will er die Kosten nicht herbeischaffen, so kann die Obrigkeit dergleichen Gebäude zum öffentlichen Verkaufe ausbieten.

1. Die Vorschrift enthält eine Einschränkung der aus § 132 LVG. sich ergebenden Befugnisse der Polizei und wird als fortbestehend anzusehen sein (vgl. Gürich im PrVBl. Bd. 25 S. 792). Hieraus ergeben sich Besonderheiten, wenn der Verpflichtete die Kosten aus seinem sonstigen Vermögen nicht tragen kann oder dies nicht will (vgl. Baltz-Fischer S. 96/97 Nr. 4). Die Unfähigkeit, die Kosten zu tragen, wird sich häufig erst durch fruchtlose Zwangsvollstreckung herausstellen. In diesem Fall geht also das Verfahren wie üblich und es treten erst nach erfolgter Anordnung der Einziehung und nach fruchtloser Zwangsvollstreckung die Beschränkungen des § 40 ein. Der Verpflichtete kann also nicht etwa durch Zwangsstrafe zur Ausführung angehalten werden, was auch insoweit unzulässig sein würde, wie ein nach § 367 Z. 13 StGB. strafbarer Tatbestand vorliegt.

Erklärt der Verpflichtete schon nach der Aufforderung oder Androhung, also vor der Anordnung der Einziehung der Kosten, diese nicht tragen zu können oder zu wollen, sondern lieber die Zwangsvollstreckung in das Grundstück zu dulden, so tritt schon hiermit eine Änderung des sonst in bezug auf die Durchführung des Zwangsmittels vorgeschriebenen Verfahrens ein. In diesem Fall darf nicht die Einziehung des Kostenvorschusses betrieben und es dürfen keine Zwangsstrafen festgesetzt werden, sondern es ist nur der Weg der öffentlichen Ausbietung gegeben (vgl. Gürich im PrVBl. Bd. 25 S. 793 und OVG. Bd. 13 S. 402).

2. Falls das Grundstück im Eigentum mehrerer Personen steht, muß die Aufforderung zur Beseitigung der Mängel an alle Miteigentümer ergangen sein, sonst fehlt eine wesentliche Voraussetzung der Versteigerung (vgl. Striethorst VIII S. 38).

3. Das Ersuchen der Vollstreckungsbehörde um Zwangsversteigerung an das zuständige Amtsgericht muß unterschrieben und untersiegelt oder unterstempelt sein, da es ein Antrag in Grundbuchsachen ist (vgl. Art. IX des Pr. Ausführungsgesetzes

vom 26. 9. 1899 GS. S. 307 zur Grundbuchordnung). Das Verfahren richtet sich nach Art. 28—32 des Pr. Ausführungsgesetzes zum Zwangsversteigerungsgesetz. Danach geht der Anspruch auf Verwendungen der Behörde für das Grundstück nach § 43 I 8 ALR. allen anderen Ansprüchen vor. Das Gericht hat die Wiederherstellung des Gebäudes von Amts wegen als Versteigerungsbedingung zu bestimmen. Das Verfahren ist übrigens nur für die Zwangsversteigerung bestimmt. Die Anordnung der Zwangsverwaltung kommt in diesem Verfahren nicht in Betracht (vgl. Jaeckel-Güthe, Kommentar zum Zwangsversteigerungsgesetz 1915 S. 807 Anm. 3 zu Art. 28).

§ 41. Dem Käufer eines solchen Gebäudes muß allemal die Wiederherstellung desselben zur Bedingung gemacht werden.

§ 42. Das außerdem erlegte Kaufgeld kommt dem bisherigen Eigentümer oder dessen Gläubigern zugute.

§ 43. Doch muß davon dasjenige, was die Obrigkeit etwa schon auf einstweilige Veranstaltungen zur Abwendung dringender Gefahr hat verwenden müssen, zuvor abgezogen werden.

§ 56. Kann auch durch die Veranstaltungen des Magistrats dergleichen verfallenes Gebäude nicht wieder hergestellt werden, so ist, bei fortdauernder Gefahr für das Publikum, die Obrigkeit, selbiges abbrechen, und die Materialien an den Meistbietenden verkaufen zu lassen, berechtigt.

§ 57. Das daraus gelöste Geld aber kommt der Kämmerei, welche bisher die notwendigen Unterhaltungskosten hat hergeben müssen, zustatten.

§ 58. Was §§ 36 ff. von verfallenen städtischen Gebäuden verordnet ist, gilt auch von solchen, die durch Feuer oder anderes Unglück zerstört worden, wenn der bisherige Eigentümer dieselben innerhalb einer von der Obrigkeit zu bestimmenden Frist nicht wieder herstellen kann oder will.

§ 59. Die für einen solchen Unglücksfall ausgesetzten Feuer-Sozietätsbeiträge und andere dergleichen Vergütungen kommen alsdann nicht dem bisherigen Eigentümer oder dessen Konkursmasse, sondern dem Übernehmer des Bauplatzes zustatten.

§ 60. Was von städtischen Grundstücken verordnet ist, gilt auch von Grundstücken auf dem Lande, die als eigene, für sich bestehende Stellen oder Nahrungen in die Steuer- oder Lagerbücher eingetragen sind.

Die Bestimmungen in §§ 60 f. haben Geltung behalten, soweit sie die polizeiliche Sicherheit betreffen (OVG. Bd. 78 S. 430).

§ 61. Wenn also der Eigentümer ein solches Grundstück dergestalt in Verfall geraten läßt, daß davon die öffentlichen Abgaben und Prästationen nicht mehr entrichtet werden können, so ist die Obrigkeit damit ebenso wie bei den städtischen Grundstücken vorgeschrieben worden zu verfahren berechtigt.

§ 62. Ein Gleiches findet statt, wenn der Eigentümer die zum Gute notwendig erforderlichen Gebäude, ohne welche dasselbe nicht bewohnt oder bewirtschaftet werden kann, eingehen läßt.

§ 63. Doch kann auch in diesen Fällen, bei einem erfolgenden Verkaufe dienstpflichtiger Stellen, der Grundherrschaft ein zur Versehung der Wirtschaft und Leistung der Dienste untauglicher Besitzer nicht aufgedrungen werden.

§ 64. In Fällen, wo städtische Grundstücke der Kämmerei zugeschlagen werden, fallen Rustikalgründe der Obrigkeit des Ortes zur anderweitigen Besetzung oder Verteilung anheim.

Einschränkungen des Eigentümers bei dem Bauen.

§ 65. In der Regel ist jeder Eigentümer seinen Grund und Boden mit Gebäuden zu besetzen, oder sein Gebäude zu verändern, wohl befugt.

1. Grundsatz der Baufreiheit, die allerdings durch die neue Gesetzgebung stark eingeschränkt ist. Immerhin hat sie die Bedeutung behalten, daß der Bauherr nicht erst ein Recht darauf, daß er bauen darf, erwerben muß, und daß daher die Behörde eine Baugenehmigung nicht vorenthalten darf, wenn der Bau den gesetzlichen Bestimmungen entsprechend errichtet werden soll oder wenn Umstände vorliegen, unter denen die Erteilung der Genehmigung auch entgegen an sich zu berücksichtigenden Vorschriften vorgesehen ist. Die Behörde kann also nicht willkürlich, auch nicht schlechthin zur Wahrnehmung öffentlicher Interessen die Baugenehmigung versagen, vielmehr kann dies nur auf Grund besonderer Bestimmungen geschehen, deren Gesamtheit den Hauptteil des Baupolizeirechts ausmacht. Anderseits darf der Eigentümer, wennschon er an sich das Recht hat, sein Grundstück entsprechend den maßgeblichen Bestimmungen, insbesondere der Bauordnung, zu bebauen, zur Vermeidung der Bestrafung mit dem Bau nicht eher beginnen, als ihm die Genehmigung hierzu erteilt und damit bescheinigt worden ist, daß Hindernisse aus dem öffentlichen Recht nicht entgegenstehen.

2. Aus obiger Vorschrift kann nicht etwa ein ausschließliches Recht des Eigentümers zur Bebauung seines Grundstücks gefolgert werden (vgl. hierüber S. 63 Z. 5).

3. Wegen des Verhältnisses der baupolizeilichen Eigentumsbeschränkungen zu Art. 153 RV. vgl. Baltz-Fischer S. 82f.

§ 66. Doch soll zum Schaden oder zur Unsicherheit des gemeinen Wesens oder zur Verunstaltung der Städte und öffentlichen Plätze kein Bau und keine Veränderung vorgenommen werden.

1. Es handelt sich hier wie in § 65 nur um Gebäude, nicht dagegen um Einfriedigungen (OVG. Bd. 26 S. 353).

2. Die Vorschrift ist nur anwendbar, wenn durch den Bau selbst eine Gefahr entsteht, nicht schon dann, wenn durch miß-

bräuchliche Benutzung eine Gefahr zu befürchten ist. Es darf sich ferner nicht um eine nur möglicherweise eintretende, zunächst nicht zu befürchtende Gefahr handeln (OVG. Bd. 24 S. 340). Wenn eine Bauordnung erlassen ist, sind in erster Linie deren Vorschriften maßgeblich.

3. Das Verbot von Verunstaltungen durch Gebäude innerhalb des Geltungsbereichs des ALR. wird durch die neuere Gesetzgebung gegen Verunstaltung (s. S. 76 f.) nicht berührt. Es ist namentlich insofern von Bedeutung, als es im Gegensatz zu dem Verunstaltungsgesetz nicht nur bei genehmigungspflichtigen Baulichkeiten und baulichen Änderungen angewandt werden kann. Die Baupolizei kann vielmehr jeder groben Verunstaltung nach §§ 66, 71 I 8 durch Verfügungen an den Eigentümer entgegenwirken, soweit es sich um öffentliche Straßen handelt (OVG. Bd. 40 S. 391. Vgl. im übrigen Anm. 2 zu § 36 und Baltz-Fischer S. 100 Anm. 4).

§ 67. Wer also einen neuen Bau in Städten anlegen will, muß davon zuvor der Obrigkeit zur Beurteilung Anzeige machen.

1. Über jeden Genehmigungsantrag muß sich die Behörde erklären, wenn es sich um ein ernstlich geplantes Bauvorhaben handelt (vgl. PrVBl. Bd. 8 S. 364). Dies ist im allgemeinen vorauszusetzen. Nur im Ausnahmefall kann die Prüfung wegen mangelnder Ernstlichkeit des Antrages abgelehnt werden, so etwa, wenn es sich nachweislich nur darum handelt, die Eignung eines Grundstückes als Bauplatz oder die Zulässigkeit einer bestimmten Bauweise festzustellen oder wenn es sich offenbar um eine Schikane des Antragstellers handelt (OVG. Bd. 41 S. 375). Abgesehen davon kann die Behörde von vornherein zur Ablehnung der Prüfung kommen, wenn ein geplanter Bau schlechterdings unausführbar ist, beispielsweise, weil er auf Straßenland liegt (vgl. die angeführte Entscheidung). In solchen Fällen wird es sich aber weniger empfehlen, den ablehnenden Bescheid als Ablehnung der Prüfung überhaupt hinzustellen, als vielmehr die Genehmigung regelrecht zu versagen auf Grund der ohne weiteres ersichtlichen polizeilichen Gesichtspunkte.

Am häufigsten wird die Frage, ob ein Antrag überhaupt geprüft werden soll, entstehen infolge eines Mangels hinsichtlich des Rechtes des Antragstellers, über den Bauplatz oder einen zu verändernden Bau zu verfügen. In solchen Fällen kann unter Umständen aus dem mangelnden Recht auf die Unausführbarkeit des Projektes geschlossen und deshalb die Prüfung abgelehnt werden. In dieser Hinsicht führt das Oberverwaltungsgericht (PrVBl. Bd. 5 S. 318) folgendes aus: „Daß bei offenkundiger tatsächlicher oder rechtlicher Unmöglichkeit, über den Bauplatz zu verfügen, oder bei bereits laut gewordenen Protesten des Eigentümers oder unter ähnlichen ganz besonderen Verhältnissen für die Polizeibehörde sich die Veranlassung ergeben kann, von dem Gesuchsteller vorab die Beseitigung dieser Anstände zu verlangen, mag an sich als möglich zugegeben werden; als Regel ist aber daran festzuhalten, daß ein Baukonsensgesuch nicht lediglich um deswillen abgelehnt werden darf, weil ein anderer als der Antragsteller Eigentümer der Baustelle ist." Wenn hier von rechtlicher Unmöglichkeit gesprochen wird, so ist das allerdings nicht ganz unbedenklich, denn es erweckt den Anschein, daß ein entgegenstehendes Privatrecht die „rechtliche Unmöglichkeit" bewirkt und damit die Ablehnung des Gesuches zur Folge haben könne. Dies aber würde mit der sonstigen Rechtsprechung des Oberverwaltungsgerichts (vgl. Z. 5) nicht übereinstimmen. Gemeint ist offenbar, daß, wenn zufolge mangelnden Rechtes der Antragsteller offenbar tatsächlich nicht in der Lage ist, den Bau auszuführen, die Prüfung abgelehnt werden könne.

2. Zur Prüfung des Baugesuches kann die Polizeibehörde die erforderlichen Unterlagen verlangen (vgl. S. 303). Die Unterlagen können auch gefordert werden, wenn bei einer schon genehmigten baulichen Anlage nachträglich sich Anlaß zur Nachprüfung bietet, z. B. wenn eine Entwässerungsanlage nachträglich an die Kanalisation angeschlossen wird und deshalb besonderen Anforderungen entsprechen muß (OVG. vom 23. 4. 25 IV B 38/24). Nicht dagegen kann die Nachsuchung der Genehmigung gefordert werden, diese wird vielmehr gegebenenfalls von Amts wegen erteilt.

3. Wenn vor Erteilung der Genehmigung oder abweichend von der genehmigten Zeichnung ein Bau errichtet wird, so ist er zu inhibieren. Bereits errichtete Baulichkeiten sind nicht ohne weiteres zu beseitigen, sondern nur dann, wenn sie nicht genehmigungsfähig sind und sich auch nicht mit geringeren Mitteln

ordnungsmäßig herstellen lassen (OVG. Bd. 54 S. 434, Bd. 58 S. 280, 413, Bd. 61 S. 411, Bd. 77 S. 460).

4. Die Genehmigung muß erteilt werden, wenn die in polizeilicher Hinsicht und auf Grund besonderer Gesetze, beispielsweise des Verunstaltungsgesetzes, des Ansiedlungsgesetzes und des Fluchtliniengesetzes zu stellenden Anforderungen erfüllt sind. Ist unter gewissen Voraussetzungen die Erteilung der Genehmigung der Behörde freigestellt, so bedeutet dies, daß die Behörde nach pflichtmäßigem Ermessen zu entscheiden hat, so im Falle des § 11 des FlG. (vgl. hierzu OVG. Bd. 57 S. 187).

Die Baugenehmigung bedeutet lediglich die Erklärung der Behörde, daß dem beabsichtigten Bau Hindernisse in dem zur Zeit der Entscheidung geltenden öffentlichen Recht nicht entgegenstehen, und daß eine etwa in das Ermessen der Behörde gestellte Entscheidung ausgeübt worden ist (vgl. OVG. Bd. 24 S. 364, Bd. 55 S. 273, 437, Baltz-Fischer S. 230). Diese Prüfung steht allein der Baupolizeibehörde zu. Diese muß z. B. im Falle eines Ausnahmen nicht vorsehenden Ortsstatuts gemäß § 12 FlG. die Genehmigung versagen, selbst wenn die Gemeinde zustimmt (OVG. Bd. 65 S. 399, von Strauß u. Torney-Saß S. 167). Die erteilte Genehmigung bezieht sich lediglich auf die Ausführung des Baues nach den eingereichten Plänen. Ein an anderer Stelle als an der genehmigten errichteter Bau wird durch die erteilte Genehmigung nicht gedeckt. Demnach ist eine Vertauschung der für mehrere bestimmte Grundstücke erteilten Bauscheine untereinander unzulässig (vgl. Baltz-Fischer S. 23).

5. Entgegenstehende Privatrechte, insbesondere das Eigentum eines anderen als des Antragstellers an dem Grundstück, stehen der baupolizeilichen Genehmigung nicht entgegen. Zu Unrecht wird dieser Grundsatz in der Praxis nicht immer durchgeführt, und zwar namentlich dann nicht, wenn der Eigentümer des Grundstücks dem Bau oder der baulichen Veränderung oder beispielsweise der Anlage von Öfen widersprochen hat. Abgesehen von rechtlichen Gesichtspunkten erhellt die Notwendigkeit der Ausschaltung privatrechtlicher Gesichtspunkte ohne weiteres aus der Unmöglichkeit, zu entscheiden, ob der Widerspruch des Eigentümers berechtigt ist oder ob etwa dem Antragsteller ein Recht auf die bauliche Maßnahme zusteht.

Wenn hier in Zweifelsfällen immer eine rechtskräftige gerichtliche Entscheidung abgewartet werden sollte, so würde dies häufig eine ungerechtfertigte Schädigung des Antragstellers zur Folge haben. Aber selbst wenn davon nicht die Rede sein kann, weil der Antragsteller nachweisbar kein Recht zu dem Bau oder der baulichen Veränderung hat, wird zwar unter Umständen aus anderen bereits erörterten Gründen von der Prüfung überhaupt abgesehen, nicht aber wegen des entgegenstehenden Rechtes eines anderen die Genehmigung zu versagen sein. Namentlich wenn der Bau bereits fertiggestellt ist und polizeiliche oder sonst zu berücksichtigende öffentlich-rechtliche Gesichtspunkte nicht entgegenstehen, bleibt trotz des Widerspruches des Eigentümers oder sonst privatrechtlich Berechtigter nichts übrig, als ihn zu genehmigen. Denn andernfalls würde, da der Bau nur aus polizeilichen Gründen würde beseitigt werden können, solche aber nicht vorliegen, nur die Verlegenheitsmaßnahme übrigbleiben, ihn stillschweigend zu dulden. Dann hätte also die Baupolizei die zur Prüfung notwendigen Unterlagen anzufordern, sie hätte sich zu entschließen, ob sie an sich genehmigungsfähig sind, gegebenenfalls Änderungen zu fordern, gleichwohl aber einer förmlichen Genehmigung sich zu enthalten und ginge der hierfür zu fordernden Gebühren verlustig — ein sicher recht unzweckmäßiges Verfahren. Bleibt demnach in solchen Fällen nur die Genehmigung dem Zivilrecht widersprechender Bauten übrig, so wird man folgerichtig ebenso dann verfahren müssen, wenn der Antragsteller wenigstens insofern rechtmäßig vorgeht, als er zuvor die polizeiliche Genehmigung nachsucht. Man würde sonst den ohne polizeiliche Genehmigung Bauenden besser stellen, als den, der sie nachsucht. Diese praktischen Erwägungen bestätigen also die Richtigkeit des vorangestellten Grundsatzes.

Demgemäß kann auch eine grundbuchliche Eintragung zugunsten der Stadt, der Polizeibehörde oder einer Privatperson als solche nicht zum Anlaß genommen werden, um einen Bau zu verbieten und zwar selbst dann nicht, wenn die Eintragung zur Sicherung eines polizeilichen Interesses erfolgt ist, soweit das nach der Rechtsprechung des Reichsgerichts überhaupt noch vorkommen kann. Denn aus einer grundbuchlichen Eintragung ergibt sich immer nur ein privatrechtlicher Anspruch. Die polizeiliche Prüfung eines Baugesuches darf aber nicht dazu gebraucht werden, um Privatrechte, die einer Privatperson oder auch der prüfenden Behörde selbst zustehen, zur Geltung zu bringen. Selbst wenn durch ein solches Privatrecht das öffentliche Interesse geschützt werden sollte, kann der Grund, auf den sich die Polizeibehörde bei ihrer Entscheidung stützt, nicht aus diesem Privatrecht, sondern nur aus den im öffentlichen Interesse gegebenen Bestimmungen des öffentlichen Rechtes entnommen werden (vgl. PrVBl. Bd. 7 S. 197/98, OVG. Bd. 12 S. 368 f., Bd. 57 S. 487).

Noch weniger ist es natürlich zulässig, die Genehmigung von Baugesuchen von der Erfüllung von Forderungen abhängig zu machen, die weder im öffentlichen noch im bürgerlichen Recht begründet sind, selbst wenn es sich dabei um öffentliche Interessen handelt (vgl. OVG. Bd. 33 S. 421, PrVBl. Bd. 26 S. 381).

6. Da nach dem Gesagten die Baugenehmigung lediglich bedeutet, daß dem Bau kein Hindernis aus dem öffentlichen Recht entgegensteht, so enthält naturgemäß die Baugenehmigung nicht die Verleihung eines Rechtes. Sie sichert also nicht die Ausführbarkeit für alle Zukunft, selbst wenn sie unbefristet erteilt ist, und schützt auch nicht vor nötigenfalls vor oder nach Fertigstellung zu fordernden Änderungen, falls die Genehmigung nicht dem öffentlichen Recht entspricht. Auch die Benutzung genehmigter Räume muß nötigenfalls verboten werden (vgl. PrVBl. Bd. 26 S. 430). Die Baugenehmigung kann ferner zurückgenommen werden, wenn das öffentliche Recht, auf Grund deren sie erteilt war, vor Beginn der Bauausführung sich ändert, beispielsweise durch Erlaß eines Ortsstatuts nach § 12 FlG. Dies gilt namentlich bei Änderungen der Bauordnung, jedoch ist aus Zweckmäßigkeitsgründen in § 37 EBO. vorgesehen, daß erteilte Bauscheine ihre Gültigkeit erst nach Ablauf von 3 Monaten nach der Veröffentlichung der auf der Einheitsbauordnung beruhenden Bauordnungen verlieren. Wenn dagegen das öffentliche Recht nach Beginn des Baues sich ändert, so kann der Bau nach dem zur Zeit der Genehmigung geltenden Recht zu Ende geführt werden (OVG. Bd. 24 S. 364, Bd. 28 S. 377, PrVBl. Bd. 17 S. 452). Insofern hat die Baugenehmigung eine ähnliche Wirkung, wie die Verleihung eines Rechtes auf Ausführung des Baues in der vorgesehenen Weise. Demgemäß ist in § 35 EBO. vorgesehen, daß auf bauliche Anlagen, die zur Zeit ihrer Einrichtung den da-

mals gültigen baupolizeilichen Bestimmungen entsprechen, und auf Bauten, die auf Grund genehmigter Entwürfe bereits begonnen sind, die Vorschriften der Bauordnung nur Anwendung finden, wenn polizeiliche Gründe, insbesondere solche der öffentlichen Sicherheit, es notwendig machen. Es kommt hierbei m. E. nicht darauf an, ob die Baulichkeit seinerzeit genehmigt oder ob sie ohne Genehmigung errichtet worden ist (vgl. S. 367).

Daraus, daß die Baugenehmigung eine bloße Erklärung über die Unbedenklichkeit des Bauvorhabens ist, folgt ferner, daß der Inhaber der Genehmigung diese nicht wie ein Recht — etwa zusammen mit dem Baugrundstück — veräußern oder vererben kann, vielmehr braucht jeder neue Bauherr an sich eine neue Genehmigung. Allerdings wird die Polizeibehörde, wenn ein geplanter Bau vor oder nach Beginn von einem anderen als dem ursprünglichen Bauherrn zu Ende geführt werden soll, von der Erteilung einer weiteren Genehmigung Abstand nehmen können, wenn nicht besondere Verhältnisse sie zweckmäßig erscheinen lassen.

7. Mit der Baugenehmigung sind in der Regel Anordnungen hinsichtlich der Ausführung verknüpft. Es handelt sich hier also um Auflagen, die unmittelbar erzwungen werden können, wenn der Bau überhaupt ausgeführt wird. Daneben können Bedingungen gestellt werden mit der Wirkung, daß ihre Innehaltung zwar nicht polizeilich erzwungen werden kann, daß aber die Genehmigung hinfällig wird, wenn sie nicht befolgt werden (OVG. Bd. 59 S. 277, Drews S. 66). Eine solche Bedingung nähert sich in der Wirkung dem vorbehaltenen Widerruf. Auflagen und Bedingungen werden in der Regel — jedoch nicht zweckmäßig — unter der Bezeichnung Bedingungen zusammengefaßt. Für beide gemeinsam gilt, daß es im Belieben der Behörde steht, entweder die nachgesuchte Genehmigung zu versagen, wenn die Voraussetzungen des öffentlichen Rechts nicht erfüllt sind, oder sie zu gewähren mit der Maßgabe, daß gewisse Auflagen oder Bedingungen zu erfüllen seien. Daraus folgt aber nicht, daß statt der Versagung ohne weiteres die Genehmigung unter beliebigen Bedingungen ausgesprochen werden könnte, vielmehr ist dies nur zulässig, wenn gerade mit der Erfüllung der Bedingungen den Vorschriften des öffentlichen Rechts genügt wird (OVG. Bd. 54 S. 438). Dies gilt auch dann, wenn die Genehmigung

auf Grund einer Ausnahmebewilligung oder eines Dispenses erteilt wird, jedoch wird man in solchen Fällen in bezug auf das — z. B. in ästhetischer Hinsicht — nach dem Gesetz zu Fordernde häufig strengere Anforderungen stellen können, als es ohne die Ausnahmebewilligung oder den Dispens möglich wäre.

Im übrigen gilt in bezug auf die mit der Baugenehmigung verknüpften Auflagen nichts anderes, als für polizeiliche Anordnungen im allgemeinen. Sie dürfen insbesondere nur unter der Voraussetzung erlassen werden, daß ein bestimmter Anlaß dazu vorliegt (vgl. PrVBl. Bd. 14 S. 282). Auflagen nicht polizeilicher Art, die in einem nicht angefochtenen Bauschein enthalten sind, bilden deshalb noch keine Grundlage für die Durchführung der Auflage im Zwangswege, vielmehr ist vor weiteren Maßnahmen auf Grund der in dem Bauschein enthaltenen Auflage zu prüfen, ob diese aus polizeilichen Gründen gerechtfertigt war.

Wegen der Bedingungen nach § 11, 12 FlG. vgl. S. 111 Z. 4, S. 114.

8. Wechselt während des Baues der Bauherr, so steht nichts dem im Wege, Auflagen und Bedingungen dem neuen Bauherrn gegenüber geltend zu machen, sei es durch Erteilung einer neuen Baugenehmigung oder durch eine besondere Verfügung. Wechselt nach Fertigstellung des Baues der Eigentümer, so kann von dem derzeitigen Eigentümer die Erfüllung von Auflagen und Bedingungen nur insoweit gefordert werden, als die Forderungen außer durch den Bauschein durch die allgemeinen gesetzlichen Bestimmungen gerechtfertigt werden. Da jede Auflage und Bedingung auf einer gesetzlichen Bestimmung beruhen muß, so wird diese Voraussetzung fast immer gegeben sein. Nur im Falle der Änderung der maßgeblichen Vorschriften oder etwa der örtlichen Verhältnisse, die bei der Festlegung der Auflagen und Bedingungen eine Rolle gespielt haben, könnte der Fall eintreten, daß dem Rechtsnachfolger gegenüber eine in dem Bauschein enthaltene Auflage oder Bedingung nicht geltend gemacht werden kann (OVG. im PrVBl. Bd. 12 S. 303).

9. Wenn die Baugenehmigung irrtümlich erteilt ist, so muß die Entscheidung der Behörde nachträglich geändert werden, sei es durch Widerruf oder durch nachträglich zu stellende Forderungen (vgl. Baltz-Fischer S. 242, Drews S. 67). Dies gilt namentlich dann, wenn eine gesetzliche oder ortsstatutarische Vorschrift ver-

letzt ist, darüber hinaus auch im Falle der Verletzung einer anderen Vorschrift, die als Richtschnur für das polizeiliche Ermessen zu dienen hat, so eines Abkommens zwischen Polizei und Gemeinde über die Anwendung von § 11 FlG. (OVG. Bd. 55 S. 439). Dagegen darf es sich nicht lediglich um eine Änderung in bezug auf die Ausübung eines der Polizeibehörde freigestellten Ermessens handeln, und zwar auch dann nicht, wenn nachträglich sich jemand über einen Umstand beschwert, der bei der Ausübung des polizeilichen Ermessens bereits berücksichtigt werden konnte (OVG. Bd. 55 S. 436, Bd. 57 S. 495, Baltz-Fischer S. 241). Der Widerruf kann von vornherein vorbehalten werden, jedoch darf dies nicht willkürlich gleichsam zur Sicherung der Behörde geschehen, da der Antragsteller ein Recht auf eine — soweit möglich — vorbehaltlose Erklärung der Behörde hat und der Vorbehalt des Widerrufs durch zu häufige und willkürliche Anwendung entwertet werden würde (vgl. Jellinek im PrVBl. Bd. 47 S. 574). Der gegebene Anwendungsfall liegt dann vor, wenn bestimmte Voraussetzungen vorliegen, bei deren Wegfall die Polizeibehörde den Bau oder die bauliche Änderung nicht mehr dulden kann, so im Falle, daß eine Überschreitung der Fluchtlinie so lange zugelassen wird, als die Gemeinde nicht widerspricht (vgl. Graf Westarp im PrVBl. Bd. 27 S. 115). Ferner kann der Widerruf dann vorbehalten bleiben, wenn es dem Ermessen der Behörde überlassen ist, eine Abweichung von den regelmäßig zu stellenden Forderungen zu gestatten. Es belastet in diesem Falle den Betroffenen nicht, wenn die Behörde die Abweichung nur so lange zuläßt, als sich keine Mißstände ergeben. Selbstverständlich kann ein vorbehaltener Widerruf nicht willkürlich ausgesprochen werden (vgl. Baltz-Fischer S. 239). Aus diesem Grunde ist ein ordnungswidrig in anderen als den erwähnten Fällen ausgesprochener Vorbehalt kaum von Bedeutung.

§ 68. Bei der anzustellenden Prüfung muß die Obrigkeit zugleich dahin sehen, daß durch eine richtige und vollständige Beschreibung des abzutragenden Gebäudes nach seiner Lage, Grenzen und übrigen Beschaffenheit künftigen Streitigkeiten bei dem Wiederaufbaue, in Ansehung des Winkelrechts, und sonst möglichst vorgebeugt werde.

Der Nachbar kann also gehört werden, jedoch besteht für die Baupolizeibehörde keine Verpflichtung hierzu. Wird einem Einspruch des Nachbars nicht stattgegeben, so steht ihm nur die Beschwerde im Dienstaufsichtswege zu. Wegen der Anhörung des Nachbars bei Dispensen vgl. S. 320.

§ 69. Vorzüglich ist eine besondere obrigkeitliche Erlaubnis notwendig, wenn, es sei in Städten oder auf dem Lande, eine neue Feuerstelle errichtet oder eine alte an einen anderen Ort verlegt werden soll.

1. Vgl. die Erläuterungen zu § 67.
2. Wegen der Errichtung von Feuerstätten in der Nähe von Waldungen vgl. § 43 des Feld- und Forstpolizeigesetzes (S. 143).

§ 71. In allen Fällen, wo sich findet, daß ein ohne vorhergegangene Anzeige unternommener Bau schädlich oder gefährlich für das Publikum sei oder zur groben Verunstaltung einer Straße oder eines Platzes gereiche, muß derselbe nach der Anweisung der Obrigkeit geändert werden.

Vgl. die Erläuterungen zu § 66. — Die Behörde kann also nicht ohne weiteres wegen der fehlenden Genehmigung die Wiederherstellung des früheren Zustandes verlangen, sondern die Forderung muß in erster Linie auf die etwa mit geringeren Mitteln zu bewirkenden Änderungen gehen.

§ 72. Findet die Änderung nicht statt, so muß das Gebäude wieder abgetragen und alles, auf Kosten des Bauenden, in den vorigen Stand gesetzt werden.

§ 73. Bauanlagen auf Straßen, wodurch Gehende, Reitende oder Fahrende Beschädigungen ausgesetzt werden, soll die Obrigkeit nicht dulden.

§ 74. Niemand darf in Gegenden, die zum Ab- und Zugang des Publikums bestimmt sind, vor seinen Fenstern oder an seinem Hause etwas aufstellen oder aufhängen, durch dessen Herabsturz jemand beschädigt werden könnte.

§ 75. Der Übertreter muß das Aufgestellte oder Aufgehängte sofort wegzuschaffen angehalten werden; und hat überdies eine Polizeistrafe von 2 bis 5 Taler verwirkt.

§ 78. Die Straßen und öffentlichen Plätze dürfen nicht verengt, verunreinigt oder sonst verunstaltet werden.

§ 79. Besonders darf niemand, ohne ausdrückliche Bewilligung der Obrigkeit, einen Kellerhals oder anderes dergleichen Nebengebäude auf die Straße zu anlegen.

Vgl. § 6 EBO. S. 321.

§ 80. Auch die Einrichtung von Keller- und Ladentüren, welche auf die Straße gehen, die Anlegung neuer oder Wiederherstellung eingegangener Erker, Löben und auf die Straße hinausgießender Dachrinnen, die Aufsetzung von Wetterdächern und in die Straße hinein sich erstreckenden Schildern, sowie die Errichtung von Blitzableitern darf nur unter Erlaubnis der Polizeiobrigkeit und nach den von dieser zu erteilenden Anweisungen vorgenommen werden.

1. Die Genehmigung erfolgt vorbehaltlich der Rechte der Stadt als Eigentümerin des Straßenlandes (vgl. S. 63 Z. 4).

2. Die Zuleitung des Regenwassers aus den Abflußrohren auf die Bürgersteige kann im Interesse des Verkehrs nach § 6 PVG. verboten werden, auch wenn keine Polizeiverordnung hierüber besteht.

§ 81. Übrigens aber kann jeder Hauseigentümer den sogenannten Bürgersteig, soweit er das Steinpflaster zu unterhalten hat, unter den § 78 bestimmten Einschränkungen nutzen.

Die Unterhaltspflicht ergibt sich aus dem Ortsrecht. Ihre Durchführung ist Sache der Wege- (Straßenbau-)polizei.

§ 82. Nähere Bestimmungen über die §§ 78—81 berührten Gegenstände bleiben den besonderen Polizeigesetzen eines jeden Ortes vorbehalten.

Vom Licht und von der Aussicht.

§ 137. Um Licht in sein Gebäude zu bringen, kann ein jeder Öffnungen und Fenster in seine eigene Wand oder Mauer machen, wenn dieselben gleich eine Aussicht über die benachbarten Gründe gewähren.

§ 138. Sollen jedoch die Öffnungen in einer unmittelbar an des Nachbars Hof oder Garten stoßenden Wand oder Mauer gemacht werden, so müssen dieselben, wo es die Umstände gestatten, sechs Fuß von dem Boden des Zimmers oder Behältnisses erhöht, in allen Fällen aber mit eisernen nur zwei Zoll voneinander stehenden Stäben, oder mit einem Drahtgitter verwahrt sein.

§ 139. Neu errichtete Gebäude müssen von älteren schon vorhandenen Gebäuden des angrenzenden Nachbars, wenn nicht besondere Polizeigesetze ein anderes vorschreiben, wenigstens drei Werkschuhe zurücktreten.

§ 140. Stößt aber das neue Gebäude auf einen unbebauten Platz des Nachbars, so ist ein Abstand von anderthalb Werkschuhen hinreichend.

§ 141. Übrigens aber kann jeder in der Regel auf seinem Grunde und Boden so nahe an die Grenze und so hoch bauen, als er es für gut findet.

Privatrechtliche Vorschrift! Durch Polizeigesetze kann anders bestimmt werden (OTr. Bd. 52 S. 27).

§ 142. Sind jedoch die Fenster des Nachbars, vor welchen gebaut werden soll, schon seit zehn Jahren oder länger vorhanden, und die Behältnisse, wo sie sich befinden, haben nur von dieser Seite her Licht, so muß der neue Bau so weit zurücktreten, daß der Nachbar noch aus den ungeöffneten Fenstern des unteren Stockwerks den Himmel erblicken könne.

Nach 10 Jahren ist also ein Fensterrecht ersessen, und zwar auch dann, wenn es sich lediglich um Lichtöffnungen handelt (vgl. S. 333).

§ 143. Hat in diesem Falle das Gebäude des Nachbars, in welchem die Fenster sich befinden, noch von einer anderen Seite Licht, so ist genug, wenn der neue Bau nur so weit zurücktritt, daß der Nachbar aus den ungeöffneten Fenstern des zweiten Stockwerks den Himmel sehen könne.

§ 144. Sind aber die Fenster des Nachbars, vor welchem gebaut werden soll, noch nicht seit zehn Jahren vorhanden, so ist der Bauende bloß an die § 139 bestimmte Entfernung gebunden.

Von Zäunen, Planken, Scheidewänden.

§ 152. Wer eine neue Scheidung in einer Gegend, wo bisher noch keine vorhanden gewesen ist, anlegen will, muß nicht nur die Anlage, sondern auch die fernere Unterhaltung auf seine Kosten besorgen.

§ 153. Überhaupt liegt die Unterhaltung solcher Scheidungen demjenigen ob, welchem erweislich das Eigentum derselben gebührt.

§ 162. Bei Zäunen oder Wellerwänden ist in der Regel jeder Besitzer städtischer Grundstücke und Gärten den Zaun rechter Hand, vom Eintritt in den Haupteingang, zu bauen und zu unterhalten schuldig.

Die Vorschrift gilt nur für städtische Grundstücke und nur dann, wenn der Eigentümer nicht zu ermitteln ist (vgl. Koch Bd. I S. 471, Anm. 68 zu § 162).

Gesetz gegen die Verunstaltung landschaftlich hervorragender Gegenden. Vom 2. Juni 1902 (GS. S. 159).

Die Landespolizeibehörden sind befugt, zur Verhinderung der Verunstaltung landschaftlich hervorragender Gegenden solche Reklameschilder und sonstige Aufschriften und Abbildungen, welche das Landschaftsbild verunzieren, außerhalb der geschlossenen Ortschaften durch Polizeiverordnung auf Grund des Gesetzes über die allgemeine Landesverwaltung vom 30. Juli 1883 (GS. S. 195) zu verbieten, und zwar auch für einzelne Kreise oder Teile derselben.

1. Die Durchführung des Gesetzes ist Sache der Landespolizeibehörde (vgl. Z. 5 der Ausführungsanweisung). Die Beurteilung des Umstandes, ob es sich in der Tat um eine landschaftlich hervorragende Gegend handelt, unterliegt der Nachprüfung durch die Verwaltungsgerichte.
2. Wegen des Begriffs der Reklameschilder vgl. S. 80 Z. 3.
3. Das geschlossene Ortsgebiet ist nicht identisch mit dem durch die politischen Grenzen der Ortschaft umschlossenen Gebiet, vielmehr kann auch innerhalb dieser Grenzen das Gesetz Anwendung finden.

Verfügung des Ministers des Innern vom 16. Juni 1902, betr. die Verunstaltung landschaftlich hervorragender Gegenden (MBl. i. V. S. 132).

Durch das Gesetz gegen die Verunstaltung landschaftlich hervorragender Gegenden vom 2. Juni d. J. (GS. S. 159) sind die Landespolizeibehörden für befugt erklärt worden, zur Verhinderung der Verunstaltung landschaftlich hervorragender Gegenden solche Reklameschilder und sonstige Aufschriften und Abbildungen, welche das Landschaftsbild verunzieren, außerhalb der geschlossenen Ortschaften durch Polizeiverordnung auf Grund des Gesetzes über die allgemeine Landesverwaltung vom 30. Juli 1883 zu verbieten, und zwar auch für einzelne Kreise oder Teile derselben.

Ich bemerke hierzu folgendes:

1. Das Gesetz bricht auf einem wichtigen Gebiet mit dem Grundsatz, daß der Schutz ästhetischer Interessen nicht Aufgabe der Polizeibehörden ist, und unterstellt den Schutz landschaftlich hervorragender Gegenden gegen bestimmte Verunstaltungen der polizeilichen Obhut. Es begründet eine Befugnis lediglich für die Landes-, nicht für die Ortspolizeibehörden. Hierfür ist, wie die Begründung und die Verhandlungen im Hause der Abgeordneten ergeben, die Erwägung maßgebend gewesen, daß dadurch eine größere Gewähr für die einheitliche und sachgemäße Anwendung dieser neuen polizeilichen Befugnisse gegeben sein wird. Diesen Gedanken entsprechend, ist von der den Landespolizeibehörden verliehenen Befugnis nur für Gegenden von wirklich hervorragender landschaftlicher Schönheit, deren Schutz gegen die im Gesetz genannten Reklameschilder usw. sich als ein Bedürfnis erweist, Gebrauch zu machen.

2. Das Gesetz ermächtigt die Landespolizeibehörden zum Erlasse des angegebenen Verbots im Wege der Polizeiverordnung. Ohne eine solche ist ein Vorgehen gegen die einzelnen, das Landschaftsbild verunzierenden Aufschriften usw. unzulässig. Auf die zu erlassenden Polizeiverordnungen finden die Bestimmungen des LVG. über das Polizeiverordnungsrecht des Regierungspräsidenten Anwendung. Um Zweifeln zu begegnen, ist ausdrücklich bestimmt, daß die Polizeiverordnung auch nur für einen einzelnen Kreis oder für Teile eines solchen erlassen werden kann. Selbstverständlich ist, dieser Möglichkeit entsprechend, auch räumlich von der im Gesetz gegebenen Befugnis nur in dem Umfange Gebrauch zu machen, als die unter 1. a. E. erwähnten Voraussetzungen vorliegen.

3. Die Polizeiverordnungen werden sich bezüglich der Benennung der dem Verbote unterliegenden Schilder usw. zweckmäßig im allgemeinen in ihrem Wortlaute dem Texte des Gesetzes anzuschließen haben. Sie gelten dann, wie sich aus der Be-

gründung und auch aus der Fassung des Gesetzes selbst ergibt, sowohl für künftige als auch für bereits bestehende Aufschriften usw.

4. Ob eine Aufschrift usw. dem Verbote der Polizeiverordnung unterliegt, läßt sich nur im einzelnen Falle beurteilen. Entscheidend ist, ob die Aufschrift, insbesondere durch ihre Größe und die Art ihrer Ausführung, eine Verunstaltung des Landschaftsbildes enthält. Eine Beschränkung auf Aufschriften usw. bestimmten Inhalts enthält das Gesetz nicht, indessen ist bei Aufschriften, die als Reklameschilder nicht angesehen werden können, besonders sorgfältig zu prüfen, ob sie durch ihre Ausführung usw. die Landschaft verunzieren. In dieser Hinsicht scheinen nach den Verhandlungen im Abgeordnetenhause früher Mißgriffe vorgekommen zu sein. Mit besonderer Vorsicht sind die Anzeigen zu behandeln, mit welchen Ortseingesessene ihre Interessen publizieren; derartige Aufschriften werden in der Regel keine Verunstaltung des Landschaftsbildes darstellen.

5. Da auf dem von dem Gesetze betroffenen Gebiete eine polizeiliche Zuständigkeit bisher überhaupt nicht bestand, diese durch das Gesetz aber nur für die Landespolizeibehörden begründet ist, so ergibt sich, daß die Ortspolizeibehörden auch zu polizeilichen Verfügungen im einzelnen Falle auf Grund der von den Landespolizeibehörden erlassenen Polizeiverordnungen kraft eigenen Rechts nicht befugt sind, daß vielmehr auch für solche Verfügungen die Landespolizeibehörden ausschließlich zuständig sind. Diese Auffassung ist nach anfänglichem Zweifel von allen Seiten in der Kommission des Abgeordnetenhauses als zutreffend anerkannt, und dieses im Plenum vom Berichterstatter ohne Widerspruch festgestellt worden (zu vgl. den stenographischen Bericht über die Sitzung des Abgeordnetenhauses vom 29. April 1902, S. 5057). Den Landespolizeibehörden ist indessen nicht verwehrt, sich bei Ausführung der Polizeiverordnungen der ihnen nachgeordneten Behörden als ihrer Organe zu bedienen, nur bleiben die von diesen, sei es kraft allgemeinen, sei es kraft Auftrags im einzelnen Falle, erlassenen Verfügungen rechtlich solche der Landespolizeibehörden, und sind mit den Rechtsmitteln des § 130 LVO. anfechtbar (zu vgl. Entsch. d. OVG. Bd. 30 S. 281, 290, Bd. 31 S. 236). Wo solche Verfügungen nicht unmittelbar von der Landespolizeibehörde selbst erlassen werden, ist deshalb eine Belehrung über dieses Rechtsmittel aufzunehmen.

6. Um bei Ausführung des Gesetzes mit möglichster Schonung vorzugehen, empfiehlt es sich, auf die erlassenen Polizeiverordnungen in der Presse hinzuweisen, damit die Beteiligten Kenntnis erhalten und sich entschließen können, ihre unter die Polizeiverordnung fallenden Schilder zu entfernen. Nach einer angemessenen Frist sind dann diejenigen Besitzer, auf deren Eigentum sich trotzdem noch Reklameschilder usw. der von dem Gesetze getroffenen Art befinden, zu deren Beseitigung durch die Ortspolizeibehörden binnen bestimmter Frist aufzufordern, widrigenfalls das Strafverfahren gegen sie eingeleitet würde. Vor Erlaß solcher Aufforderungen ist durch die Landräte die Zustimmung des Regierungspräsidenten einzuholen. Ist die Aufforderung erfolglos, so ist die Einleitung des Strafverfahrens bei dem Amtsanwalt zu beantragen, von dem Erlaß einer polizeilichen Strafverfügung auf Grund des Gesetzes vom 23. April 1883 ist abzusehen. Erfolgt eine rechtskräftige Verurteilung, und wird das unter das Verbot fallende Schild usw. trotzdem nicht beseitigt, so ist nunmehr im Wege der polizeilichen Verfügung unter Androhung der gesetzlichen Zwangsmittel (§ 132 LVG.) seine Entfernung zu bewirken.

Gesetz gegen die Verunstaltung von Ortschaften und landschaftlich hervorragenden Gegenden. Vom 15. Juli 1907 (GS. S. 260).

§ 1. Die baupolizeiliche Genehmigung zur Ausführung von Bauten und baulichen Änderungen ist zu versagen, wenn dadurch Straßen oder Plätze der Ortschaft oder das Ortsbild gröblich verunstaltet werden würden.

1. Es handelt sich also lediglich um die Versagung der Genehmigung zur Errichtung oder Veränderung von Baulichkeiten. Die Instandhaltung von Baulichkeiten kann durch das Verunstaltungsgesetz nicht erzwungen werden. Dies ist nur gemäß § 66, 71 I 8 ALR. (vgl. S. 60, 69) und entsprechend § 24 EBO. möglich. Auch der Abbruch von Baulichkeiten kann durch das Verunstaltungsgesetz nicht verhindert werden (vgl. S. 43 Z. 2). Nur

anzeigepflichtige Baulichkeiten oder bauliche Veränderungen sind wie genehmigungspflichtige zu behandeln (vgl. OVG. Bd. 69 S. 412).

2. Die Vorschrift gilt auch für Privatstraßen und -plätze, z. B. der Reichsbahn gehörige Vorplätze an Bahnhöfen, sofern sich darauf ein öffentlicher Verkehr abspielt.

3. Ein Ortsbild ist gegeben, wo ein Bauwerk in der Stadt oder auf dem Lande auf eine bereits vorhandene Gebäudegruppe und deren nächste Umgebung einwirken kann. Dies kann auch auf einen Gutshof zutreffen (OVG. Bd. 55 S. 425). Jedoch muß es sich um eine Verunstaltung des Ortsbildes selbst handeln, eine Verunstaltung der Umgebung genügt nicht. Deshalb muß, wenn § 1 angewendet werden soll, der verunstaltende Bau mindestens in unmittelbarer Nähe der bebauten Ortslage sich befinden (OVG. Bd. 56 S. 439, Goldschmidt Anm. 6 zu § 1 Verunstaltungsges.). Andernfalls kommt § 8 des Gesetzes in Frage.

4. Wegen des Begriffs der gröblichen Verunstaltung vgl. die Ausführungsanweisung (S. 87). Ein unvollendet gebliebener Bau kann eine gröbliche Verunstaltung bedeuten (OVG. Bd. 6 S. 322). Eine bloße Beeinträchtigung des ästhetischen Empfindens, z. B. durch unbedeckte Brandmauern, bedeutet noch keine gröbliche Verunstaltung (vgl. OVG. Bd. 60 S. 473).

§ 2. Durch Ortsstatut kann für bestimmte Straßen und Plätze von geschichtlicher oder künstlerischer Bedeutung vorgeschrieben werden, daß die baupolizeiliche Genehmigung zur Ausführung von Bauten und baulichen Änderungen zu versagen ist, wenn dadurch die Eigenart des Orts- oder Straßenbildes beeinträchtigt werden würde. Ferner kann durch Ortsstatut vorgeschrieben werden, daß die baupolizeiliche Genehmigung zur Ausführung baulicher Änderungen an einzelnen Bauwerken von geschichtlicher oder künstlerischer Bedeutung und zur Ausführung von Bauten und baulichen Änderungen in der Umgebung solcher Bauwerke zu versagen ist, wenn ihre Eigenart oder der

Eindruck, den sie hervorrufen, durch die Bauausführung beeinträchtigt werden würde.

Wenn die Bauausführung nach dem Bauentwurfe dem Gepräge der Umgebung der Baustelle im wesentlichen entsprechen würde und die Kosten der trotzdem auf Grund des Ortsstatuts geforderten Änderungen in keinem angemessenen Verhältnisse zu den dem Bauherrn zur Last fallenden Kosten der Bauausführung stehen würden, so ist von der Anwendung des Ortsstatuts abzusehen.

1. Solche Ortsstatute gehen den Bestimmungen etwa abweichender Polizeiverordnungen vor (vgl. S. 32). Jedoch kann in dem Ortsstatut nicht etwa darüber Bestimmung getroffen werden, welche Baulichkeiten genehmigungspflichtig sind. Dies richtet sich vielmehr nach den allgemein für die Baupolizei maßgeblichen Grundsätzen. Auch kann in den Ortsstatuten nicht mit verbindlicher Kraft vorgeschrieben werden, unter welchen Umständen eine Beeinträchtigung als vorliegend anzusehen ist. Allerdings mag es zweckmäßig sein, in das Ortsgesetz hierüber Richtlinien aufzunehmen (vgl. Z. 2a der Ausführungsanweisung S. 89). Diese sind aber nur insoweit wirksam, als im Einzelfalle eine Beeinträchtigung in der Tat vorliegt.

2. Wie in § 1 handelt es sich nur um die Versagung der baupolizeilichen Genehmigung, nicht um einen darüber hinausgehenden Schutz des Ortsbildes. Der Schutz kann sich auf ganze Ortsteile mit den darin liegenden Straßen und Plätzen erstrecken. Sinngemäß wird angenommen werden müssen, daß auch Ortsbilder an Flüssen und Seen gegen Beeinträchtigung geschützt werden können. Voraussetzung ist jedoch immer, daß es sich wirklich um Gegenden von historischer oder künstlerischer — auch gartenkünstlerischer (OVG. Bd. 79 S. 384) — Bedeutung handelt. Für Straßen ohne künstlerische Bedeutung kann die Baugenehmigung nicht versagt werden, selbst wenn ihnen durch Ortsstatut künstlerische Bedeutung beigemessen wird (vgl. OVG. a.a.O. und Bd. 71 S. 432). Ein längerer Straßenzug kann nach § 2 nicht in seiner ganzen Ausdehnung geschützt werden, sondern ein einzelner Abschnitt von künstlerischer Bedeutung (OVG. Bd. 79 S. 385).

3. Wegen der Beeinträchtigung von geschützten Baulichkeiten durch Abbruch vgl. S. 43.

§ 3. Durch Ortsstatut kann vorgeschrieben werden, daß die Anbringung von Reklameschildern, Schaukästen, Aufschriften und Abbildungen der Genehmigang der Baupolizeibehörde bedarf. Die Genehmigung ist unter den gleichen Voraussetzungen zu versagen, unter denen nach den §§ 1 und 2 die Genehmigung zu Bauausführungen zu versagen ist.

1. Im Gegensatz zu §§ 1 und 2 ist hier vorgeschrieben, daß die Bestimmung darüber, in welchem Umfang Schilder u. dgl. genehmigungspflichtig sein sollen, durch das Ortsstatut selbst zu treffen sei. Der Umfang der Genehmigungspflicht muß sich aus objektiven Merkmalen ergeben, sie kann nicht von der subjektiven Beurteilung des einzelnen Falles abhängig gemacht werden (vgl. OVG. Bd. 79 S. 366). Wie bei Bauwerken kann die Genehmigung nur versagt und die Anbringung von Schildern nur verhindert werden, soweit sie genehmigungspflichtig sind. Dagegen besteht keine Möglichkeit, nach dem Ortsstatut nicht genehmigungspflichtige Schilder zu verhindern, selbst wenn es sich um gröbliche Verunstaltung handelt. Besteht ein Ortsgesetz, nach dem Reklamevorrichtungen genehmigungspflichtig und gegebenenfalls zu verbieten sind, ohne daß jedoch einzelne Gebiete gegen bloße Beeinträchtigung besonders geschützt sind, so können Reklamevorrichtungen nur wegen gröblicher Verunstaltung beseitigt werden (PrVBl. Bd. 44 S. 212). Durch das Ortsstatut kann zwar festgesetzt werden, daß lediglich Schilder von einer gewissen Größe ab genehmigungspflichtig sind, nicht aber, daß größere Schilder von vornherein verboten seien, desgleichen nicht, daß die Aufstellung von Schildern nur auf dem eigenen Grundstück oder an der eigenen Wohnung gestattet, dagegen an öffentlichen Straßen, Plätzen und Wegen unzulässig sei (PrVBl. Bd. 36 S. 267). Vgl. im übrigen Z. 1 zu § 24 EBO. (S. 346).

2. Ohne Genehmigung angebrachte Schilder können auf Grund des Ortsstatuts nur beseitigt werden, wenn bereits zur Zeit der Anbringung ein Ortsstatut bestand, wonach die Ge-

nehmigung nachzusuchen war, und wenn auch zur Zeit der Befassung der Behörde die Genehmigungspflichtigkeit noch besteht. Zweifelhaft ist die Frage, ob nicht das Fehlen einer bereits vor der ortsstatutarischen Regelung vorgeschriebenen straßenpolizeilichen Genehmigung Anlaß bieten sollte, die Zulässigkeit einer Reklamevorrichtung nach dem zur Zeit der Befassung der Baupolizei geltenden Recht, also gegebenenfalls unter Berücksichtigung eines nach der Anbringung der Reklamevorrichtung ergangenen Ortsstatuts, zu prüfen. Nach den allgemein für polizeiliche Genehmigungen geltenden Grundsätzen dürfte es zulässig sein, in Ermangelung der erforderlichen straßenpolizeilichen Genehmigung die Entfernung solcher Schilder zu verlangen, die nach den gegenwärtigen Bestimmungen nicht genehmigt werden können. Jedoch wird hiervon nur vorsichtig Gebrauch zu machen sein, da die Entfernung in solchen Fällen häufig eine Härte bedeuten würde.

3. Unter **Reklamen** sind diejenigen öffentlichen Anzeigen zu verstehen, welche durch die Häufigkeit ihrer Wiederholung, das Auffallende ihrer Darstellung — z. B. räumliche Ausdehnung, die Benutzung greller Farben, die Verwendung ungewöhnlich großer oder eigentümlich gestalteter Buchstaben und bildlicher Darstellungen —, ferner durch Lichteffekte oder auf sonstige Art die Aufmerksamkeit des Publikums auf geschäftliche Ankündigungen in besonderem Maße und in höherem Grade lenken sollen, als es durch einfache Mitteilungen zu geschehen pflegt (OVG. Bd. 61 S. 172).

Außer solchen ausgesprochenen Reklameschildern handelt es sich um **andere Schilder**, auch Firmenschilder von kleinen Gewerbetreibenden und von Handwerkern, selbst wenn es sich etwa nur um einen einfachen Hinweis auf eine im Hause befindliche Werkstatt handelt. Dies ergibt sich daraus, daß das Gesetz Aufschriften und Abbildungen schlechthin der Genehmigung durch die Baupolizei unterwirft. Nun trägt im allgemeinen jedes Schild eine Aufschrift, und man wird teils aus diesem Grunde, teils weil es ungerechtfertigt wäre, unmittelbar an die Wand gemalte Buchstaben anders zu behandeln als Aufschriften auf Schildern, zu dem Ergebnis kommen müssen, daß ebenso wie Aufschriften auch Schilder aller Art nach Maßgabe der ortsgesetzlichen Regelung der Genehmigung bedürfen. Dies gilt beispielsweise auch für Schilder von Rechtsanwälten und Ärzten. Diese Auffassung entspricht den Bedürfnissen der Praxis, insofern es praktisch schwer durchführbar wäre, zwischen solchen Schildern zu unterscheiden, die durch ihre auffallenden Abmessungen, Farben und dergleichen ausgesprochene Reklameschilder sind, und solchen, die lediglich einen Hinweis auf einen im Hause befindlichen Gewerbebetrieb, ein Bureau oder dergleichen bezwecken. Auch kann z. B. an Bauwerken von künstlerischer oder geschichtlicher Bedeutung durch ein nicht zu den Reklameschildern im eigentlichen Sinne gehörendes Ankündigungsmittel eine ebenso verunstaltende Wirkung herbeigeführt werden, wie durch ein Reklameschild. Zweckmäßig wäre es allerdings, zur Vermeidung von Zweifeln die Fassung des § 3 des Verunstaltungsgesetzes zu ändern.

Zu den Reklamen gehören auch Schaufensterbemalungen, ferner plastische Nachbildungen von Gegenständen, z. B. Barbierbecken, Hüte, Schirme usw., nicht dagegen z. B. Verkaufsautomaten.

4. Besonderer Erwähnung bedürfen ferner die Lichtreklamen, zumal sie nach den örtlichen Verunstaltungsgesetzen und den Gebührenordnungen häufig besonderen Bestimmungen unterworfen sind. Zu den Lichtreklamen gehören in erster Linie leuchtende Schriftzeichen und Abbildungen, auch einfache leuchtende Röhren, sofern sie durch ihre künstliche Gestaltung oder die Farbe oder den künstlichen Wechsel des Lichtes über den bloßen Zweck der Beleuchtung hinaus dazu dienen sollen, die Aufmerksamkeit auf sich zu ziehen. Jedoch bleibt jeweils zu prüfen, ob es sich um ein „Reklameschild" oder um eine „Abbildung" handelt und die Vorrichtungen demnach der baupolizeilichen Genehmigung unterliegen. Dies gilt auch für andere Beleuchtungskörper. Handelt es sich um einen Beleuchtungskörper von normalen Formen, so ist er an sich kein Ankündigungsmittel und wird es auch nicht dadurch, daß er etwa zur Beleuchtung eines Ankündigungsmittels dient. Bei beschrifteten oder bemalten Beleuchtungskörpern wird die beschienene Fläche als das Ankündigungsmittel anzusehen sein. Hierher kann man z. B. auch beschriftete Zifferblätter von Straßenuhren rechnen, sofern sie etwa den Hinweis auf ein Uhrmachergeschäft enthalten, desgleichen z. B. die durchsichtigen Scheiben von Straßenbahnhaltestellen-

Säulen, die von innen beleuchtet werden (vgl. OVG. v. 30. Juni 1927 IV A 95/25). Solche Säulen sind übrigens zunächst als Baulichkeiten genehmigungspflichtig, und es empfiehlt sich aus Zweckmäßigkeitsgründen, sich mit der Prüfung und Genehmigung dieser Säulen zu begnügen, da zur Genehmigung jeder einzelnen beschrifteten oder bemalten Scheibe im allgemeinen keine Notwendigkeit vorliegt. Wird die Fläche eines Hauses durch Scheinwerfer beleuchtet, mögen sie sich nun an besonderen Masten oder am Hause selbst befinden, so wird man hierin nicht ohne weiteres ein Ankündigungsmittel sehen können. Anders aber, wenn der Scheinwerfer so auf eine Beschriftung oder Bemalung gerichtet ist, daß offenbar gerade deren grelle, über das Maß der üblichen Beleuchtung hinausgehende Hervorhebung beabsichtigt ist. In diesem Falle ist das Vorhandensein einer Lichtreklame anzunehmen. Selbstverständlich werden die Grenzen häufig unsicher sein.

5. Plakate gehören an sich zu den Ankündigungsmitteln; sie werden jedoch als solche jedenfalls dann nicht den hierfür geltenden Vorschriften zu unterwerfen sein, wenn sie an Anschlagsäulen und ähnlichen hierfür vorgesehenen Stellen angebracht werden, da es unmöglich ist, sich um diese Dinge zu kümmern. Aber auch in anderen Fällen, in denen es sich um Plakate handelt, die aus vorübergehenden Anlässen (Wahlkämpfen, Zirkusbesuchen u. dgl.) angebracht werden, liegt es der Natur der Sache nach mehr im Interesse der öffentlichen Ordnung und Sicherheit, Auswüchsen vorzubeugen, als auf dem Gebiet der Vorbeugung verunstaltender oder beeinträchtigender Wirkungen. In dieser Hinsicht wird daher das Erforderliche von der Straßenpolizei (Verkehrspolizei) zu veranlassen sein. Ebenso unterliegen wandelnde Reklamen, insbesondere Plakate auf Stangen und an Fuhrwerken, nicht der Beaufsichtigung durch die Baupolizei.

6. Reklamen in geschlossenen Grundstücken unterliegen nicht der Prüfung und Genehmigung durch die Baupolizei, sofern sie nicht von außen sichtbar sind und dadurch das Straßen-, Platz- oder Ortsbild verunstalten oder gegebenenfalls beeinträchtigen. Reklameschilder an Privatstraßen, die der Öffentlichkeit zugänglich sind, sind genehmigungspflichtig.

7. Wird ein Reklameschild mit einer anderen Aufschrift oder Abbildung versehen, so ist es als neue Reklamevorrichtung an-

zusehen. Das gleiche gilt bei Erneuerungen mit bloßen Veränderungen der Buchstaben, Farbe usw. Dagegen wird die unveränderte Erneuerung eines Schildes in der ursprünglich genehmigten Form und Farbengebung nicht als Anbringung eines neuen Schildes angesehen werden können, selbst wenn es zum Zweck der Erneuerung herabgenommen worden ist. Jedoch stellt das Oberverwaltungsgericht die Erneuerung von Schildern der Anbringung jedenfalls in dem Falle gleich, in dem dies im Ortsstatut ausdrücklich vorgeschrieben ist (vgl. PrVBl. Bd. 36 S. 267).

8. Ein Reklameschild ist dann als gröblich verunstaltend anzusehen, wenn es in störenden Gegensatz zu seiner Umgebung tritt und dadurch in hohem Maße ästhetisch störend und verletzend wirkt (OVG. Bd. 57 S. 474, vgl. auch Goldschmidt Anm. 3 u. 4 S. 77). Die Verunstaltung muß sich auf das Straßenbild beziehen. Ein Schild, das zwar an sich verunstaltend wirkt, aber im Straßenbild nicht in Erscheinung tritt, kann nicht verboten werden. Anders liegt die Sache nur dann, wenn etwa das Bauwerk, an dem es angebracht ist, besonders geschützt ist (OVG. im PrVBl. Bd. 44 S. 356).

9. Sind über die Genehmigung von Schildern straßenpolizeiliche Vorschriften vorhanden, so sind diese auch für die Baupolizei maßgeblich. Hat jedoch die Straßenpolizei den Antrag geprüft und hat sie keine Beanstandungen auf Grund der straßenpolizeilichen Vorschriften erhoben, so wird die Baupolizei annehmen können, daß solche nicht geltend gemacht werden sollen und von der Prüfung in dieser Hinsicht ihrerseits absehen können. Dagegen darf die Baupolizei die Genehmigung nicht gegen den Widerspruch der Straßenpolizei — bei Apothekenschildern und dergleichen kommt ferner beispielsweise die Genehmigung der Medizinalpolizei in Betracht — erteilen. Sind Schilder, die der baupolizeilichen Genehmigung bedürfen, bereits angebracht und sollen sie aus straßenpolizeilichen Gründen entfernt werden, so ist die Straßenpolizei hierfür zuständig. Dieser liegt auch die Bearbeitung von Beschwerden und Klagen ob, die zufolge einer Versagung aus straßenpolizeilichen Gründen erhoben werden.

10. Reklameschilder können zugleich bauliche Anlagen sein (vgl. EBO. § 1 und S. 20). In diesem Fall besteht also eine doppelt begründete Genehmigungspflichtigkeit, die eine praktische Auswirkung dadurch haben kann, daß die Anbringung von Reklame-

vorrichtungen, die als Baulichkeiten anzusehen sind, mit einer Übertretungsstrafe geahndet werden kann, woraus anderseits die Unzulässigkeit des Verbots der Anbringung unter Androhung einer Zwangsstrafe nach § 132 LVG. folgt (vgl. S. 215 Z. 6). Die Anbringung von Reklamevorrichtungen, die nicht als Baulichkeiten oder bauliche Bestandteile anzusehen sind, kann hingegen lediglich auf Grund einer vorangegangenen Strafandrohung nach § 132 LVG. bestraft werden (vgl. jedoch Anm. zu § 1 EBO.). Reklamen, die in einem Anstrich bestehen, unterliegen den Vorschriften in §§ 1 Ae, 24 EBO.

§ 4. Durch Ortsstatut können für die Bebauung bestimmter Flächen, wie Landhausviertel, Badeorte, Prachtstraßen, besondere, über das sonst baupolizeilich zulässige Maß hinausgehende Anforderungen gestellt werden.

1. Bei einem Verstoß gegen § 4 können Baulichkeiten verboten werden, ohne daß eine gröbliche Verunstaltung oder Beeinträchtigung der Umgebung vorliegt. Immerhin muß es sich aber um ästhetische Rücksichten handeln (vgl. die Ausführungsanweisung S. 93). Diese werden nicht als vorliegend angesehen werden können, wenn es sich um Bauten handelt, die von der Straße oder einer anderen Verkehrsfläche nicht gesehen werden können. Unzulässig ist das Verbot gewerblicher oder störender Betriebe nach § 4 des Verunstaltungsgesetzes, weil dies über die Wahrung baukünstlerischer Interessen hinausgehen würde (OVG Bd. 59 S. 426 f. und Min.-Erlaß vom 7. Mai 1924 II 9 Nr. 292). Zur Erzielung solcher Zwecke bietet das Wohnungsgesetz hinreichende Möglichkeiten. Nach § 4 können aber solche Betriebsstätten verboten werden, die durch die äußere Erscheinung oder Gestaltung der für den Betrieb bestimmten Baulichkeit erkennen lassen, daß das Gebäude nicht lediglich Wohnzwecken dient (OVG Bd. 67 S. 407, PrVBl. Bd. 36 S. 822). § 4 bietet ferner keine Handhabe zum Schutz gegen Reklameschilder u. dgl. (OVG. Bd. 36 S. 268).

2. Auch über Vorgärten können Vorschriften erlassen werden, und zwar auch über solche, die nicht fluchtlinienmäßig ausgewiesen sind (OVG. Bd. 66 S. 427). Enthält ein Ortsstatut andere Bestimmungen über die Einfriedigung von Vorgärten, als eine

Polizeiverordnung, so gehen die Bestimmungen des Ortsstatutes vor (vgl. S. 32).

§ 5. Der Beschlußfassung über das Ortsstatut hat in den Fällen der §§ 2 und 4 eine Anhörung Sachverständiger vorauszugehen.

§ 6. Sofern in dem auf Grund des § 2 erlassenen Ortsstatut keine anderen Bestimmungen getroffen werden, sind vor Erteilung oder Versagung der Genehmigung Sachverständige und der Gemeindevorstand zu hören. Will die Baupolizeibehörde die Genehmigung gegen den Antrag des Gemeindevorstandes erteilen, so hat sie ihm dieses durch Bescheid mitzuteilen. Gegen den Bescheid steht dem Gemeindevorstand innerhalb zwei Wochen die Beschwerde an die Aufsichtsbehörde zu.

In Gemeinden, in denen der Gemeindevorstand nicht aus einer Mehrheit von Personen besteht und der Gemeindevorsteher (Bürgermeister) zugleich Ortspolizeiverwalter ist, tritt an die Stelle des Gemeindevorstandes, sofern nicht in dem Ortsstatut etwas anderes bestimmt wird, der Gemeindebeamte, welcher den Gemeindevorsteher in Behinderungsfällen zu vertreten hat.

§ 7. Für selbständige Gutsbezirke können die dem Ortsstatut vorbehaltenen Vorschriften nach Anhörung des Gutsvorstehers von dem Kreisausschuß erlassen werden. Der Beschluß des Kreisausschusses bedarf der Bestätigung des Bezirksausschusses. Die Bestimmungen des § 2 Abs. 2, § 5 und § 6 finden sinngemäß Anwendung.

§ 8. Der Regierungspräsident ist befugt, mit Zustimmung des Bezirksausschusses für landschaftlich hervorragende Teile des Regierungsbezirkes vorzuschreiben, daß die baupolizeiliche Genehmigung zur Ausführung von

Bauten und baulichen Änderungen außerhalb der Ortschaften versagt werden kann, wenn dadurch das Landschaftsbild gröblich verunstaltet werden würde und dies durch die Wahl eines anderen Bauplatzes oder eine andere Baugestaltung oder die Verwendung anderen Baumaterials vermieden werden kann.

Vor Versagung der Genehmigung sind Sachverständige und der Gemeindevorstand zu hören. In Gemeinden, in denen der Gemeindevorstand nicht aus einer Mehrheit von Personen besteht und der Gemeindevorsteher (Bürgermeister) zugleich Ortspolizeiverwalter ist, tritt an die Stelle des Gemeindevorstandes, sofern nicht durch Ortsstatut etwas anderes bestimmt wird, der Gemeindebeamte, welcher den Gemeindevorsteher in Behinderungsfällen zu vertreten hat.

Anweisung zur Ausführung des Gesetzes gegen die Verunstaltung von Ortschaften und landschaftlich hervorragenden Gegenden vom 15. Juli 1907. Vom 4. August 1907 (MinBliV. S. 281).

Die Befugnisse der öffentlichen Gewalt, mittels deren der einzelne an der Ausführung unschön wirkender Bauten gehindert werden konnte, waren bisher in Preußen sehr eingeschränkt. Im Gebiete des ALR. konnte lediglich der groben Verunstaltung der Straßen und Plätze von Baupolizei wegen entgegengetreten werden. Im Gebiete des gemeinen Rechtes und des Rheinischen Bürgerlichen Gesetzbuches fehlte es überhaupt an einer Grundlage für die Beschränkung der Baufreiheit im ästhetischen Interesse. Nur in wenigen eng begrenzten Landesteilen galten besondere Vorschriften für den Schutz der Ortschaften gegen verunstaltende Bauausführungen. Die Landschaft entbehrte überhaupt jedes Schutzes. Dieser Rechtszustand entsprach nicht dem Bedürfnisse einer kulturell fortgeschrittenen Zeit. Das Gesetz vom 15. Juli 1907 gegen die Verunstaltung von Ortschaften und landschaftlich hervorragenden Gegenden ist bestimmt, hier Abhilfe zu schaffen.

Es zerfällt in drei Teile. Der erste (§ 1) enthält die Ausdehnung der Befugnisse, welche der Baupolizei nach vorstehendem im Gebiete des ALR. bisher beiwohnten, auf die ganze Monarchie; der zweite (§§ 2 bis 7) schafft für Gemeinden und Gutsbezirke eine Grundlage, auf der weitergehende Ziele in ästhetischer Hinsicht, insbesondere auch in der Richtung des Schutzes historisch und künstlerisch bedeutender Baulichkeiten verfolgt werden können; der dritte (§ 8) dient dem Schutze landschaftlich hervorragender Gegenden gegen die Verunstaltung durch Bauten.

I. (Zu § 1.)

Der Paragraph bestimmt, daß die baupolizeiliche Genehmigung zur Ausführung von Bauten und baulichen Änderungen zu versagen ist, wenn dadurch Straßen oder Plätze der Ortschaft oder das Ortsbild gröblich verunstaltet werden würden.

Die Vorschrift geht davon aus, daß zur Ausführung aller Bauten und baulichen Änderungen, die überhaupt verunstaltend wirken können, eine baupolizeiliche Genehmigung erforderlich ist. Dies wird nach allen Baupolizeiordnungen zutreffen. Wo es etwa noch nicht der Fall sein sollte, wird auf eine entsprechende Änderung der Baupolizeiordnungen hinzuwirken sein. Die Bestimmung gilt dem ganzen Umfange der Monarchie, in den Städten wie den Ortschaften des platten Landes. Unter „gröblicher Verunstaltung" ist dasselbe zu verstehen wie bisher unter „grober Verunstaltung". Wann eine solche vorliegen würde, kann im einzelnen Falle zweifelhaft sein. Im allgemeinen wird jede Schaffung eines positiv häßlichen und daher jedes für ästhetische Gestaltung offene Auge verletzenden Zustandes als grobe Verunstaltung anzusehen sein. Die Wirkung eines Baues ist indessen nicht überall die gleiche, sie kann vielmehr nach der Anlage, Bedeutung und architektonischen Ausgestaltung der umgebenden Straßen und Plätze eine sehr verschiedene sein. Einen Anhalt für die Anwendung der Vorschrift werden die Baupolizeibehörden in der Rechtsprechung des Oberverwaltungsgerichts finden, insbesondere in den Erkenntnissen vom 22. April 1880 (Entsch. Bd. 6 S. 318), vom 14. Juni 1882 (Entsch. Bd. 9 S. 353), vom 12. Oktober 1882 (PrVBl. Bd. 4 S. 22), vom 18. Februar 1886 (PrVBl. Bd. 7 S. 206), vom 19. Oktober 1886 (PrVBl. Bd. 8 S. 362), vom 26. Juni 1888 (PrVBl. Bd. 10 (S. 96), vom 17. Dezember 1890 (Entsch. Bd. 20 S. 396), vom 11. September 1891 (PrVBl. Bd. 13 S. 165), vom 27. September 1892 (PrVBl. Bd. 14 S. 163), vom 18. Oktober 1897 (Entsch. Bd. 32 S. 341), vom 24. März 1898 (Entsch. Bd. 33 S. 404), vom 15. Juni 1899 (Entsch. Bd. 35 S. 287), vom 23. Mai 1901 (Entsch. Bd. 41 S. 391) und vom 10. Mai 1904 (Entsch. Bd. 45 S. 393).

Vor derartigen groben Verunstaltungen werden durch das Gesetz nicht nur die Straßen und Plätze der Ortschaft — gleichviel, ob in ihren geschlossenen oder offen bebauten Teilen —, sondern auch das Ortsbild, wie es sich von außen darstellt, geschützt. In letzterer Hinsicht ist es nicht erforderlich, daß das Bild der gesamten Ortschaft gefährdet sein würde, es genügt vielmehr, wenn die grobe Verunstaltung nur einen Teil treffen würde.

Steht es außer Zweifel, daß ein Bauvorhaben eine gröbliche Verunstaltung herbeiführen würde, so hat die Baupolizeibehörde die Pflicht, die Baugenehmigung zu versagen. Die Entscheidung steht also nicht mehr in ihrem freien Ermessen. Häufig wird es sich aber empfehlen, daß die Baupolizeibehörde nicht ohne weiteres die Erteilung der Bauerlaubnis ablehnt, sondern daß sie mit dem Baulustigen wegen der Beseitigung des Mangels verhandelt und ihm beratend zur Seite tritt.

Spezialgesetzliche Vorschriften oder diesen gleichstehende Sonderbestimmungen, welche den Behörden weitergehende Befugnisse beimessen, als dies durch den § 1 geschieht, bleiben in Kraft.

II. (Zu den §§ 2 bis 7.)

1. Die Grundlage für die Pflege der über den Rahmen des § 1 hinausgehenden Interessen auf dem Gebiete des Bauwesens ist seitens der Gemeinden durch den Erlaß von Ortsstatuten zu schaffen. In formeller Hinsicht findet die durch das Gesetz gegebene Regelung eine Analogie in dem Rechtszustande, welcher nach § 12 des Straßen- und Baufluchtengesetzes vom 2. Juli 1875 besteht. Wie bei dem Anbau an unregulierten Straßen ist nach dem vorliegenden Gesetze die Ortspolizeibehörde zur Aus-

führung des ortsstatutarischen Verbotes berufen. Sie kann aber auch hier nur dann einschreiten, wenn ihr durch ein Ortsstatut die Befugnis dazu verliehen ist. Sie hat sich dabei an die Normen zu halten, welche durch das Ortsstatut gegeben sind; auch insoweit ist sie aber in ihrer Entschließung nicht mehr frei, sondern verpflichtet, gegenüber geplanten Bauausführungen, welche mit dem Ortsstatut nicht im Einklang stehen würden, dessen Vorschriften zur Anwendung zu bringen.

2. In sachlicher Hinsicht können durch Ortsstatut folgende Anordnungen getroffen werden:

a) Für bestimmt zu bezeichnende Straßen und Plätze von geschichtlicher und künstlerischer Bedeutung kann die Genehmigung zur Ausführung von Bauten und baulichen Änderungen versagt werden, wenn dadurch die Eigenart des Orts- oder Straßen-(Platz-)bildes beeinträchtigt werden würde (§ 2 Abs. 1 Satz 1). Wann einer Straße oder einem Platze eine besondere geschichtliche oder künstlerische Bedeutung beizulegen ist, ist Frage des einzelnen Falles. Künstlerisch bedeutend können auch neu angelegte Straßen oder Plätze sein. Von historischer Bedeutung wird nur dann geredet werden können, wenn Straßen oder Plätze hinsichtlich aller oder einzelner der an ihnen liegenden Gebäude den Charakter einer historischen Epoche aufweisen. Es wird z. B. nicht genügen, daß eine Straße den Ort eines bedeutenden geschichtlichen Ereignisses bildet, ohne daß der bauliche Zustand an den Vorgang erinnert. Auch bestimmt begrenzte Straßenteile können durch das Ortsstatut geschützt werden. Sämtliche geschichtlich oder künstlerisch hervorragenden Straßen und Plätze einer Gemeinde dürfen in die ortsstatutarische Regelung einbezogen werden.

Unerhebliche Bauausführungen, welche für die Eigenart des Orts- oder Straßenbildes überhaupt nicht ins Gewicht fallen, sind nicht zu untersagen, vielmehr bildet nur eine wirkliche Beeintächtigung des Orts- oder Straßenbildes die Voraussetzung des Verbotes. Die Eigenart der baulichen Umgebung wird aber dann beeinträchtigt, wenn eine Bauausführung zu ihr in störenden Gegensatz tritt. Deshalb wird für künstlerisch bedeutende Straßen gefordert werden können, daß sich Neu- oder Umbauten den benachbarten Gebäuden derart anpassen, d. h. in der Regel mit dem nötigen Takte unterordnen, daß das Gesamtbild eine Schädigung in ästhetischem Sinne nicht erleidet. Für Straßen mit ausgeprägtem historischen Charakter kann vorgeschrieben werden, daß Neubauten oder bauliche Änderungen sich der zur Zeit der Entstehung der Straße herrschenden Bauweise anschließen. Dabei können Bestimmungen über die äußere Gestaltung der Baulichkeiten, die zu verwendenden Baustoffe, die Farbengebung u. a. getroffen werden. Nicht nur bauliche Änderungen des Gebäudes selbst können untersagt werden, sondern auch der Umbau oder die Beseitigung von Bauteilen, die mit ihnen in Verbindung stehen, z. B. der sogenannten Beischläge in Danzig, kann ortsstatutarisch geregelt werden. Das Gesetz läßt den Gemeinden weitgehende Freiheit. Wie die Ortsstatute im einzelnen zu fassen sind, hängt von dem Bedürfnisse des besonderen Falles ab. Ein für allemal und überall gültige Normen lassen sich nicht aufstellen. Die einzige Schranke besteht darin, daß Vorschriften, welche über den Zweck der Wahrung der Eigenart des Orts- oder Straßenbildes hinausgehen, dem Gesetze zuwiderlaufen würden.

Für den Begriff des Ortsbildes wird auf das zu § 1 Gesagte verwiesen.

b) Können nach vorstehendem ganze Straßenzüge und Plätze, wie das Ortsbild als solches, unter gewissen Voraussetzungen vor der Beeinträchtigung durch Bauausführungen geschützt werden, so kann dieser Schutz nicht minder für einzelne Bauwerke von geschichtlicher oder künstlerischer Bedeutung geschaffen werden (§ 2 Abs. 1 Satz 2). Vor allem werden hier Kirchen, Klöster, Türme, Stadttore, Schlösser und Burgen in Betracht kommen, gleichviel ob sie innerhalb oder außerhalb der Ortschaften liegen; indessen sind auch andere Bauwerke, z. B. charakteristische Fachwerkhäuser in Stadt und Land, nach Wortlaut und Absicht des Gesetzes nicht ausgeschlossen. Eine Beeinträchtigung der Eigenart oder des Eindrucks, den solche Bauwerke hervorrufen, ist an sich möglich durch die Vornahme baulicher Änderungen an ihnen selbst oder durch die Ausführung von Bauten und baulichen Änderungen in ihrer Umgebung. In beiderlei Hinsicht kann im Wege des Ortsstatuts ein Bauverbot eingeführt werden. Die gänzliche Niederlegung in Privateigentum befindlicher Bauwerke von künstlerischer oder geschichtlicher Bedeutung kann aber nicht verboten werden. Im übrigen werden sich die Vorschriften, welche die Ortsstatute zum Schutze bestimmter Bauwerke geben, in ähnlicher Richtung zu bewegen haben, wie die zum Schutze von Straßen und Plätzen einzuführenden Bestimmungen (vgl. lit. a.).

c) Des weiteren kann durch Ortsstatut vorgeschrieben werden, daß die Anbringung von Reklameschildern, Schaukästen, Aufschriften und Abbildungen der Genehmigung der Baupolizeibehörde bedarf. Ist dies geschehen, so kann auf Grund des Gesetzes die Genehmigung versagt werden, wenn durch die Anbringung Straßen oder Plätze der Ortschaft oder das Ortsbild gröblich verunstaltet werden würden oder wenn in bestimmt bezeichneten Straßen von geschichtlicher oder künstlerischer Bedeutung oder auf solchen Plätzen die Eigenart des Orts- oder Straßenbildes beeinträchtigt werden würde, oder wenn durch die Anbringung an einzelnen Bauwerken von geschichtlicher oder künstlerischer Bedeutung oder in ihrer Umgebung ihre Eigenart oder der Eindruck, den sie hervorrufen, beeinträchtigt werden würde (§ 3).

Die Bestimmung bildet in gewissem Sinne eine Ergänzung des Gesetzes vom 2. Juni 1902 (GS. S. 159). Während durch dieses landschaftlich hervorragende Gegenden vor der Verunzierung durch Reklameschilder, Aufschriften und Abbildungen geschützt werden sollen, wird dieser Schutz durch das vorliegende Gesetz auf das Ortsbild, die Straßen der Ortschaften und einzelnen Bauwerke ausgedehnt, sei es, daß letztere innerhalb der bebauten Teile der Städte oder Dörfer oder außerhalb belegen sind. In das Ortsstatut werden zweckmäßig die Voraussetzungen, unter denen die Genehmigung zu versagen ist, mit aufzunehmen sein. Die Anbringung von Reklameschildern usw. darf nicht durchweg verboten werden, sondern nur insoweit, als es zur Erreichung des sich aus vorstehendem ergebenden Zwecks des Gesetzes erforderlich ist. Das Ortsstatut wird also das Verbot auf Schilder, Schaukästen usw. von bestimmter Art und Größe und von bestimmter Stellung zu beschränken haben. Auf die Verschiedenheit der Verhältnisse in den Gemeinden und ihren einzelnen Teilen, insbesondere auf den architektonischen Zustand des Ortsteiles und auf die Bedürfnisse des gewerblichen Lebens ist Rücksicht zu nehmen. Daß die Reklame heutzutage von Handel und Industrie nicht entbehrt werden kann, ist zu beachten; nur ihren Ausschreitungen ist entgegenzutreten, und sie dort fernzuhalten oder nur mit Einschränkungen zuzulassen, wo sie verletzend wirkt. Auch freistehende Reklameschilder und Abbildungen unterliegen dem ortsstatutarischen Verbot. Dies ist besonders zu beachten, weil gerade durch sie die Eigenart eines Ortsbildes erheblich beeinträchtigt werden kann.

d) Endlich können für die Bebauung bestimmter Flächen, wie Landhausviertel, Badeorte, Prachtstraßen, besondere, über das sonst baupolizeilich zulässige Maß hinausgehende Anforderungen gestellt werden (§ 4). Schon seither konnten Sonderbestimmungen für die Ausführung von Bauten in gewissen Teilen der Gemeinden durch Polizeiverordnung eingeführt werden. Auf diese Weise sind in zahlreichen größeren und kleineren Städten der Monarchie und ihren Vororten Bezirke geschaffen, in denen nur Wohngebäude oder Landhäuser errichtet werden dürfen, die Grundstücksfläche nur zu einem bestimmten Teile bebaut werden darf, die Höhe und die Geschoßzahl der Gebäude in besonderem Maße beschränkt ist u. a. m. Die Rechtsgültigkeit dieser Polizeiverordnungen steht nach der Rechtsprechung des Oberverwaltungsgerichts außer Frage. Immerhin finden solche Verordnungen eine gewisse Schranke insofern, als sich ihre Bestimmungen in den Grenzen, die durch § 10 ALR. II 17, §§ 66 und 71 ALR. I 8 und § 6 des Gesetzes vom 11. März 1850 bzw. der VO. vom 20. September 1867 gezogen sind, halten müssen, und demgemäß durch sie nur die Interessen der Feuersicherheit, der Verhütung von Unglücksfällen, der Beförderung des Verkehrs und der Förderung der Gesundheit geschützt werden dürfen. Darüber hinaus würden nach § 1 dieses Gesetzes, wie bisher im Gebiete des ALR. nur gröbliche Verunstaltungen verhütet werden können. § 4 des Gesetzes schafft nunmehr die Möglichkeit, an die Gestaltung der Bauten in Bezirken der hier in Rede stehenden Art weitergehende Anforderungen, die sich nicht von Polizei wegen durchführen lassen würden, zu stellen. Aus Gründen formeller Art empfiehlt es sich, das, was rechtsgültig nach den obigen Ausführungen durch Polizeiverordnungen bestimmt werden kann, auch in Zukunft auf diesem Wege anzuordnen und nur insoweit, als auf diese Weise dem hervortretenden Bedürfnisse nicht zu entsprechen ist, den Weg der ortsstatutarischen Regelung zu beschreiten. Die so zu gebenden Vorschriften können der verschiedensten Art sein und mannigfache Ziele verfolgen, das Gesetz gibt in dieser Hinsicht den Gemeinden volle Freiheit. Immerhin wird es sich nur um die Pflege höherer ästhetischer und nicht z. B. wirtschaftlicher Interessen handeln können, eine Beschränkung, die sich aus dem Zwecke des Gesetzes, wie er in dessen Überschrift bestimmt ist, ergibt. Wird für gewisse Gemeindebezirke auf eine besondere Vornehmheit der Gestaltung der Baulichkeiten hinzuwirken sein, so kann für andere die Förderung bescheidener Heimatkunst erstrebt werden. Während für einzelne Straßen die Bauausführung in einer bestimmten Bauweise vorgeschrieben werden kann, wird es anderwärts auf die Anpassung an die Landschaft, auf die Benutzung oder Vermeidung bestimmter Baustoffe ankommen. Ferner wird über das durch § 1 des Gesetzes gegebene Maß hinaus jede — also nicht nur die gröbliche — Verunstaltung gewisser Ortsteile untersagt werden können. Allgemein gültige Regeln lassen sich in dieser Beziehung nicht aufstellen. Nur das eine sei betont, daß es nicht die Aufgabe der Gemeinden sein kann, in mißbräuchlicher Anwendung der ihnen verliehenen Befugnisse hohlen Prunk und leere Scheinkunst zu fördern.

Für die Bestimmung der Flächen, auf welche die besonderen ortsstatutarischen Anordnungen Anwendung finden sollen, hat der Hinweis auf Landhausviertel, Badeorte, Prachtstraßen nur beispielgebende Bedeutung. Es ist auch in anderen Orten als Badeorten nicht ausgeschlossen, daß für gewisse Flächen (Straßen), in denen die Aufführung gewöhnlicher Reihenhäuser durch die Baupolizeiordnung zugelassen ist, durch das Ortsstatut Bestimmungen über die äußere Gestaltung der Häuser getroffen werden. Daß in den dem Ortsstatut zu unterwerfenden Bezirken eine bauliche Entwicklung bereits Platz gegriffen hat, wird durch das Gesetz nicht verlangt. Es ist demnach auch zulässig, für die Bebauung noch gänzlich unbebauten Geländes beschränkende Bestimmungen im Sinne des § 4 festzusetzen. Bei der Auswahl solcher Bezirke wird aber insofern Vorsicht zu üben sein, als berechtigte wirtschaftliche Interessen dabei nicht ohne Not beeinträchtigt werden dürfen.

3. In formeller Hinsicht können die auf Grund des § 2 des Gesetzes — Nr. II Ziff. 2, lit. a und b der Anweisung — zu erlassenden Ortsstatute nach § 6 für die einzelnen Fälle der Anwendung Bestimmungen über die Anhörung von Sachver-

ständigen und des Gemeindevorstandes treffen. Ist in dieser Beziehung eine andere Regelung durch das Ortsstatut nicht erfolgt, so sind vor Erteilung oder Versagung der Bauerlaubnis Sachverständige und der Gemeindevorstand nach dem Gesetze zu hören. Manche Fälle werden indessen so einfach liegen, daß ein Grund zur Anhörung von Sachverständigen nicht gegeben ist; auch der Anhörung des Gemeindevorstandes wird es, besonders bei geringfügigen Bauausführungen und baulichen Änderungen, nicht unter allen Umständen bedürfen. Um die durch die Beteiligung dieser Organe regelmäßig eintretende Verzögerung der Entscheidung über die Bauerlaubnisgesuche, welche von dem bauenden Publikum unangenehm empfunden werden wird, soweit angängig, zu vermeiden, empfiehlt es sich, durch das Ortsstatut Vorkehrung dahin zu treffen, daß die subsidiäre gesetzliche Regelung nicht in allen Fällen Platz greift, und daß die Baupolizeibehörde dann nicht zur Anhörung Sachverständiger verpflichtet ist, wenn die Besonderheit des Falles sie nicht erfordert und wenn bei der Unterlassung keine Gefährdung der vom Gesetz verfolgten Zwecke zu befürchten ist. Ein Bedürfnis zur Anhörung von außerhalb stehenden Sachverständigen wird besonders in denjenigen Gemeinden in geringerem Grade vorhanden sein, in welchen der Gemeindeverwaltung selbst auf diesem Gebiete erfahrene Personen angehören. Auch bezüglich der Beteiligung des Gemeindevorstandes werden sich die Gemeinden bei der Festsetzung des Ortsstatuts im Hinblick auf die zu befürchtende Verzögerung der Entschließung über die einzelnen Bauerlaubnisgesuche gewisse Schranken aufzuerlegen haben, indem sie etwa solche Bauausführungen von untergeordneter Bedeutung der Baupolizeibehörde zur selbständigen Entscheidung überlassen, von denen eine Einwirkung auf den Gesamteindruck der Gebäude nicht zu erwarten ist. Im übrigen soll nicht verkannt werden, daß es sich in den Fällen des § 2 des Gesetzes gerade um die Pflege besonderer Gemeindeinteressen handelt, zu deren Wahrnehmung im Zweifel der Gemeindevorstand in erster Linie berufen ist.

Eine besondere Regelung kann durch das Ortsstatut in Gemeinden, in denen der Gemeindevorstand nicht aus einer Mehrheit von Personen besteht und der Gemeindevorsteher (Bürgermeister) zugleich Ortspolizeiverwalter ist, erfolgen. Welches

Organ in diesen Fällen an Stelle des Gemeindevorstandes vor der Entscheidung über das Baugesuch gehört werden soll, steht in der freien Entschließung der Gemeinde. Unter Umständen kann die Baukommission oder eine für diesen Zweck besonders zu wählende ständige Gemeindekommission in Betracht kommen. Nicht empfehlenswert erscheint es, der Gemeindevertretung die Begutachtung zu übertragen, da diese nicht wegen jedes einzelnen Baufalles zusammenberufen werden kann und daher oft eine ganz unverhältnismäßige Verschleppung der Entscheidungen über die Bauanträge durch ihre Anhörung eintreten würde. Auch für solche Gemeinden kann übrigens das Ortsstatut bestimmen, daß eine besondere Anhörung des Gemeindevorstandes überhaupt unterbleibt. Fehlt es an jeder Vorschrift im Ortsstatut, so tritt an Stelle des Gemeindevorstandes kraft Gesetzes der Gemeindebeamte, welcher den Gemeindevorsteher in Behinderungsfällen zu vertreten hat (§ 6 Abs. 2).

Für die Einzelfälle der Anwendung der auf Grund der §§ 3 und 4 erlassenen Ortsstatute ist die Anhörung von Sachverständigen und des Gemeindevorstandes durch das Gesetz nicht vorgesehen; auch fehlt es in dieser Beziehung an einem Hinweis auf eine entsprechende Regelung durch das Ortsstatut.

4. Der Beschlußfassung über Ortsstatute der unter Ziffer 2 und 3 bezeichneten Art hat regelmäßig eine Anhörung Sachverständiger vorauszugehen, ausgenommen, wenn die Anbringung von Reklameschildern, Schaukästen und Abbildungen beschränkt oder verboten werden soll (§ 5). In diesem Falle ist die Einholung eines Sachverständigengutachtens nicht erforderlich; die Gemeindekörperschaften werden auf Grund eigenen Urteils in der Lage sein, zweckentsprechende Bestimmungen unter Würdigung aller in Betracht kommenden Interessen zu treffen. Der Zeitpunkt der in den übrigen Fällen erforderlichen Anhörung von Sachverständigen ist durch das Gesetz nur insoweit bestimmt, als die Äußerung unter allen Umständen vor der Beschlußfassung durch die Gemeindevertretung erfolgt sein muß. Ob seitens des Gemeindevorstandes zunächst ein Entwurf für ein Ortsstatut auszuarbeiten ist, der den Sachverständigen demnächst vorgelegt wird, oder ob bereits bei der Ausarbeitung Sachverständige beteiligt werden, steht im Belieben der Gemeindebehörden. Der erstere Weg wird dann einzuschlagen sein, wenn dem Gemeinde-

vorstande auf dem in Betracht kommenden Gebiete erfahrene Personen angehören oder zur Verfügung stehen.

Darüber, wer als Sachverständiger zu gelten hat, trifft das Gesetz keine Entscheidung. Es können dies staatliche wie private Architekten oder Personen sein, die ohne Fachvorbildung sich ein besonderes Verständnis für die Beurteilung der in Betracht kommenden Fragen erworben haben. Soweit es sich um den Schutz künstlerisch oder geschichtlich bedeutender Straßen oder Bauwerke handelt, werden die Provinzialkonservatoren geeignete Gutachter sein; insoweit es sich lediglich um die Verwirklichung höherer ästhetischer Ziele handelt, empfiehlt es sich, Vertreter der Künstlerschaft zu beteiligen. Für das ganze Land wie für einzelne Provinzen bestehen Vereine, welche den mit diesem Gesetze verfolgten Bestrebungen nahestehen und deren Vorstände oder werktätige Mitglieder bei der Wahl von Sachverständigen in Betracht kommen mögen. Es sei besonders auf den Verband deutscher Architekten- und Ingenieur-Vereine und auf dessen Einzelvereine hingewiesen. Die Gemeinden sind jedenfalls frei in der Entschließung darüber, wessen Gutachten sie hören wollen, nur müssen solche Personen beteiligt werden, deren Urteil tatsächlich als ein sachverständiges anzuerkennen ist.

Ein Zwang, dem Gutachten zu folgen, besteht für die Gemeinden nicht; indessen werden nur wohlerwogene Gründe Abweichungen in dem Ortsstatut rechtfertigen können.

Die Ortsstatute bedürfen in Städten der Bestätigung des Bezirksausschusses (Zuständigkeitsgesetz vom 1. August 1883, § 16 Abs. 3), in Landgemeinden der Genehmigung des Kreisausschusses, in Hohenzollern der des Amtsausschusses (Landgemeindeordnungen für die sieben östlichen Provinzen vom 3. Juli 1891, § 6; für Schleswig-Holstein vom 4. Juli 1892, § 6; für Hessen-Nassau vom 4. August 1897, § 6; für die Hohenzollernschen Lande vom 2. Juli 1900, § 6; für die Rheinprovinz vom 23. Juli 1845, § 11; für Westfalen vom 19. März 1856, §§ 12, 13; für Hannover vom 28. April 1859, § 5 und Zuständigkeitsgesetz vom 1. August 1883, § 31). Gegen die Versagung ist gemäß § 121 des Landesverwaltungsgesetzes vom 30. Juli 1883 für Städte die Beschwerde an den Provinzialrat, für Landgemeinden an den Bezirksausschuß zulässig. In Berlin ist nach § 43 LVG. der Oberpräsident für die Bestätigung des Ortsstatutes zuständig.

Die Veröffentlichung der Ortsstatute hat in ortsüblicher Weise zu erfolgen; soweit demgemäß nicht ohnehin schon die Statuten durch die Presse zur allgemeinen Kenntnis zu bringen sind, ist die Bekanntmachung in den sonst für öffentliche Mitteilungen dienenden Blättern geboten.

5. Ist für eine Gemeinde ein Ortsstatut gemäß §§ 2 bis 4 des Gesetzes erlassen, so hat die Baupolizeibehörde beim Eingang von Bauerlaubnisgesuchen zunächst zu prüfen, ob diese von den ortsstatutarischen Bestimmungen betroffen werden. Kommen Vorschriften der in den §§ 3 und 4 bezeichneten Art in Betracht, so ist ohne weiteres unter Beachtung der ortsstatutarischen Normen, die insoweit die gleiche Wirkung wie baupolizeiliche Bestimmungen haben, von der Baupolizeibehörde selbständig Entscheidung zu treffen. Ebenso ist zu verfahren, wenn es sich um Fälle im Sinne des § 2 handelt, in denen es nach der Vorschrift des Ortsstatuts einer Anhörung von Sachverständigen oder des Gemeindevorstandes nicht bedarf. Ist dagegen die Anhörung vorgesehen, so hat die Baupolizeibehörde sich zunächst mit einem oder mehreren Sachverständigen — je nach der Lage des Falles oder der Bestimmungen des Ortsstatuts — und mit dem Gemeindevorstande unter Mitteilung der Bauvorlagen in Verbindung zu setzen. Für die Beantwortung der Frage, wer als Sachverständiger in Betracht kommt, gibt die vorstehende Ziffer 4 Hinweise. Nach Möglichkeit wird darauf Bedacht zu nehmen sein, daß die Sachverständigen am Orte selbst oder in leicht erreichbarer Nähe ihren Wohnsitz haben, um die Verhandlungen nicht ohne Not zu erschweren und zu verzögern. Erklären die Sachverständigen und der Gemeindevorstand das Bauvorhaben für einwandfrei, so hat die Baupolizeibehörde, sofern auch ihrer Meinung nach die Bauzeichnungen den Anforderungen des Ortsstatuts entsprechen und aus baupolizeilichen Rücksichten keine Bedenken vorliegen, die Bauerlaubnis zu erteilen. Finden sich indessen Anstände, so wird in den meisten Fällen eine mündliche Erörterung des Baugesuches seitens der Baupolizeibehörde mit dem Baulustigen und dessen Architekten unter Zuziehung des Gemeindevorstandes oder seiner Beauftragten und der Sachverständigen angebracht sein, um so dem bauenden Eigentümer den Weg zu zeigen, auf dem er bei dem geplanten Bau den Zwecken des Gesetzes gerecht werden kann. Bei den Verhand-

lungen wird zu beachten sein, daß es den Absichten des Gesetzes nicht entspricht, Anforderungen zu stellen, welche eine schwere wirtschaftliche Schädigung der Bauenden zur Folge haben würden, insbesondere sollen die den Baulustigen zu machenden Auflagen nicht so weit gehen, daß im einzelnen Falle die Bauausführung überhaupt unmöglich wird. Dies wird aber regelmäßig auch nicht notwendig sein, da nach den bisher gemachten Erfahrungen zumeist ein Weg gefunden werden wird, auf dem sich der Neubau mit den zu schützenden Interessen in Einklang bringen läßt.

Daß der Bauentwurf dem Gepräge der Umgebung im wesentlichen entspricht oder es nicht stört, wird unschwer ohne Schädigung des Bauenden fast immer zu erreichen sein. Selbst gewerblichen Anlagen wird durchweg eine äußere Gestaltung verliehen werden können, bei der eine erhebliche Beeinträchtigung künstlerisch oder geschichtlich bedeutender Straßen oder Bauwerke hintangehalten wird. Werden aber zur Erzielung eines besonders günstigen Eindrucks des Baues oder zur Herbeiführung einer möglichsten Anpassung an die benachbarten Gebäude weitergehende Forderungen gestellt, so wird die Gemeinde zu erwägen haben, ob sie zur Erfüllung dieses Verlangens dem bauenden Eigentümer nicht finanziell zu Hilfe kommen will, wie dies bereits jetzt in manchen Städten geschieht. Lehnt die Gemeinde dies ab, oder lassen sich nicht Dritte hierzu bereit finden und ergibt sich dann, daß die Kosten der auf Grund des Ortsstatuts geforderten Änderungen des an sich dem Gepräge der Umgebung der Baustelle entsprechenden Entwurfes in keinem angemessenen Verhältnisse zu den dem Bauherrn zu Lasten fallenden Kosten der Bauausführung stehen würden, so ist von der Anwendung des Ortsstatuts abzusehen. Dasselbe gilt, wenn die Gemeinde oder ein Dritter zwar zur Leistung eines Beitrages zu den Baukosten bereit ist, aber auch unter dessen Berücksichtigung der Bauherr unverhältnismäßig belastet bleiben würde (§ 2 Abs. 2).

Ist die Anhörung der Sachverständigen und des Gemeindevorstandes erfolgt und sind die Verhandlungen mit diesen und dem Baulustigen abgeschlossen, so hat die Baupolizeibehörde allein die Entscheidung über das Bauerlaubnisgesuch zu treffen. Einen unbedingten Anspruch auf Berücksichtigung ihrer Gutachten und Wünsche haben weder die Sachverständigen noch der

Gemeindevorstand. Will aber die Baupolizeibehörde die Genehmigung gegen den Antrag des Gemeindevorstandes erteilen, so hat sie ihm dies durch förmlichen Bescheid mitzuteilen. Gegen den Bescheid steht dem Gemeindevorstand innerhalb zweier Wochen die Beschwerde an die Aufsichtsbehörde der Baupolizeibehörde zu (§ 6 Abs. 1 Satz 2 und 3). Die Aushändigung des Bauerlaubnisscheines an den Bauherrn erfolgt in diesem Falle zweckmäßig erst nach Ablauf der dem Gemeindevorstande gewährten Anfechtungsfrist, um nicht durch die vorzeitige Mitteilung den Eigentümer zu Aufwendungen für den Bau zu veranlassen, die bei einer ihm ungünstigen Entscheidung der Aufsichtsbehörde vergebliche sein würden. Legt der Gemeindevorstand Beschwerde ein, so empfiehlt es sich, dem Bauherrn hiervon Kenntnis zu geben.

Die die Bauerlaubnis versagende Verfügung ist eine solche im Sinne des § 127 des Landesverwaltungsgesetzes und mit den dort gegebenen Rechtsmitteln anfechtbar.

6. Auch in selbständigen Gutsbezirken können Verhältnisse vorliegen, welche eine Regelung, wie sie nach den §§ 2 bis 4 des Gesetzes für Gemeinden durch Ortsstatut erfolgen kann, geboten erscheinen lassen. Besonders wird dies für Gutsbezirke gelten, die innerhalb einer Stadt liegen. In solchen Fällen kann die Wirkung der städtischen Maßnahmen zum Schutze der Ortschaft in Frage gestellt werden, wenn nicht ähnliche Vorschriften auch für den Gutsbezirk eingeführt werden. Aber auch in Gutsbezirken, die entfernt von Städten liegen, können Bestimmungen zum Schutze geschichtlich oder künstlerisch bedeutender Bauwerke, zur Fernhaltung von Reklameschildern usw. oder für die Bebauung bestimmter Flächen erforderlich werden. Das Bedürfnis besteht vor allem dann, wenn der Gutsbezirk sich nicht mehr im Alleineigentume des Gutsherrn befindet. In sochen Fällen können die dem Ortsstatute vorbehaltenen Vorschriften nach Anhörung des Gutsvorstehers von dem Kreisausschusse erlassen werden (§ 7). Der Antrag auf Beschlußfassung kann vom Gutsvorsteher, aber auch von der Ortspolizeibehörde, dem Landrate, der Polizeiverwaltung einer benachbarten Stadt oder irgendeiner sonst durch ihr Interesse legitimierten Stelle ausgehen. Der Erlaß der Vorschriften kann selbst gegen den Willen des Gutsvorstehers beschlossen werden, jedoch werden dessen be-

rechtigte Interessen nicht außer acht zu lassen sein. Der Beschlußfassung hat in den Fällen der §§ 2 bis 4 des Gesetzes die Anhörung von Sachverständigen vorauszugehen, wofür die unter Nr. II Ziff. 4 der Anweisung gegebenen Hinweise zu beachten sind. Der Beschluß des Kreisausschusses bedarf nach dem Gesetz der Bestätigung des Bezirksausschusses.

Für die Anwendung der für Gutsbezirke erlassenen Vorschriften im Einzelfalle, insbesondere für die Anhörung der Sachverständigen und das sonstige Verfahren der Baupolizeibehörde findet das unter Nr. II Ziff. 3 und 5 der Anweisung Gesagte entsprechende Anwendung. An Stelle des Gemeindevorstandes ist der Gutsvorstand zu hören, sofern nach den erlassenen besonderen Vorschriften oder dem Gesetze seine Beteiligung erforderlich ist (§ 6 Abs. 1). Wie dem Gemeindevorstande, so steht auch dem Gutsvorsteher gegen den Bescheid der Baupolizeibehörde die Beschwerde an die Aufsichtsbehörde zu, wenn jene gegen seinen Antrag die Genehmigung zu einer Bauausführung erteilen will.

III. (Zu § 8.)

Der Paragraph regelt den Schutz des Landschaftsbildes gegen die Verunstaltung durch Bauten. Er bestimmt, daß unter gewissen Voraussetzungen der Regierungspräsident befugt ist, mit Zustimmung des Bezirksausschusses für landschaftlich hervorragende Teile des Regierungsbezirks vorzuschreiben, daß die baupolizeiliche Genehmigung zur Ausführung von Bauten und baulichen Änderungen außerhalb der Ortschaften versagt werden kann, wenn dadurch das Landschaftsbild gröblich verunstaltet wird. Nur für landschaftlich hervorragende Gegenden also können solche Vorschriften erlassen werden. Maßgebend für die Definition des Begriffs der landschaftlich hervorragenden Gegend kann nicht das Heimatgefühl der Bewohner der betreffenden Landschaft allein sein — denn dieses ist wohl überall vorhanden —, vielmehr vorwiegend die Bewertung der Landschaft durch die öffentliche Meinung, den Zustrom von Besuchern usw.

Da es sich um eine immerhin einschneidende Maßnahme handelt, die eine nicht unerhebliche Beschränkung der Ausnutzung des Grundeigentums bedeutet, wird mit großer Vorsicht zu Werke zu gehen sein. Es ist in jedem Falle zu prüfen, ob nicht wirtschaftliche Interessen von schwerwiegender Bedeutung gefährdet werden, denen gegenüber die auf ästhetischem Gebiete liegenden Wünsche zurücktreten müssen. Wo bereits eine zukunftsreiche industrielle Entwicklung eingesetzt hat oder mit ziemlicher Sicherheit auf eine solche zu rechnen ist, wo es sich um Bergwerksbetriebe handelt usw., kann von Maßnahmen der fraglichen Art Abstand genommen werden. Bestehen Zweifel in dieser Hinsicht, so kann die Anhörung berufener Interessentenvertretungen, der Landwirtschaftskammern, der Handelskammern u. a. in Frage kommen.

Stehen Bedenken nicht entgegen, so ist das Gebiet, dem der Schutz gewährt werden soll — erforderlichenfalls nach örtlicher Prüfung —, genau zu bezeichnen. Bei der Bestimmung der Grenzen ist vom Standpunkte des Beschauers auszugehen. Dieser Grundsatz wird besonders in bergigem Gelände dazu führen, daß unter Umständen innerhalb des Gesamtgebietes gewisse nicht zu überblickende Teile von der Beschränkung freibleiben können. Die vom Regierungspräsidenten zu treffende Anordnung ist in den für amtliche Veröffentlichungen bestimmten Blättern bekanntzumachen.

Die Entscheidung ist im einzelnen Falle von der Ortspolizeibehörde zu treffen, wenn bei ihr die Bauerlaubnis nachgesucht wird. Sie ist nicht verpflichtet, die Bauerlaubnis zu versagen, sondern nur berechtigt. Bei der Entschließung hat auch sie die wirtschaftlichen Verhältnisse zu berücksichtigen und wird die Genehmigung trotz der drohenden Verunstaltung dann erteilen, wenn auf keine Weise die Bauausführung ohne schwere Schädigung des Bauenden mit der landschaftlichen Umgebung in Einklang gebracht werden kann. Die bauliche Ausnutzung des Grund und Bodens soll durch den § 8 nicht geradezu unmöglich gemacht werden. Nur in den seltensten Fällen wird indessen mit dieser Gefahr gerechnet werden müssen. Fast immer wird eine entsprechende Gestaltung des Baues — selbst bei industriellen Anlagen — ohne erhebliche Vermehrung der Kosten möglich sein. Hierauf hinzuwirken und dem Baulustigen geeignete Ratschläge zu erteilen, hat sich die Baupolizeibehörde angelegen sein zu lassen. Dabei ist zu beachten, daß das Landschaftsbild im Wege des Zwanges nur gegen gröbliche Verunstaltung geschützt werden kann. Wegen des Begriffes wird auf die Ausführungen unter Nr. I verwiesen.

Die Bauerlaubnis ist nach dem Gesetze nicht zu versagen, wenn dem Bau eine andere, in das Landschaftsbild besser passende Gestaltung als die geplante nicht gegeben werden kann, wenn die Verwendung eines der Umgebung mehr entsprechenden Baumaterials nicht möglich oder für den Bauenden die Wahl eines anderen Bauplatzes nicht angängig ist. Ob das letztere zutrifft, ist Frage des einzelnen Falles. Es ist nicht unbedingt erforderlich, daß der Baulustige zur Zeit der Einbringung des Bauerlaubnisgesuches keinen eigenen anderen Bauplatz besitzt. Hat er z. B. selbst zwar keinen anderen Bauplatz, kann er aber ohne unverhältnismäßige Aufwendungen einen für seine Zwecke geeigneten erwerben, oder wird ihm ein solcher von dritter Seite — etwa einem Verschönerungsverein — zur Verfügung gestellt, bei dessen Benutzung der Verunstaltung der Landschaft vorgebeugt wird, so braucht die baupolizeiliche Genehmigung nicht erteilt zu werden.

Das Gesetz bestimmt ferner, daß vor der Versagung der Genehmigung Sachverständige und der Gemeindevorstand zu hören sind. Oft wird es sich aber empfehlen, daß die Baupolizeibehörde, auch wenn sie nicht alsbald zur Versagung der Bauerlaubnis entschlossen ist, Sachverständige und den Gemeindevorstand beteiligt, besonders wenn Verhandlungen mit dem Baulustigen zum Zweck einer Änderung des Bauvorhabens eingeleitet werden sollen. Zu den Sachverständigen, die bei der Anwendung dieses Gesetzes überhaupt in Betracht kommen (Nr. II Ziff. 4), treten im Falle des § 8 besonders erfahrene Angehörige des Heimatschutzbundes und der ihm verwandten Vereinigungen hinzu. Unter Umständen kann auch die Zuziehung eines Landschaftsgärtners von anerkanntem Ruf in Frage kommen. In Gemeinden, in denen der Gemeindevorstand nicht aus einer Mehrheit von Personen besteht und der Gemeindevorsteher (Bürgermeister) zugleich Ortspolizeiverwalter ist, tritt nach dem Gesetz an die Stelle des Gemeindevorstandes der Gemeindebeamte, welcher den Gemeindevorsteher in Behinderungsfällen zu vertreten hat. Durch besonders für diesen Fall zu erlassendes Ortsstatut kann eine andere Regelung herbeigeführt werden. In Gutsbezirken tritt an die Stelle des Gemeindevorstandes der Gutsvorsteher. Die Baupolizeibehörde hat darauf hinzuwirken, daß Verzögerungen, die sich bei der Anhörung von Sachverständigen und des Gemeindevorstandes nicht ganz vermeiden lassen, tunlichst beschränkt werden. Zur Vornahme unbedeutender Bauausführungen und baulicher Änderungen, die ohne Einwirkung auf das Landschaftsbild sind, kann die Baupolizeibehörde ohne weiteres die Genehmigung erteilen.

Gesetz, betreffend die Anlegung und Veränderung von Straßen und Plätzen in Städten und ländlichen Ortschaften vom 2. Juli 1875 (GS. S. 561), geändert durch das Wohnungsgesetz vom 28. März 1918 (GS. S. 23).

§ 1. Für die Anlegung oder Veränderung von Straßen und Plätzen (auch Gartenanlagen, Spiel- und Erholungsplätzen) in Städten und ländlichen Ortschaften sind die Straßen- und Baufluchtlinien vom Gemeindevorstand im Einverständnisse mit der Gemeinde oder deren Vertretung, dem öffentlichen Bedürfnis entsprechend unter Zustimmung der Ortspolizeibehörde festzusetzen.

Die Ortspolizeibehörde kann die Festsetzung der Fluchtlinien verlangen, wenn die von ihr wahrzunehmenden polizeilichen Rücksichten oder ein hervorgetretenes Bedürfnis nach Klein- oder Mittelwohnungen die Festsetzung fordern; im letzteren Falle bedarf sie jedoch der Einverständniserklärung der Kommunalaufsichtsbehörde.

Zu einer Straße im Sinne dieses Gesetzes gehört der Straßendamm und der Bürgersteig.

Die Straßenfluchtlinien bilden regelmäßig zugleich die Baufluchtlinien, das heißt die Grenzen, über welche hinaus die Bebauung ausgeschlossen ist. Aus besonderen Gründen kann aber eine hinter die Straßenfluchtlinie zurückweichende Baufluchtlinie festgesetzt werden.

1. Der maßgebende Einfluß liegt also hinsichtlich der Festsetzung der Fluchtlinien bei der Gemeinde, während die Ausweisung bestimmter Flächen als Wohngebiet, geschütztes Gebiet usw. (vgl. § 8 EBO.), desgleichen die Einteilung in Bauklassen (§ 7 EBO.) Sache der Polizeiverwaltung ist. Über die Aufstellung von Fluchtlinienplänen ist die Ausführungsanweisung vom 28. Mai 1876 (MinBliV. S. 131) ergangen.

2. Wegen der aus der Festsetzung von Straßen- und Baufluchtlinien sich ergebenden Vorgärten vgl. § 25 EBO., im übrigen die Erläuterungen bei von Strauß und Torney-Saß S. 69 f. und Baltz-Fischer S. 148 f.

3. Unter den Plätzen im Sinne des Gesetzes vom 2. Juli 1875 in seiner ursprünglichen Fassung sind öffentliche Plätze zu verstehen, welche als polizeiliche Verkehrsanstalten der Bestimmung der Polizei unterworfen sind und auch unterworfen bleiben, wenn sie mit dem Willen der Polizei vorübergehend oder dauernd zu besonderen Zwecken als Marktplätze, Turn- und Spielplätze u. dgl. eingerichtet und bestimmt werden (OVG. Bd. 71 S. 346). Auch das Wohnungsgesetz vom 28. März 1918 hat an der grundsätzlichen Bedeutung der „Plätze" des Baufluchtliniengesetzes nichts geändert, wenn es in § 1 Abs. 1 und § 2 Abs. 1 des Baufluchtliniengesetzes das Wort „Plätze" ergänzt hat durch den Zusatz: „(auch Gartenanlagen, Spiel- und Erholungsplätze)" und zu § 3 des Baufluchtliniengesetzes den neuen Absatz 3 folgenden Wortlauts hinzugefügt hat: „Im Interesse des Wohnungsbedürfnisses ist ferner darauf Bedacht zu nehmen, daß in ausgiebiger Zahl und Größe Plätze (auch Gartenanlagen, Spiel- und Erholungsplätze) vorhanden sind (OVG. vom 21. 10. 1926 IV B 9 26). Es kann also nicht etwa durch Festsetzung von Fluchtlinien um ein ausgedehntes land- oder forstwirtschaftlich genutztes Gelände das Bebauen verhindert werden. Vgl. im übrigen die Ausführungsanweisung zum Wohnungsgesetz (S. 162 f).

§ 2. Die Festsetzung von Fluchtlinien (§ 1) kann für einzelne Straßen, Straßenteile und Plätze (auch Gartenanlagen, Spiel- oder Erholungsplätze) oder, nach dem voraussichtlichen Bedürfnisse der näheren Zukunft, durch Aufstellung von Bebauungsplänen für größere Grundflächen erfolgen.

Handelt es sich infolge von umfassenden Zerstörungen durch Brand oder andere Ereignisse um die Wiederbebauung ganzer Ortsteile, so ist die Gemeinde verpflichtet, schleunigst darüber zu beschließen, ob und inwiefern für den betreffenden Ortsteil ein neuer Bebauungsplan aufzustellen ist und eintretendenfalls die unverzügliche Feststellung des neuen Bebauungsplanes zu bewirken.

§ 3. Bei Festsetzung der Fluchtlinien ist auf das Wohnungsbedürfnis sowie die Förderung des Verkehrs, der Feuersicherheit und der öffentlichen Gesundheit Bedacht zu nehmen, auch darauf zu halten, daß eine Verunstaltung der Straßen und Plätze sowie des Orts- und Landschaftsbildes nicht eintritt.

Es ist deshalb für die Herstellung einer genügenden Breite der Straßen und einer guten Verbindung der neuen Bauanlagen mit den bereits bestehenden Sorge zu tragen.

Im Interesse des Wohnungsbedürfnisses ist ferner darauf Bedacht zu nehmen, daß in ausgiebiger Zahl und Größe Plätze (auch Gartenanlagen, Spiel- und Erholungsplätze) vorhanden sind, daß die Möglichkeit gegeben ist, an geeigneter Stelle Kirchen- und Schulbauten zu errichten, daß für Wohnzwecke Baublöcke von angemessener Tiefe und Straßen von geringerer Breite entsprechend dem verschiedenartigen Wohnungsbedürfnisse geschaffen werden, und daß durch die Festsetzung Baugelände entsprechend dem Wohnungsbedürfnisse der Bebauung erschlossen wird.

§ 4. Jede Festsetzung von Fluchtlinien (§ 1) muß eine genaue Bezeichnung der davon betroffenen Grundstücke und Grundstücksteile und eine Bestimmung der Höhenlage sowie der beabsichtigten Entwässerung der betreffenden Straßen und Plätze enthalten.

§ 5. Die Zustimmung der Ortspolizeibehörde (§ 1) darf nur versagt werden, wenn die von ihr wahrzunehmenden polizeilichen Rücksichten oder ein hervorgetretenes Bedürfnis nach Klein- oder Mittelwohnungen (§ 3 Abs. 3) die Versagung fordern. Soweit die Zustimmung wegen eines hervorgetretenen Bedürfnisses nach Klein- oder Mittelwohnungen versagt wird, bedarf es des Einverständnisses der Kommunalaufsichtsbehörde.

Will sich der Gemeindevorstand bei der Versagung nicht beruhigen, so beschließt auf sein Ansuchen der Kreisausschuß.

Derselbe beschließt auf Ansuchen der Ortspolizeibehörde über die Bedürfnisfrage, wenn der Gemeindevorstand die von der Ortspolizeibehörde verlangte Festsetzung (§ 1 Abs. 2) ablehnt. An Stelle des Kreisausschusses tritt in Stadtkreisen und den einem Landkreise angehörenden Städten von mehr als 10 000 Einwohnern der Bezirksausschuß, in Berlin der Minister der öffentlichen Arbeiten. Soweit ein solches Ansuchen auf ein hervorgetretenes Bedürfnis nach Klein- oder Mittelwohnungen gestützt wird, darf es nur im Einverständnisse mit der Kommunalaufsichtsbehörde ergehen.

§ 6. Betrifft der Plan der beabsichtigten Festsetzungen (§ 4) eine Festung, oder fallen in denselben öffentliche Flüsse, Chausseen, Eisenbahnen oder Bahnhöfe, so hat die Ortspolizeibehörde dafür zu sorgen, daß den beteiligten Behörden rechtzeitig zur Wahrung ihrer Interessen Gelegenheit gegeben wird.

Fluchtlinien, die ohne Innehaltung der obigen Vorschriften zustande gekommen sind, sind deshalb nicht ungültig, jedoch würden sie Bauten der Reichsbahn gegenüber praktisch ohne Bedeutung sein (OVG. Bd. 68 S. 435, Erlaß des Volkswohlfahrtsministers vom 24. Juni 1924 II 9 Nr. 153). Übrigens sollen nach den Ministerialerlassen vom 3. August 1927 und 17. Juli 1891 auch diejenigen fiskalischen Behörden in Kenntnis gesetzt werden, denen die Verwaltung der an einer neu festzusetzenden Fluchtlinie beteiligten Grundstücke obliegt (Baupol. Mitteilungen Bd. 14 S. 150).

§ 7. Nach erfolgter Zustimmung der Ortspolizeibehörde bzw. des Kreisausschusses (§ 5), hat der Gemeindevorstand den Plan zu jedermanns Einsicht offenzulegen. Wie letzteres geschehen soll, wird in der ortsüblichen Art mit dem Bemerken bekanntgemacht, daß Einwendungen gegen den Plan innerhalb einer bestimmt zu bezeichnenden präklusivischen Frist von mindestens vier Wochen bei dem Gemeindevorstand anzubringen sind.

Handelt es sich um Festsetzungen, welche nur einzelne Grundstücke betreffen, so genügt statt der Offenlegung und Bekanntmachung eine Mitteilung an die beteiligten Grundeigentümer.

§ 8. Über die erhobenen Einwendungen (§ 7) hat, soweit dieselben nicht durch Verhandlung zwischen dem Gemeindevorstande und den Beschwerdeführern zur Erledigung gekommen, der Kreisausschuß zu beschließen. An Stelle des Kreisausschusses tritt in Stadtkreisen und den einem Landkreise angehörigen Städten von mehr als 10000 Einwohnern der Bezirksausschuß, in Berlin der Minister der öffentlichen Arbeiten. Sind Einwendungen nicht erhoben oder ist über dieselben endgültig (§ 16) beschlossen, so hat der Gemeindevorstand den Plan förmlich festzustellen, zu jedermanns Einsicht offenzulegen und, wie dies geschehen soll, ortsüblich bekanntzumachen.

§ 9. Sind bei Festsetzung von Fluchtlinien mehrere Ortschaften beteiligt, so hat eine Verhandlung darüber zwischen den betreffenden Gemeindevorständen stattzufinden.

Über die Punkte, hinsichtlich deren eine Einigung nicht zu erzielen ist, beschließt der Kreisausschuß. An Stelle des Kreisausschusses tritt in Stadtkreisen und den einem Landkreise angehörigen Städten von mehr als 10 000 Einwohnern der Bezirksausschuß, in Berlin der Minister der öffentlichen Arbeiten.

§ 10. Jede sowohl vor als nach Erlaß dieses Gesetzes getroffene Festsetzung von Fluchtlinien kann nur nach Maßgabe der vorstehenden Bestimmungen aufgehoben oder abgeändert werden.

Zur Festsetzung neuer oder Abänderung schon bestehender Bebauungspläne in den Städten Berlin, Potsdam, Charlottenburg und deren nächster Umgebung bedarf es königlicher Genehmigung.

1. Ohne Abänderung der Fluchtlinien können aber natürlich Abweichungen von ihnen bei der Bebauung von Grundstücken zugelassen werden, so hinsichtlich der Vorgärten (vgl. S. 348). Die Fluchtlinien bleiben in solchen Fällen selbstverständlich bestehen.

2. An die Stelle der nach Abs. 2 erforderlichen königlichen Genehmigung ist die Genehmigung des Staatsministeriums getreten, die durch den Volkswohlfahrtsminister ausgesprochen wird. Die Vorschrift gilt für den ganzen Bereich der durch Gesetz vom 27. April 1920 erweiterten Stadt Berlin.

3. Da die Überschreitung von Fluchtlinien in der Praxis das gleiche bedeutet wie eine Änderung der Fluchtlinien, so dürfen Fluchtlinienüberschreitungen in den in § 10 genannten Städten nur mit Zustimmung des Volkswohlfahrtsministeriums zugelassen werden, wenn die Fluchtlinien vom König oder dem Staatsministerium genehmigt sind oder wenn durch ihre Überschreitung bestehende Fluchtlinien geändert werden müssen.

Dies gilt besonders dann, wenn die Überschreitung mit Rücksicht auf eine bereits beabsichtigte Änderung der Fluchtlinien erfolgen soll. Auf § 10 wird auch die Anordnung gestützt, daß Denkmäler in den genannten Städten der Genehmigung des Staatsministeriums bedürfen (MinBliV. 1897 S. 107). Vgl. im übrigen S. 312, 323.

§ 11. Mit dem Tage, an welchem die im § 8 vorgeschriebene Offenlegung beginnt, tritt die Beschränkung des Grundeigentümers, daß Neubauten, Um- und Ausbauten über die Fluchtlinie hinaus versagt werden können, endgültig ein. Gleichzeitig erhält die Gemeinde das Recht, die durch die festgesetzten Straßenfluchtlinien für Straßen und Plätze (auch Gartenanlagen, Spiel- und Erholungsplätze) bestimmte Grundfläche dem Eigentümer zu entziehen.

1. Die in § 11 angegebenen Wirkungen treten bereits ein, wenn die Gemeindekörperschaften (Magistrat und Stadtverordnete) sich über eine bestimmte Fluchtlinienfestsetzung geeinigt haben oder wenn die Polizei gemäß § 1 Abs. 2 die Festsetzung einer bestimmten Fluchtlinie verlangt (OVG. Bd. 57 S. 477, PrVBl. Bd. 26 S. 886, von Strauß u. Torney-Saß S. 128).

2. Wegen des Begriffs Neubau, Um- und Ausbau vgl. von Strauß u. Torney-Saß S. 121 f. Einfriedigungen fallen nicht hierunter, dagegen z. B. ein Zeltdach über einem Vorgarten (S. 120 a. a. O.). Ein Aus- oder Umbau über die Fluchtlinie hinaus liegt schon dann vor, wenn lediglich der Raum, welcher umgestaltet werden soll, von der Fluchtlinie geschnitten wird. Bloße Reparaturen, d. h. Auswechslung einzelner abgängiger Teile, sind selbstverständlich zulässig (OVG. Bd. 54 S. 432).

3. Die Baupolizei kann die Genehmigung versagen, ist aber hierzu nicht gezwungen. Der Min.-Erlaß vom 15. Februar 1887 (MinBliV. S. 70) besagt hierüber folgendes:

„Diese Bestimmung (des § 11) verfolgt den Zweck, die Gemeinden dagegen zu schützen, daß durch eine inzwischen vorgenommene bauliche Veränderung der Wert eines ganz oder teilweise zu Straßenzwecken bestimmten Grundstückes gesteigert und die Gemeinde dadurch in die Lage versetzt wird, dem Eigentümer bei der demnächstigen Abtretung eine höhere Entschädigung als zum Zeitpunkte der Fluchtlinienfestsetzung zahlen zu müssen. Es sind darüber Zweifel entstanden, wie sich im Hinblick auf diese Absicht des § 11 die Polizeibehörden bei der Behandlung der an sie herantretenden Gesuche auf Genehmigung von Bauten der gedachten Art zu verhalten haben. Behufs Herbeiführung eines gleichmäßigen Verfahrens in diesem Punkte sehen wir uns infolgedessen veranlaßt, dahin Bestimmung zu treffen, daß fortan die Polizeibehörden in eine Prüfung der betreffenden Gesuche erst dann einzutreten haben, wenn von dem Unternehmer die Einwilligung der Gemeinde zu dem beabsichtigten Bau in einer der Polizeibehörde genügende Sicherheit bietenden Weise beigebracht worden ist, und daß, wenn diese Einwilligung entweder nicht erteilt, oder aber die zur Beibringung derselben eventuell zu bestimmende Frist nicht innegehalten worden ist, die nachgesuchte Genehmigung auf Grund der Vorschriften im § 11 zu versagen ist. Wird dagegen die Einwilligung nachgewiesen, so hat die Polizeibehörde nach Maßgabe der in Betracht zu ziehenden polizeilichen Gesichtspunkte die Erörterung des Gesuches zu veranlassen, und dasselbe in gewöhnlicher Weise zu erledigen.

Es bedarf hierbei keiner besonderen Hervorhebung, daß das in vorstehendem geordnete Verfahren nicht dazu bestimmt sein kann, um unberechtigten Ansprüchen der Gemeinden Vorschub zu leisten. Wenn daher die Polizeibehörden die pflichtmäßige Überzeugung gewinnen sollten, daß von den Gemeindebehörden die Einwilligung zur Ausführung des Baues über die Fluchtlinie an Bedingungen geknüpft wird, welche über das Maß des Notwendigen hinaus der Gemeinde Vorteile zu verschaffen bezwecken, oder aber die Einwilligung aus dem Grunde abgelehnt worden ist, weil der Unternehmer sich derartigen Bedingungen nicht fügen will, so hat die Polizeibehörde hiervon ihrer vorgesetzten Behörde Anzeige zu erstatten, welche letztere, und zwar soweit sie nicht zugleich Kommunalaufsichtsbehörde ist, nach Kommunikation mit der letzteren die erforderliche Abhilfe eintreten zu lassen, bzw. darüber Entscheidung zu treffen hat, ob trotz der versagten Einwilligung die Baugenehmigung zu erteilen ist." Jedoch wird dieses Verfahren wohl selten zur Anwendung kommen, vielmehr wird bei auseinandergehender Auffassung zwischen Baupolizei und Gemeinde in den Städten in erster Linie ein

Ausgleich innerhalb der städtischen Verwaltung herbeizuführen sein. Vgl. im übrigen OVG. Bd. 50 S. 417, Bd. 57 S. 187, Bd. 69 S. 396, PrVBl. Bd. 16 S. 124, Bd. 35 S. 625, Baltz-Fischer S. 148, von Strauß u. Torney-Saß 113f.

4. Erteilt die Gemeinde die Zustimmung unter Bedingungen, so dürften keine rechtlichen Bedenken entgegenstehen, sie in den Bauschein aufzunehmen. Im allgemeinen wird sich dies Verfahren aber nicht empfehlen, denn bei den Abmachungen zwischen der Gemeinde und dem Bauherrn handelt es sich nicht um baupolizeiliche Angelegenheiten. Auch können im Fall des Verstoßes gegen im Bauschein enthaltene Bedingungen der Gemeinde diese nicht von der Baupolizei mit Zwangsmaßnahmen durchgesetzt werden, sondern es gilt dann nur die Zustimmung der Gemeinde gegebenenfalls als hinfällig und es würden lediglich die sich hieraus ergebenden Forderungen von der Baupolizei zu stellen sein.

5. Wegen der entsprechenden Vorschrift in § 6 EVO. vgl. S. 322.

§ 12. Durch Ortsstatut kann festgestellt werden, daß an Straßen oder Straßenteilen, welche noch nicht gemäß der baupolizeilichen Bestimmungen des Ortes für den öffentlichen Verkehr und den Anbau fertig hergestellt sind, Wohngebäude, die nach diesen Straßen einen Ausgang haben, nicht errichtet werden dürfen.

Das Ortsstatut hat die näheren Bestimmungen innerhalb der Grenze vorstehender Vorschrift festzusetzen und bedarf der Bestätigung des Bezirksausschusses, in Berlin des Ministers des Innern. Gegen den Beschluß des Bezirksausschusses ist innerhalb einer Ausschlußfrist von zwei Wochen die Beschwerde bei dem Provinzialrate zulässig.

Nach erfolgter Bestätigung ist das Statut in ortsüblicher Art bekanntzumachen.

Von dem Verbote kann Dispens erteilt werden, falls ein Bedürfnis für Klein- oder Mittelwohnungen besteht, begründete Aussicht vorhanden ist, daß der Eigentümer diesem Bedürfnisse durch den Bau entsprechender, gesunder und zweckmäßig eingerichteter Wohnungen Rechnung trägt, und falls kein überwiegendes berechtigtes Gemeindeinteresse entgegensteht. Weist die Gemeinde nach, daß geeignete Maßnahmen ergriffen sind, um dem Bedürfnisse für Klein- oder Mittelwohnungen durch Errichtung von Häusern mit höchstens einem Obergeschoß über dem Erdgeschoß ausreichend Rechnung zu tragen, und ist die Gewähr gegeben, daß diese Maßnahmen auch zur Durchführung gelangen werden, so darf der Dispens zur Errichtung von Gebäuden mit mehr Stockwerken nicht erteilt werden.

Ist durch Gemeindebeschluß bestimmt, daß erst nach Zahlung oder Sicherstellung der gemäß § 15 dieses Gesetzes oder gemäß § 9 des Kommunalabgabengesetzes vom 14. Juli 1893 (GS. S. 152) von der Gemeinde festgesetzten Beiträge Wohngebäude errichtet werden dürfen, so darf der Dispens vor erfolgter Zahlung oder Sicherstellung nicht erteilt werden.

Über die Erteilung des Dispenses beschließt im Streitfalle der Bezirksausschuß.

Unter den gleichen Voraussetzungen kann der Bezirksausschuß beschließen, daß die Gemeinde, soweit sie eine öffentliche Wasserleitung, Ableitung der Schmutzwässer oder Beleuchtung als Gemeindeanstalt unterhält, den Eigentümern nach Maßgabe der allgemeinen örtlichen Bestimmungen die Benutzung dieser Anstalt gewährt.

1. Es handelt sich hier um eine außerordentlich einschneidende Bestimmung. Die Gemeinde kann durch ihren maßgeblichen Einfluß auf die Straßenbaupolizeiverordnung, durch welche die Erfordernisse für die Anbaufertigkeit der Straße festgesetzt werden, diese Erfordernisse bestimmen. Für den Fall, daß ihnen nicht in

allen Punkten genügt ist, kann durch Ortsstatut das Bauen überhaupt verboten werden. Solche Ortsstatute sind wohl überall ergangen. Sie dienen dazu, nicht nur die Sicherstellung der Straßenherstellungskosten zu bewirken, sondern darüber hinaus allerlei sonstwie gearteten Interessen der Gemeinde zu wahren. Dieser Zustand ist nicht befriedigend und trägt der Wohnungsnot nicht Rechnung (vgl. auch von Strauß u. Torney-Saß S. 170f.). Zwar kann nach den Vorschriften, die durch das Wohnungsgesetz in § 12 eingefügt sind, unter Umständen Dispens durch den Bezirksausschuß, in Berlin den Oberpräsidenten, erteilt werden, jedoch dürfte diese ohnehin beschränkte Möglichkeit sich bisher nicht sehr ausgewirkt haben. Auch Befreiungen durch den Bezirkswohnungskommissar nach § 7 der Verordnung zur Behebung der dringendsten Wohnungsnot vom 9. Dezember 1919 (vgl. S. 280) kommen kaum in Betracht, da sie die Gefahr der Schädigung von Interessen der Gemeinden mit sich bringen und deshalb wohl nur selten erteilt werden.

2. Die Vorschriften des § 12 beziehen sich nur auf Wohngebäude mit einem Ausgang nach der unfertigen Straße. Was unter Wohngebäude zu verstehen ist, kann im Einzelfall zweifelhaft sein. Im allgemeinen genügt es, wenn auch nur geringfügige Teile bewohnt werden. Dagegen genügt die Vermutung, daß ein zu errichtendes und angeblich nicht für Wohnzwecke bestimmtes Gebäude doch hierzu benutzt werden soll, nicht, um die Genehmigung zu versagen. Die Erweiterung eines Wohngebäudes ist ebenso wie die Errichtung zu beurteilen. Durch eine in gültiger Weise dem Antragsteller gegenüber erklärte Ausnahmebewilligung ist das ortsstatutarische Bauverbot ihm gegenüber mit der Wirkung ausgeschlossen, daß die Baupolizei darauf eine Versagung der Bauerlaubnis nicht mehr stützen kann (OVG. Bd. 60 S. 462 im Gegensatz zu PrVBl. Bd. 25 S. 850). Dies gilt auch bei nachträglicher Änderung des Projektes infolge Beanstandung durch die Baupolizei. Die Genehmigung der Gemeinde ist persönlicher Natur. Ein späterer Erwerber des Grundstücks kann sich nicht darauf berufen. Vgl. im übrigen die Erläuterungen zu § 12 bei v. Strauß u. Torney-Saß S. 136f., ferner bei Baltz-Fischer S. 454f. und Brauchitsch Bd. 4 S. 469f.

3. Für die Baupolizei ist, sofern es sich um Gebäude der in § 12 bezeichneten Art handelt, die Entscheidung der Gemeinde auf

Grund eines gültigen Ortsstatutes maßgeblich. Bewilligt die Gemeinde eine Ausnahme von dem ortsstatutarischen Bauverbot unter Bedingungen, so hat die Polizei nicht zu prüfen, ob die von ihr als Entgelt für eine Ausnahme vom ortsstatutarischen Bauverbot verlangten Leistungen angemessen sind. Wenn daher die Gemeinde die Ausnahme unter gewissen Bedingungen bewilligt, so wird die Lage des Antragstellers nicht verschlechtert, wenn die Baupolizei die Bedingungen ungeprüft in den Bauschein aufnimmt. Unter Umständen wird dem Antragsteller sogar damit gedient sein, denn es wird ihn häufig von weiteren Formalitäten, wie etwa notariellen Verhandlungen oder von der Stellung von Sicherheiten entbinden. Auch für die Gemeinde wird auf diese Weise unter Umständen am einfachsten die notwendige Sicherheit geboten werden. Aus diesem Grunde ist die Aufnahme der Bedingungen, an welche die Gemeinde die Ausnahme von dem ortsstatutarischen Bauverbot zu knüpfen pflegt, nicht schlechthin zu mißbilligen, obgleich sie, streng genommen, nicht in den Bauschein hineingehören. Werden die Bedingungen nicht erfüllt, so wird die Genehmigung damit hinfällig. Dies bedeutet aber nicht, daß die Baupolizei ohne weiteres die Beseitigung des Baues veranlassen muß, sondern sie muß sich damit begnügen, einen dem Gesetz entsprechenden Zustand herzustellen, z. B. das Bewohnen eines an einer unfertigen Straße errichteten Hauses — wenn ein entsprechendes Ortsstatut vorliegt — zu verbieten und die besonderen Einrichtungen zu Wohnzwecken, insbesondere Feuerstätten, zu beseitigen. Auch mit der Beseitigung des nach der unfertigen Straße gehenden Ausganges ist gegebenenfalls dem Gesetz genügt (OVG. Bd. 58 S. 410, Brauchitsch Bd. 4 S. 476).

Selbstverständlich ist es nicht Sache der Polizeibehörde, die nicht erfüllten Bedingungen durch polizeiliche Verfügungen zu erzwingen, soweit nicht polizeiliche Gründe dies erfordern. Da anderseits, namentlich in heutiger Zeit, im Falle der mangelnden Erfüllung trotz der Unwirksamkeit der Baugenehmigung und der Ungesetzlichkeit des Baues bei entgegenstehendem Bauverbot der Beseitigung von Baulichkeiten oder der Räumung von Wohnungen die größten wirtschaftlichen Bedenken entgegenstehen, so erhellt daraus, daß einer anderen Sicherstellung der gemeindlichen Forderungen als durch Aufnahme in den Bauschein der Vorzug zu geben sein wird.

§ 13. Eine Entschädigung kann wegen der nach den Bestimmungen des § 12 eintretenden Beschränkung der Baufreiheit überhaupt nicht, und wegen Entziehung oder Beschränkung des von der Festsetzung neuer Fluchtlinien betroffenen Grundeigentums nur in folgenden Fällen gefordert werden:

1. wenn die zu Straßen und Plätzen (auch Gartenanlagen, Spiel- und Erholungsplätzen) bestimmten Grundflächen auf Verlangen der Gemeinde für die öffentliche Benutzung abgetreten werden;

2. wenn die Straßen- oder Baufluchtlinie vorhandene Gebäude trifft und das Grundstück bis zur neuen Fluchtlinie von Gebäuden freigelegt wird;

3. wenn die Straßenfluchtlinie einer neu anzulegenden Straße ein unbebautes, aber zur Bebauung geeignetes Grundstück trifft, welches zur Zeit der Feststellung dieser Fluchtlinie an einer bereits bestehenden und für den öffentlichen Verkehr und den Anbau fertiggestellten anderen Straße belegen ist, und die Bebauung in der Fluchtlinie der neuen Straße erfolgt.

Die Entschädigung wird in allen Fällen wegen der zu Straßen und Plätzen (auch Gartenanlagen, Spiel- und Erholungsplätzen) bestimmten Grundfläche für Entziehung des Grundeigentums gewährt. Außerdem wird in denjenigen Fällen der Nr. 2, in welchen es sich um eine Beschränkung des Grundeigentums infolge der Festsetzung einer von der Straßenfluchtlinie verschiedenen Baufluchtlinie handelt, für die Beschränkung des bebaut gewesenen Teiles des Grundeigentums (§ 12 des Gesetzes über Enteignung von Grundeigentum vom 11. Juni 1874) Entschädigung gewährt.

In allen obengedachten Fällen kann der Eigentümer die Übernahme des ganzen Grundstücks verlangen, wenn dasselbe durch die Fluchtlinie entweder ganz oder so weit in Anspruch genommen wird, daß das Restgrundstück nach den baupolizeilichen Vorschriften des Ortes nicht mehr zur Bebauung geeignet ist.

Bei den Vorschriften dieses Paragraphen ist unter der Bezeichnung Grundstück jeder im Zusammenhange stehende Grundbesitz des nämlichen Eigentümers begriffen.

§ 13a. Mit dem Zeitpunkt, an dem für eine Straße, einen Straßenteil oder Platz die Fluchtlinien förmlich festgestellt sind, erhält die Gemeinde das Recht, ein an die Fluchtlinie der Straße, des Straßenteils oder des Platzes angrenzendes Grundstück, soweit es nach den baupolizeilichen Vorschriften des Ortes nicht zur Bebauung geeignet ist, dem Eigentümer gegen Entschädigung zu entziehen. Bei Straßen, Straßenteilen oder Plätzen, für die Fluchtlinien nicht förmlich festgestellt sind, entsteht das Recht der Gemeinde mit dem Zeitpunkt, an dem die Straße, der Straßenteil oder der Platz gemäß den baupolizeilichen Vorschriften des Ortes für den öffentlichen Verkehr und für den Anbau fertig hergestellt ist. Will die Gemeinde dieses Recht ausüben, so hat sie dies unter genauer Bezeichnung der zu enteignenden Fläche dem Eigentümer mitzuteilen mit dem Hinweise, daß Einwendungen gegen die Entziehung binnen einer Ausschlußfrist von vier Wochen bei dem Gemeindevorstand anzubringen sind. Über Einwendungen beschließen die im § 8 dieses Gesetzes und im § 146 des Gesetzes über die Zuständigkeit der Verwaltungs- und Verwaltungsgerichtsbehörden vom 1. August 1883 (GS. S. 237) berufenen Behörden.

Sind die nach Abs. 1 entzogenen Grundflächen weder zusammen noch in Verbindung mit anderen der Gemeinde gehörigen Grundstücken zur Bebauung geeignet, so ist die Gemeinde verpflichtet, die entzogenen Grundflächen den Eigentümern der angrenzenden Grundstücke auf ihr Verlangen gegen Erstattung der Aufwendungen nebst Zinsen zu übereignen. Sie hat, wenn mehrere Grundstücke angrenzen und eine Vereinbarung mit den Eigentümern nicht erzielt wird, einen Plan für die zweckmäßige Zuteilung der entzogenen Grundflächen sowie eine Kostenverteilung aufzustellen. Der Plan und die Kostenverteilung sind zur Einsicht der Beteiligten offenzulegen. Die Offenlegung ist ortsüblich bekanntzumachen mit dem Hinweise, daß Einwendungen binnen einer Ausschlußfrist von vier Wochen seit dem Tage der Bekanntmachung bei dem Gemeindevorstand anzubringen sind. Den aus dem Grundbuch ersichtlichen Eigentümern ist, soweit tunlich, besondere Mitteilung zu machen. Über die Einwendungen beschließen die im Abs. 1 bezeichneten Behörden.

Die im Abs. 2 Satz 1 der Gemeinde auferlegte Verpflichtung erlischt gegenüber denjenigen Eigentümern, welche sich nicht binnen drei Monaten seit Aufforderung der Gemeinde zur Übernahme der Grundfläche verpflichten.

Der § 13 Abs. 4 findet bei den Vorschriften dieses Paragraphen gleichfalls Anwendung.

Die vorstehenden Bestimmungen finden auch Anwendung, wenn für eine Straße, einen Straßenteil oder Platz vor Inkrafttreten dieser Vorschrift die Fluchtlinien förmlich festgestellt sind.

Das gleiche gilt, wenn bei Straßen, Straßenteilen oder Plätzen, für die Fluchtlinien nicht förmlich festgestellt sind, die Straße, der Straßenteil oder der Platz vor Inkrafttreten dieser Vorschrift gemäß den baupolizeilichen Vorschriften des Ortes für den öffentlichen Verkehr und den Anbau fertig hergestellt ist.

§ 14. Für die Feststellung der nach § 13 und § 13a Abs. 1 zu gewährenden Entschädigungen und die Vollziehung der Enteignung kommen die §§ 24 ff. des Gesetzes über Enteignung von Grundeigentum vom 11. Juni 1874 zur Anwendung.

Streitigkeiten über Fälligkeit des Anspruchs auf Entschädigung gehören zur gerichtlichen Entscheidung.

Die Entschädigungen sind, soweit nicht ein aus besonderen Rechtstiteln Verpflichteter dafür aufzukommen hat, von der Gemeinde aufzubringen, innerhalb deren Bezirk das betreffende Grundstück gelegen ist.

§ 14 a. Das Gesetz, betreffend die Umlegung von Grundstücken in Frankfurt a. M. vom 28. Juli 1902 (GS. S. 273) und das Gesetz wegen Abänderung des § 13 des vorbenannten Gesetzes vom 8. Juli 1907 (GS. S. 259) können für den Bezirk einer Gemeinde durch Ortsstatut eingeführt werden. Das Ortsstatut bedarf der Bestätigung durch den Bezirksausschuß.

§ 15. Durch Ortsstatut kann festgesetzt werden, daß bei der Anlegung einer neuen oder bei der Verlängerung einer schon bestehenden Straße, wenn solche zur Bebauung bestimmt ist, sowie bei dem Anbau an schon vorhandenen bisher unbebauten Straßen und Straßenteilen von dem Unternehmer der neuen Anlage oder von den angrenzenden Eigentümern — von letzteren sobald sie Gebäude an der neuen Straße errichten — die Freilegung, erste Einrichtung, Entwässerung und Beleuchtungsvorrichtung der Straße in der dem Bedürfnisse entsprechenden Weise beschafft, sowie deren zeitweise, höchstens jedoch fünfjährige Unterhaltung, beziehungsweise ein verhältnismäßiger Beitrag oder der Ersatz der zu allen diesen Maßnahmen erforderlichen Kosten geleistet werde. Zu diesen Verpflichtungen können die angrenzenden Eigentümer nicht für mehr als die Hälfte der Straßenbreite, und wenn die Straße breiter als 26 m ist, nicht für mehr als 13 m der Straßenbreite herangezogen werden.

Bei Berechnung der Kosten sind die Kosten der gesamten Straßenanlage und beziehungsweise deren Unterhaltung zusammenzurechnen und den Eigentümern nach Verhältnis der Länge ihrer die Straße berührenden Grenze zur Last zu legen. Wird die Straßengrenze eines Grundstücks, dessen Eigentümer zu Straßenkosten herangezogen ist, später dadurch verlängert, daß mit dem Grundstück eine Grundfläche wirtschaftlich vereinigt wird, für welche die Straßenkosten noch nicht bezahlt sind, so sind dem Eigentümer die auf die Verlängerung entfallenden Straßenkosten nachträglich zur Last zu legen.

Das Ortsstatut hat die näheren Bestimmungen innerhalb der Grenze oder einem anderen Maßstabe, insbesondere auch nach der bebauungsfähigen Fläche, vorstehender Vorschrift festzusetzen. Bezüglich seiner Bestätigung, Anfechtbarkeit und Bekanntmachung gelten die im § 12 gegebenen Vorschriften.

Für die Haupt- und Residenzstadt Berlin bewendet es bis zu dem Zustandekommen eines solchen Statuts bei den Bestimmungen des Regulativs vom 31. Dezember 1838.

§ 15 a. Durch Ortsstatut kann bestimmt werden, daß die im vorstehenden Paragraphen und im § 9 des Kommunalabgabengesetzes vom 14. Juli 1893 (Gesetzsamml. S. 152) geregelten Beiträge sowie die im § 6 daselbst bezeichneten Gebühren für Gebäude an Straßen, die ihrer Lage und Ausstattung nach für Wohnungen der Minderbemittelten besonders geeignet erscheinen und für den Ausbau mit Häusern mit höchstens einem Obergeschoß über dem Erdgeschosse bestimmt sind (Kleinwohnungsstraßen), ganz oder teilweise erlassen oder gestundet werden können, sofern die Gebäude hauptsächlich für Wohnungen der bezeichneten Art oder für gemeinnützige Einrichtungen zugunsten der Minderbemittelten (Kinderfürsorge, Fortbildung, Erholung und dergl.) bestimmt sind. Wird die Zweckbestimmung der Gebäude später geändert, so können von dem jeweiligen Eigentümer des Grundstücks die Beiträge und Gebühren nachträglich verlangt werden, soweit sie erlassen oder noch gestundet sind.

Das Ortsstatut kann hinsichtlich der Straßen, der Gebäude und der Wohnungen die Voraussetzungen näher festsetzen, unter denen die Vergünstigung eintritt.

§ 16. Gegen die Beschlüsse des Kreisausschusses steht dem Beteiligten in den Fällen der §§ 5, 8, 9 die Beschwerde bei dem Bezirksausschuß innerhalb einer Ausschlußfrist von zwei Wochen zu.

In den Fällen, in denen es sich um Wiederbebauung ganzer durch Brand oder andere Ereignisse zerstörter Ortsteile handelt, tritt an die Stelle dieser Präklusivfrist eine solche von zwei Wochen.

§ 19. Alle den Bestimmungen dieses Gesetzes entgegenstehenden allgemeinen und besonderen gesetzlichen Vorschriften werden hierdurch aufgehoben.

Alle Bestimmungen der im Verwaltungswege erlassenen Bauordnungen, sonstigen polizeilichen Anordnungen und Ortsstatuten, welche mit den Vorschriften dieses Gesetzes in Widerspruch stehen, treten außer Kraft.

§ 20. Der Minister der öffentlichen Arbeiten wird mit der Ausführung dieses Gesetzes beauftragt.

Gesetz, betreffend die Umlegung von Grundstücken in Frankfurt a. M. Vom 28. Juli 1902 (GS. S. 273).

Das Gesetz kann nach § 14a FlG. durch Ortsstatut überall eingeführt werden. Für Berlin ist dies durch das Ortsstatut vom 11. Februar 1922 (GemBl. S. 175) geschehen.

Erster Abschnitt.

Voraussetzungen der Umlegung. Vorbereitendes Verfahren.

§ 1. In Frankfurt a. M. kann für überwiegend unbebaute Teile des Gemeindebezirkes, für die der Bebauungsplan endgültig festgestellt ist, aus Gründen des öffentlichen Wohles zur Erschließung von Baugelände sowie zur Herbeiführung einer zweckmäßigen Gestaltung von Baugrundstücken die Umlegung von Grundstücken verschiedener Eigentümer nach Maßgabe der folgenden Bestimmungen bewirkt werden.

§ 2. Die Umlegung kann sich nur auf einen einzelnen Teil des Gemeindebezirkes (Umlegungsgebiet) erstrecken. Das Umlegungsgebiet ist so zu begrenzen, daß sich die Umlegung zweckmäßig durchführen läßt, und nicht größer zu bemessen, als für die Zwecke der Umlegung erforderlich ist; hierbei ist insbesondere auf die Gestaltung des Geländes und auf bestehende oder im Bebauungsplane (§ 1) festgesetzte Straßen Rücksicht zu nehmen. Einzelne im Umlegungsgebiete belegene bebaute oder in besonderer Weise (als Handelsgärtnereien, Baumschulen, Parkanlagen und dergleichen) benutzte Grundstücke können von der Umlegung ganz oder teilweise ausgenommen werden. Grundstücke, welche zur dauernden Ausübung staatshoheitlicher Rechte bestimmt sind, müssen auf Verlangen der zuständigen Behörde von der Umlegung ausgeschlossen werden.

§ 3. Die Umlegung kann erfolgen

1. auf Antrag des Magistrats zufolge Gemeindebeschlusses oder

2. auf Antrag der Eigentümer von mehr als der Hälfte der nach dem Grund- und Gebäudesteuerkataster zu berechnenden Fläche der umzulegenden Grundstücke, sofern die Antragsteller mehr als die Hälfte der Eigentümer umfassen. Für die in diesem Falle anzustellende Berechnung ist bei Grundstücken, an denen das Eigentum mehreren nach Bruchteilen zusteht, für jeden Miteigentümer ein seinem Eigentumsanteil entsprechender Bruchteil der Fläche des gemeinschaftlichen Grundstücks in Ansatz zu bringen.

Veräußerungsverbote stehen der Umlegung nicht entgegen. Der Antrag ist im Falle des Abs. 1 Nr. 2 bei dem Magistrat anzubringen. Ist in diesem Falle das Umlegungsgebiet derart abgegrenzt, daß die Gemeinde gemäß § 13 Entschädigung in Geld zu gewähren hat, so ist die Zustimmung des Magistrats erforderlich.

Die Vorschrift des Abs. 1 Nr. 1 findet keine Anwendung, wenn der überwiegende Teil der für eine Umlegung in Aussicht genommenen Grundfläche von den Eigentümern im eigenen Betriebe zur gewerblichen Gärtnerei benutzt wird.

§ 4. Ist der Magistrat nach vorangegangenem Gemeindebeschlusse bereit, die Umlegung zu beantragen (§ 3 Abs. 1 Nr. 1), oder ist der im § 3 Abs. 1 Nr. 2 bezeichnete Antrag der Eigentümer bei ihm angebracht, so hat er der Baupolizeibehörde von der in Aussicht genommenen Umlegung Mitteilung zu machen. Er hat außerdem, sofern es noch nicht geschehen ist, ohne Verzug ein Verzeichnis aufzustellen, in welchem die umzulegenden Grundstücke unter Benennung ihrer Eigentümer und mit ihrer kataster- und grundbuchmäßigen Bezeichnung einzeln aufgeführt sind und worin ferner angegeben ist, welcher Prozentsatz des eingeworfenen Geländes von den Beteiligten abgetreten und zu öffentlichen Straßen und Plätzen (§ 10 Abs. 2) ausgeschieden werden soll und innerhalb welcher Frist die im Bebauungsplane festgesetzten Straßen und Plätze des Umlegungsgebiets für den öffentlichen Verkehr und den Anbau fertiggestellt werden sollen. Dem Verzeichnis ist ein Plan anzuheften, aus welchem die Lage, Größe, etwaige Bebauung und besondere Benutzung der umzulegenden Grundstücke ersichtlich sind. Verzeichnis und Plan hat der Magistrat zu jedermanns Einsicht offenzulegen. Wie dies geschehen soll, wird in ortsüblicher Art mit dem Bemerken bekanntgemacht, daß Einwendungen innerhalb einer genau zu bestimmenden Frist von mindestens vier Wochen bei dem Magistrat anzubringen sind. Den Eigentümern ist eine Benachrichtigung dieses Inhalts zuzustellen. Umfaßt der Plan Grundstücke der im letzten Satze des § 2 gedachten Art, so ist die zuständige Behörde besonders zu benachrichtigen.

§ 5. Der Magistrat hat die erhobenen Einwendungen tunlichst zur gütlichen Erledigung zu bringen und sodann den Umlegungsantrag nebst den auf die Angelegenheit bezüglichen Schriftstücken ohne Verzug dem Bezirksausschuß einzureichen. Der Bezirksausschuß beschließt nach Anhörung der Ortspolizeibehörde über das Vorhandensein der in den §§ 1 bis 4 bezeichneten Voraussetzungen der Umlegung und über die nicht erledigten Einwendungen.

Er kann im Falle des § 3 Abs. 1 Nr. 2 mit Zustimmung der Antragsteller festsetzen, daß ihnen die Kosten des Verfahrens ganz oder zum Teil zur Last fallen.

Der Beschluß ist dem Magistrate, den Eigentümern und denjenigen Beteiligten (§ 57), welche an dem Verfahren teilgenommen haben, zuzustellen; außerdem ist er von dem Magistrat in ortsüblicher Weise unter Hinweis auf den Inhalt der §§ 7, 27 und 50 bekanntzumachen.

§ 6. Die Zurücknahme des Antrags (§ 3) ist nur bis zur Beschlußfassung des Bezirksausschusses (§ 5 Abs. 1) zulässig.

Im Falle des § 3 Abs. 1 Nr. 2 genügt zur Zurücknahme des Antrags die Erklärung der Eigentümer von mehr als zwei Dritteln der nach der bezeichneten Vorschrift bei der Antragstellung in Betracht gekommenen Grundfläche.

Die Kosten fallen den zurücknehmenden Antragstellern zur Last. Sie werden in dem Falle des § 3 Abs. 1 Nr. 2 von dem Magistrat endgültig festgesetzt und unterliegen der Einziehung im Verwaltungszwangsverfahren durch die Gemeinde.

§ 7. Kommt im Falle des § 3 Abs. 1 Nr. 1 eine Vereinbarung über die Umlegung zwischen der Gemeinde und den Eigentümern in rechtsverbindlicher Form zustande, so unterbleibt die Einleitung des Umlegungsverfahrens (§ 8), wenn der Magistrat und eine nach § 3 Abs. 1 Nr. 2 zu bestimmende Mehrheit von Eigentümern darauf antragen.

Erstreckt sich die Vereinbarung nur auf einen Teil des Umlegungsgebietes, so findet die Vorschrift des Abs. 1 entsprechende Anwendung, wenn der Zweck der Umlegung bei einer Beschränkung auf die von der Vereinbarung betroffenen Grundstücke noch im wesentlichen zu erreichen ist und wenn außerdem die Eigentümer der übrigen Grundstücke mit der Beschränkung einverstanden sind oder eine spätere Umlegung ihrer Grundstücke nicht ausgeschlossen ist. In diesem Falle sind die Grundstücke der nicht an die Vereinbarung beteiligten Eigentümer von der Umlegung auszunehmen.

Zur Herbeiführung von Vereinbarungen im Sinne der Abs. 1 und 2 kann der Bezirksausschuß eine angemessene Frist bestimmen, innerhalb deren die Einleitung des Umlegungsverfahrens ausgesetzt bleibt. Er hat die Frist zu bestimmen, wenn der Magistrat oder mindestens eine solche Mehrheit von Eigentümern, die unter den Voraussetzungen des Abs. 2 in Gemeinschaft mit dem Magistrat zur Stellung des dort vorgesehenen Antrags nach dem Ermessen des Bezirksausschusses berechtigt sein würde, darauf antragen.

Die Entscheidungen in den Fällen des Abs. 1 bis 3 werden von dem Bezirksausschuß im Beschlußverfahren getroffen. Der Beschluß im Falle des Abs. 3 ist endgültig.

Zweiter Abschnitt.
Das Umlegungsverfahren.

1. Einleitungsverfügung. Umlegungskommission.

§ 8. Stehen die gesetzlichen Voraussetzungen für die Einleitung des Umlegungsverfahrens endgültig fest, so verfügt der Regierungspräsident die Einleitung und ernennt zur Durchführung des Verfahrens eine Kommission.

Der Kommission haben zwei Kommissare des Regierungspräsidenten, von denen der eine mit dem Vorsitze, der andere mit der Stellvertretung des Vorsitzenden zu beauftragen ist, sowie als Mitglieder wenigstens je ein Bausachverständiger, ein zum Richteramte befähigter Rechtsverständiger, ein geprüfter Landmesser sowie ein Sachverständiger für die Bewertung der Grundstücke anzugehören. Magistratsmitglieder können nicht Mitglieder der Kommission sein.

Vor der Ernennung der Kommissionsmitglieder sind der Magistrat und die Eigentümer mit Vorschlägen zu hören.

Die Mitglieder haben Anspruch auf Ersatz der baren Auslagen und auf Gebühren nach Maßgabe der für Sachverständige in gerichtlichen Angelegenheiten bestehenden Vorschriften.

Die Kommission ist, unbeschadet der Bestimmung im § 36 Abs. 2, beschlußfähig, wenn sämtliche Mitglieder zur Beschlußfassung eingeladen und der Vorsitzende oder sein Stellvertreter und mindestens die Hälfte der Mitglieder anwesend sind; sie beschließt nach Stimmenmehrheit; bei Stimmengleichheit entscheidet die Stimme des Vorsitzenden.

Die Kommission wird gerichtlich und außergerichtlich durch den Vorsitzenden vertreten.

Die Urkunden der Kommission sind öffentliche. Ihre Protokolle und der Verteilungsplan haben die Kraft gerichtlicher Urkunden.

Die Einleitung des Verfahrens und die Ernennung der Kommission sind in ortsüblicher Weise öffentlich bekanntzumachen.

2. Umlegungsvermerk.

§ 9. Auf Ersuchen der Kommission hat das Grundbuchamt in die Grundbücher der umzulegenden Grundstücke einzutragen, daß das Umlegungsverfahren eingeleitet ist (Umlegungsvermerk).

Von dem Inhalte der Grundbücher soll sich die Kommission zuverlässige Kenntnis verschaffen; erforderlichenfalls hat sie zu diesem Zwecke bei dem Grundbuchamte die Erteilung von Abschriften zu beantragen. Auch wenn beglaubigte Abschriften erteilt werden, sind nur bare Auslagen zu berechnen.

Die nach der Eintragung des Umlegungsvermerkes erfolgenden Eintragungen hat das Grundbuchamt der Kommission von Amts wegen bekanntzumachen.

Soweit das Grundbuch noch nicht angelegt ist, finden die vorstehenden Bestimmungen hinsichtlich der sonstigen gerichtlichen Bücher entsprechende Anwendung.

3. Umlegungsgrundsätze.

§ 10. Die zur Umlegung bestimmten Grundstücke sind in eine Masse zu vereinigen. In die Masse sind insbesondere auch die vorhandenen öffentlichen Wege und Plätze einzuwerfen.

Von der Gesamtmasse ist das zu den öffentlichen Straßen und Plätzen erforderliche Gelände bei der Verteilung vorweg auszuscheiden und der Gemeinde oder dem sonstigen Wegeunterhaltungspflichtigen zu überweisen. Durch die Überweisung werden die Gemeinde und die sonstigen Wegeunterhaltungspflichtigen für die Einwerfung der öffentlichen Wege und Plätze abgefunden.

Die Restmasse wird unter die Eigentümer verteilt.

§ 11. Den Beteiligten (§ 57 Abs. 2 bis 5) ist vollständige Entschädigung nach Maßgabe der Vorschriften der §§ 12 bis 21 zu gewähren.

§ 22. Der Bebauungsplan für das Umlegungsgebiet darf während des Umlegungsverfahrens ohne Zustimmung der Kommission nicht abgeändert werden. Die Kommission kann jedoch zur leichteren Durchführung der Umlegung beim Magistrat beantragen, daß der Bebauungsplan in dem nach dem Gesetze, betreffend die Anlegung und Veränderung von Straßen und Plätzen in Städten und ländlichen Ortschaften vom 2. Juli 1875 (Gesetz-Samml. S. 561) vorgeschriebenen Verfahren geändert wird.

§ 23. Die Kommission bestimmt nach Anhörung der Straßenbaupolizeibehörde, innerhalb welcher Zeit die Straßen und Plätze des Umlegungsgebiets für den öffentlichen Verkehr und den Anbau fertig herzustellen sind. Dabei kann für diese Zwecke eine nur vorläufige Herstellung zugelassen und als ausreichend anerkannt werden. Die Frist kann für verschiedene Teile des Umlegungsgebiets verschieden bemessen werden. Nach Ablauf der Frist kann die Bauerlaubnis aus dem Grunde, daß die Herstellung noch nicht erfolgt ist, nicht versagt werden. In dem Falle des § 3 Abs. 1 Nr. 1 darf die Frist, unbeschadet einer anderweitigen Vereinbarung zwischen der Gemeinde und den beteiligten Eigentümern den Zeitraum von 4 Jahren nicht übersteigen.

Soweit die geplanten Straßen und Plätze bis zum Tage der Umlegung nicht hergestellt werden und die Grundstücke nach diesem Zeitpunkte zu ihrer Benutzung vorläufige Zugänge oder Wege erfordern, können vorhandene öffentliche Wege, die zur Einziehung oder Verlegung bestimmt sind, einstweilen noch aufrechterhalten werden. Soweit dies nicht geschieht, ist die Herstellung der vorläufigen Zugänge und Wege der Gemeinde aufzuerlegen.

Auf Antrag der Gemeinde unterbleibt die Auferlegung und es ist den beteiligten Eigentümern lediglich Entschädigung in Geld zu gewähren, wenn die Herstellung unverhältnismäßig hohe Kosten verursachen würde. Diese Bestimmung findet keine Anwendung, wenn ohne die Herstellung die Zugänglichkeit eines bebauten oder gewerblich benutzten Grundstücks, das im Besitze des Eigentümers verbleibt, beeinträchtigt werden würde.

4. Aufstellung und Festsetzung des Verteilungsplans.

§ 34. Unter Beobachtung der Vorschriften der §§ 10 bis 31, 33 hat die Kommission einen Verteilungsplan nebst Karte aufzustellen.

Aus dieser Aufstellung muß der alte Besitzstand und die Neuverteilung hervorgehen. Dabei sind die einzelnen Grundstücke nach ihrer Größe und ihren Eigentümern, die einzuziehenden und zu verlegenden öffentlichen Wege und die nach § 23 herzustellenden Zugänge und Wege, die nach § 25 Abs. 1, 2 zu treffenden Anordnungen und die nach den §§ 11 bis 14, 16 bis 24 in Aussicht zu nehmenden Entschädigungen sowie die nach § 15, § 18 Abs. 3, §§ 29, 30, 33 aufzuerlegenden Zuschüsse, Vergütungen und Umlegungsbeiträge aufzuführen. Auch muß in den Fällen des § 12 Abs. 2, § 17 Abs. 3 ersichtlich sein, in welcher Weise diesen Vorschriften genügt ist.

§ 35. Über Verteilungsplan und Karte (§ 34) hat die Kommission mit den Beteiligten zu verhandeln.

Zu dem Verhandlungstermine sind die Beteiligten zu laden. Die Ladung der Gemeinde, der Eigentümer und derjenigen, welche sich zur Teilnahme an dem Verfahren gemeldet haben, geschieht durch Zustellung, die Ladung der übrigen Beteiligten durch ortsübliche Bekanntmachung mit der Aufforderung, sich zu melden und ihre Rechte geltend zu machen. Die Ladungen erfolgen unter dem Hinweis auf den Inhalt der Bestimmungen der §§ 32, 33 und unter der Verwarnung, daß beim Ausbleiben der Geladenen ohne deren Teilnahme über den Verteilungsplan, insbesondere über die Zuweisung der Grundstücke, die Festsetzung etwaiger Geldentschädigungen, Zuschüsse, Vergütungen und Umlegungsbeiträge, über die Auszahlung oder Hinterlegung der festgesetzten Geldentschädigungen und über die nach § 25 zulässigen Anordnungen beschlossen werden würde.

In dem Termine darf jeder Beteiligte erscheinen und sein Interesse wahrnehmen. Nach Bedarf ist Termin an Ort und Stelle anzuberaumen.

Der Ortspolizeibehörde muß Gelegenheit gegeben werden, in dem Verfahren das ortspolizeiliche Interesse wahrzunehmen. Sie ist insbesondere von dem Verhandlungstermine zu benachrichtigen und darf dazu einen Vertreter entsenden. Die Bestimmungen in dem Verteilungsplane, soweit sie das ortspolizeiliche Interesse berühren, sind tunlichst im Einvernehmen mit der Ortspolizeibehörde zu treffen.

§ 36. Die Kommission hat über den Verteilungsplan nebst Karte, insbesondere über die von den Beteiligten beantragten

Änderungen oder Ergänzungen zu beschließen und erforderlichenfalls den Verteilungsplan und die Karte nach Maßgabe der Beschlüsse zu berichtigen und zu vervollständigen. Hierbei sind auch die Ergebnisse von Vereinbarungen, welche die Beteiligten über die Begründung, Aufhebung, Aufrechterhaltung oder Veränderung von Rechten getroffen haben, in den Verteilungsplan aufzunehmen, sofern sie nicht mit dem Zwecke des Umlegungsverfahrens in Widerspruch stehen.

An der Beschlußfassung muß außer dem Vorsitzenden mindestens je eines der im § 8 Abs. 2 bezeichneten sachverständigen Mitglieder teilnehmen.

§ 37. Nach erfolgter Beschlußfassung hat die Kommission den Verteilungsplan nebst Karte zu jedermanns Einsicht offenzulegen und den Eigentümern die zugewiesenen Grundstücke an Ort und Stelle in einem dazu anberaumten Termin anzuweisen. Die Vorschrift des § 4 Satz 5 findet hierbei mit der Maßgabe entsprechende Anwendung, daß in der die Offenlegung ankündigenden Bekanntmachung der Vorsitzende der Kommission als die Stelle zu bezeichnen ist, bei welcher die Einwendungen gegen den Verteilungsplan anzubringen sind. Der Gemeinde und den Eigentümern ist außerdem ein Abdruck des Verteilungsplans nebst Karte, den sonstigen Beteiligten, hinsichtlich deren in dem Verteilungsplan eine Bestimmung getroffen ist, oder die an dem Verfahren teilgenommen haben, eine Benachrichtigung von der Offenlegung zuzustellen.

Die Frist zur Erhebung von Einwendungen beginnt gegen die im vorhergehenden Absatze bezeichneten Beteiligten mit der Zustellung, gegen die übrigen mit der Offenlegung des Verteilungsplans.

Kommt die Einziehung oder Verlegung öffentlicher Wege in Betracht, so ist der Wegebaupolizeibehörde Mitteilung zu machen. Einwendungen gegen die Einziehung oder Verlegung sind in dem Umlegungsverfahren mit zu erledigen.

§ 38. Werden Einwendungen gegen den Verteilungsplan erhoben, so hat die Kommission deren Erledigung durch Verhandlung zu versuchen. Gelingt die Erledigung nicht, so sind die Akten und die Verhandlungen mittels eingehenden Berichts dem Bezirksausschusse vorzulegen. Dieser beschließt über die Einwendungen endgültig.

Sind Einwendungen nicht erhoben oder ist über sie entschieden, so erfolgt die Festsetzung des Verteilungsplans durch endgültigen Beschluß des Bezirksausschusses.

Dem Magistrat, den Eigentümern und dem Vertreter und Verwalter (§ 28) ist eine Ausfertigung des festgesetzten Verteilungsplans nebst Karte, den sonstigen Beteiligten, hinsichtlich deren darin eine Bestimmung getroffen ist oder die an dem Verfahren teilgenommen haben, eine Benachrichtigung von der Festsetzung des Verteilungsplans zuzustellen.

Der Magistrat hat die geschehene Festsetzung in ortsüblicher Weise bekanntzumachen.

5. Rechtsweg.

§ 39. Wegen der in den §§ 11, 13, 14, 16 bis 23 bezeichneten Ansprüche auf Entschädigung in Geld steht den Beteiligten gegen den Verteilungsplan von dessen Festsetzung an der Rechtsweg offen. Die Klageerhebung ist bis zum Ablaufe von zwei Monaten nach dem Tage der Umlegung (§ 40 Abs. 1) zulässig.

Gegen Beteiligte, denen die Überweisungserklärung zuzustellen ist (§ 40 Abs. 1, 4), endet diese Frist aber jedenfalls erst zwei Monate nach erfolgter Zustellung.

Ist für den Fall des § 13 ein Vertreter und Verwalter bestellt (§ 28), so ist die Klage von diesem gegen die Gemeinde und von der Gemeinde gegen den Vertreter und Verwalter zu erheben; in den übrigen Fällen ist sie von den Eigentümern und den in § 57 Abs. 2 Nr. 1, 2 genannten Beteiligten gegen die Gemeinde und von der Gemeinde gegen die vorbezeichneten Beteiligten zu erheben.

In den Fällen des § 15 finden die vorstehenden Vorschriften mit der Maßgabe Anwendung, daß der Rechtsweg nur dem belasteten Eigentümer zusteht.

6. Ausführung des Verteilungsplans.

§ 40. Die Ausführung des Verteilungsplans wird durch die Beschreitung des Rechtswegs nicht aufgehalten. Sie erfolgt durch eine von dem Bezirksausschusse durch endgültigen Beschluß zu erlassende Überweisungserklärung. In dieser ist der Tag, an welchem die Rechtsänderungen hinsichtlich der umzulegenden Grundstücke eintreten sollen (Tag der Umlegung), zu bezeichnen.

Der Tag der Umlegung ist so zu bestimmen, daß zwischen dem Tage der Bekanntmachung der Überweisungserklärung und dem Tage der Umlegung ein Zeitraum von mindestens einem Monat liegt.

Die Überweisungserklärung darf erst erfolgen, wenn nachgewiesen ist, daß die nach den §§ 14, 16 bis 23, 31 in dem Verteilungsplane festgesetzten Entschädigungen von der Gemeinde gezahlt oder hinterlegt sind. Sie kann gleichzeitig mit der Festsetzung des Verteilungsplans (§ 38 Abs. 2, 3) erlassen und mit dieser verbunden werden.

Außer dem Magistrat, den Eigentümern und dem Vertreter und Verwalter (§ 28) ist die Überweisungserklärung den sonstigen Beteiligten, hinsichtlich deren in dem Verteilungsplan eine Bestimmung getroffen ist oder die an dem Verfahren teilgenommen haben, zuzustellen. Der Magistrat hat die Überweisungserklärung ohne Verzug in ortsüblicher Weise bekanntzumachen.

§ 41. Mit der öffentlichen Bekanntmachung der Überweisungserklärung erlangt die Gemeinde das Recht, die nach dem Verteilungsplan etwa noch herzustellenden vorläufigen Zugänge und Wege (§ 23 Abs. 2) anzulegen.

§ 42. Ist die Überweisungserklärung ortsüblich bekanntgemacht, so wird mit dem Tage der Umlegung der Inhalt des Verteilungsplans wirksam. Die bisherigen Eigentumsrechte an den eingeworfenen Grundstücken erlöschen. Zugleich werden die eingeworfenen Grundstücke von allen privatrechtlichen Belastungen und Beschränkungen frei, insbesondere hören sie auf, Fideikommiß oder Stammgut zu sein oder im Lehn- oder Leihverbande zu stehen.

Die Gemeinde oder der sonstige Wegeunterhaltungspflichtige wird Eigentümer des nach § 10 Abs. 2 zu den öffentlichen Straßen und Plätzen zugewiesenen Geländes. Soweit für ein eingeworfenes Grundstück nach § 12 Landzuweisung gewährt wird, tritt das zugewiesene Grundstück in Ansehung des Eigentums und der übrigen im Abs. 1 Satz 3 bezeichneten privatrechtlichen Beziehungen an seine Stelle. Von dem Übergang auf das zugewiesene Grundstück sind jedoch ausgeschlossen das Erbbaurecht, die Dienstbarkeiten, die Wiederkaufs- und Vorkaufsrechte und die nicht lediglich in

Geld-, Natural- oder persönlichen Leistungen bestehenden Reallasten, soweit in dem Verteilungsplane nicht ein anderes bestimmt ist.

Die auf Grund der Vorschriften der §§ 14, 16, § 18 Abs. 1, 2, §§ 23, 31, 39 festgesetzten Geldentschädigungen treten hinsichtlich der in dem vorhergehenden Absatze bezeichneten rechtlichen Beziehungen an die Stelle des eingeworfenen Grundstücks. Das gleiche gilt, wenn in den Fällen der §§ 14, 16, § 18 Abs. 1, 2, §§ 23, 31 die Festsetzung auf einer Vereinbarung (§ 36 Abs. 1 Satz 2) beruht.

Miet- und Pachtverhältnisse, auf Grund deren das eingeworfene Grundstück dem Mieter oder Pächter überlassen war, erlöschen, sofern nicht ihr Gegenstand dem Vermieter oder Verpächter ungeschmälert verbleibt und in dem Verteilungsplane nicht ein anderes bestimmt ist.

Dritter Abschnitt.

Schlußbestimmungen.

§ 53. Nachdem der Baupolizeibehörde von der in Aussicht genommenen Umlegung Mitteilung gemacht worden ist (§ 4), darf sie die Genehmigung zur Errichtung von Bauten auf Grundstücken, für welche die Umlegung beantragt ist, nicht erteilen, ohne zuvor dem Magistrat Gelegenheit zur Äußerung gegeben zu haben. Sie kann die Genehmigung versagen oder an Bedingungen knüpfen, wenn durch den Bau die Umlegung erschwert werden würde.

Eine Entschädigung wird wegen dieser Beschränkung der Baufreiheit nicht gewährt.

Gesetz, betreffend die Gründung neuer Ansiedlungen in den Provinzen Ostpreußen, Westpreußen, Brandenburg, Pommern, Posen, Schlesien, Sachsen und Westfalen. Vom 10. August 1904 (GS. S. 227).

Artikel I.

Der Abschnitt II des Gesetzes, betreffend die Verteilung der öffentlichen Lasten bei Grundstücksteilungen und die Gründung neuer Ansiedlungen in den Provinzen Preußen, Brandenburg, Pommern, Posen, Schlesien, Sachsen und Westfalen vom 25. August 1876 (GS. S. 405) (Gründung neuer Ansiedlungen) erhält unter Berücksichtigung des Ergänzungsgesetzes vom 16. September 1899 (GS. S. 497) nachstehende Fassung:

§ 13. Wer außerhalb einer im Zusammenhange gebauten Ortschaft ein Wohnhaus errichten oder ein vorhandenes Gebäude zum Wohnhaus einrichten will, bedarf einer vom Kreisausschuß, in Stadtkreisen von der Ortspolizeibehörde zu erteilenden Ansiedlungsgenehmigung. Vor deren Aushändigung darf die polizeiliche Bauerlaubnis nicht erteilt werden.

Die Ansiedlungsgenehmigung ist nicht erforderlich für Wohnhäuser, die in den Grenzen eines nach dem Gesetze, betreffend die Anlegung und Veränderung von Straßen und Plätzen in Städten und ländlichen Ortschaften vom 2. Juli 1875 (GS. S. 561), festgestellten Bebauungsplans oder die auf einem bereits bebauten Grundstück im Zusammenhange mit bewohnten Gebäuden errichtet oder eingerichtet werden sollen.

1. Wie aus dem letzten Satz des Abs. 1 hervorgeht, bedarf es außer der Ansiedlungsgenehmigung einer besonderen Bau-

genehmigung. Diese kann natürlich versagt werden, obgleich die Ansiedlungsgenehmigung erteilt ist, und zwar beispielsweise auch auf Grund eines von der Gemeinde etwa geltend gemachten ortsstatutarischen Bauverbots. Forderungen der Gemeinde können also gegebenenfalls nach § 17 des Ansiedlungsgesetzes und darüber hinaus nach § 12 des Fluchtliniengesetzes in dem die baupolizeiliche Genehmigung betreffenden Verfahren geltend gemacht werden.

2. Einer neuen Ansiedlungsgenehmigung bedarf es nicht, wenn es sich lediglich um den Ersatz eines bereits vorhanden gewesenen Wohnhauses handelt. Hiervon kann aber z. B. dann nicht die Rede sein, wenn eine Wohnstätte sieben Jahre lang verlassen war und nun wieder hergerichtet werden soll (OVG. Bd. 54 S. 234).

3. Ist ein Bau ohne die erforderliche Ansiedlungsgenehmigung errichtet, so gilt trotz § 20 des Ansiedlungsgesetzes das gleiche, wie wenn ein Bau ohne die erforderliche Ausnahme von einem ortsstatutarischen Bauverbot errichtet worden ist (vgl. S. 114, Baltz-Fischer S. 128 Z. 10, S. 137 Z. 54).

4. Für Berlin gilt noch das Ansiedlungsgesetz vom 25. August 1876 (OVG. vom 21. Oktober 1926 IV B. 926).

§ 13a. Die Ansiedlungsgenehmigung ist ferner erforderlich, wenn infolge oder zum Zwecke der Umwandlung eines Landgutes oder eines Teiles eines solchen in mehrere ländliche Stellen innerhalb einer im Zusammenhange gebauten Ortschaft oder in den Fällen des § 13 Abs. 2 ein Wohnhaus errichtet oder ein vorhandenes Gebäude zum Wohnhaus eingerichtet werden soll.

§ 14. Die Ansiedlungsgenehmigung ist zu versagen, wenn nicht nachgewiesen ist, daß der Platz, auf welchem die Ansiedlung gegründet werden soll, durch einen jederzeit offenen fahrbaren Weg zugänglich oder daß die Beschaffung eines solchen Weges gesichert ist. Kann nur der letztere Nachweis erbracht werden, so ist bei Erteilung der Ansiedlungsgenehmigung für die Beschaffung des Weges eine Frist zu bestimmen, nach deren fruchtlosem Ablaufe das polizeiliche Zwangsverfahren eintritt.

Von der Bedingung der Fahrbarkeit des Weges kann unter besonderen Umständen abgesehen werden.

Auch zur Erhaltung der ununterbrochenen Zugänglichkeit der Ansiedlung ist die Anwendung des polizeilichen Zwangsverfahrens zulässig.

In Moorgegenden ist die Ansiedlungsgenehmigung zu versagen, solange die Entwässerung des Bodens, auf dem die Ansiedlung gegründet werden soll, nicht geregelt ist.

§ 15. Die Ansiedlungsgenehmigung kann versagt werden, wenn gegen die Ansiedlung von dem Eigentümer, dem Nutzungs- oder Gebrauchsberechtigten oder dem Pächter eines benachbarten Grundstücks oder von dem Vorsteher des Gemeinde- (Guts-)Bezirks, zu welchem das zu besiedelnde Grundstück gehört, oder von einem der Vorsteher derjenigen Gemeinde- (Guts-)Bezirke, an die es grenzt, Einspruch erhoben und der Einspruch durch Tatsachen begründet wird, welche die Annahme rechtfertigen, daß die Ansiedlung den Schutz der Nutzungen benachbarter Grundstücke aus der Land- oder Forstwirtschaft, aus dem Gartenbaue, der Jagd oder der Fischerei gefährden werde.

§ 15a. Die Ansiedlungsgenehmigung kann ferner versagt werden, wenn gegen die Ansiedlung von dem Besitzer eines Bergwerkes, welches unter dem zu besiedelnden Grundstück oder in dessen Nähe belegen ist, Einspruch erhoben und durch Tatsachen begründet wird, welche die Annahme rechtfertigen:

a) daß durch den Betrieb des Bergwerkes in absehbarer Zeit Beschädigungen der Oberfläche des zu besiedelnden Grundstücks eintreten können, denen im Interesse der persönlichen Sicherheit und des öffentlichen Verkehrs durch bergpolizeilich anzuordnendes Stehenlassen von Sicherheitspfeilern vorzubeugen sein würde,

b) daß die wirtschaftliche Bedeutung des uneingeschränkten Abbaues der Mineralien die der Ansiedlung überwiegt.

§ 16. Vor Erteilung der Ansiedlungsgenehmigung sind die beteiligten Gemeinde- (Guts-)Vorsteher (§ 15) von dem Antrag in Kenntnis zu setzen. Diese haben zu prüfen, ob für sie Anlaß vorliegt, Einspruch gemäß § 15 zu erheben, wofür die im nächsten Satze vorgesehene Ausschlußfrist gilt. Sie haben ferner den Antrag alsbald innerhalb ihrer Gemeinden (Gutsbezirke) auf ortsübliche Art mit dem Bemerken bekanntzumachen, daß gegen den Antrag von den Eigentümern, Nutzungs-, Gebrauchsberechtigten und Pächtern der benachbarten Grundstücke innerhalb einer Ausschlußfrist von einundzwanzig Tagen bei der besonders zu bezeichnenden Genehmigungsbehörde Einspruch erhoben werden könne, wenn der Einspruch sich durch Tatsachen der im § 15 bezeichneten Art begründen lasse.

Geht Bergbau unter dem zu besiedelnden Grundstück oder in dessen Nähe um, so ist von dem Antrag auch der zuständige Bergrevierbeamte in Kenntnis zu setzen. Dieser hat den beteiligten Bergwerksbesitzern eine Mitteilung von dem Antrage zuzustellen, unter Hinweis auf die Befugnis, innerhalb einer Frist von einundzwanzig Tagen vom Tage der Zustellung ab Einspruch auf Grund des § 15a bei der besonders zu bezeichnenden Genehmigungsbehörde zu erheben.

Die Einsprüche sind von der Genehmigungsbehörde, geeignetenfalls nach Anhörung des Antragstellers und derjenigen, welche Einspruch erhoben haben, sowie nach Aufnahme des Beweises zu prüfen.

Wenn der Einspruch auf Grund des § 15 a erhoben wird, so ist die Genehmigungsbehörde zur Einholung einer gutachtlichen Äußerung der zuständigen Bergpolizeibehörde verpflichtet.

§ 17. Ist anzunehmen, daß infolge der Ansiedlung eine Änderung oder Neuordnung der Gemeinde-, Kirchen- oder Schulverhältnisse erforderlich wird, so sind die beteiligten Gemeinde- (Guts-)Vorsteher und die Vorstände der beteiligten Kirchen- und Schulgemeinden (Schulverbände, Schulsozietäten usw.) von dem Antrage mit dem Eröffnen in Kenntnis zu setzen, daß sie binnen einer Ausschlußfrist von einundzwanzig Tagen bei der Genehmigungsbehörde die Festsetzung besonderer Leistungen des Antragstellers für den Zweck dieser Änderung oder Neuordnung beantragen können.

Erachtet die Genehmigungsbehörde eine solche Leistung für erforderlich, so hat sie diese in dem Bescheide festzusetzen oder ihre Festsetzung einem weiteren Bescheide vorzubehalten. Sie ist hierbei an die etwa gestellten Anträge nicht gebunden.

Die Ansiedlungsgenehmigung kann von dem Nachweise, daß die Leistung erfüllt ist oder von der Bestellung einer Sicherheit, die für die Erfüllung haftet, abhängig gemacht werden.

Macht der Antragsteller von der Ansiedlungsgenehmigung Gebrauch, so ist er zu den Leistungen verpflichtet.

§ 17 a. Sind für die Ansiedlung im öffentlichen Interesse Anlagen erforderlich, so kann die Ansiedlungsgenehmigung versagt werden, solange der Antragsteller nicht diese Anlagen nach Umfang und Art ihrer Ausführung, gegebenenfalls unter Beifügung einer Zeichnung darlegt und nachweist, daß die zu ihrer ordnungsmäßigen Ausführung nötigen

Mittel vorhanden sind, und daß ihre künftige Unterhaltung dem öffentlichen Interesse entsprechend geregelt ist.

In dem Bescheide sind die dem Antragsteller zu diesem Zwecke aufzuerlegenden Leistungen festzusetzen.

Bei Anlagen, die im Landeskulturinteresse erforderlich sind, ist in geeigneten Fällen vor Erteilung des Bescheids die Auseinandersetzungsbehörde gutachtlich zu hören.

Die Ansiedlungsgenehmigung kann von der Bestellung einer Sicherheit, die für die Erfüllung der Leistungen des Antragstellers haftet, abhängig gemacht werden.

Macht der Antragsteller von der Ansiedlungsgenehmigung Gebrauch, so ist er zu diesen Leistungen verpflichtet.

17 b. Wird eine Sicherheit nach Maßgabe vorstehender Vorschriften bestellt, so ist die Genehmigungsbehörde zuständig für die Entscheidung über Anträge auf gänzliche oder teilweise Freigabe der Sicherheit.

§ 18. Wird die Ansiedlungsgenehmigung versagt oder nicht schlechthin erteilt, oder werden Einsprüche (§§ 15, 15 a, 16) zurückgewiesen, so ist der Bescheid mit Gründen zu versehen und dem Antragsteller sowie denjenigen, die Einspruch erhoben haben, zu eröffnen.

Diesen steht außer dem Falle des § 13 b innerhalb zwei Wochen gegen den Bescheid des Kreisausschusses der Antrag auf mündliche Verhandlung im Verwaltungsstreitverfahren, gegen den Bescheid der Ortspolizeibehörde eines Stadtkreises die Klage bei dem Bezirksausschuß offen. Im ersteren Falle hat der Vorsitzende des Kreisausschusses einen Vertreter des öffentlichen Interesses zu bestellen.

Insoweit der Bescheid Festsetzungen nach den §§ 17 und 17 a enthält, steht dem Antragsteller innerhalb zwei Wochen nur die Beschwerde an den Bezirksausschuß und gegen dessen

Bescheid innerhalb gleicher Frist die weitere Beschwerde an den Provinzialrat offen.

Die Beschwerde steht aus Gründen des öffentlichen Interesses auch dem Vorsitzenden des Kreisausschusses zu, sofern er die Festsetzungen für unzureichend erachtet oder die Ansiedlungsgenehmigung ohne solche erteilt ist.

Wird nach den vorstehenden Vorschriften ein Bescheid gleichzeitig im Beschwerde- und im Verwaltungsstreitverfahren angefochten, so ist das Beschwerdeverfahren vorab durchzuführen.

Eine Nachprüfung der nach den §§ 17 und 17a getroffenen Festsetzungen findet im Verwaltungsstreitverfahren nicht statt.

Erfolgt die Zurückweisung des Einspruchs im Falle des § 15a aus dem Grunde, weil die Bergpolizeibehörde das Stehenlassen von Sicherheitspfeilern nicht für notwendig erachtet, so unterliegt der Bescheid keiner weiteren Anfechtung.

§ 19. Auf den dem Grundeigentume durch die Versagung der Ansiedlungsgenehmigung zugefügten Schaden finden, sofern sich diese Versagung auf einen Einspruch des § 15a dieses Gesetzes stützt, die Vorschriften der §§ 148—151 des Allgemeinen Berggesetzes vom 24. Juni 1865 (GS. S. 705) in der Fassung des Gesetzes vom 7. Juli 1902 (GS. S. 255) Anwendung.

Die Verjährung des Anspruchs auf Schadensersatz beginnt mit Ablauf des Tages, an welchem der Versagungsbescheid endgültig wird.

Der Grundstückseigentümer ist verpflichtet, auf Verlangen des Bergwerksbesitzers die Eintragung eines Vermerkes in das Grundbuch dahin zu bewilligen:

daß und für welche Grundfläche die Ansiedlungsgenehmigung auf Einspruch des Bergwerksbesitzers versagt und welche Entschädigung gezahlt worden ist.

§ 20. Wer vor Erteilung der Ansiedlungsgenehmigung mit einer Ansiedlung beginnt, wird mit Geldstrafe bis 150 Mark oder Haft bestraft. Auch kann die Ortspolizeibehörde die Weiterführung der Ansiedlung verhindern und die Wegschaffung der errichteten Anlagen anordnen.

Feld- und Forstpolizeigesetz. Vom $\frac{\text{1. April 1880}}{\text{15. Januar 1926}}$ (GS. 1926 S. 83).

§ 43. Wer in der Umgebung einer Waldung, welche mehr als fünf Hektar in räumlichem Zusammenhange umfaßt, innerhalb einer Entfernung von fünfundsiebzig Metern eine Feuerstelle errichten will, bedarf einer Genehmigung derjenigen Behörde, welche für die Erteilung der Genehmigung zur Errichtung von Feuerstellen zuständig ist. Vor der Aushändigung der Genehmigung darf die polizeiliche Bauerlaubnis nicht erteilt werden.

§ 44. Die Genehmigung der Behörde (§ 43) darf versagt oder an Bedingungen, welche die Verhütung von Feuersgefahr bezwecken, geknüpft werden, wenn aus der Errichtung der Feuerstelle eine Feuersgefahr für die Waldung zu besorgen ist.

Die Genehmigung darf nicht versagt werden, wenn die Feuerstelle innerhalb einer im Zusammenhange gebauten Ortschaft, oder vom Waldeigentümer, oder in der Ausführung eines Enteignungsrechts errichtet werden soll; jedoch darf die Genehmigung an Bedingungen geknüpft werden, welche die Verhütung von Feuersgefahr bezwecken.

§ 45. Der Antrag auf Erteilung der Genehmigung ist dem Waldeigentümer, falls dieser nicht der Bauherr ist, mit dem Bemerken bekanntzumachen, daß er innerhalb einer Frist von einundzwanzig Tagen bei der Behörde (§ 43) Einspruch erheben könne.

Der erhobene Einspruch ist von der Behörde (§ 43), geeignetenfalls nach Anhörung des Antragstellers und des Waldeigentümers, sowie nach Aufnahme des Beweises zu prüfen.

§ 46. Die Versagung der Genehmigung, die Erteilung der Genehmigung unter Bedingungen, sowie die Zurückweisung des erhobenen Einspruchs erfolgt durch einen Bescheid der Behörde, welcher mit Gründen zu versehen und dem Antragsteller sowie dem Waldeigentümer zu eröffnen ist.

Gegen den Bescheid steht dem Antragsteller sowie dem Waldeigentümer innerhalb einer Frist von zwei Wochen die Klage im Verwaltungsstreitverfahren offen. Zuständig ist

a) der Kreisausschuß, wenn der Bescheid von der Ortspolizeibehörde eines Landkreises erteilt worden ist;

b) der Bezirksausschuß, wenn der Bescheid vom Landrat oder von der Ortspolizeibehörde eines Stadtkreises, in der Provinz Hannover von der Polizeibehörde einer selbständigen Stadt erteilt worden ist.

§ 47. Wer vor Erteilung der vorgeschriebenen Genehmigung mit der Errichtung einer Feuerstelle beginnt, wird mit Geldstrafe bis zu einhundertundfünfzig Mark oder mit Haft bestraft. Auch kann die Behörde (§ 43) die Weiterführung der Anlage verhindern und die Wegschaffung der errichteten Anlage anordnen.

§ 52. Die Bestimmungen der Gesetze vom 10. August 1904 (GS. S. 227), vom 1. März 1923 (GS. S. 49), vom 4. November 1874 (Wochenbl. S. 291 — für den Kreis Herzogtum Lauenburg), vom 4. Juli 1887 (GS. S. 327 — für Hannover), vom 13. Juni 1888 (GS. S. 243 — für Schleswig-Holstein) und vom 11. Juni 1890 (GS. S. 173 — für Hessen-Nassau) über die Gründung neuer Ansiedlungen werden durch dieses Gesetz nicht berührt.

Wassergesetz. Vom 7. April 1913 (GS. S. 53).

Zweiter Titel.

Freihaltung des Überschwemmungsgebiets von Wasserläufen.

§ 285. Für die bei Hochwasser gefahrbringenden Wasserläufe wird das Überschwemmungsgebiet, soweit es nicht hochwasserfrei eingedeicht ist und den Vorschriften dieses Titels unterliegen soll, nach § 286 festgestellt.

In diesem Gebiete dürfen nicht ohne Genehmigung:

1. Erhöhungen der Erdoberfläche und über die Erdoberfläche hinausragende Anlagen (Deiche, Dämme und andere deichähnliche Erhöhungen; Gebäude, Mauern und andere bauliche Anlagen; Feldziegeleien, Einfriedigungen, Baum- und Strauchpflanzungen und ähnliche Anlagen) hergestellt, erweitert, verlegt,

2. Deiche, Dämme und andere deichähnliche Erhöhungen ganz oder teilweise beseitigt werden.

Schutzmaßregeln, die in Notfällen für die Dauer der Gefahr getroffen werden, bedürfen keiner Genehmigung. Sollen sie jedoch dauernd bestehen bleiben, so ist die Genehmigung nach Beseitigung der Gefahr einzuholen.

§ 286. Die Wasserläufe, für welche die Vorschriften dieses Titels gelten sollen, sind in ein Verzeichnis aufzunehmen, das der Oberpräsident für die von ihm verwaltete Provinz — für die hohenzollernschen Lande der Regierungspräsident — aufstellt.

In dem Verzeichnis ist für jeden Wasserlauf zu bestimmen, ob die Vorschriften des § 285 Abs. 2, 3 für die ganze Breite des Überschwemmungsgebietes und den Wasserlauf in seiner ganzen Länge oder nur für Teile des Überschwemmungsgebiets oder des Wasserlaufs gelten sollen. In dem Verzeichnis kann bestimmt werden, daß gewisse Erhöhungen und Anlagen der im § 285 Abs. 2 bezeichneten Art wegen ihrer unerheblichen Einwirkung auf den Hochwasserabfluß keiner Genehmigung bedürfen, oder von der Wasserpolizeibehörde widerruflich gestattet werden dürfen.

Das Verzeichnis wird für jeden Wasserlauf, erforderlichenfalls unter Beifügung von Lageplänen, öffentlich ausgelegt. Im übrigen gelten die §§ 5, 6 mit der Maßgabe, daß auszugsweise Abschriften bei dem Landrat, in Stadtkreisen bei der Ortspolizeibehörde niedergelegt und auf dem laufenden erhalten werden.

Der Neuaufstellung von Verzeichnissen bedarf es nicht, soweit solche beim Inkrafttreten dieses Gesetzes bereits nach § 12 des Gesetzes zur Verhütung von Hochwassergefahren vom 16. August 1905 (GS. S. 342) aufgestellt sind.

§ 287. Zuständig für die Genehmigung (§ 285) ist bei Wasserläufen erster Ordnung der Bezirksausschuß, sonst der Kreis- (Stadt-) Ausschuß.

In erheblicheren Fällen hat die Genehmigungsbehörde vor der Beschlußfassung den Melioratsbaubeamten, den zur Unterhaltung des Wasserlaufs Verpflichteten, den Vorstand von Wassergenossenschaften zur Unterhaltung oder zum Ausbau der Ufer, die übrigen Beteiligten und, wenn es sich um das Vorland von Verbandsdeichen handelt, den Vorstand der Deichverbände, außerdem, wenn dem Antrage Bedenken entgegenstehen, den Antragsteller zu hören. Ferner hat die Genehmigungsbehörde zur Erhebung von Einwendungen in einer von ihr zu bestimmenden Frist öffentlich aufzufordern unter der Verwarnung, daß nach dieser Frist keine Einwendungen mehr erhoben werden können.

Die Aufforderung ist in den Kreisblättern und nach dem Ermessen der Genehmigungsbehörde außerdem in ortsüblicher oder anderer Weise öffentlich bekanntzumachen. Sind nur Stadtkreise beteiligt, so ist die Aufforderung in ortsüblicher Weise bekanntzumachen.

§ 288. Die Genehmigung darf nur aus Rücksichten des Hochwasserschutzes versagt oder an Auflagen und Einschränkungen geknüpft werden.

Die Genehmigung zur Herstellung von Anlagen darf nicht versagt werden, wenn die Nachteile, die für den Hochwasserabfluß zu befürchten sind, durch eine anderweite Verbesserung auf Kosten des Antragstellers wieder ausgeglichen werden.

Tritt die herzustellende Anlage an die Stelle einer vorhandenen und wird der Abfluß nicht mehr als bisher behindert, so kann die Genehmigung nur, wenn Widerspruch erhoben wird, und nur gegen Entschädigung versagt werden. Die Entschädigung hat der Widersprechende zu leisten. Sie wird durch Beschluß des Bezirksausschusses festgesetzt. Der Beschluß kann binnen drei Monaten nach der Zustellung im Rechtsweg angefochten werden.

§ 289. Gegen den Beschluß der Genehmigungsbehörde steht denen, die rechtzeitig Einwendungen erhoben haben, und, soweit die Genehmigung versagt oder an Auflagen oder Einschränkungen geknüpft wird, auch dem Antragsteller innerhalb vier Wochen die Beschwerde an den Minister für Landwirtschaft, Domänen und Forsten zu.

§ 290. Anordnungen, die erforderlich sind, um die Durchführung der im § 285 gegebenen Vorschriften zu sichern, trifft bei Wasserläufen erster Ordnung der Regierungspräsident, bei anderen Wasserläufen der Landrat, in Stadtkreisen die Ortspolizeibehörde.

Strafbestimmungen.

§ 374. Mit Geldstrafe bis zu dreihundert Mark, im Unvermögensfalle mit Haft, wird, sofern nicht nach anderen strafgesetzlichen Bestimmungen eine höhere Strafe verwirkt ist, bestraft, wer eine Erhöhung der Erdoberfläche oder eine Anlage, zu deren Herstellung, Erweiterung, Verlegung oder Beseitigung nach § 285 Abs. 2 und § 291 eine Genehmigung erforderlich ist, ohne diese Genehmigung herstellt, erweitert, verlegt oder beseitigt und wer die bei Erteilung der Genehmigung festgesetzten Bedingungen nicht innehält.

§ 378. Durch die Strafbestimmungen der §§ 374, 375 werden die Polizeibehörden nicht gehindert, nach § 132 Nr. 2 Landesverwaltungsgesetzes vom 30. Juli 1883 (GS. S. 195) Geldstrafen zur Erzwingung einer Handlung oder Unterlassung anzudrohen und festzusetzen.

Wohnungsgesetz. Vom 28. März 1918 (GS. S. 23).

Artikel 1

enthält Änderungen des Gesetzes betreffend die Anlegung und Veränderung von Straßen und Plätzen in Städten und ländlichen Ortschaften vom 2. Juli 1875, die im Text dieses Gesetzes berücksichtigt worden sind.

Artikel 2.

Enteignung mit Rücksicht auf das Wohnungsbedürfnis.

Soweit zur Befriedigung des Bedürfnisses nach Mittel- und Kleinwohnungen oder für die Gesundung von Wohnvierteln, Häuserblocks und dergleichen der erforderliche Grund und Boden bis zum 31. Dezember 1926 im Enteignungsweg in Anspruch genommen werden muß, wird die Zulässigkeit der Enteignung durch den Minister der öffentlichen Arbeiten ausgesprochen. Das Enteignungsverfahren erfolgt in solchen Fällen nach den Vorschriften der Verordnungen, betreffend ein vereinfachtes Enteignungsverfahren zur Beschaffung von Arbeitsgelegenheit und zur Beschäftigung von Kriegsgefangenen, vom 11. September 1914 (GS. S. 159) und vom 27. März 1915 (GS. S. 57).

Artikel 3.

Eingemeindung und Umgemeindung.

§ 1. In § 2 Nr. 5 der Landgemeindeordnung für die sieben östlichen Provinzen der Preußischen Monarchie vom 3. Juli 1891 (GS. S. 233) wird unter d folgende Vorschrift eingestellt:

d) wenn die Rücksicht auf das Wohnungsbedürfnis die Eingemeindung oder Umgemeindung erheischt.

§ 2. Soweit andere Gemeindeverfassungsgesetze eine Eingemeindung oder Umgemeindung davon abhängig machen, daß das öffentliche Interesse die Eingemeindung oder Umgemeindung erfordert, findet die Vorschrift im § 1 entsprechende Anwendung.

Artikel 4.

Baupolizeiliche Vorschriften.

§ 1. Durch die Bauordnungen kann insbesondere geregelt werden:

1. die Abstufung der baulichen Ausnutzbarkeit der Grundstücke, ebenso daß, wo Fluchtlinien nicht festgestellt sind, nur offene Bauweise mit Gebäuden von nicht mehr als einem Obergeschoß über dem Erdgeschosse zulässig ist;

2. die Ausscheidung besonderer Ortsteile, Straßen und Plätze, für welche die Errichtung von Anlagen nicht zugelassen ist, die beim Betriebe durch Verbreitung übler Dünste, durch starken Rauch oder ungewöhnliches Geräusch Gefahren, Nachteile oder Belästigungen für die Nachbarschaft oder das Publikum überhaupt herbeizuführen geeignet sind;

3. die Ausscheidung besonderer Ortsteile, Straßen und Plätze, in denen nur die Errichtung von Wohngebäuden mit Nebenanlagen oder nur die Errichtung von gewerblichen Anlagen mit Nebengebäuden zugelassen ist;

4. der Verputz und Anstrich oder die Ausfugung der vornehmlich Wohnzwecken dienenden Gebäude und aller von Straßen, Plätzen oder anderen öffentlichen Verkehrsflächen aus sichtbaren Bauten sowie die einheitliche Gestaltung des Straßenbildes, und zwar unter Berücksichtigung des Denkmal- und Heimatschutzes;

5. die Vorlage von Bauzeichnungen für alle Außenflächen von Wohngebäuden;

6. unter welchen Bedingungen Gartenhäuschen (Lauben) nicht als Wohnhäuser (Wohngebäude) im Sinne der §§ 13 ff. des Gesetzes, betreffend die Gründung neuer Ansiedlungen in den Provinzen Ostpreußen, Westpreußen, Brandenburg,

Pommern, Posen, Schlesien, Sachsen und Westfalen, vom 10. August 1904 (GS. S. 227), des § 1 des Gesetzes, betreffend die Gründung neuer Ansiedlungen im Herzogtume Lauenburg, vom 4. November 1874 (Amtl. Wochenblatt für das Herzogtum Lauenburg S. 291 ff.) und des § 12 des Gesetzes, betreffend die Anlegung und Veränderung von Straßen und Plätzen in Städten und ländlichen Ortschaften, vom 2. Juli 1875 (GS. S. 561) anzusehen sind.

§ 2. (1) Insofern die bauliche Entwicklung es erfordert, haben die Bauordnungen für die Ausführung der Wohngebäude, besonders hinsichtlich der Standfestigkeit, Tragfähigkeit, Feuersicherheit, Verkehrssicherheit und Raumhöhen unterschiedliche Vorschriften zu geben, je nachdem sich diese auf Gebäude größeren oder kleineren Umfangs beziehen.

(2) Geben Bauordnungen für größere Bezirke gleichzeitig Bestimmungen für größere und kleinere Gemeinden, so haben sie hinsichtlich der Höhe der Gebäude, der bebaubaren Flächen und der Geschoßzahl unterschiedliche Bestimmungen zu treffen, welche die besonderen Verhältnisse der Gemeinden berücksichtigen.

(3) Für Stadtkreise sollen die Bauordnungen in der Regel als Ortspolizeiverordnungen erlassen werden.

§ 3. Durch die Bauordnungen sollen Bestimmungen eingeführt werden, durch die überall dort, wo die offene Bauweise üblich und wirtschaftlich durchführbar ist, die Errichtung von Wohnhäusern mit frei stehenden Brandgiebeln verhindert wird.

§ 4. (1) Sofern die Verhältnisse es erfordern, sollen durch Polizeiverordnungen für die Herstellung und Unterhaltung der Ortsstraßen abgestufte Vorschriften je nach deren Bestimmung (Hauptverkehrsstraßen, Nebenverkehrsstraßen, Wohnstraßen, Wohnwege usw.) gegeben werden.

(2) Durch Polizeiverordnung kann auch im Wohnungsinteresse für Wohnstraßen, Wohnwege und andere Ortsstraßen, die dem Zugange zu Wohngebäuden dienen, der Fuhrwerksverkehr beschränkt werden.

§ 5. Der Abs. 4 des § 145 des Gesetzes über die Zuständigkeit der Verwaltungs- und Verwaltungsgerichtsbehörden vom 1. August 1883 (GS. S. 237) erhält folgende Fassung:

Gegen die Beschlüsse des Bezirksausschusses in erster Instanz und des gemäß Abs. 1 entscheidenden Regierungspräsidenten findet binnen 2 Wochen die Beschwerde an den Oberpräsidenten statt, der endgültig entscheidet.

1. Die obigen Vorschriften enthalten z. T. nur eine Bestätigung der bereits vorher bestehenden Rechtslage. Soweit durch das Wohnungsgesetz der Polizei neue Befugnisse eingeräumt worden sind, werden hierdurch dem früheren Recht nicht entsprechende Polizeiverordnungen nicht legalisiert, sondern sie sind nur gültig, soweit dies nach den zur Zeit ihres Erlasses geltenden Gesetzen der Fall war.

2. Wegen der Zuständigkeit der Baupolizei für die Durchführung der Vorschriften, die sich aus der Einteilung der Stadtgebiete in Wohngebiete, geschützte Gebiete ergeben, vgl. S. 23. Im übrigen sind die entsprechenden Bestimmungen der EBO. zu beachten.

Artikel 5

Benutzung der Gebäude.

I. Allgemeine Vorschriften über die Benutzung der Gebäude zum Wohnen und Schlafen (Wohnungsordnungen).

§ 1. (1) Die Benutzung der Gebäude zum Wohnen und Schlafen kann durch allgemeine Vorschriften (Wohnungsordnungen) im Wege der Polizeiverordnung geregelt werden. In der Regel sollen die Wohnungsordnungen als Orts- oder Kreispolizeiverordnungen erlassen werden.

(2) Für Gemeinden und Gutsbezirke mit mehr als 10000 Einwohnern sind solche Wohnungsordnungen zu erlassen.

(3) Ist in Gemeinden, für die von Ortspolizeibehörden Wohnungsordnungen erlassen werden sollen, die Polizei unter mehrere Behörden geteilt, so gilt als Ortspolizeibehörde diejenige Behörde, welcher die Baupolizei übertragen ist.

§ 2. (1) Durch die Wohnungsordnungen ist vorzuschreiben, daß als Wohn- oder Schlafräume (auch Küchen) nur solche Räume benutzt werden dürfen, welche zum dauernden Aufenthalte von Menschen baupolizeilich genehmigt sind.

(2) Ausnahmen sind nur zulässig für Gebäude, die zur Zeit des Inkrafttretens des Wohnungsgesetzes bereits bewohnt waren.

§ 3. (1) Die Wohnungsordnungen können ferner insbesondere Vorschriften treffen über:

1. eine den gesundheitlichen Anforderungen entsprechende bauliche Beschaffenheit und Instandhaltung der Wohn- und Schlafräume (auch Küchen), der Hausflure, Treppen, Höfe und sonstigen der gemeinsamen Benutzung der Hausbewohner dienenden Teile des Hauses;

2. eine den Anforderungen des Familienlebens entsprechende Trennung der von verschiedenen Haushaltungen benutzten Wohn- und Schlafräume (auch Küchen) voneinander;

3. die Zahl und die Beschaffenheit der erforderlichen Kochstellen, Wasserentnahmestellen, Ausgüsse, Aborte, wo-

bei in städtischen Verhältnissen in der Regel zu fordern ist, daß ein Abort von höchstens zwei Familien benutzt werden darf;

4. die im gesundheitlichen und sittlichen Interesse zulässige Belegung der Wohn- und Schlafräume (auch Küchen);

5. die Einrichtung, Ausstattung und Unterhaltung der von Dienst- oder Arbeitgebern ihren Dienstboten, Gewerbegehilfen (Gesellen, Gehilfen, Lehrlingen), Handlungsgehilfen, Handlungslehrlingen oder sonstigen Angestellten oder Arbeitern zugewiesenen Schlafräume;

6. die Bedingungen, unter denen die Aufnahme nicht zur Familie gehöriger Personen gegen Entgelt als Zimmermieter (Zimmerherren), Einlieger (Einlogierer, Miet-, Kost- und Quartiergänger) oder Schlafgänger (Schläfer, Schlafleute, Schlafsteller, Schlafgäste, Schlafburschen und -mädchen) statthaft ist;

7. die zur Durchführung der getroffenen Bestimmungen den Beteiligten, namentlich hinsichtlich der Anzeigen, Aushänge usw. obliegenden Verpflichtungen.

(2) Für Städte über 10000 Einwohner sollen die Wohnungsordnungen die vorstehenden Bestimmungen enthalten.

II. Besondere Vorschriften über die Unterbringung von Arbeitern.

§ 4. (1) Durch Polizeiverordnungen, durch welche die Unterbringung von Arbeitern geregelt wird, müssen Mindestanforderungen hinsichtlich der Beschaffenheit, Einrichtung, Ausstattung und Unterhaltung der Unterkunftsräume und ihres Zubehörs festgesetzt sowie die zur Durchführung der Bestimmungen erforderlichen Vorschriften, insbesondere hinsichtlich der Anzeigen, Aushänge usw. vorgesehen werden.

(2) Die gemeinschaftlichen Wohnräume für Arbeiter (Arbeiterkasernen) müssen so eingerichtet sein, daß in der Regel für jede Familie ein besonderer abschließbarer Raum vorhanden ist, der den allgemeinen Ansprüchen an Gesundheit und Sittlichkeit entspricht.

(3) Für lediges Arbeitspersonal müssen Räume zur Verfügung stehen, die die Trennung der Geschlechter ermöglichen.

1. Aus der Bestimmung in § 1, daß gegebenenfalls Ortspolizeibehörde diejenige Behörde ist, der die Baupolizei übertragen ist, folgt in den Städten die Zuständigkeit des Bürgermeisters oder Oberbürgermeisters. Dieser ist als die zuständige Behörde anzusehen, nicht etwa die einzelnen ihm unterstellten Dienststellen (Baupolizei, Wohnungsbehörde). Deshalb ergibt sich aus der genannten Vorschrift selbstverständlich kein Anlaß, daß speziell die mit der Baupolizei betraute Dienststelle die Wohnungsordnung zu erlassen habe, vielmehr ist dies Sache der Wohnungsbehörde. Diese ist auch zur Verhängung von Strafen zuständig.

2. Insofern es sich bei dem Erlaß von Polizeiverordnungen und der Androhung und Verhängung von Strafen um eine polizeiliche Tätigkeit handelt, würde es nicht fehlgehen, von einer wohnungspolizeilichen Tätigkeit zu sprechen (vgl. Baltz-Fischer S. 13, 355 Z. 4). Abgesehen hiervon sind aber, wie gesagt, die einzelnen Maßnahmen nicht polizeilicher, sondern pflegerischer Art. Es würde nun naheliegen, hieraus auf die Zuständigkeit der Wohnungspflege und der Baupolizei Schlüsse zu ziehen und für jene die Beseitigung von Mängeln, die nicht gerade eine Gefahr bedeuten, für diese die Beseitigung von Gefahren als in den Bereich ihrer Zuständigkeit gehörig anzusehen. Dies würde auch im Einklang mit der allgemeinen Rechtsprechung des Oberverwaltungsgerichtes stehen, wonach jeweils nur eine von mehreren beteiligten Behörden zum Erlasse von Verfügungen zuständig sein kann. Indes ist zuzugeben, daß die Feststellung, wann ein bloßer Mangel und wann eine Gefahr für die Bewohner vorliegt, häufig nicht mit Sicherheit getroffen werden kann. Oft

wird es sich auch darum handeln, daß mehrere Mängel gleichzeitig zu beseitigen sind, und daß es dann häufig unzweckmäßig sein würde, wegen der etwa möglichen verschiedenartigen rechtlichen Beurteilung der Mängel die Verfügungen durch zwei verschiedene Behörden zu erlassen. Demgemäß ist vom Oberverwaltungsgericht die Auffassung vertreten worden, daß die Wohnungsbehörde bei ihren Maßnahmen alle der Wohnungspflege dienlichen Gesichtspunkte zu berücksichtigen habe, also auch solche, die einen rein polizeilichen Charakter tragen und mithin auch der Polizeibehörde Anlaß zum Einschreiten geben könnten (OVG. Bd. 77, S. 475 Bd. 78 S. 436). Anderseits sind auch die Polizeibehörden befugt, auf Grund der Wohnungsordnungen polizeiliche Verfügungen zu erlassen. Es gibt also hier Grenzgebiete der beiderseitigen Zuständigkeit und es kann in Fällen, die zu diesem Grenzgebiet gehören, nur von Fall zu Fall je nach Lage der Sache entschieden werden, welche Behörde eine Anordnung erlassen soll.

Artikel 6.

Wohnungsaufsicht.

I. Örtliche Wohnungsaufsicht.

§ 1. (1) Die Aufsicht über das Wohnungswesen ist eine Gemeindeangelegenheit. Sie liegt, unbeschadet der allgemeinen gesetzlichen Befugnisse der Ortspolizeibehörden, dem Gemeindevorstand ob. Er hat sich von den Zuständen im Wohnungswesen fortlaufend Kenntnis zu verschaffen, auf die Fernhaltung und Beseitigung von Mißständen sowie auf die Verbesserung der Wohnungsverhältnisse, namentlich der Minderbemittelten, hinzuwirken und die Befolgung der Vorschriften der Wohnungsordnung zu überwachen.

(2) Für Gemeinden mit mehr als 100000 Einwohnern ist zur Durchführung der Wohnungsaufsicht ein Wohnungsamt zu errichten. Zur Durchführung der Wohnungsaufsicht sind ein oder mehrere für diesen Dienstzweig geeignete

Personen einzustellen. Für Gemeinden von mehr als 50000 bis 100000 Einwohnern kann durch Anordnung der Aufsichtsbehörde die Errichtung eines den vorstehenden Bestimmungen entsprechenden Wohnungsamts vorgeschrieben werden. Für Gemeinden von mehr als 10000 bis 50000 Einwohnern kann durch Anordnung der Aufsichtsbehörde die Anstellung besonderer sachkundiger beamteter (besoldeter oder ehrenamtlich tätiger) Wohnungsaufseher vorgeschrieben werden. Mehrere Gemeinden können sich mit Genehmigung der staatlichen Aufsichtsbehörde zur Errichtung eines gemeinsamen Wohnungsamts für ihre Bezirke vereinigen. Unter der gleichen Voraussetzung kann auch ein weiterer Kommunalverband für seinen Bezirk oder Teile seines Bezirkes ein gemeinsames Wohnungsamt errichten.

(3) Dem Wohnungsamte können von der Gemeinde, sofern sich mehrere Gemeinden zur Errichtung eines gemeinsamen Wohnungsamts vereinigt haben, durch übereinstimmende Beschlüsse der beteiligten Gemeinden und, sofern die Errichtung durch einen weiteren Kommunalverband erfolgt, durch Beschluß des letzteren andere verwandte Aufgaben übertragen werden. Sofern nicht für die Nachweisung kleinerer Wohnungen durch andere Einrichtungen in ausreichender Weise gesorgt ist, sind in Gemeinden mit mehr als 10000 Einwohnern gemeindliche Wohnungsnachweise zu errichten. Zugleich ist durch Polizeiverordnung den Vermietern solcher Wohnungen die Pflicht zur Anmeldung verfügbarer Wohnungen und zur Abmeldung vermieteter Wohnungen aufzuerlegen.

§ 2. (1) Die mit der Wohnungsaufsicht betrauten Personen sind berechtigt, bei Ausübung der Wohnungsaufsicht alle Räume, die zum Aufenthalte von Menschen benutzt werden, sowie die dazugehörigen Nebenräume, Zugänge, Aborte zu betreten. Sie haben den Wohnungsinhaber oder dessen Vertreter bei dem Beginne der Besichtigung mit dem Zwecke ihres Erscheinens bekannt zu machen und sich unaufgefordert durch öffentliche Urkunde über ihre Berechtigung auszuweisen.

(2) Die Besichtigung muß so vorgenommen werden, daß eine Belästigung der Beteiligten tunlichst vermieden wird. Sie darf nur in der Zeit von 9 Uhr morgens bis 6 Uhr abends, bei Wohnungen, in die Einlieger oder Schlafgänger aufgenommen werden, nur in der Zeit von 5 Uhr morgens bis 10 Uhr abends erfolgen.

(3) Der Wohnungsinhaber oder sein Vertreter ist verpflichtet, über die Art der Benutzung der Räume wahrheitsgemäß Auskunft zu erteilen.

§ 3. Soweit sich bei Ausübung der Wohnungsaufsicht ergibt, daß die Wohnung hinsichtlich ihrer Beschaffenheit oder Benutzung den an sie zu stellenden Anforderungen nicht entspricht, ist Abhilfe in der Regel zunächst durch Rat, Belehrung oder Mahnung zu versuchen. Läßt sich auf diese Weise Abhilfe nicht schaffen, so ist der Gemeindevorstand befugt, die erforderlichen Anordnungen zu erlassen; auf diese Anordnungen finden die §§ 127 bis 129, 132, 133 des Landesverwaltungsgesetzes vom 30. Juli 1883 (GS. S. 195), soweit sie sich auf Maßnahmen der Ortspolizeibehörden beziehen, entsprechende Anwendung.

§ 4. Die Ausübung der Wohnungsaufsicht ist für solche Gemeinden, für welche gemäß Artikel 5 § 1 eine Wohnungsordnung erlassen ist, durch eine von dem Gemeindevorstande festzusetzende Dienstanweisung zu regeln.

II. Bezirks-Wohnungsaufsichtsbeamte.

§ 5. Den Regierungspräsidenten, für den Landespolizeibezirk Berlin dem Oberpräsidenten, sind zur Ausübung der Aufsicht über die Tätigkeit der Gemeinde- und Ortspolizeibehörden (§ 1), soweit sich dazu ein Bedürfnis ergibt, Wohnungsaufsichtsbeamte beizugeben. Diesen Beamten stehen bei Ausübung ihrer Dienstobliegenheiten die Befugnisse der mit der örtlichen Wohnungsaufsicht betrauten Personen (§ 2) zu.

Artikel 7.

Gemeinsame Vorschriften für die Wohnungsordnungen und die Wohnungsaufsicht.

§ 1. (1) Den Wohnungsordnungen (Artikel 5 I) und der Wohnungsaufsicht (Artikel 6) unterliegen:

1. Wohnungen, die einschließlich Küche aus vier oder weniger zum dauernden Aufenthalte von Menschen bestimmten Räumen bestehen;

2. größere Wohnungen, in denen nicht zur Familie gehörige Personen gegen Entgelt als Zimmermieter (Zimmerherren), Einlieger (Einlogierer, Miet-, Kost- und Quartiergänger) oder Schlafgänger (Schläfer, Schlafleute, Schlafsteller, Schlafburschen und -mädchen) aufgenommen werden.

3. Wohn- oder Schlafräume, die von Dienst- oder Arbeitgebern ihren Dienstboten, Gewerbegehilfen (Gesellen, Gehilfen, Lehrlingen), Handlungsgehilfen, Handlungslehrlingen oder sonstigen Angestellten oder Arbeitern zugewiesen sind;

4. solche Wohn- oder Schlafräume in Mietwohnungen, die im Keller oder in einem nicht vollausgebauten Dachgeschosse liegen;

5. Ledigenheime und Arbeiterlogierhäuser.

(2) Eigenwohnungen der im Abs. 1 Nr. 1 bezeichneten Art in Gebäuden, die ausschließlich von einer Familie bewohnt werden, sollen, sofern nicht in ihnen Personen gemäß Nr. 2 aufgenommen werden, den Wohnungsordnungen nur dann unterstellt werden, wenn dafür ein besonderes Bedürfnis vorliegt.

§ 2. Auf Grund der Wohnungsordnungen sollen Anforderungen, die den Wohnungsinhaber zu einem Wohnungswechsel nötigen, bei Mietwohnungen in der Regel nur gestellt werden, wenn die Wohnungen nach Erlaß der Wohnungsordnung bezogen werden oder das Mietverhältnis nach diesem Zeitpunkte verlängert oder trotz Zulässigkeit der Kündigung oder länger als sechs Monate fortgesetzt wird.

§ 3. (1) Wohnungen, die von mehreren Mietern gemeinschaftlich gemietet werden, gelten hinsichtlich der Zahl der Räume (§ 1 Abs. 1 Nr 1) als zwischen ihnen geteilt.

(2) Räume, die miteinander in unmittelbarer offener Verbindung stehen (Zimmer und Alkoven, Butzen und dergleichen), gelten als ein Raum.

§ 4. (1) Ausgenommen von den Vorschriften der Artikel 5, 6 sind Schlösser des Königs und der Mitglieder des Königshauses und des Hohenzollernschen Fürstenhauses einschließlich der zugehörigen Nebengebäude.

(2) Das gleiche gilt von Schlössern der Mitglieder des vormaligen Hannoverschen Königshauses, des vormaligen Kurhessischen Fürstenhauses und des vormaligen Herzoglich Nassauischen Fürstenhauses in den Landesteilen, welche der Landeshoheit ihres Hauses unterstanden haben, und von Schlössern der Herzoglich Schleswig-Holsteinschen Fürstenhäuser in der Provinz Schleswig-Holstein.

Artikel 9.

Schluß- und Übergangsbestimmungen.

§ 1. Maßgebend für die Berechnung der Einwohnerzahl einer Gemeinde oder eines Gutsbezirkes ist hinsichtlich der Bestimmungen dieses Gesetzes die durch die jedesmal letzte Volkszählung ermittelte Zahl der ortsanwesenden Zivilbevölkerung.

§ 2. (1) Bei der Aufstellung und Anwendung der Bau- und Wohnungsordnungen und bei der Ausübung der Wohnungsaufsicht ist, soweit nicht ein überwiegendes Interesse der Gesundheit oder der Sittlichkeit entgegensteht, das Interesse des Denkmal- und Heimatschutzes zu berücksichtigen.

(2) In Zweifelsfällen sind Sachverständige zu hören.

§ 3. (1) Dieses Gesetz tritt am 1. April 1918 in Kraft.

(2) Bestehende Wohnungsordnungen bleiben bis zum Ablauf eines Jahres nach dem Inkrafttreten dieses Gesetzes in Geltung, soweit sie nicht schon vorher durch Wohnungsordnungen gemäß Artikel 5 dieses Gesetzes ersetzt worden sind.

(3) Bereits vor Inkrafttreten dieses Gesetzes können zu seiner Ausführung Wohnungsordnungen erlassen und die zu diesem Behufe notwendigen Anordnungen und Beschlüsse erlassen werden.

Ausführungsanweisung vom 17. Mai 1918 zum Wohnungsgesetz vom 28. März 1918 (MinBliV. S. 106).

Das Wohnungsgesetz will seine Aufgabe hinsichtlich der allgemeinen Verbesserung der Wohnungsverhältnisse durch Vorschriften auf dem Gebiete der Beschaffung, Aufschließung und Aufteilung des Baugeländes (Art. 1—3), der Regelung der Bebauung (Art. 4) und der Wohnungsbenutzung (Art. 5—7) sowie durch Bereitstellung von staatlichen Mitteln zur Förderung der Herstellung von Kleinwohnungen (Art. 8) erfüllen. In engerem Zusammenhang stehen die Art. 1—4, insofern sie unabhängig von dem übrigen Inhalt des Gesetzes den Ortschaftsbau und die Wohnungsherstellung betreffen.

Art. 1. Die Änderungen, die Art. 1 hinsichtlich des Baufluchtliniengesetzes vornimmt, erfolgen lediglich unter dem Gesichtspunkt der Erleichterung der Befriedigung des Wohnbedürfnisses und der Geltendmachung neuzeitlicher Anschauungen über die Gestaltung des Ortschafts- und Wohnungsbaues in wirtschaftlicher, gesundheitlicher und schönheitlicher Beziehung. Diese Bestrebungen gehen aus auf eine größere Weiträumigkeit der Städte einmal durch die Bildung öffentlicher Freiflächen (Gartenanlagen, Spiel- und Erholungsplätze), sodann durch Schaffung nutzbarer privater Freiflächen innerhalb des Baublocks sowie auf Verminderung der Wohndichte in den Blocks vermittels der Beschränkung ihrer Ausnutzung nach Höhe und Fläche der Häuser. Daneben ist die sachgemäße Führung und die Art des Ausbaues der Straßen sowie die Auslegung der öffentlichen Freiflächen von einschneidender Bedeutung. Das gegenseitige Bedingtsein von Bauordnung und Bebauungsplan und damit der innere Zusammenhang zwischen dem ersten und vierten Artikel des Wohnungsgesetzes kommt in diesem Zusammenhange zur Geltung. Eine besonders wichtige Neuerung, die das Wohnungsgesetz in das Baufluchtengesetz bringt, ist die weitgehende Rücksicht auf das Wohnungsbedürfnis. Diese Rücksichtnahme zu verwirklichen ist neben der Gemeindebehörde auch die Polizeibehörde berufen.

Ziff. 1 b und Ziff. 4.

Aber nur das Wohnungsbedürfnis in bestimmter Begrenzung soll ein polizeiliches Verlangen oder Versagen rechtfertigen. Nicht ein Wohnungsbedürfnis schlechthin ist zur Begründung des polizeilichen Eingreifens ausreichend; es muß vielmehr ein „hervorgetretenes Bedürfnis nach Klein- oder Mittelwohnungen" vorliegen (Art. 1 Ziff. 1 b, 4 a und b). Die Freiheit der Gemeinden, die Gestaltung des Ortschaftsausbaues dem Wohnungsbedürfnis im allgemeinen anzupassen, findet also ihre Grenze auch in Zukunft nur in dem Mangel an Klein- oder Mittelwohnungen, insofern sie zur Bekämpfung dieses Mangels durch Festsetzung von Fluchtlinien angehalten werden können. Unter Klein- oder Mittelwohnungen werden im allgemeinen solche von 1 bis 3 oder 3 bis 5 Wohnräumen ausschließlich der Küche zu verstehen sein. Die Fassung „hervorgetretenes" Bedürfnis legt der Polizeibehörde die Verpflichtung der sorgfältigen Prüfung auf. Wann ein Wohnungsbedürfnis als „hervorgetreten" anzusehen ist, läßt sich allgemein nicht sagen. Die Anzeichen, welche das tatsächliche Vorhandensein des Wohnungsbedürfnisses in dem gedachten Umfange dartun, können sehr verschieden sein und sind örtlich zu beurteilen. Das zahlenmäßige Überwiegen des Angebots über die Nachfrage ist für das Nichtvorhandensein eines Mangels an sich noch nicht beweisend. Es muß ferner eine andere Deckung des Wohnungsbedarfs als durch Festsetzung von Baufluchtlinien nicht möglich sein („fordern!"). Ein präventives Vorgehen ist nach der Gesetzesfassung nicht grundsätzlich ausgeschlossen.

Die Polizeibehörde ist bei ihrer Entschließung an die Zustimmung der Aufsichtsbehörde gebunden, deren Sache es sein wird, übertriebene Forderungen auf das richtige Maß zurückzuführen. Die Einwirkung kann positiv und negativ sein, indem die Polizeibehörde aus Gründen eines hervorgetretenen Wohnungsbedürfnisses entweder die Festsetzung von Fluchtlinien verlangt (Art. 1 Ziff. 1 b, zu § 1 des Baufluchtengesetzes) oder ihre Zustimmung versagt (eod. Ziff. 4 zu § 5 des Ges.). Falls der Gemeindevorstand mit dem Vorgehen der Polizei nicht einverstanden ist, wird die Frage im Verwaltungsbeschlußverfahren entschieden.

Das Verlangen nach Fluchtlinienfestsetzung wird sich aber nicht nur auf die Festsetzung von Fluchtlinien für bisher damit noch nicht versehenes Gelände beschränken, sondern auch auf die Abänderung bestehender Bebauungspläne erstrecken müssen; denn gerade vorhandene, ältere Bebauungspläne, namentlich mittlerer und kleinerer, aber auch solche größerer Städte sind vielfach wenig zweckmäßig gebildet, schachbrettartig gestaltet oder ohne Berücksichtigung des Unterschiedes zwischen Wohn-, Verkehrs- und Geschäftsstraßen oder ohne richtige Anpassung an die Geländeverhältnisse u. dgl. aufgestellt. Sie lassen leider oft das Verständnis für neuzeitliche Anforderungen des Städtebaues und Wohnwesens gänzlich vermissen. Bei einem polizeilichen Eingreifen nach Maßgabe des Art. 1 Ziff. 1 b bis 4 darf aber der Grundsatz keine Einbuße erleiden, daß in erster Linie die Gemeinde für die Gestaltung der Bebauungspläne maßgebend und verantwortlich ist, und zwar nicht nur für die alten, sofern sie deren Umgestaltung nach Maßgabe der veränderten

Verhältnisse ablehnen sollte, sondern auch für die neuen, die erstmalige Aufschließung von Baugelände bezweckenden Pläne. Denn ob ein hervorgetretenes Wohnungsbedürfnis vorliegt, ist, wie erwähnt, in der Hauptsache Ermessensfrage. Aus dem Grunde ist auch die Mitwirkung der Aufsichtsbehörde für die Geltendmachung polizeilicher Forderungen auf diesem Gebiete vorgeschrieben. Nicht sowohl, um die Gemeinden vor Geldausgaben für überflüssige oder verfrühte Fluchtlinienfestsetzungen zu schützen als vielmehr, um die Forderungen der Polizeibehörden an die Gemeinden auf ihre Berechtigung und Notwendigkeit zu prüfen, wird die Aufsichtsbehörde ihre Befugnisse anzuwenden haben. Ihre Entscheidung kann im Einzelfalle recht zweifelhaft und schwierig sein. Es kann z. B. sehr wohl ein hervorgetretenes Bedürfnis für kleine und mittlere Wohnungen vorliegen, obgleich genügend anbaufähige Straßen vorhanden sind, wenn das daran liegende Land so teuer und die für eine kostspielig hergestellte Straße zu zahlenden Anliegerbeiträge so hoch sind, daß keine Häuser mit entsprechenden Wohnungen dort gebaut werden können. Schlechthin bejahen wird man das Vorliegen des Wohnungsbedürfnisses dann, wenn überhaupt keine anbaufähigen Straßen vorhanden sind, anderseits aber Mangel an Wohnungen herrscht. In der Regel leiden aber die Gemeinden weniger an einem Mangel als an einem Überfluß an Bebauungsplänen und nur für eine weite Zukunft aufgestellten Fluchtliniennetzen, die eben deshalb vielfach veraltet sind, insbesondere die wichtige Scheidung von Wohn- und Verkehrsstraßen vermissen lassen und dadurch den Bau billiger Kleinwohnungen erschweren. Die polizeilicherseits im Interesse des Wohnungsbedürfnisses für Klein- und Mittelwohnungen vorzunehmende Beeinflussung der Fluchtlinienfestsetzung wird sich daher sehr wesentlich auf die zweckmäßige Umgestaltung veralteter Pläne erstrecken müssen, ohne indes die Einwirkung auf neue Pläne zu vernachlässigen. Dabei darf nicht außer acht gelassen werden, daß in ersterer Beziehung die zu lösende Aufgabe sich nicht in geringfügige „Modernisierung“ des Bebauungsplans, Schaffung einiger Freiflächen, Verschmälerung einzelner Straßen unter Verbilligung ihrer Anbauart u. dgl. erschöpfen kann, daß vielmehr eine allgemeine Auflockerung der Wohndichte unter möglichster Verdrängung des Massenmietshauses das Ziel sein muß.

Ziff. 3b (Art. 4 § 1).

Dafür, wie Bebauungspläne etwa gestaltet sein müssen, die den bevölkerungspolitischen allgemeinen Gesichtspunkten gerecht werden, gibt das Gesetz in Art. 1 Ziff. 3b und Art. 4 § 1 gewisse Richtlinien, indem danach Freiflächen in ausgiebiger Zahl und Größe vorhanden sein, die Baublocks eine angemessene Tiefe haben und Straßen von geringerer Breite und billigerer Bauart geschaffen, gleichzeitig geeignete Stellen für Kirchen- und Schulbauten vorgesehen und die Wohnviertel von den vorwiegend für gewerbliche Zwecke bestimmten Ortsteilen unterschieden werden sollen. Diese Richtlinien sind um so bedeutsamer, als viele Bebauungspläne in dieser Hinsicht ganz erhebliche Mängel und Fehler aufweisen, Mängel insofern, als die Bereitstellung von Freiflächen überhaupt vernachlässigt ist und Fehler hinsichtlich der Verteilung, Größe und Benutzbarkeit etwaiger Freiflächen gemacht sind. Es ist hier kurz darauf hinzuweisen, daß im allgemeinen die Größe der Freiflächen in geradem Verhältnis zur Wohndichte stehen muß, daß die Flächen der Straßen, seien sie auch noch so breit oder mit „Grünstreifen oder Vorgärten“ bedacht, grundsätzlich als Freiflächen nicht in Rechnung gestellt werden dürfen. Das Bestreben soll im Gegenteil dahin gehen, die Straßen gerade noch dem Verkehrsbedürfnis entsprechend herzustellen, um, ohne viel mehr Land der Bebauung zu entziehen, solches für Freiflächen zu gewinnen. Vorgärten werden im Hochbaugebiet häufig zwecklos sein, aber auch in den Gegenden mit Mittel- und Kleinhäusern werden sie zur Zeit vielfach in zu weitgehendem Maße vorgesehen; namentlich in Gegenden mit kleinen Wohnungen wird dem Bedürfnis der Bewohnerschaft sehr viel besser gedient, wenn das vor den Häusern unbebaut liegende Land hinter die Häuser gelegt wird zur Schaffung größerer Innenhof- oder Gartenanlagen. Der Vorgarten, der neben der Verschönerung des Straßenbildes den Zweck haben soll, die Hausbewohner etwas weiter vom Straßenstaub und -lärm zu trennen, dient jetzt vielfach, besonders in großen Städten, als eine „Straßenverbreiterungsreserve“, die sich die Gemeinden später zu billigem Preise oder unentgeltlich übereignen lassen. Auch mit der Auferlegung des Bauwichs wird, sofern es sich um Hochbaugebiete handelt, oftmals viel zu weit gegangen. In den flacher bebauten Ortsteilen hat er sicherlich eine Berechtigung, soweit vornehme Landhausviertel in Betracht kommen. Wesentlich anders liegt die Sache aber bei Wohnungen für weniger Wohlhabende, die mit möglichst reichlichen Landzulagen ausgestattet werden sollen; es wird da immer zu prüfen sein, ob die Landzulage nicht besser zusammenhängend hinter das Haus zu legen ist, statt sie neben und hinter dem Gebäude anzubringen. Bei der Entschließung hierüber wird natürlich auch der Bodenpreis eine wesentliche Rolle spielen.

Unter voller Würdigung der für die Anlage der Ortschaften geltenden ästhetischen Gesichtspunkte ist doch daran festzuhalten, daß in Wohnvierteln die Zweckmäßigkeit, Billigkeit und Bequemlichkeit des Wohnens allen anderen Interessen voranstehen muß. Es ist unter diesem Gesichtspunkte bedenklich, wenn zu weitgehende baupolizeiliche Einschränkungen, betreffend die Art der Einfriedigung und der gärtnerischen Ausnutzung der Vorgärten, getroffen werden. Weiter kann die Vorschrift, daß alleinstehende Häuser trotz tiefer Vorgärten und reichlich breiten Bauwichs sämtlich eine der Straßenflucht parallele Front und gleich breite Abstände von der Nachbargrenze aufweisen müssen, durch ästhetische Gründe schwerlich gerechtfertigt werden, zumal wenn diese Vorschrift eine unzweckmäßige Stellung der Häuser zur Sonne bedingt. Die Aufstellung eines einwandfreien, den allgemeinen Forderungen des neuzeitlichen Städtebaues Rechnung tragenden Fluchtlinienplanes erfordert demnach nicht nur eine sorgfältige Prüfung der örtlichen Verhältnisse, sondern auch eine nicht unerhebliche Kenntnis und Erfahrung, die nicht immer bei den Beteiligten vorausgesetzt werden kann. Der bei dem Ministerium der öffentlichen Arbeiten bestehende Städtebaubeirat hat es sich zur Aufgabe gesetzt, in solchen Fällen begutachtend und beratend einzutreten. Es wird eindringlichst empfohlen, von dieser Einrichtung Gebrauch zu machen. Im übrigen ist bei der Schwierigkeit, welcher die Verwirklichung der neuzeitlichen städtebaulichen Gedanken und Grundsätze aus der Natur der Sache begegnet, ein verständnisvolles Zusammenarbeiten von Gemeinde, Polizei und Aufsichtsbehörde die Vorbedingung für einen Erfolg.

Ziff. 6b.

Die beiden Grundlagen des Ortschaftsbaues nach Maßgabe des Baufluchtliniengesetzes vom 2. Juli 1875 beruhen in dem freien Bestimmungsrecht der Gemeindebehörden über die Anlage des Straßennetzes und dem sogenannten „kommunalen Bauverbot", dem Recht, den Bau an unfertigen Straßen zu verbieten. An beiden Rechten wird grundsätzlich festgehalten. Ebensowenig wie nach den obenstehenden Ausführungen durch das Recht der Polizeibehörde, von den Gemeindebehörden die Rücksichtnahme auf das hervorgetretene Wohnungsbedürfnis zu verlangen, das erstere Recht — das Recht der Festsetzung von Bebauungsplänen — ausgeräumt wird, so bleibt auch trotz der neuen Bestimmung zu § 12 das kommunale Bauverbot bestehen. Lediglich unter gewissen Voraussetzungen sollen die allgemeinen Interessen diesem so wichtigen Selbstbestimmungsrechte der Gemeinden vorgehen. Voraussetzung ist auch hier das gleichzeitige Vorhandensein eines Bedürfnisses für Klein- und Mittelwohnungen und der begründeten Aussicht auf angemessene Befriedigung dieses Bedürfnisses durch den Bau „entsprechender, gesunder und zweckmäßig eingerichteter Wohnungen". Welchen Anforderungen „entsprechende, gesunde und zweckmäßig eingerichtete Klein- und Mittelwohnungen" genügen müssen, ist im Gesetz nicht gesagt. Maßgeblich sind hier zunächst die örtlichen Verhältnisse, welche unter Berücksichtigung des zur Verfügung stehenden Geländes die Bauweise beeinflussen. Ein bestimmter Haustypus ist nicht vorgeschrieben. Es kann also — beim Vorliegen der übrigen Voraussetzungen — auch dann Dispens verlangt werden, wenn es sich um Herstellung von Wohnungen in mehrstöckigen Häusern handelt und die Errichtung von Flachbauten dem Charakter des Stadtteils nicht entsprechen und wegen der Höhe der Bodenpreise unwirtschaftlich sein würde. Dagegen müssen im übrigen die neuzeitlichen Anforderungen, welche an gesunde und zweckmäßig eingerichtete Häuser gestellt werden, erfüllt sein. Es wird u. a. gefordert werden müssen, daß in den Häusern, für welche der Dispens verlangt wird, eine ausreichende Querdurchlüftung der Wohnungen sichergestellt ist, daß Seitenflügel und Quergebäude nicht vorhanden sind und allen in gesundheitlicher Beziehung zu stellenden Anforderungen bezüglich Wasser, Abort usw. entsprochen ist. Es genügt also nicht eine schlichte Erfüllung der Bauordnung, denn dann wäre eine besondere gesetzliche Vorschrift überflüssig; es muß ein darüber hinausgehendes „Mehr“, eine Gestaltung der Wohnungen unter besonderer Rücksichtnahme auf die notwendige Förderung der Volksgesundheit und Volksvermehrung auch durch die Anordnung und Einrichtung der Wohnstätten verlangt werden. Ihre Grenze findet die Durchbrechung des kommunalen Bauverbots in einem entgegenstehenden „überwiegenden berechtigten Gemeindeinteresse“. Dieses umfaßt alle berechtigten Gemeindeforderungen in weitgehendem Maße, nur darf es sich nicht um Willkür der Gemeinden, nicht um unsachliche, mit dem Bauvorhaben außer sachlichem Zusammenhang stehende, den Gemeinden lediglich geldbringende Forderungen handeln. Die immerhin zweifelhafte Einzelfrage, ob unter dem „überwiegenden Gemeindeinteresse", welches eine Durchbrechung des Bauverbots ausschließt, auch die erfolgte Zahlung oder Sicherstellung der gemäß § 15 Fluchtliniengesetzes und § 9 Kommunalabgabengesetzes von der Gemeinde festgesetzten Beiträge verstanden werden soll, ist — für den Fall entsprechender ortsstatutarischer Festsetzung — von dem Gesetz ausdrücklich in bejahendem Sinne beantwortet. Damit ist ein wesentliches Bedenken, welches bei der Beratung des Gesetzentwurfs gegen Zulassung des Dispenses vom kommunalen Bauverbot vom Standpunkt städtischer Interessen geltend gemacht werden konnte, ausgeräumt worden.

Das Gesetz will aber weitergehend Vorsorge treffen, daß die unter bestimmten Voraussetzungen zugelassene Durchbrechung des kommunalen Bauverbots nicht zu einer Störung wohlerwogener Absichten der Gemeinden in der Gestaltung der künftigen Bebauung des Gemeindegeländes führt. Es schließt deshalb die Dispenserteilung auch für den Fall aus, daß die Gemeinde geeignete Maßnahmen ergriffen hat, um dem Bedürfnis für Klein- und Mittelwohnungen durch Errichtung von Häusern mit höchstens einem Obergeschoß über dem Erdgeschoß ausreichend Rechnung zu tragen und daß Gewähr für die Durchführung dieser Maßnahmen gegeben ist. Durch diese Bestimmung wird eine Sicherung der Gemeinde und daneben gleichzeitig eine Förderung des Flachbaues erzielt. Der Gemeinde liegt zwar der Nachweis für die Erfüllung jener Voraussetzung ob; sie ist aber nicht verpflichtet, die im Gesetz bezeichneten Maßnahmen selbst zu ergreifen. Sie kann und wird sich in vielen Fällen auf ein mit oder ohne ihre Beteiligung durchzuführendes Bauvorhaben berufen. Wenn die Gemeinde jenen Nachweis beibringt, so ist der Dispens für mehr als zweistöckige Häuser ausgeschlossen, während er andernfalls an unausgebauten Straßen — unter den im ersten Satze des Abs. 4 erwähnten Voraussetzungen — auch für mehr als zweistöckige Wohngebäude zulässig bleibt. Im ersteren Falle wird allerdings für einen Dispens kaum noch ein wesentlicher Anlaß gegeben sein.

Diese Bestimmung kann in der Praxis zu manchen Meinungsverschiedenheiten und Zweifeln führen. Eine schärfere Gesetzesformulierung war aber nicht möglich, wollte man den Verhältnissen nicht Zwang antun.

Es darf der Einsicht der Beschlußbehörden und ihrer richtigen Beurteilung der örtlichen Verhältnisse vertraut werden, daß sie dem Gesetzeswillen, das nicht zu entbehrende kommunale Bauverbot und die Forderung nach gesunden Klein- und Mittelwohnungen in das richtige Verhältnis zu setzen, auch durch befriedigende Lösung des Einzelfalls Rechnung tragen werden.

Ziff. 8 und 11.

In Ziff. 8 und 11 werden zwei Übelstände, die sich in der Praxis bei Feststellung der Fluchtlinien ergeben haben, beseitigt. Die Gemeinde erhält das Recht, nach besonders geordnetem Verfahren nicht zur Bebauung geeignete Grundstücke, sogenannte Baumasken, gegen Entschädigung an sich zu ziehen, und die Pflicht, sie nötigenfalls dem Eigentümer eines anderen Grundstücks zum Zwecke der Ermöglichung oder Erleichterung der Bebauung der Gesamtfläche zuzuweisen. Ferner wird eine Bestimmung zugunsten der Gemeinde über Heranziehung zu entstehenden Straßenkosten bei wirtschaftlicher Vereinigung einer Grundfläche mit einem Grundstück getroffen. Es wird dadurch die bis jetzt bestehende Unbilligkeit beseitigt, daß der Eigentümer eines Grundstücks zu demselben eine an der Straße liegende Grundfläche (z. B. einen Garten) hinzu erwirbt und beide zu einer wirtschaftlichen Einheit verbindet, ohne zu den Straßenkosten für die zugekaufte Grundfläche herangezogen werden zu können.

Art. 4.

Wie bereits die Ausführungen zu Art. 1 Ziff. 1b und 3b erkennen lassen, wird eine zweckentsprechende Bebauung nur durch verständnisvolles Ineinandergreifen von Bauordnung und Bebauungsplan zu erzielen sein. Daher ist die gleichzeitige Aufstellung von Bebauungsplan und Bauordnung notwendig und anzustreben.

§ 1 Ziff. 1. Der § 1 Ziff. 1 des Art. 4, welcher die Abstufung der Ausnutzbarkeit der Grundstücke in den Bauordnungen empfiehlt, umfaßt alle Möglichkeiten, die sich eröffnen, um eine Herabminderung der Wohndichte zu erzielen, sei es, daß durch Beschränkung der Bautiefen zusammenhängende, in privatem Eigentum und privater Nutzung verbleibende Flächen innerhalb der Baublocks geschaffen, sei es, daß seitliche Abstände (Bauwichs) und dergleichen vorgeschrieben werden. Von besonderer Bedeutung für die weiträumige Wohnweise ist die im Gesetz betonte Möglichkeit, durch die Bauordnung überall da, wo Fluchtlinien nicht festgesetzt sind, nur offene und flache Bauweise zuzulassen. Von den zuständigen Behörden muß erwartet werden, daß sie von dieser Befugnis möglichst ausgiebigen Gebrauch machen. Scharf von diesen Bauordnungsmaßnahmen zu unterscheiden ist die für die Gemeinde infolge der Gleichstellung von Gartenanlagen, Spiel- und Erholungsplätzen mit den „Verkehrsplätzen" (Art. 1 Ziff. 1 des Ges.) geschaffene Möglichkeit, im Wege der Festsetzung rückwärtiger Baufluchtlinien auch innerhalb des Baublocks öffentliche, der allgemeinen Benutzung gewidmete Freiflächen zu erzielen.

§ 1 Ziff. 2 und 3. In Ergänzung zu dem in Ziff. 2 vorgesehenen Ausschluß von stark rauchenden, geräuschvollen und sonst störenden Betrieben aus gewissen Gegenden ermöglicht die Ziff. 3 die Trennung von Wohnvierteln von solchen für gewerbliche Anlagen. Von diesen beiden Gesetzesbestimmungen ist in geeigneter Weise Gebrauch zu machen, damit die Wohngegenden von den Industriegegenden mehr als bisher geschieden und dabei so gelegt werden, daß die Wohnviertel ebenso wie Parks und Wälder, die der Allgemeinheit dienen sollen, nicht in der Hauptwindrichtung der Fabrikviertel liegen und durch Rauch und Geruch nicht beeinträchtigt werden. Es ist nicht erforderlich, daß die in § 1 Nr. 2 bezeichneten Betriebe Gefahren, Nachteile oder Belästigungen tatsächlich verursachen, sondern es genügt, daß sie geeignet sind, solche herbeizuführen. Damit erhält die Polizeibehörde sehr weitgehende Befugnisse, die — unzweckmäßig angewendet — zu einer starken Beeinträchtigung der Industrie führen können. Es bedarf keiner näheren Darlegung, daß eine solche Beeinträchtigung vermieden werden muß.

(§ 1 Ziff. 6.) Die Ziff. 6 schafft eine Handhabe, im Wege der Bauordnung eine gewisse wohnliche Benutzung von Gartenhäuschen (Lauben) zu ermöglichen, ohne daß sie Wohnhäuser im Sinne der Ansiedlungsgesetze darstellen. Es wird Aufgabe der für die Aufstellung der Bauordnungen zuständigen Behörden sein, die Bedingungen, unter denen die Errichtung von Lauben zugelassen wird, so zu gestalten, daß neben den berechtigten Wünschen der städtischen Bevölkerung nach vorübergehender Benutzung solcher Lauben die Rechte und Interessen der Gemeinden sowie diejenigen der Gesundheit, Ordnung, Ruhe und Sicherheit gewahrt werden.

Art. 5 (7, 9). Abschnitt I.

§ 1. 1. Für Gemeinden und Gutsbezirke mit mehr als 10000 Einwohnern sind in allen Fällen Wohnungsordnungen zu erlassen, während der Erlaß solcher Vorschriften für die kleineren Orte in das Ermessen der zuständigen Behörden gestellt ist (Art. 5 I § 1 Abs. 1, 2).

2. Die Wohnungsordnungen sollen, damit der Verschiedenheit der örtlichen Verhältnisse in den einzelnen Gemeinden und Gegenden genügend Rechnung getragen wird, grundsätzlich und in erster Linie im Wege der Orts- oder Kreispolizeiverordnungen erlassen werden (Art. 5 I § 1 Abs. 1).

Von dieser vom Gesetz als Regel aufgestellten Vorschrift wird nur in besonderen Fällen und nur insoweit ausnahmsweise abzuweichen sein, als der mit dem Gesetz erstrebte Zweck, der unzulässigen Wohndichtigkeit der minderbemittelten Bevölkerung entgegenzuwirken, sonst nicht hinreichend erreicht werden würde. In dieser Beziehung kann sich beispielsweise der Erlaß einer Wohnungsordnung durch den Regierungspräsidenten für mehrere Kreise gemäß § 137 Abs. 2 Landesverwaltungsgesetzes dann als notwendig erweisen, wenn die Wohnungsordnungen für größere Gemeinden und ihre Vorortgemeinden zu erlassen sind, der Kreisausschuß aber die Zustimmung zur Wohnungsordnung für die ländlichen Vorortgemeinden versagt und so die gebotene einheitliche Regelung für ein wirtschaftlich einheitliches Gebiet vermittels Orts- und Kreispolizeiverordnungen nicht zu erreichen ist. Ebenso wird eine Wohnungsordnung des Regierungspräsidenten für mehrere Kreise dann in Frage kommen können, wenn in stark industriellen Landkreisen die Kreisausschüsse oder einer derselben die Zustimmung zum Erlaß einer gebotenen Wohnungsordnung versagen sollten, oder wenn die für mehrere benachbarte und ein einheitliches Wirtschaftsgebiet bildende Industriekreise nach Lage der Verhältnisse notwendige Einheitlichkeit in den Bestimmungen der Wohnungsordnungen auf andere Weise nicht zu erreichen sein sollte.

Für Gegenden, in denen sich infolge der wirtschaftlichen Entwicklung das Abmieter- und Schlafgängerwesen allgemein stärker ausgebildet hat, kann unter Umständen auch eine Regelung der in dieser Beziehung in Frage kommenden Verhältnisse für den Bezirk oder mehrere Kreise zweckmäßig und geboten sein. Sie wird namentlich dann angezeigt erscheinen, wenn im übrigen nur wenige Orts- oder Kreispolizeiverordnungen in dem Regierungsbezirke zu erlassen sein werden. Einer solchen Regelung des Abmieter- und Schlafgängerwesens durch Polizeiverordnung des Regierungspräsidenten steht die Vorschrift im Art. 5 I § 3 Abs. 2, auch abgesehen von ihrer nur instruktionellen Fassung, um deswillen nicht entgegen, weil solche Polizeiverordnungen gleichfalls Wohnungsordnungen im Sinne des Gesetzes sind und die Absicht der Vorschrift nur dahin geht, daß in sachlicher Beziehung für die Städte über 10000 Einwohner eine Regelung nach den im § 3 Abs. 1 bezeichneten Richtungen erfolgen soll, ohne daß dabei die Bestimmungen in allen

Fällen durch eine einzige Wohnungsordnung getroffen zu werden brauchen. Soweit die Regelung des Abmieter- und Schlafgängerwesens durch den Regierungspräsidenten in Aussicht genommen ist, sind die nachgeordneten, zum Erlaß von Wohnungsordnungen zuständigen Behörden tunlichst bald hiervon zu verständigen, da sich in diesem Falle die Aufnahme solcher Bestimmungen in die Orts- und Kreispolizeiverordnung erübrigt.

3. Für den Erlaß der Wohnungsordnungen durch Ortspolizeibehörden ist in Gemeinden, in denen die Polizei unter mehrere Behörden geteilt ist, nach Art. 5 I § 1 Abs. 3 diejenige Behörde zuständig, welcher die Baupolizei übertragen ist.

4. Der Zeitpunkt, zu dem die Wohnungsordnungen in Kraft treten sollen, wird den örtlichen Verhältnissen, insbesondere der fortschreitenden Neuherstellung kleiner Wohnungen, angepaßt werden können. Auch erscheint es zulässig, daß die einzelnen Vorschriften der Wohnungsordnung je nach Lage der Verhältnisse zu verschiedenen Zeitpunkten in Kraft gesetzt werden. Auf diese Weise bietet sich erforderlichenfalls die Möglichkeit, der namentlich nach Beendigung des Krieges an manchen Orten zunächst zu erwartenden Knappheit an Wohngelegenheit Rechnung zu tragen, gleichwohl aber durch die Wohnungsordnung die geeigneten Unterlagen zu geben, auf Grund deren die gewerbliche Bauunternehmung den Bedarf an Kleinwohnungen berechnen kann. Zur Förderung der Wohnungsherstellung durch die Bauunternehmer wird es ferner dienen, wenn bis zum Inkrafttreten der Wohnungsordnung die Gemeindebehörden von Zeit zu Zeit den Bedarf an kleinen Wohnungen auch ihrerseits ermitteln und bekanntgeben.

Soweit schon bisher allgemeine Vorschriften über die Benutzung der Gebäude zum Wohnen und Schlafen bestanden haben, treten diese nach Art. 9 § 3 Abs. 2 spätestens am 1. April 1919 außer Kraft. In solchen Fällen wird darauf zu sehen sein, daß tunlichst die Neuregelung zu dem gleichen Zeitpunkt in Gültigkeit tritt, damit ein Rückschritt gegen den bisherigen Zustand vermieden wird; dies gilt insbesondere hinsichtlich des Einlieger- und Schlafgängerwesens, das schon bisher für einen großen Teil des Staatsgebiets durch Polizeiverordnungen geregelt worden ist.

5. Die Wohnungsordnungen beziehen sich nur auf die Benutzung der Gebäude zum Wohnen und Schlafen von Menschen. Küchen rechnen dabei in allen Fällen zu den Wohn- und Schlafräumen. Arbeitsräume und ähnliche Räume, die ihrer Bestimmung nach nicht zum Wohnen und Schlafen dienen sollen, werden nicht mit betroffen. Die etwa hinsichtlich der Arbeitsräume erforderlichen Bestimmungen sind, soweit es sich um gewerbliche Betriebe handelt, auf Grund der §§ 120 a ff. der Reichsgewerbeordnung zu treffen.

(Art. 7.) 6. Den Wohnungsordnungen unterliegen nach Art. 7 nur die dort bezeichneten Wohnungen und Räume.

Im allgemeinen wird dabei zwischen Eigen- und Mietwohnungen kein Unterschied gemacht. Jedoch fallen in allen Mietwohnungen solche Wohn- und Schlafräume, die im Keller oder in einem nicht voll ausgebauten Dachgeschosse liegen, unter die Wohnungsordnungen (Art. 7 § 1 Abs. 1 Nr. 4). Ferner sollen Eigenwohnungen, die einschließlich Küche aus vier oder weniger zum dauernden Aufenthalte von Menschen bestimmten Räumen bestehen, in Gebäuden, die ausschließlich von einer Familie bewohnt werden — sofern nicht in diesen Eigenwohnungen nicht zur Familie gehörige Personen gegen Entgelt als Zimmermieter, Einlieger oder Schlafgänger aufgenommen werden —, den Wohnungsordnungen nur dann unterstellt werden, wenn dafür ein besonderes Bedürfnis vorliegt (Art. 7 § 1 Abs. 2).

Bei Mietwohnungen sollen ferner nach Art. 7 § 2 auf Grund der Wohnungsordnungen Anforderungen, die den Wohnungsinhaber zu einem Wohnungswechsel nötigen, in der Regel nur gestellt werden, wenn die Wohnungen nach Erlaß der Wohnungsordnung bezogen werden oder das Mietverhältnis nach diesem Zeitpunkte verlängert oder trotz Zulässigkeit der Kündigung oder länger als sechs Monate fortgesetzt wird.

7. Welchen Inhalt im übrigen die Wohnungsordnungen erhalten, ist im allgemeinen dem pflichtmäßigen, auf die Kenntnis der örtlichen Verhältnisse gegründeten Ermessen der die Wohnungsordnungen erlassenden Behörden überlassen.

(§ 2.) Nach Art. 5 I § 2 muß jedoch durch die Wohnungsordnungen vorgeschrieben werden, daß als Wohn- und Schlafräume (auch Küche) nur solche Räume benutzt werden dürfen, welche zum dauernden Aufenthalte von Menschen baupolizeilich genehmigt sind. Nach Abs. 2 des § 2 sind in dieser Beziehung Ausnahmen nur zulässig für Gebäude, die am 1. April 1918 bereits bewohnt waren. Solche Ausnahmen können sowohl allgemein vorgesehen als auch für den Einzelfall bewilligt werden.

(§ 3.) Nach Art. 5 I § 3 Abs. 2 sollen ferner für Städte über 10000 Einwohner die Wohnungsordnungen die im § 3 Abs. 1 bezeichneten Bestimmungen enthalten. Die Wohnungsordnungen können in dieser Beziehung allgemein die Möglichkeit vorsehen, in besonderen Fällen Ausnahmen von den Vorschriften zuzulassen.

8. Welche Bestimmungen im einzelnen nach den in Art. 5 I § 3 Abs. 1 bezeichneten Richtungen hin in die Wohnungsordnungen aufzunehmen sein werden, hängt von dem nach Maßgabe der örtlichen Bedürfnisse Gebotenen und Erreichbaren ab. Dabei wird nach der Absicht und dem Zweck des Gesetzes davon auszugehen sein, daß in solchen Fällen, wo in Rücksicht auf die bestehenden Verhältnisse das zur Erzielung befriedigender Wohnungszustände Erforderliche zur Zeit noch nicht voll erreicht werden kann, dieses Ziel durch spätere, der vermehrten Kleinwohnungsherstellung angepaßte Verschärfung der erlassenen Bestimmungen anzustreben sein wird.

Im einzelnen erscheint zu § 3 Abs. 1 folgendes beachtenswert:

Zu Nummer 1: Manche bestehende Wohnungsordnungen schreiben vor, daß die Räume nicht baulich verwahrlost und nicht in gesundheitsschädlichem Maße feucht sein dürfen. Im besonderen kann auf Grund der Vorschrift gefordert werden, daß Dach und Fenster dicht und daß die Tapeten nicht zerrissen sind und sich nicht von den Wänden loslösen. In Rücksicht darauf, daß die Feuchtigkeit der Wohnung manchmal auch auf unzweckmäßiges Verhalten der Bewohner zurückzuführen ist, können auch in dieser Beziehung Vorschriften getroffen werden.

Zu Nummer 2: Von besonderer Bedeutung für die Aufrechterhaltung des Familienlebens ist die ausreichende Trennung der von verschiedenen Haushaltungen benutzten Wohn- und Schlafräume voneinander.

In dieser Beziehung hat sich eine Vorschrift als zweckmäßig erwiesen, daß die Räume einen durch keine fremden Wohn- oder Schlafräume führenden verschließbaren Zugang haben müssen. Die hinreichende Trennung der einzelnen Kleinwohnungen voneinander erscheint insbesondere auch in allen denjenigen Fällen von Wichtigkeit, wo ursprünglich für eine Familie hergestellte größere Wohnungen nachher aufgeteilt werden. In diesen Fällen empfiehlt es sich zugleich, rechtzeitig dafür Fürsorge zu treffen, daß gemäß Nummer 3 die erforderliche Zahl von Aborten vorhanden ist.

Zu Nummer 3: Auch im übrigen erscheint die Fürsorge für eine angemessene Zahl von Aborten im Hinblick auf die gegenwärtig vielfach unbefriedigenden Zustände und in Rücksicht darauf wichtig, daß die gemeinschaftliche Benutzung der Aborte durch mehrere Wohnparteien die Unreinlichkeit fördert und die Quelle von Streitigkeiten und Gesundheitsgefahren bildet. Nach dem Gesetze soll in städtischen Verhältnissen in der Regel gefordert werden, daß ein Abort von höchstens zwei Familien benutzt werden darf. Wie das Wort „höchstens" ergibt, erscheint als erstrebenswertes Ziel, daß tunlichst für jede Wohnung auch ein besonderer verschließbarer Abort vorhanden ist.

Zu Nummer 4: Bei Berechnung der für die Belegung der Wohn- und Schlafräume zu zählenden Personen sind in den bisher erlassenen Wohnungsordnungen Unterscheidungen nach dem Alter gemacht worden, wobei für jüngere Kinder geringere Anforderungen gestellt und Kinder unter einem gewissen geringen Alter ganz außer Ansatz gelassen worden sind. Nach der Vorschrift kommen Bestimmungen über das erforderliche Mindestmaß an Luftraum und Bodenfläche in Betracht. Die zulässige Personenzahl kann sowohl für den einzelnen Raum als auch mit Beziehung auf die Gesamtheit der Wohnung festgesetzt werden. Für die Belegung einer Wohnung zählen neben den Familienangehörigen auch die sonst noch in die Wohnung aufgenommenen Personen (vgl. Nr. 5, 6).

Zu Nummer 5: Bei der großen Zahl der beim Dienst- oder Arbeitgeber wohnenden Personen und mit Rücksicht auf die hinsichtlich ihrer Unterbringung manchmal beobachteten Mißstände erscheint die in dieser Beziehung zu treffende Regelung sowohl in sozialer als auch in gesundheitlicher und sittlicher Beziehung besonders wichtig. In Frage kommen namentlich Vorschriften über Trennung der Geschlechter, über das Mindestmaß von Luftraum und Bodenfläche, über die bauliche Beschaffenheit und Einrichtung (Verschließbarkeit, Heizbarkeit), sowie über die Ausstattung und Unterhaltung der Räume. Die Regelung umfaßt die männlichen wie die weiblichen Personen.

Zu Nummer 6: Von der größten Wichtigkeit für die Aufrechterhaltung des Familienlebens sowie in gesundheitlichem und sittlichem Interesse ist die angemessene Unterbringung der familienfremden Personen, die gegen Entgelt als Zimmermieter, Einlieger oder Schlafgänger in die einzelnen Haushaltungen aufgenommen werden. Insbesondere das Einlieger- und Schlafgängerwesen erfordert andauernd die größte Beachtung. In dieser Beziehung wird als das zu erstrebende Ziel zu gelten haben, daß

1. die fremden Personen getrennt von dem Wohnungsgeber und dessen Familienangehörigen schlafen, und daß auch die von den fremden Personen benutzten Schlafräume von denen des Wohnungsgebers und seiner Familienangehörigen baulich oder in einer sonst geeigneten Weise, die

den unmittelbaren Verkehr ausschließt (durch Verstellen u. dergl.), getrennt sein müssen;

2. die zur Unterbringung der fremden Personen benutzten Schlafräume und die dem Wohnungsgeber für sich und seine Familienangehörigen verbleibenden Räume bestimmten Mindestanforderungen hinsichtlich der Größe, die Schlafräume der Einlieger und Schlafgänger auch hinsichtlich der Einrichtung, Ausstattung und Unterhaltung genügen müssen.

Ferner ist vorzuschreiben und durchzusetzen, daß die Einlieger und Schlafgänger, abgesehen von Eheleuten, Eltern mit Kindern u. dergl., getrennt nach den Geschlechtern schlafen, und daß die Schlafräume der Einlieger und Schlafgänger verschiedenen Geschlechts voneinander baulich oder in einer sonst den unmittelbaren Verkehr ausschließenden Weise getrennt sind.

Soweit in besonderen Fällen ein Abweichen von diesen leitenden Gesichtspunkten unbedenklich und in Rücksicht auf die wirtschaftliche Lage der Beteiligten angezeigt erscheint, werden Ausnahmen allgemein oder von Fall zu Fall zugelassen werden können.

Die schon bisher in erfreulich zunehmendem Maße von gewerblichen Arbeitgebern, wohltätigen Vereinigungen und auch von Gemeinden errichteten Ledigen- oder Gesellenheime, in denen Personen ohne eigenen Haushalt gegen mäßiges Entgelt angemessenes Unterkommen finden, unterliegen zwar nach Art. 7 § 1 Abs. Nr. 5 gleichfalls den Wohnungsordnungen, fallen aber, da es sich hierbei nicht um Aufnahme in die Familienhaushaltungen handelt, im allgemeinen nicht unter die Vorschrift der Nr. 6.

Zu Nummer 7: Für die Durchführung der getroffenen Bestimmungen kommen neben der Regelung der Meldepflicht namentlich Vorschriften über die Anbringung von Aushängen hinsichtlich der für die Wohnung oder den Raum zugelassenen Personenzahl in Betracht.

(Art. 9.) 9. Bei der Aufstellung und Anwendung der Wohnungsordnungen ist, soweit nicht ein überwiegendes Interesse der Gesundheit oder der Sittlichkeit entgegensteht, nach Art. 9 § 2 das Interesse des Denkmal- und Heimatschutzes zu berücksichtigen. In Zweifelsfällen sind Sachverständige zu hören.

10. Die Regierungspräsidenten, für den Landespolizeibezirk Berlin der Oberpräsident, haben die Durchführung der Vorschriften des Gesetzes über Wohnungsordnungen zu überwachen. Von jeder erlassenen Wohnungsordnung sind vier Abdrucke dem Minister der öffentlichen Arbeiten einzureichen.

Art. 5 Abschnitt II.

(§ 4.) 11. Polizeiverordnungen, durch welche die Unterbringung von Arbeitern geregelt wird, müssen nach dem Gesetze Mindestanforderungen hinsichtlich der Beschaffenheit, Einrichtung, Ausstattung und Unterhaltung der Unterkunftsräume und ihres Zubehörs festsetzen sowie die zur Durchführung der Bestimmungen erforderlichen Vorschriften vorsehen. Soweit die bisher erlassenen Verordnungen ausnahmsweise diesen Anforderungen noch nicht in allen Punkten entsprechen sollten, sind sie alsbald entsprechend zu ergänzen. In dieser Beziehung ist von Bedeutung, daß nunmehr Vorschriften, wonach für jeden untergebrachten Arbeiter auch ein verschließbares Behältnis und ein Kleiderriegel zur Verfügung zu stellen sind, und wonach an der

Tür eines jeden Schlafraumes ein Zettel oder eine Tafel über Abmessung, Luftinhalt und zugelassene Belegungsziffer sowie in jedem Aufenthaltsraum ein Abdruck der Verordnung angebracht sein muß, in ihrer Rechtsgültigkeit außer Zweifel gestellt sind.

12. Durch das Gesetz ist ferner vorgeschrieben, daß die gemeinschaftlichen Wohnräume für Arbeiter (Arbeiterkasernen) so eingerichtet sein müssen, daß in der Regel für jede Familie ein besonderer abschließbarer Raum vorhanden ist, der den allgemeinen Ansprüchen an Gesundheit und Sittlichkeit entspricht, und daß für lediges Arbeitspersonal Räume zur Verfügung stehen müssen, die die Trennung der Geschlechter ermöglichen. Die Durchführung dieser Bestimmungen haben die Ortspolizeibehörden fortlaufend zu überwachen.

Art. 6 Abschnitt I.

§ 1. 13. Durch das Gesetz ist die Aufsicht über das Wohnungswesen als eine Gemeindeangelegenheit anerkannt, die unbeschadet der allgemeinen gesetzlichen Befugnisse der Ortspolizeibehörden dem Gemeindevorstand obliegt. Damit ist zum Ausdruck gebracht, daß, soweit auf Grund der allgemeinen Befugnisse ein Eingreifen der Ortspolizeibehörden, wie z. B. zwecks Bekämpfung ansteckender Krankheiten, aus sitten- oder kriminalpolizeilichen Gründen, erforderlich ist, die Ortspolizeibehörden dazu auch fernerhin berechtigt sind.

14. Für Gemeinden mit mehr als 100000 Einwohnern ist nach Art. 6 I § 1 Abs. 2 zur Durchführung der Wohnungsaufsicht ein Wohnungsamt zu errichten. Ein Wohnungsamt stellt die dauernde Verbindung zwischen den für die Wohnungsbesserung in Betracht kommenden Verwaltungs-

zweigen, zwischen Wohnungsaufsicht, Wohnungspflege und den übrigen gemeindlichen und privaten Fürsorge- und Wohlfahrtseinrichtungen dar. Wie die Gemeinden das Wohnungsamt im einzelnen einrichten, insbesondere, ob sie es selbständig oder im Anschluß an die Baupolizei errichten, ist ihrem freien Ermessen überlassen.

15. Für Gemeinden von mehr als 50—100000 Einwohnern kann die Errichtung eines den Bestimmungen des Art. 6 I § 1 Abs. 2 entsprechenden Wohnungsamtes, für Gemeinden von mehr als 10—50000 Einwohnern die Anstellung besonderer sachkundiger beamteter (besoldeter oder ehrenamtlich tätiger) Wohnungsaufseher durch Anordnung der Aufsichtsbehörde vorgeschrieben werden. Bei dem wachsenden Interesse, das die Gemeinden der Verbesserung der Wohnungsverhältnisse zuwenden, wird im allgemeinen erwartet werden dürfen, daß erforderlichenfalls schon ein Hinweis auf diese Bestimmungen zur Erreichung des beabsichtigten Zweckes genügen wird.

16. Von besonderer Wichtigkeit für die Durchführung der Wohnungsordnungen und die Verbesserung der Wohnungsverhältnisse ist die Errichtung von Wohnungsnachweisen für kleinere Wohnungen, wie solche bisher bereits von einer Reihe von Gemeinden mit Erfolg ins Leben gerufen worden sind, und die den Vermietern solcher Wohnungen durch Polizeiverordnung aufzuerlegende Pflicht zur Anmeldung verfügbarer Wohnungen, und zur Abmeldung vermieteter Wohnungen. Hierdurch wird den Organen der Wohnungsaufsicht vielfach die Aufgabe erleichtert werden, in solchen Fällen, wo eine Wohnung den Vorschriften der Wohnungsordnung nicht genügt, Abhilfe zu schaffen.

Abschnitt II.

§ 5. 17. Wieweit den Regierungspräsidenten, für den Landespolizeibezirk Berlin dem Oberpräsidenten, zur Ausübung der Aufsicht über die Tätigkeit der Gemeinde- und Ortspolizeibehörden Wohnungsaufsichtsbeamte beigegeben werden sollen, bleibt besonderer Anordnung vorbehalten.

Gesetz zur Erhaltung des Baumbestandes und Erhaltung und Freigabe von Uferwegen im Interesse der Volksgesundheit. Vom 29. Juli 1922 (GS. S. 213).

§ 1. (1) Der Provinzialausschuß (in Berlin der Magistrat, im Bezirke des Siedlungsverbandes Ruhrkohlenbezirk der Verbandsausschuß) bestimmt nach Anhörung der amtlichen Vertretungen von Industrie und Landwirtschaft und der Gemeinden und Kreise, welche Baumbestände und Grünflächen in Großstädten oder in der Nähe von Großstädten, in der Nähe von Bade- oder Kurorten oder in Industriegebieten aus Rücksicht auf die Volksgesundheit oder als Erholungsstätten der Bevölkerung zu erhalten sind, und welche Uferwege an Seen und Wasserläufen neben den bestehenden öffentlichen Wegen dem Fußgängerverkehr zwecks Förderung des Wanderns dienen sollen.

(2) Bei der Entscheidung, welche Baumbestände und Grünflächen „in der Nähe" liegen, ist in der Regel über eine die Grenzen der Städte in 8 km Breite umschließende Zone nicht hinauszugehen, es sei denn, daß Baumbestände und Grünflächen in dieser Zone nicht vorhanden sind.

(3) Die Baumbestände, Grünflächen und Uferwege sind in ein Verzeichnis aufzunehmen. Im Bezirke des Siedlungsverbandes Ruhrkohlenbezirk bedarf es einer Aufnahme der

Baumbestände in das Verzeichnis nicht, wenn die betreffenden Flächen bereits in das gemäß § 16 Ziffer 3 des Gesetzes, betreffend Verbandsordnung für den Siedlungsverband Ruhrkohlenbezirk vom 5. Mai 1920 (GS. S. 286) aufgestellte Verzeichnis aufgenommen sind oder aufgenommen werden.

(4) Dem Verzeichnisse sind Pläne beizufügen, in denen der Umfang der zu erhaltenden Baumbestände und Grünflächen und die Lage, Breite und Länge der Uferwege einzutragen sind.

§ 2. (1) Der Beschluß des Provinzialausschusses (in Berlin des Magistrats, im Bezirk des Siedlungsverbandes Ruhrkohlenbezirk des Verbandsausschusses) ist den beteiligten Gemeinden, Kreisen und Grundeigentümern nebst einem Abdrucke des Planes oder Planteiles zuzustellen. Im Gebiete des Siedlungsverbandes Ruhrkohlenbezirk gelten für die Aufstellung und Veröffentlichung des Verzeichnisses durch den Verbandsausschuß die im § 16 Abs. 1 Ziffer 3 des Gesetzes betreffend Verbandsordnung für den Siedlungsverband Ruhrkohlenbezirk vom 5. Mai 1920 enthaltenen Bestimmungen mit der Maßgabe, daß die amtlichen Vertretungen von Industrie und Landwirtschaft zu hören sind.

(2) Gegen den Beschluß findet binnen 4 Wochen die Beschwerde an den Provinzialrat (Verbandsrat) und gegen dessen Entscheidung binnen der gleichen Frist die Beschwerde an den Minister für Volkswohlfart — soweit Forstgrundstücke in Betracht kommen, an die Minister für Volkswohlfahrt und Landwirtschaft, Domänen und Forsten, und soweit industrielle Interessen in Frage kommen, auch an den Minister für Handel und Gewerbe — statt; jedoch hat die Beschwerde keine aufschiebende Wirkung.

(3) Die Eintragungen in das Verzeichnis sind nach endgültiger Feststellung öffentlich bekanntzumachen.

§ 3. Maßnahmen, die eine Änderung des Holzbestandes der in das Verzeichnis (§ 1) aufgenommenen Baumbestände und Grünflächen herbeiführen, bedürfen der Genehmigung des Regierungspräsidenten (in Berlin des Oberpräsidenten, im Bezirke des Siedlungsverbandes Ruhrkohlenbezirk des Verbandspräsidenten).

(2) Bei Grundstücken, die in erster Linie zur Holzzucht bestimmt sind und nach einem Forstwirtschaftsplane (Betriebsplan oder Betriebsgutachten) bewirtschaftet werden, oder deren Bewirtschaftung unter Leitung von staatlichen oder kommunalen Behörden oder von Landwirtschaftskammern oder staatlich anerkannten Vereinigungen von Waldbesitzern (Waldbesitzervereinen, Waldbauvereinen, Bauernvereinen usw.) geführt wird, genügt es, wenn der Wirtschaftsplan als den Vorschriften dieses Gesetzes Rechnung tragend vom Regierungspräsidenten (Oberpräsidenten, Verbandspräsidenten) anerkannt und genehmigt ist. Abweichungen vom Betriebsplan und außerplanmäßige Holzfällungen bedürfen jedoch auch in diesem Falle der vorherigen Genehmigung.

(3) Der Regierungspräsident (Oberpräsident, Verbandspräsident) kann die Genehmigungsbefugnis für Holzbestandsveränderungen nach Abs. 1, sofern sie lediglich einzelne Baumgruppen oder Alleen betreffen, in Landkreisen dem Landrat, in Stadtkreisen der Ortspolizeibehörde übertragen. Der Minister für Volkswohlfahrt kann die Genehmigungsbefugnis des Verbandspräsidenten auf dessen Antrag dem Verbandsdirektor teilweise oder ganz übertragen. Die Übertragung ist öffentlich bekanntzumachen.

(4) Vor Erteilung der Genehmigung (Abs. 1, 2 und 3) sind nach Möglichkeit die beteiligten Gemeinden und Kreise und im Gebiete des Siedlungsverbandes der Verband zu hören.

(5) Die Entscheidung erfolgt für Forstgrundstücke unter tunlichster Beachtung der Grundsätze einer pfleglichen Forstwirtschaft, der Interessen des Waldbesitzers und des Gemeinwohls nach Anhörung eines von der Landwirtschaftskammer zu benennenden Forstsachverständigen. Im Falle der Ablehnung des Sachverständigen durch den Waldbesitzer benennt der Regierungspräsident (Oberpräsident, Verbandspräsident) drei Sachverständige, unter denen der Waldbesitzer einen auswählt. Bei Staatswaldungen tritt an die Stelle des von der Landwirtschaftskammer zu ernennenden Sachverständigen der zuständige Oberforstmeister. Außergewöhnliche Bedürfnisse der Besitzer sind bei allen Entscheidungen zu berücksichtigen. Die Genehmigung kann an besondere Bedingungen, insbesondere an die Bedingung der Wiederaufforstung abgeholzter Flächen, geknüpft werden.

(6) Der Genehmigung bedarf es nicht, wenn es sich um Holznutzungen geringen Umfanges handelt, die in der eigenen Hauswirtschaft des Eigentümers oder Nutzungsberechtigten gebraucht werden. Das gleiche gilt für Eingriffe, die zur Bekämpfung von Insektengefahren, durch Windbruch oder Schneebruch erforderlich werden, sowie für Maßnahmen zur Aufforstung schlecht bestandener oder durch Brand beschädigter Flächen.

(7) Der Genehmigung bedarf es auch dann nicht, wenn die Änderung des Holzbestandes durch die Errichtung oder den Betrieb einer landes-, wasser- oder bergpolizeilich zu genehmigenden Anlage bedingt ist. Die für die Genehmigung

zuständige Polizeibehörde hat jedoch die beteiligten Gemeinden und Kreise und im Gebiete des Siedlungsverbandes diesen vor der Erteilung der Genehmigung zu hören.

(8) Gegen die Entscheidung des Regierungspräsidenten (Oberpräsidenten, Verbandspräsidenten) ist binnen vier Wochen die Beschwerde an die Minister für Volkswohlfahrt und für Landwirtschaft, Domänen und Forsten und, wenn industrielle Interessen in Frage kommen, für Handel und Gewerbe zulässig. Die Beschwerde kann auch durch die beteiligten Gemeinden und Kreise und im Gebiete des Siedlungsverbandes durch den Verband erhoben werden.

(9) Gegen die Versagung der Genehmigung durch die Landräte oder Ortspolizeibehörden ist binnen vier Wochen die Beschwerde an den Regierungspräsidenten (Oberpräsidenten, Verbandspräsidenten), gegen die Versagung der Genehmigung durch den Verbandsdirektor binnen gleicher Frist die Beschwerde an den Verbandspräsidenten zulässig. Der Bescheid des Regierungspräsidenten (Oberpräsidenten, Verbandspräsidenten) ist endgültig.

§ 4. (1) Soweit die Holznutzung von Baumbeständen der im § 1 gedachten Art zugunsten der Gesundheit oder Erholung der Bevölkerung stärker als es nach forstwirtschaftlichen Grundsätzen und Vorschriften zulässig ist, eingeschränkt wird, ist von den Gemeinden oder Kreisen, in deren Interesse die Aufnahme des Baumbestandes in das Verzeichnis erfolgt ist, angemessene Entschädigung zu leisten. Welche Gemeinden (Kreise) dabei in Betracht kommen, bestimmt im Zweifelsfalle der Provinzialausschuß (Verbandsausschuß), und wenn verschiedene Provinzen (oder neben einer Provinz der Siedlungsverband oder die Stadt Berlin) betroffen werden, der Minister für Volkswohlfahrt.

(2) Kommt eine Einigung über die Höhe der Entschädigung oder über die Verteilung der Entschädigung auf die beteiligten Gemeinden (Kreise) nicht zustande, so beschließt auf Antrag eines Beteiligten der Bezirksausschuß (Verbandsrat), der an die Vorentscheidung des Provinzialausschusses (Verbandsausschusses, Ministers) über die Zahl der in Betracht kommenden Gemeinden (Kreise) gebunden ist. Die Kosten des Abschätzungsverfahrens tragen die Gemeinden oder Kreise, die die Entschädigung zu zahlen haben.

(3) Die sich aus § 3 ergebende Beschränkung ist mit Ablauf von zehn Jahren nach ihrem Eintritt auf Verlangen des Eigentümers oder Nutzungsberechtigten aufzuheben, wenn nicht eine beteiligte Gemeinde oder ein Gemeindeverband die von ihr betroffene Fläche gepachtet oder gekauft hat. Der Erwerber ist verpflichtet, den Baumbestand zu erhalten.

§ 5. Die Ortspolizeibehörden haben die Durchführung des Baumschutzes zu überwachen und ohne Genehmigung erfolgende Maßnahmen, die eine Änderung des Holzbestandes herbeiführen, mit allen ihnen nach den §§ 132 ff. des Gesetzes über die allgemeine Landesverwaltung vom 30. Juli 1883 (GS. S. 195) zustehenden Zwangsmitteln zu verhindern.

§ 6. (1) Vom Tage der im § 2 Abs. 3 vorgeschriebenen öffentlichen Bekanntmachung an ist jede der beteiligten Gemeinden oder an ihrer Stelle die Provinz (im Bezirke des Siedlungsverbandes Ruhrkohlenbezirk der Siedlungsverband) berechtigt, von dem Grundstückseigentümer die Freigabe der Uferwege für den Wanderverkehr zu verlangen und ihrerseits die für den Wanderverkehr notwendigen Maßnahmen zur Gangbarmachung der Uferwege zu treffen.

Der ortsübliche Weidebetrieb darf nicht behindert werden; wenn nötig, sind vorher Tränkanlagen anzulegen.

(2) Auf der Wasserseite der Uferwege ist die Errichtung von baulichen Anlagen — abgesehen von geringfügigen Bauten und Anlagen, von Bootsschuppen, Badehäuschen, Anlegestegen und ähnlichen Bauten — sowie von Hecken von mehr als 1 m Höhe verboten. Ausnahmen sind nur mit Genehmigung des Bezirksausschusses (Verbandsrats) zulässig.

§ 7. (1) Für die Freigabe der Uferwege und, sofern das Grundstück bereits eingezäunt war, für die Kosten der Herstellung einer die übrigen Teile des Grundstücks gegen den Wanderweg abschließenden zweckentsprechenden Einfriedigung ist Entschädigung zu gewähren.

(2) Die Entschädigung trägt die Gemeinde (Provinz, der Siedlungsverband), welche die Freigabe betreibt, soweit nicht aus besonderen Rechtstiteln ein anderer dafür aufzukommen hat.

(3) § 4 Abs. 2 gilt entsprechend.

§ 8. (1) Eigentümer, Waldgenossen, Nutzungs-, Gebrauchs- oder Dienstbarkeits-Berechtigte, sowie Pächter oder Käufer eines unter § 1 fallenden Baumbestandes oder deren Beauftragte werden mit einer Geldstrafe bis zur Höhe des doppelten Wertes der gewonnenen Erzeugnisse bestraft, wenn sie vorsätzlich oder fahrlässig ohne Genehmigung den Holzbestand verändern.

(2) Falls Erzeugnisse nicht gewonnen sind oder mildernde Umstände vorliegen, werden die Schuldigen bei Vorsatz mit einer Geldstrafe bis zu 10000 Mark, bei Fahrlässigkeit mit einer Geldstrafe bis zu 3000 Mark bestraft.

§ 9. Alle der Durchführung dieses Gesetzes dienenden Verhandlungen und Geschäfte einschließlich derjenigen der freiwilligen Gerichtsbarkeit sind gebühren- und stempelfrei.

§ 10. (1) Wer die in das Verzeichnis (§ 1) aufgenommenen Uferwege, sobald ihre Freigabe von der zuständigen Behörde (§ 6 Abs. 1) verlangt ist, vorsätzlich einzäunt oder durch Beseitigung von Brücken oder Ziehung von Gräben oder in sonstiger Weise für den freien Wanderverkehr ungangbar macht oder sperrt, wird mit Geldstrafe bis zu 5000 Mark, im Unvermögensfalle mit entsprechender Haft bestraft.

(2) Gleichzeitig kann die Beseitigung der Sperrmittel oder der verbotswidrig errichteten Anlagen im Wege polizeilichen Zwanges erfolgen.

§ 11. Die gemäß § 1 mit der erstmaligen Aufstellung der Verzeichnisse und Pläne betrauten Behörden sind berechtigt, in den durch dieses Gesetz berührten Angelegenheiten die Mitwirkung der Staats- und Gemeindebehörden kostenlos in Anspruch zu nehmen.

§ 12. An der Zuständigkeit der Landeskulturbehörde im Umlegungsverfahren wird durch dieses Gesetz nichts geändert.

§ 13. Die Regierungspräsidenten (in Berlin der Oberpräsident, im Siedlungsverbande der Verbandspräsident) können zur vorläufigen Sicherung der Baumbestände innerhalb der im § 1 bezeichneten Gebiete Polizeiverordnungen erlassen und Zuwiderhandlungen mit Haft bis zu einem Monat und Geldstrafe bis zu 1500 Mark oder mit einer dieser Strafen bedrohen. Diese Polizeiverordnungen sind mit der endgültigen Feststellung des Verzeichnisses (§§ 1 und 2), spätestens aber zwölf Monate nach dem Inkrafttreten dieses Gesetzes aufzuheben.

§ 14. (1) Das Gesetz tritt mit dem Tage der Verkündung in Kraft.

(2) Mit der Ausführung des Gesetzes wird der zuständige Minister beauftragt.

Ausführungsgesetz zum Reichsheimstättengesetz vom 10. Mai 1920 (Reichsgesetzbl. S. 962). Vom 18. Januar 1924 (GS. S. 49).

Abschnitt I.

Behörden.

§ 1. (1) Heimstätten im Sinne dieses Gesetzes sind die im § 1 des Reichsheimstättengesetzes vom 10. Mai 1920 bezeichneten Wohnheimstätten sowie die nach § 30 Abs. 2 des Reichsheimstättengesetzes von der obersten Landesbehörde als Heimstätten zugelassenen Grundstücke.

(2) Bei der Verwaltung des Heimstättenwesens und bei der Ausübung der Aufsicht über die Tätigkeit der Gemeinden auf diesem Gebiete nehmen der Kreis- (Stadt-) Ausschuß und der Bezirksausschuß nach näherer Vorschrift dieses Gesetzes teil. Beide Beschlußbehörden sind bei Anwesenheit von 3 Mitgliedern einschließlich des Vorsitzenden beschlußfähig.

(3) Soweit nicht dieses Gesetz anderes bestimmt, findet gegen den Beschluß des Bezirksausschusses in erster und zweiter Instanz binnen 2 Wochen die Beschwerde an den zuständigen Minister statt.

§ 2. (1) Die Beschlußbehörden haben die ihnen nach den folgenden Vorschriften zugeordneten Sachverständigen in Heimstättenangelegenheiten als Gutachter vor der Beschlußfassung zu vernehmen oder bei der Beschlußfassung mit beratender Stimme zuzuziehen und das Gutachten in der Begründung des Beschlusses zu würdigen. Bei einfacheren oder klarliegenden Angelegenheiten kann von der Zuziehung von Sachverständigen ausnahmsweise abgesehen werden; die Zuziehung muß aber erfolgen, wenn Regierungspräsident oder Ausgeber es verlangen. In Zweifelsfällen entscheidet der zuständige Minister endgültig.

(2) Die Sachverständigen werden für den Landkreis vom Kreistage, für den Stadtkreis von der Stadtverordnetenversammlung aus der Zahl der im Siedlungs- oder Heimstättenwesen erfahrenen Kreis- (Gemeinde-) Angehörigen, für den Regierungsbezirk vom Provinzialausschuß aus der Zahl der im Siedlungs- oder Heimstättenwesen erfahrenen Provinzialangehörigen für die Wahlzeit von je 3 Jahren gewählt.

(3) Die durch Ablauf der Wahlzeit Ausscheidenden verbleiben bis zum Eintritte der Neugewählten in Tätigkeit. Für vorzeitig Ausscheidende wird der Nachfolger nur für den Rest der Wahlzeit des Vorgängers gewählt.

(4) Das Amt der Sachverständigen ist ein unbesoldetes Ehrenamt, zu dessen Übernahme die wählbaren Kreis- (Gemeinde-, Provinz-) Angehörigen nach Maßgabe der Gemeindeverfassungsgesetze verpflichtet sind. Die Sachverständigen haben jedoch Anspruch auf Ersatz ihrer aus Anlaß des Dienstes entstandenen Ausgaben oder Verdienstausfälle und bei Heranziehung zu Sitzungen der Beschlußbehörde oder zu sonstigen Geschäften außerhalb ihres Wohnorts auf Gebühren nach Maßgabe des § 106 des Gesetzes über die allgemeine Landesverwaltung vom 30. Juli 1883 (GS. S. 195).

(5) Hinsichtlich ihrer Ausschließung von der Mitwirkung und ihrer Ablehnung als Gutachter wegen persönlicher Be-

teiligung oder Befangenheit finden die für die Mitglieder der Beschlußbehörde geltenden Vorschriften entsprechende Anwendung.

(6) Sobald in einem Kreise oder Regierungsbezirk eine genügende Anzahl geeigneter Vertreter der Heimstättenausgeber und geeigneter Heimstätter vorhanden ist, sollen sie bei der nächsten Wahl der Sachverständigen angemessen berücksichtigt werden.

§ 3. Der zuständige Minister kann ergänzende Bestimmungen über die Wahl der Sachverständigen, über ihre Verpflichtung für das Amt und über ihre Heranziehung zur Begutachtung erlassen, auch bestimmen, inwieweit ihre Wahl auf Grund von Vorschlagslisten vorzunehmen ist. Er kann insbesondere anordnen, daß diese Listen unter Beteiligung von Vereinigungen oder Unternehmen, deren Tätigkeit der Wohnungsfürsorge gewidmet ist oder die dem Kleinsiedlungs- und Kleingartenwesen nahestehen, aufgestellt werden.

Abschnitt II.

Sonderrechte der Heimstätten.

§ 4. (1) Durch Ortssatzung der Gemeinde können Heimstättengebiete abgegrenzt werden.

(2) Erläßt die Gemeinde trotz dringenden Bedürfnisses keine oder eine ungeeignete Ortssatzung, so ist die Gemeindeaufsichtsbehörde unter Zustimmung der Beschlußbehörde (§ 1) befugt, den Erlaß oder die Abänderung der Ortssatzung zu verlangen, sofern ein geeignetes Gebiet vorhanden ist und die Abgrenzung des Heimstättengebiets keine unbillige Belastung der Gemeinde herbeiführt, und, falls dem Verlangen binnen sechs Wochen nicht entsprochen wird, an

Stelle der Gemeinde die Ortssatzung zu erlassen oder abzuändern. Gegen die Anordnung des Landrats ist die Beschwerde an den Bezirksausschuß, gegen die Anordnung des Bezirksausschusses die Beschwerde an den zuständigen Minister gegeben. Lehnt die Beschlußbehörde die Zustimmung ab, so hat auch der Vorsitzende das Recht der Beschwerde. Die Beschwerde des Landrats geht an den Bezirksausschuß, die Beschwerde des Regierungspräsidenten an den zuständigen Minister.

(3) Vor Erlaß der Ortssatzung ist, sofern Landeskulturinteressen berührt werden, die Landeskulturbehörde zu hören.

§ 5. Ist zur Beschaffung von Heimstättenland eine Enteignung erforderlich, so kann sie auf Antrag des Ausgebers, für den die Enteignung eingeleitet ist, auch unmittelbar zugunsten des Heimstättenbewerbers sowie, wenn bei Genehmigung der Ansiedlung eine Änderung oder Neuordnung der Gemeinde-, Schul- und Kirchenverhältnisse verlangt wird, der Gemeinde, des Schulverbandes oder der Kirchengemeinde erfolgen. In dem Beschluß ist auch der Ausgeber zu bezeichnen. Dem Antrage darf nur nach Sicherstellung der Entschädigungssumme stattgegeben werden, falls nicht der zu Enteignende hierauf verzichtet.

§ 6. (1) Der Regierungspräsident kann dem Ausgeber eine Frist zur Ausgabe des für Heimstätten beschafften oder des enteigneten Landes setzen. Nach Ablauf der Frist kann der Regierungspräsident die Übertragung des Eigentums an einen anderen von ihm zu bezeichnenden Ausgeber mit dessen Einverständnisse verlangen (Ankaufsrecht). Zu erstatten sind höchstens die Beschaffungsaufwendungen

(Kaufpreis oder Entschädigung) zuzüglich des noch vorhandenen Wertes zwecks Anlage von Heimstätten hergestellter Baulichkeiten und Verbesserungen.

(2) Vor der Fristsetzung ist der Ausgeber zu hören. Zugleich muß er davon in Kenntnis gesetzt werden, daß bei Ablauf der Frist von dem Ankaufsrechte Gebrauch gemacht werden kann. Gegen die Fristsetzung steht dem Ausgeber die Beschwerde innerhalb von zwei Wochen an den zuständigen Minister zu. Das Ankaufsrecht tritt auch dann in Wirksamkeit, wenn der Ausgeber die Eigenschaft als Ausgeber verliert.

(3) Nach Ablauf der Frist kann der Ausgeber den Regierungspräsidenten zur Erklärung auffordern, ob von dem Ankaufsrechte Gebrauch gemacht werden soll. Erklärt sich dieser innerhalb einer Frist von drei Monaten nicht, so erlischt das Ankaufsrecht. Die Durchführung des Ankaufsrechts kann für die Zeit von einem Jahre seit Zustellung der Aufforderung vorbehalten werden.

(4) Das Ankaufsrecht hat die Wirkung einer Vormerkung zur Sicherung des durch die Ausübung des Rechtes entstehenden Anspruchs auf Übertragung des Eigentums. Es bedarf zur Wirksamkeit gegen Dritte der Eintragung in das Grundbuch. Die Eintragung erfolgt bei der Eintragung des Ausgebers in das Grundbuch bei Enteignungen von Amts wegen, in den übrigen Fällen auf Ersuchen der Gemeinde. Der Vermerk wird bei Eintragung des Heimstättenvermerkes gelöscht.

(5) Bei Verlust der Ausgebereigenschaft finden diese Vorschriften entsprechende Anwendung.

(6) Die Verwendung der enteigneten Grundstücke ist nur zu Heimstättenzwecken zulässig.

(7) Dem früheren Eigentümer steht ein Wiederkaufsrecht an dem Grundstücke zu, wenn es nicht innerhalb einer Frist von zehn Jahren für Heimstättenzwecke verwendet ist. Das Wiederkaufsrecht ist innerhalb eines Jahres auszuüben. Das Recht ist als Belastung des Grundstücks im Grundbuch einzutragen. Die Bestimmungen der §§ 497 ff. des Bürgerlichen Gesetzbuchs finden entsprechend Anwendung.

§ 7. (1) Im Heimstättengebiete finden die Vorschriften des Gesetzes, betreffend die Anlegung und Veränderung von Straßen und Plätzen in Städten und ländlichen Ortschaften, vom 2. Juli 1875 (GS. S. 561) mit folgender Maßgabe Anwendung:

(2) Erachtet der Regierungspräsident die Festsetzung von Fluchtlinien- oder Bebauungsplänen zur Errichtung von Wohnheimstätten oder zur Anlage von Heimstättengärten oder die Aufhebung oder Änderung bestehender Fluchtlinien oder Bebauungspläne im Heimstättengebiete für erforderlich, so kann er diese unter Gewährung einer angemessenen Frist verlangen. Die im § 7 des genannten Gesetzes vorgesehene Frist zur Erhebung von Einwendungen kann auf zwei Wochen herabgesetzt werden.

(3) Lehnt die Gemeinde die verlangte Festsetzung oder Aufhebung oder Änderung der Fluchtlinien oder Bebauungspläne ab, oder stimmt der Regierungspräsident dem von der Gemeinde aufgestellten Plane nicht zu, oder ist das Verfahren nach Ablauf der gesetzten Frist nicht durchgeführt, so kann der Regierungspräsident mit Zustimmung des Bezirksausschusses den Plan festsetzen und nach endgültiger

Erledigung des Einwendungsverfahrens förmlich feststellen. Ein derart förmlich festgestellter Fluchtlinienplan darf ohne Zustimmung des Regierungspräsidenten nicht abgeändert werden. § 4 Abs. 2 Satz 3 findet auch hier Anwendung.

(4) Die Kosten einer notwendig werdenden Neuanfertigung der Pläne trägt die Gemeinde, ebenso die sonstigen Planfeststellungskosten.

§ 8. Von dem Anbauverbote des § 12 des Gesetzes, betreffend die Anlegung und Veränderung von Straßen und Plätzen in Städten und ländlichen Ortschaften, vom 2. Juli 1875 (GS. S. 561) kann der Bezirksausschuß im Heimstättengebiet Ausnahmen zulassen. Bei Erteilung von Ausnahmen ist der Bezirksausschuß nicht an die Beschränkungen des Wohnungsgesetzes vom 28. März 1918 (GS. S. 23) gebunden. Die Vorschrift des Satzes 2 findet auch auf Einzelheimstätten außerhalb eines Heimstättengebiets Anwendung.

§ 9. (1) Der Bezirksausschuß beschließt auf Antrag eines Beteiligten, ob und inwieweit in Heimstättengebieten die Heimstätter zu den Leistungen für Straßenbau und -unterhaltung gemäß § 15 des Gesetzes vom 2. Juli 1875 (GS. S. 561) und zu Beiträgen für gleiche Zwecke gemäß § 9 des Kommunalabgabengesetzes vom 14. Juli 1893 (GS. S. 152) herangezogen werden dürfen. Bei der Festsetzung dieser Verpflichtungen ist unter Berücksichtigung der Leistungsfähigkeit der Gemeinde sowohl als der Beteiligten dahin zu wirken, daß die Heimstättengründung nach Möglichkeit erleichtert wird.

(2) Der Bezirksausschuß ist auf Antrag eines Beteiligten ferner befugt, zu bestimmen, ob und inwieweit Licht-, Kraft-, Wasser-, Siel- und dergleichen Anlagen bei Heimstättengebieten überhaupt erforderlich sind.

(3) Entgegenstehende Ortsstatute und Polizeiverordnungen greifen nicht Platz.

§ 10. (1) Im Heimstättengebiete dürfen keine baulichen oder sonstigen Anlagen errichtet werden, die der Schaffung von Heimstätten abträglich sein würden. Nähere Vorschriften können im Wege der Polizeiverordnung erlassen werden.

(2) Über die Zulässigkeit von Ausnahmen entscheidet auf Antrag der Regierungspräsident unter Zustimmung des Bezirksausschusses und auf Beschwerde der zuständige Minister.

§ 11. (1) Auf die Errichtung von Wohnheimstätten außerhalb im Zusammenhange gebauter Ortschaften finden die Vorschriften des Gesetzes, betreffend die Gründung neuer Ansiedlungen, vom 10. August 1904 (GS. S. 227) in dem Geltungsgebiete dieses Gesetzes mit folgender Maßgabe Anwendung:

Einsprüche gemäß § 15 des Gesetzes können lediglich vom Vorsteher des Kulturamts, der rechtzeitig zu benachrichtigen ist, aus erheblichen Gründen der Landeskultur erhoben werden. Gegen die Entscheidung des Kreisausschusses (der Ortspolizeibehörde) steht dem Vorsteher des Kulturamts nur die Beschwerde an den Bezirksausschuß zu.

(2) Vorstehende Bestimmung wird

a) in das Gesetz, betreffend die Verteilung der öffentlichen Lasten bei Grundstücksteilungen und die Gründung neuer

Ansiedlungen in der Provinz Hannover, vom 4. Juli 1887 (GS. S. 324),

b) in das Gesetz, betreffend die Verteilung der öffentlichen Lasten bei Grundstücksteilungen und die Gründung neuer Ansiedlungen in der Provinz Schleswig-Holstein, vom 13. Juni 1888 (GS. S. 243),

c) in das Gesetz, betreffend die Gründung neuer Ansiedlungen in der Provinz Hessen-Nassau, vom 11. Juni 1890 (GS. S. 173),

d) in das Gesetz, betreffend die Gründung neuer Ansiedlungen im Herzogtume Lauenburg, vom 4. November 1874 (Offizielles Wochenblatt S. 291)

an den entsprechenden Stellen in sinngemäßer Fassung aufgenommen.

§ 12. Bei der Anlegung von Wohnheimstätten gelten als Kosten im Sinne des § 9a Abs. 1 Satz 3 des Kommunalabgabengesetzes in der Fassung vom 26. August 1921 (GS. S. 495) auch die der Regelung der Gemeinde- und Schulverhältnisse.

§ 25. (1) In den Hohenzollernschen Landen tritt an die Stelle des Landkreises der Oberamtsbezirk, an die Stelle des Landrats der Oberamtmann, an die Stelle des Kreisausschusses der Amtsausschuß, an die Stelle des Kreistags die Amtsversammlung und an die Stelle des Provinzialausschusses der Landesausschuß.

(2) In der Provinz Hessen-Nassau tritt an die Stelle des Provinzialausschusses der Landesausschuß.

(3) Für das Gebiet des Siedlungsverbandes Ruhrkohlenbezirk tritt an die Stelle des Regierungsbezirkes dieses Gebiet, an die Stelle des Regierungspräsidenten der Verbandspräsident, an die Stelle des Bezirksausschusses der Ver-

bandsrat und an die Stelle des Provinzialausschusses der Verbandsausschuß.

§ 26. Bei der Durchführung des Gesetzes sind die Belange der Denkmalpflege, Naturdenkmalpflege und des Heimatschutzes nach Maßgabe der bestehenden Vorschriften zu berücksichtigen. In Zweifelsfällen sind Sachverständige zu hören.

§ 27. Der zuständige Minister führt das Gesetz aus.

Gesetz über die allgemeine Landesverwaltung. Vom 30. Juli 1883 (GS. S. 195).

Vierter Titel.

Rechtsmittel gegen polizeiliche Verfügungen.

§ 127. Gegen polizeiliche Verfügungen der Orts- und Kreispolizeibehörden findet, soweit das Gesetz nicht ausdrücklich anderes bestimmt, die Beschwerde statt, und zwar:

a) gegen die Verfügungen der Ortspolizeibehörden auf dem Lande oder einer zu einem Landkreise gehörigen Stadt, deren Einwohnerzahl bis zu 10000 Einwohnern beträgt, an den Landrat und gegen dessen Bescheid an den Regierungspräsidenten;

b) gegen die Verfügungen der Ortspolizeibehörden eines Stadtkreises, mit Ausnahme von Berlin, einer zu einem Landkreise gehörigen Stadt mit mehr als 10000 Einwohnern, oder des Landrats an den Regierungspräsidenten, und gegen dessen Bescheid an den Oberpräsidenten;

c) gegen ortspolizeiliche Verfügungen in Berlin an den Oberpräsidenten.

Gegen den in letzter Instanz ergangenen Bescheid des Regierungspräsidenten bzw. des Oberpräsidenten findet die Klage bei dem Oberverwaltungsgerichte statt.

Die Klage kann nur darauf gestützt werden,

1. daß der angefochtene Bescheid durch Nichtanwendung oder unrichtige Anwendung des bestehenden Rechts, insbesondere auch der von den Behörden innerhalb ihrer Zuständigkeit erlassenen Verordnungen den Kläger in seinen Rechten verletze;

2. daß die tatsächlichen Voraussetzungen nicht vorhanden seien, welche die Polizeibehörde zum Erlasse der Verfügung berechtigt haben würden.

Die Prüfung der Gesetzmäßigkeit der angefochtenen polizeilichen Verfügung erstreckt sich auch auf diejenigen Fälle, in welchen bisher nach § 2 des Gesetzes vom 11. Mai 1842 (GS. S. 192) der ordentliche Rechtsweg zulässig war.

Die Entscheidung ist endgültig, unbeschadet aller privatrechtlichen Verhältnisse.

§ 128. An Stelle der Beschwerde in allen Fällen des § 127 findet die Klage statt, und zwar:

a) gegen die Verfügungen der Ortspolizeibehörden auf dem Lande oder einer zu einem Landkreise gehörigen Stadt, deren Einwohnerzahl bis zu 10000 Einwohnern beträgt, bei dem Kreisausschusse;

b) gegen die Verfügungen des Landrats oder der Ortspolizeibehörden eines Stadtkreises oder einer zu einem Landkreise gehörigen Stadt mit mehr als 10000 Einwohnern bei dem Bezirksausschusse.

Die Klage kann nur auf die gleichen Behauptungen gestützt werden, wie die Klage bei dem Oberverwaltungsgerichte (§ 127 Absatz 3 und 4).

§ 129. Die Beschwerde im Falle des § 127 Absatz 1 und die Klage im Falle des § 128 sind bei derjenigen Behörde anzubringen, gegen deren Verfügung sie gerichtet sind.

Die Behörde, bei welcher die Beschwerde oder Klage angebracht ist, hat dieselbe an diejenige Behörde abzugeben, welche darüber zu beschließen oder zu entscheiden hat. Der Beschwerdeführer bezw. Kläger ist hiervon in Kenntnis zu setzen.

Die Frist zur Einlegung der Beschwerde und zur Anbringung der Klage gegen die polizeiliche Verfügung, sowie gegen den auf Beschwerde ergangenen Bescheid beträgt zwei Wochen.

Die Anbringung des einen Rechtsmittels schließt das andere aus. Ist die Schrift, mittels deren das Rechtsmittel angebracht wird, nicht als Klage bezeichnet, oder enthält dieselbe nicht ausdrücklich den Antrag auf Entscheidung im Verwaltungsstreitverfahren, so gilt dieselbe als Beschwerde. Bei gleichzeitiger Anbringung beider Rechtsmittel ist nur der Beschwerde Fortgang zu geben. Das hiernach unzulässigerweise angebrachte Rechtsmittel ist durch Verfügung der im Absatz 1 bezeichneten Behörde zurückzuweisen. Gegen die zurückweisende Verfügung findet innerhalb zwei Wochen die Beschwerde an die zur Entscheidung auf die Klage berufene Behörde statt.

Wird die Beschwerde oder Klage der Vorschrift des ersten Absatzes zuwider innerhalb der gesetzlichen Frist bei derjenigen Behörde angebracht, welche zur Beschlußfassung oder Entscheidung darüber zuständig ist, so gilt die Frist als gewahrt. Die Beschwerde oder Klage ist in solchen Fällen von der angerufenen Behörde zur weiteren Veranlassung an diejenige Behörde abzugeben, gegen deren Beschluß sie gerichtet ist.

§ 130. Gegen polizeiliche Verfügungen des Regierungspräsidenten findet innerhalb zwei Wochen die Beschwerde an den Oberpräsidenten und gegen den vom Oberpräsidenten auf die Beschwerde erlassenen Bescheid innerhalb gleicher Frist die Klage bei dem Oberverwaltungsgerichte nach Maßgabe der Bestimmungen des § 127 Absatz 3 und 4 statt.

Gegen polizeiliche Verfügungen des Regierungspräsidenten in Sigmaringen findet innerhalb zwei Wochen unmittelbar die Klage bei dem Oberverwaltungsgerichte statt.

Gegen die Landesverweisung steht Personen, welche nicht Reichsangehörige sind, die Klage nicht zu.

1. Wegen der Zuständigkeit der Behörden s. S. 11, 22f. In Berlin sind Ortspolizeibehörden nicht etwa die Baupolizeiämter als solche, vielmehr bildet die städtische Polizeiverwaltung als Ganzes eine einheitliche Ortspolizeibehörde. Wird daher in Berlin oder in anderen Gebieten mit ähnlichen Einrichtungen über ein Organ der Bezirksverwaltung bei der Zentralverwaltung Beschwerde geführt, so hat dies rechtlich lediglich die Wirkung einer Gegenvorstellung bei einer innerhalb der Ortspolizeibehörde höheren Instanz. Hierdurch werden die Rechtsmittelfristen nicht gewahrt. Die Entschließung der Zentralverwaltung bedeutet in der Regel keine für sich allein anfechtbare Verfügung (vgl. S. 209). Sie kann insoweit nur im Dienstaufsichtswege weiter angegriffen werden.

2. Zum Wesen einer Beschwerde gegen eine polizeiliche Verfügung gehört nicht nur der Ausdruck der Unzufriedenheit mit der angefochtenen Anordnung, sondern darüber hinaus die Anrufung einer höheren Instanz. Beides muß erkennbarerweise in der gegen die Verfügung gerichteten Kundgebung enthalten sein (OVG. Bd. 44 S. 416). Nach der Entscheidung des Oberverwaltungsgerichts PrVBl. Bd. 25 S. 65 muß zum mindesten der bestimmte Wille erkennbar sein, eine höhere Instanz anrufen zu wollen.

3. Rechtsmittel können von den Personen eingelegt werden, gegen die eine polizeiliche Verfügung gerichtet ist oder denen eine nachgesuchte Bauerlaubnis versagt oder nur mit Einschränkungen erteilt worden ist, sodann aber auch von anderen Personen, in

deren Rechte durch eine Verfügung eingegriffen worden ist, so von einem Miteigentümer. Ferner ist der Hauseigentümer mit betroffen, wenn einem Mieter der Gebrauch von Räumen untersagt wird, und umgekehrt der Mieter, wenn etwa dem Eigentümer das Zumauern eines Fensters in dem vermieteten Raum aufgegeben wird (vgl. Drews S. 72). Dagegen steht gegen die Erteilung einer Bauerlaubnis den geschädigten Nachbarn nur die Beschwerde an die Aufsichtsbehörde zu, es sind ihnen also nicht die Rechtsmittel nach §§ 127ff. LVG. gegeben. Wenn jedoch mit der Zulassung des Baues besondere polizeiliche Auflagen verknüpft sind, so gilt der eingangs erwähnte Grundsatz, daß jeder, in dessen Rechte durch sie eingegriffen wird, gegen sie das gegebene Rechtsmittel anwenden kann.

Die Behörde hat nicht die Möglichkeit, eine ihre Verfügung im Beschwerdeverfahren aufhebende Entscheidung durch Rechtsmittel anzugreifen.

4. Eine polizeiliche Verfügung kann auch dann angegriffen werden, wenn der geforderte Zustand hergestellt oder wenn sie zurückgenommen worden ist, denn der Betroffene kann verlangen, daß festgestellt wird, ob die Verfügung zur Zeit ihres Erlasses gerechtfertigt war (vgl. Brauchitsch S. 117 unter 3c). Dies war früher zur Erhebung von Schadenersatzansprüchen wegen zu Unrecht erlassener polizeilicher Verfügungen notwendig. Nach der jetzigen Rechtslage fällt dieser Anlaß allerdings fort (vgl. OVG. im PrVBl. Bd. 47 S. 571, Brauchitsch zu § 6 d. G. vom 11. Mai 1842, Bd. I S. 121).

5. Nach § 53 LVG. haben Rechtsmittel aufschiebende Wirkung, jedoch kann eine angegriffene Verfügung zur Ausführung gebracht werden, sofern sie nach dem Ermessen der Behörde ohne Nachteil für das Gemeinwohl nicht ausgesetzt werden kann. Ein Hinweis auf die Durchführung der Verfügung ohne Rücksicht auf etwa einzulegende Rechtsmittel kann sich empfehlen, ist aber nicht notwendig. Haftstrafen dürfen immer nur vollstreckt werden, wenn die Rechtsmittelfrist abgelaufen oder gegebenenfalls das eingelegte Rechtsmittel rechtskräftig abgewiesen worden ist (§ 53 Satz 2, 133 Abs. 3 LVG.).

6. Gegen polizeiliche Verfügungen der Ortspolizeibehörde findet entweder die Beschwerde an den Landrat bzw. Regierungspräsidenten — in Berlin an den Oberpräsidenten — oder die

Klage beim Kreisausschuß bzw. Bezirksausschuß statt. Mit der Beschwerde können Verfügungen auch als unnötig oder unzweckmäßig angegriffen werden, während die Klage nur auf die Nichtanwendung oder unrichtige Anwendung des bestehenden Rechtes oder auf das Fehlen der tatsächlichen Voraussetzungen gestützt werden kann, welche die Polizeibehörde zum Erlaß der Verfügung berechtigt haben würden. Beide Rechtsmittel sind bei der Behörde einzureichen, deren Verfügung angegriffen wird, und zwar binnen einer Frist von 2 Wochen. Die Frist gilt jedoch als gewahrt, wenn innerhalb von zwei Wochen die Beschwerde oder die Klage bei der Beschwerdeinstanz oder dem Verwaltungsgericht eingegangen ist. Eine etwa auf erfolgten Einspruch hin erfolgte Wiederholung einer Aufforderung setzt die Rechtsmittelfrist nicht von neuem in Lauf, wenn es sich lediglich um die Aufrechterhaltung der Verfügung handelt, und zwar selbst dann nicht, wenn — wie dies z. B. in Berlin möglich ist — auf die Gegenvorstellung von einer anderen Instanz, also nach erneuter sachlicher Prüfung entschieden worden ist (vgl. OVG. vom 21. Januar 1926 IV A 59/25 und Bd. 78 S. 259, ferner PrVBl. Bd. 48 S. 28).

Wenn zugleich Beschwerde und Klage eingereicht ist, so ist nur der Beschwerde Fortgang zu geben.

Gegen die Ausführung des angeordneten Zwangsmittels ist nur die Aufsichtsbeschwerde binnen zwei Wochen gegeben. Dies schließt aber selbstverständlich nicht das Recht und die Pflicht der Aufsichtsbehörde aus, gegebenenfalls auch nach Ablauf der Frist die Aufhebung einer Verfügung zu veranlassen.

7. Gegen den Bescheid des Landrates ist die Beschwerde an den Regierungspräsidenten, gegen Bescheide der Regierungspräsidenten und in Berlin des Oberpräsidenten ist die binnen zwei Wochen dorthin einzureichende Klage beim Oberverwaltungsgericht zulässig, gegen das Urteil des Kreisausschusses Berufung an den Bezirksausschuß und ev. Revision an das Oberverwaltungsgericht, gegen das Urteil des Bezirksausschusses in erster Instanz die Berufung an das Oberverwaltungsgericht. Die Berufungs- und Revisionsfrist beträgt zwei Wochen. Berufung und Revision sind bei dem Gericht einzulegen, dessen Entscheidung angegriffen wird. Wenn der Kreisausschuß oder Bezirksausschuß zunächst durch Bescheid entscheidet, so kann hier-

gegen binnen zwei Wochen der Antrag auf mündliche Verhandlung gestellt werden.

8. Für die Entscheidung ist das gegenwärtige öffentliche Baurecht, nicht das zur Zeit des Erlasses der angegriffenen Verfügung geltende maßgebend. Dies gilt auch für die Lage der Fluchtlinien (vgl. OVG. Bd. 61 S. 386, Baltz-Fischer S. 250 Z. 5). Dagegen sind für die Entscheidung über die Berechtigung einer polizeilichen Maßnahme selbstverständlich die zur Zeit der angefochtenen Verfügung bestehenden tatsächlichen Verhältnisse maßgebend. Als Zeitpunkt des Erlasses einer polizeilichen Verfügung gilt die Zustellung.

9. Unanfechtbar gewordene Entscheidungen haben nicht Rechtskraft in dem Sinne, daß das streitige Rechtsverhältnis damit ein für allemal festgestellt ist, vielmehr kann auf eine wiederholte Verfügung hin erneut der Rechtsmittelzug in Bewegung gesetzt werden. So kann der Antrag auf Erteilung einer Baugenehmigung wiederholt und die Versagung erneut angegriffen werden, ebenso kann die Aufhebung auferlegter Bedingungen wiederholt nachgesucht und die wiederholte ablehnende Entscheidung erneut angegriffen werden. Anderseits darf die Polizeibehörde nicht auf Versagungsgründe zurückgreifen, die von dem Verwaltungsgericht abgelehnt worden sind.

10. Zu unterscheiden von der Beschwerde nach dem Landesverwaltungsgesetz ist die Beschwerde gegen die Art der Einziehung von Geldbeträgen. Was der Beschwerdeführer beabsichtigt, muß von Fall zu Fall entschieden werden. Häufig wird als Grund für die Beschwerde angegeben, daß der Vollziehungsbeamte Geld eingezogen oder Gegenstände oder Mieten gepfändet habe. In solchen Fällen wird häufig nicht die Pfändung als solche, sondern die Anordnung der Polizeibehörde als angegriffene Verfügung anzusehen sein. Anders jedoch, wenn sich die Beschwerde beispielsweise dagegen richtet, daß eine höhere Mietsquote, als zulässig, gepfändet sei. In diesem Falle handelt es sich um eine Beschwerde gegen die Art der Zwangsvollstreckung. Sie ist an die vorgesetzte Dienstbehörde des Beamten zu richten, dessen Verfahren angefochten wird (vgl. § 2 der Ver. betr. d. Verwaltungszwangsverfahren v. 15. Nov. 1899, GS. S. 545, geändert durch die Verordnung vom 16. März 1926, GS. S. 103).

11. Wegen der Rechtsmittel bei Dispensen vgl. S. 321. Vgl. ferner hinsichtlich des Einspruches gegen Gebührenforderungen § 69 KAG. (S. 245).

Fünfter Titel.

Zwangsbefugnisse.

§ 132. Der Regierungspräsident, der Landrat, die Ortspolizeibehörde und der Gemeinde- (Guts-) vorsteher (-vorstand) sind berechtigt, die von ihnen in Ausübung der obrigkeitlichen Gewalt getroffenen, durch ihre gesetzlichen Befugnisse gerechtfertigten Anordnungen durch Anwendung folgender Zwangsmittel durchzusetzen:

1. Die Behörde hat, sofern es tunlich ist, die zu erzwingende Handlung durch einen Dritten ausführen zu lassen und den vorläufig zu bestimmenden Kostenbetrag im Zwangswege von den Verpflichteten einzuziehen.

2. Kann die zu erzwingende Handlung nicht durch einen Dritten geleistet werden, — oder steht es fest, daß der Verpflichtete nicht imstande ist, die aus der Ausführung durch einen Dritten entstehenden Kosten zu tragen, — oder soll eine Unterlassung erzwungen werden, so sind die Behörden berechtigt, Geldstrafen anzudrohen und festzusetzen, und zwar:

a) die Gemeinde- (Guts-)vorsteher bis zur Höhe v. 5 Mark;

b) die Ortspolizeibehörden und die städtischen Gemeindevorsteher (-vorstände) in einem Landkreise bis zur Höhe von 60 Mark;

c) die Landräte, sowie die Polizeibehörden und Gemeindevorsteher (-vorstände) in einem Stadtkreise bis zur Höhe von 150 Mark;

d) der Regierungspräsident bis zur Höhe von 300 Mark.

Gleichzeitig ist nach Maßgabe der §§ 28, 29 des Strafgesetzbuchs für das Deutsche Reich die Dauer der Haft festzusetzen, welche für den Fall des Unvermögens an die Stelle der Geldstrafe treten soll. Der Höchstbetrag dieser Haft ist

in den Fällen zu a = ein Tag,
„ „ „ „ b = eine Woche,
„ „ „ „ c = zwei Wochen,
„ „ „ „ d = vier Wochen.

Der Ausführung durch einen Dritten (Nr. 1), sowie der Festsetzung einer Strafe (Nr. 2) muß immer eine schriftliche Androhung vorhergehen; in dieser ist, sofern eine Handlung erzwungen werden soll, die Frist zu bestimmen, innerhalb welcher die Ausführung gefordert wird.

3. Unmittelbarer Zwang darf nur angewendet werden, wenn die Anordnung ohne einen solchen unausführbar ist.

§ 133. Gegen die Androhung eines Zwangsmittels finden dieselben Rechtsmittel statt, wie gegen die Anordnungen, um deren Durchsetzung es sich handelt. Die Rechtsmittel erstrecken sich zugleich auf diese Anordnungen, sofern dieselben nicht bereits Gegenstand eines besonderen Beschwerde- oder Verwaltungsstreitverfahrens geworden sind.

Gegen die Festsetzung und Ausführung eines Zwangsmittels findet in allen Fällen nur die Beschwerde im Aufsichtswege innerhalb zwei Wochen statt.

Haftstrafen, welche an Stelle einer Geldstrafe nach § 132 Nr. 2 festgesetzt sind, dürfen vor ergangener endgültiger Beschlußfassung oder rechtskräftiger Entscheidung auf das eingelegte Rechtsmittel beziehungsweise vor Ablauf der zur Einlegung desselben bestimmten Frist nicht vollstreckt werden.

1. Nach der Rechtsprechung des Oberverwaltungsgerichts gehört zum Wesen einer nach § 127 LVG. angreifbaren polizeilichen Verfügung, daß sie ein Gebot oder ein Verbot oder die Verweigerung einer Erlaubnis enthält (OVG. Bd. 78 S. 259, Drews S. 56). Hierunter fallen auch Auflagen und Bedingungen in Bauscheinen.

2. Polizeiliche Verfügungen müssen von der zuständigen Behörde erlassen werden. Andernfalls sind sie unwirksam. Für die Ortspolizeibehörde kann im allgemeinen nicht die Aufsichtsbehörde Verfügungen erlassen, vielmehr muß sie sich mit einer Anweisung an die Ortspolizeibehörde begnügen. Nur in besonderen Fällen, wenn andernfalls die erforderlichen Maßnahmen nicht durchgeführt werden können, kann die Aufsichtsbehörde selbst einschreiten, und nur unter diesen Voraussetzungen kann die Aufsichtsbehörde eine von der Ortspolizeibehörde erteilte Baugenehmigung zurückziehen (vgl. Baltz-Fischer S. 228 Z. 3 Abs. 2).

3. Polizeiliche Verfügungen müssen erkennen lassen, daß es sich um solche handelt. Nicht notwendig ist der Hinweis auf die zugrunde liegenden gesetzlichen Bestimmungen. Die Angabe einer falschen gesetzlichen Bestimmung macht eine polizeiliche Verfügung nicht ohne weiteres unwirksam, wie auch die falsche Begründung für die Versagung einer Baugenehmigung insoweit unschädlich ist (vgl. von Arnstedt Bd. II S. 776, PrVBl. Bd. 23 S. 745/46, OVG. Bd. 42 S. 387, Bd. 54 S. 223, Bd. 58 S. 432). Auch eine Rechtsmittelbelehrung ist nicht erforderlich und bleibt besser weg (vgl. v. Bitter, Handwörterbuch, Bd. II S. 292). Jedoch muß eine polizeiliche Verfügung bestimmt genug erkennen lassen, was verlangt wird, und nach der tatsächlichen und rechtlichen Seite hin soweit mit Gründen versehen sein, daß die Möglichkeit gegeben ist, ihre Grundlagen durch Rechtsmittel anzufechten. Diesem Erfordernis entspricht z. B. nicht die Aufforderung, eine Wohnung in einen bewohnbaren Zustand zu setzen (vgl. OVG. Bd. 77 S. 457). Es genügt auch nicht, einfach zu sagen, daß ein Gebäude oder ein Bauteil, z. B. ein Schornstein, schadhaft sei, vielmehr muß angegeben werden, worin die Gefahr oder der Verstoß gegen die Bauordnung besteht. Jedoch ist es nicht nötig und häufig unzweckmäßig, anzugeben, in welcher Weise ein Mangel zu beheben ist. Mängeln in der Be-

gründung kann durch nachträglichen Bescheid — auch der Beschwerdeinstanz — abgeholfen werden.

Die Ausfertigungen polizeilicher Verfügungen können mit einem Faksimilestempel unterzeichnet sein. Sie werden zweckmäßig — insbesondere wegen der Rechtsmittelfristen — mit Zustellungsurkunde abgesandt.

4. In der Regel handelt es sich bei baupolizeilichen Verfügungen um die Ausführung der zu erzwingenden Handlung durch einen Dritten nach § 132 Z. 1 LVG. Der im Gesetz gebrauchte Ausdruck „durch einen Dritten" ist zwar richtig, insofern es sich um eine weder von der Behörde, noch von dem Verpflichteten, sondern von einer dritten Person auszuführende Maßnahme handelt. Wenn aber die Behörde sich an den Verpflichteten wendet und ihm eine Handlung aufträgt, so kommt neben ihm nicht ein Dritter, sondern lediglich ein anderer in Betracht. Die sprachlich unschöne, schematische Androhung der Ausführung „durch einen Dritten" wird daher besser wegzulassen sein. Es genügt zu sagen, daß die Ausführung auf Kosten des Verpflichteten erfolgen werde. Der Ausführung muß in diesem Falle immer eine schriftliche, befristete Androhung vorausgehen (§ 132 LVG. Z. 2 letzter Absatz). Die Angabe der Höhe des einzuziehenden Kostenvorschusses ist nicht notwendig, aber zweckmäßig. Kann der Kostenvorschuß nicht rechtzeitig eingezogen werden, so muß die Behörde, gegebenenfalls also die Stadt, die Kosten verauslagen. In diesem Falle ist aber wenigstens die befristete Aufforderung zur Vornahme der gebotenen Handlung vorher dem Verpflichteten zuzustellen, damit die Kosten von ihm wieder eingezogen werden können.

Wegen des Verhältnisses obiger Vorschriften zu § 40 I 8 ALR. vgl. S. 57.

5. Wenn die Handlung nicht „durch einen Dritten" vorgenommen werden kann oder wenn es feststeht, daß der Verpflichtete nicht imstande ist, die aus der Ausführung durch einen Dritten entstehenden Kosten zu tragen, oder wenn eine Unterlassung erzwungen werden soll, so kann der Verpflichtete auch durch befristete Androhung und Festsetzung von Geldstrafen zu der vorzunehmenden Handlung veranlaßt werden. Es ist hierbei nicht notwendig, daß die Vornahme einer zu erzwingenden Handlung durch eine andere Person als den Verpflichteten geradezu un-

möglich ist, sondern es genügt, daß sie untunlich ist. Strafen können nicht mehr festgesetzt werden, wenn — selbst nach Ablauf der gesetzten Frist — die gebotene Handlung vorgenommen ist. Die Einziehung der festgesetzten Geldstrafe bleibt jedoch auch nach Vornahme der Handlung zulässig. Handelt es sich um die Erzwingung einer Unterlassung, so kann die Strafe für jeden Fall der Zuwiderhandlung angedroht werden, nicht aber für jeden Tag einer dauernden Zuwiderhandlung.

Zwangsstrafen können auch gegen juristische Personen erlassen werden, jedoch ist die Vollstreckung der Haft in diesem Falle natürlich nicht möglich.

6. Die Strafandrohung und -festsetzung kann wiederholt werden, und zwar auch dann, wenn gegen eine frühere Androhung oder Festsetzung ein Rechtsmittel eingelegt und eine Entscheidung noch nicht ergangen ist. Dagegen kann keine Zwangsstrafe verhängt werden, wenn das Unterlassen der zu erzwingenden Handlung oder eine Zuwiderhandlung durch allgemeine Polizeivorschrift (Gesetz, Polizeiverordnung) unter Strafe gestellt ist (vgl. Brauchitsch I S. 123 Anm. 4 zu § 132 LVG.). Dies gilt jedoch nicht, wenn durch die polizeiliche Verfügung die Beseitigung der Fortdauer des durch eine strafbare Handlung oder Unterlassung herbeigeführten polizeiwidrigen Zustandes erzwungen werden soll. Auch sonst ist der angeführte Grundsatz nicht unangefochten (vgl. OVG. Bd. 52 S. 310, Schultzenstein im PrVBl. Bd. 35 S. 353, Drews S. 71).

7. Die Höhe der zu verhängenden Geldstrafe braucht bei der Androhung noch nicht angegeben zu werden, vielmehr genügt die Angabe des Höchstbetrages der zulässigen Strafe. Diese richtet sich nach den Bestimmungen des § 132 LVG. und der Verordnung betr. Vermögensstrafen und Bußen vom 6. Februar 1924. Nach Artikel II daselbst können Zwangsstrafen bis zu 1000 Mark verhängt werden. Nach den Anweisungen des Ministers des Innern vom 29. November 1923 (MinBliV. S. 1192) und vom 30. Juni 1925 (MinBliV. S. 747) sollen jedoch die Ortspolizeibehörden von der danach an sich gegebenen Strafbefugnis nur in beschränkter Höhe Gebrauch machen, und zwar die Gemeindevorsteher in Höhe bis zu 150 Mark, die Ortspolizeibehörden in den Landkreisen in Höhe bis zu 300 Mark, die Landräte und die Ortspolizeibehörden in den Stadtkreisen in Höhe bis zu 500 Mark, die

Regierungspräsidenten in Höhe bis zu 1000 Mark. Diese Bestimmung ist zwar von dem Minister für Volkswohlfahrt den Baupolizeiverwaltungen nicht besonders übermittelt worden, wird aber auch von ihnen zu beachten sein.

8. Die Beitreibung von Kostenvorschüssen und Strafen erfolgt nach der Verordnung betr. das Verwaltungszwangsverfahren vom 15. November 1899 (Pr. GS. S. 545 u. 1926 S. 103). Sie erfolgt in erster Linie durch Pfändung, gegebenenfalls der Mieten. Kommt eine Rückzahlung gepfändeter Mieten in Betracht und hat inzwischen der Hauseigentümer gewechselt, so erfolgt die Rückzahlung an diejenige Person, gegen die die Zwangsvollstreckung betrieben worden war, nicht etwa an den neuen Eigentümer.

9. Für den Fall, daß die Zwangsstrafe nicht beigetrieben werden kann, ist eine Haftstrafe anzudrohen und gegebenenfalls festzusetzen, jedoch macht die Unterlassung die Androhung der Geldstrafe nicht unwirksam. Nur gegen juristische Personen kann eine Haftstrafe nicht festgesetzt werden. Die Haftstrafe darf nur nach vollen Tagen bemessen werden und die Dauer von sechs Wochen nicht übersteigen. Nach dem Erlaß des Ministers des Innern vom 30. Juni 1925 sollen die Gemeindevorsteher Haftstrafen von höchstens einer Woche, die Ortspolizeibehörden in Landkreisen Haftstrafen von höchstens zwei Wochen, die Ortspolizeibehörden in den Stadtkreisen Haftstrafen von höchstens vier Wochen, die Regierungspräsidenten Haftstrafen von höchstens 6 Wochen verhängen. Im übrigen richtet sich die Höhe nach dem freien Ermessen der Behörde, die sie festsetzt (Art. II Abs. 4 der Verordnung vom 6. Februar 1924).

Die festsetzende Behörde kann verhängte Zwangsstrafen selbst aufheben und ermäßigen.

10. Außer dem Zwang durch Ausführung einer Handlung durch einen anderen oder durch Geldstrafen kann die Polizeibehörde unmittelbaren Zwang anwenden (vgl. Brauchitsch I S. 124 Anm. 6 zu § 132 LVG.), indem sie z. B. eine Wohnung räumt oder einen Bauteil stützt. Unmittelbarer Zwang ist ohne vorherige Androhung zulässig. In diesem Falle enthält die Herstellung des verlangten Zustandes zugleich die Anordnung der Herstellung. Die Kosten sind zunächst Kosten der Polizeiverwaltung. Sie können nur dann wieder eingezogen werden,

wenn eine Anordnung und Androhung ergangen ist, deren Befolgung unterlassen worden ist (OVG. Bd. 40 S. 127, Drews S. 71).

Gesetz über staatliche Verwaltungsgebühren. Vom 29. September 1923 (GS. S. 455).

§ 1. (1) Für einzelne auf Veranlassung der Beteiligten vorgenommene Amtshandlungen staatlicher Organe, die im wesentlichen im Interesse einzelner erfolgen, werden Verwaltungsgebühren für die Staatskasse erhoben. Die Erhebung erfolgt auf Grund von Gebührenordnungen (§ 4).

(2) Gebührenfrei sind solche Amtshandlungen, die überwiegend im öffentlichen Interesse erfolgen, und der mündliche Verkehr. Gebühren werden nicht erhoben beim Verkehre der Behörden untereinander, es sei denn, daß sie einem Dritten als Veranlasser zur Last zu legen sind.

§ 2. Die Bestimmung des § 1 gilt auch für die kraft staatlichen Auftrags vorgenommenen Amtshandlungen von nichtstaatlicheu Organen mit der Maßgabe, daß die hierfür erhobenen Gebühren in die Kasse derjenigen Stelle fließen, deren Organ die gebührenpflichtige Amtshandlung vorgenommen hat*).

§ 3. (1) Soweit auf Grund dieses Gesetzes die Erhebung einer Gebühr oder Gebührenfreiheit vorgeschrieben ist, wird die Erhebung von anderweitigen Gebühren ausgeschlossen, insbesondere auch die Erhebung von Gebühren nach § 6 des Kommunalabgabengesetzes vom 14. Juli 1893 (GS. S. 152) und §§ 4 und 24 des Kreis- und Provinzialabgabengesetzes vom 23. April 1906 (GS. S. 159), beide in der Fassung

*) Die Fassung beruht auf Art. IV des Ges. v. 27. Nov. 1925 (GS. S. 162).

des Gesetzes vom 26. August 1921 (GS. S. 495), sowie die Erhebung von Sporteln und ähnlichen Abgaben, gleichviel ob sie auf Gesetz, Verordnung oder Herkommen beruhen.

(2) Das Entsprechende gilt für die Erhebung der Stempelsteuer. Inwieweit die Erhebung einer Stempelsteuer neben der Gebühr ganz oder teilweise ausgeschlossen wird, wird durch die vom Staatsministerium oder von den zuständigen Ministern gemäß § 4 zu erlassenden Gebührenordnungen bestimmt.

(3) Werden bei der Vornahme einer Amtshandlung besondere bare Auslagen notwendig, so kann deren Erstattung auch neben der Zahlung einer Gebühr verlangt werden. Dies gilt auch beim Verkehre der Behörden untereinander.

§ 4. (1) Die Gebührenordnungen (§ 1) erläßt das Staatsministerium. In denjenigen Angelegenheiten, die eine gleichmäßige Regelung für alle Geschäftsbereiche nicht erfordern, übt diese Befugnis jeder Minister für seinen Geschäftsbereich aus*). Eine Übertragung der Befugnis auf nachgeordnete Stellen in besonderen Fällen ist zulässig. Soweit nicht hiernach der Finanzminister selbst zuständig ist, ist sein Einverständnis erforderlich.

(2) Die Gebühren sollen unter Berücksichtigung der Kosten des betreffenden Verwaltungszweiges festgesetzt werden.

(3) Die Gebührenordnungen sind nach näherer Anordnung des Staatsministeriums zu veröffentlichen.

---

*) Von dem Volkswohlfahrtsminister ist eine allgemeingültige Baupolizeigebührenordnung bisher nicht erlassen worden. Es können daher Gebühren nach dem Kommunalabgabengesetz fernerhin erhoben werden (vgl. Baltz-Fischer S. 608). Auch neue Gebührenordnungen werden nach wie vor nach dem Kommunalabgabengesetz erlassen werden können (vgl. den Erlaß vom 30. Sept. 1927, Volkswohlfahrt S. 968).

(4) Jede Gebührenordnung ist dem Landtage zur Kenntnisnahme vorzulegen und muß auf dessen Verlangen wieder aufgehoben werden.

§ 5. Die Minister sind befugt, innerhalb ihrer Zuständigkeit von der Erhebung von Gebühren im Einzelfalle oder für Fälle bestimmter Art aus sachlichen oder persönlichen Billigkeitsgründen ganz oder zum Teil abzusehen und diese Befugnis auf nachgeordnete Stellen zu übertragen; soweit es sich nicht um einen Gebührenerlaß im Einzelfalle handelt, ist das Einverständnis des Finanzministers erforderlich.

§ 6. Die Entrichtung der Gebühren kann nach näherer Anordnung des Finanzministers durch Verwendung von Gebührenmarken erfolgen.

§ 7. Gegen die Erhebung einer Gebühr findet die Beschwerde im Aufsichtswege statt, sofern nicht gesetzlich eine andere Regelung getroffen ist. Die näheren Verfahrensvorschriften erläßt erforderlichenfalls das Staatsministerium.

§ 8. (1) Dieses Gesetz findet auch Anwendung im Falle des § 124 des Gesetzes über die allgemeine Landesverwaltung vom 30. Juli 1883 (GS. S. 195), des § 45 des Verwaltungsstrafgesetzes vom 26. Juli 1897 (GS. S. 237) und des § 43 Abs. 1 und 4 des Gesetzes über die Enteignung von Grundeigentum vom 11. Juni 1874 (GS. S. 221).

(2) Der § 140 des Preußischen Gerichtskostengesetzes vom 28. Oktober 1922 (GS. S. 363) in der Fassung des Gesetzes vom 12. April 1923 (GS. S. 107) erhält folgende Fassung:

> Die Erhebung von Gebühren in Angelegenheiten der Justizverwaltung erfolgt auf Grund des Gesetzes über staatliche Verwaltungsgebühren vom 29. September 1923 (GS. S. 455).

Den Zeitpunkt des Inkrafttretens dieser Vorschrift bestimmt der Justizminister im Einverständnisse mit dem Finanzminister.

(3) Im übrigen können die Vorschriften dieses Gesetzes in Abweichung von Bestimmungen, durch die Gebührenfreiheit bisher angeordnet war, Anwendung finden.

Verwaltungsgebührenordnung (VGO). Vom 30. Dezember 1926 (GS. S. 327).

Auf Grund des § 4 Abs. 1 des Gesetzes über staatliche Verwaltungsgebühren von 29. September 1923 (GS. S. 455) wird folgendes verordnet:

§ 1. (1) Für einzelne Amtshandlungen, die auf Veranlassung der Beteiligten von staatlichen Organen oder kraft staatlichen Auftrags von nichtstaatlichen Organen vorgenommen werden, werden Verwaltungsgebühren nach Maßgabe dieser Verordnung und des anliegenden Tarifs erhoben. Die Erhebung von anderweitigen Gebühren oder Stempeln für derartige Amtshandlungen wird ausgeschlossen.

(2) Die Gebühren fließen in die Staatskasse, die für Auftragshandlungen erhobenen Gebühren in die Kasse derjenigen Stelle, deren Organ die Amtshandlung vorgenommen hat.

§ 2. Gebührenfrei sind:

1. Amtshandlungen, die überwiegend im öffentlichen Interesse erfolgen;

2. Amtshandlungen, die auf Veranlassung eines im unmittelbaren oder mittelbaren Staatsdienste stehenden Beamten, Angestellten, Arbeiters, eines Ruhegehaltsempfängers oder eines Hinterbliebenen dieser Personen

vorgenommen werden und das bestehende oder frühere Dienstverhältnis betreffen;

3. Amtshandlungen, die eine Behörde in Ausübung einer öffentlichen Gewalt veranlaßt, es sei denn, daß die Gebühr einem Dritten als mittelbarem Veranlasser zur Last zu legen ist;

4. der mündliche Verkehr;

5. Angelegenheiten in Gnadensachen;

6. Angelegenheiten der Wohnungszwangsbewirtschaftung;

7. Amtshandlungen auf Grund des Gesetzes über beschränkte Auskunft aus dem Strafregister und die Tilgung von Strafvermerken vom $\frac{\text{9. April 1920 (Reichsgesetzbl. S. 507).}}{\text{6. Februar 1924 (Reichsgesetzbl. I S. 44).}}$

§ 3. Diejenigen Personen, Anstalten usw., die nach § 5 Abs. 1 bis 4 des Stempelsteuergesetzes von der Entrichtung der Stempelsteuer befreit sind, sind unter den dort genannten Voraussetzungen auch von der Entrichtung von Verwaltungsgebühren befreit.

§ 4. Die für die Gebührenfestsetzung zuständige Behörde ist befugt, die Gebühr im Falle nachgewiesener Bedürftigkeit des Zahlungspflichtigen auf Antrag bis auf 0,50 Reichsmark herabzusetzen oder zu erlassen.

§ 5. (1) Die nach dem Werte des Gegenstandes zu berechnende Gebühr beträgt mindestens 0,50 Reichsmark und steigt in Abstufungen von je 0,10 Reichsmark, wobei überschießende Gebührenbeträge auf 0,10 Reichsmark nach oben abgerundet werden, und bei Gebührenbeträgen in Höhe von mehr als 10 Reichsmark in Abstufungen von je 0,50 Reichsmark, wobei überschießende Gebührenbeträge auf 0,50 Reichsmark nach oben abgerundet werden.

(2) Maßgebend ist der Wert des Gegenstandes zur Zeit der Vollendung der Amtshandlung.

§ 6. Fällig ist der zur Zeit der Vollendung der Amtshandlung geltende Gebührensatz.

§ 7. (1) Die Gebühr soll grundsätzlich spätestens bei der Aushändigung der Entscheidung, des Zeugnisses usw. entrichtet und erforderlichenfalls durch Postnachnahme erhoben werden; sie kann schon vor der Vornahme der Amtshandlung erfordert werden*).

(2) Die Beitreibung erfolgt im Verwaltungszwangsverfahren.

§ 8. (1) Wird in einer gebührenpflichtigen Angelegenheit eine übergeordnete Behörde im Instanzenzuge angegangen, so ist auch deren Entscheidung gebührenpflichtig; die Gebühr erhöht sich für jede Instanz je um die Hälfte, mindestens jedoch je um 0,50 Reichsmark.

(2) Die Gebühr für die Entscheidung der übergeordneten Behörde ist nur zu erheben, wenn und soweit im endgültigen Ergebnis die erstinstanzliche Entscheidung aufrechterhalten wird, andernfalls ist nur die Gebühr für die an sich von der ersten Instanz endgültig vorzunehmende Amtshandlung zu erheben, auch wenn sie von der höheren Instanz selbst vorgenommen wird.

§ 9. (1) Bei Ablehnung des Antrags auf Vornahme einer Amtshandlung wird $^1/_{10}$ bis $^1/_2$ der Gebühr, bei Zurücknahme des Antrags auf Vornahme einer Amtshandlung, die noch nicht vollendet, mit deren Ausführung oder sachlicher Vorbereitung jedoch bereits begonnen worden ist, $^1/_{10}$ bis $^1/_4$ der Gebühr, mindestens jedoch 0,50 Reichsmark

*) Die Behörde ist hiernach befugt, eine Baugenehmigung bis zur Bezahlung der Gebühren zurückzuhalten (vgl. Ausführungsanweisung vom 29. Dezember 1923, S. 239.

erhoben; es kann Gebührenfreiheit gewährt werden, wenn der Antrag auf nicht anzurechnender Unkenntnis der Verhältnisse oder auf Unwissenheit beruht.

(2) Für einen lediglich wegen Unzuständigkeit ablehnenden Bescheid ist eine Gebühr nicht zu erheben.

§ 10. Sofern für den Ansatz einer Gebühr ein Spielraum gewährt wird, ist die Höhe der Gebühr unter Berücksichtigung des Umfanges und der Schwierigkeit der Sache, ihrer Bedeutung für das bürgerliche Leben und der Leistungsfähigkeit des Zahlungspflichtigen festzusetzen. Bei Gegenständen von untergeordneter Bedeutung, bei denen die Sachbehandlung nur von geringem Umfang ist und keine Schwierigkeiten bietet, sind die Mindestgebühren in Ansatz zu bringen.

§ 11. Gegen die Erhebung einer Gebühr findet die Beschwerde im Aufsichtswege statt, soweit nicht durch besondere Bestimmung eine andere Regelung getroffen ist. Die Beschwerde hat keine aufschiebende Wirkung; jedoch ist in der Regel die Einziehung der Gebühr bis zur Entscheidung über die Beschwerde auszusetzen. Die Entscheidung erfolgt gebührenfrei.

§ 12. Werden bei der Vornahme einer Amtshandlung besondere bare Auslagen notwendig, so sind sie zu erstatten, auch wenn die Amtshandlung gebührenfrei bleibt. Für die Erhebung der Auslagen gelten die Vorschriften über die Gebührenerhebung entsprechend.

§ 13. Zur Zahlung der Gebühr ist derjenige verpflichtet, der die Amtshandlung veranlaßt hat, bei Genehmigungen und dergleichen auch derjenige, zu dessen Gunsten die Amtshandlung vorgenommen, insbesondere die Genehmigung erteilt wird.

§ 14. (1) Im Verwaltungsbeschlußverfahren gilt als Veranlasser der Unternehmer. Die durch unbegründete Einwendungen eines Widersprechenden erwachsenen Auslagen (§ 12) können dem Widersprechenden auferlegt werden. Es können Gebühren- und Auslagenvorschüsse erhoben werden.

(2) Die Gebühr des § 8 Abs. 1 wird nicht erhoben, wenn die Entscheidung der übergeordneten Behörde durch den Widerspruch eines anderen veranlaßt wird. Die Bestimmung des § 8 Abs. 2 findet jedoch entsprechende Anwendung. Im Falle unbegründeter Einwendungen kann dem Widersprechenden neben den Auslagen eine Gebühr von 3 bis 150 Reichsmark auferlegt werden.

(3) Ergeht nach der Entscheidung, die auf Grund der Verfahrensvorschriften von dem Vorsitzenden der Beschlußbehörde namens dieser getroffen wird, noch eine Entscheidung der Beschlußbehörde selbst, dann ist nur diese gebührenpflichtig.

(4) Schließt sich an das Beschlußverfahren ein Verwaltungsstreitverfahren an, so ist die Gebühr auf die des Verwaltungsstreitverfahrens anzurechnen, wenn in beiden Verfahren dieselbe Person Schuldner der Gebühr ist.

§ 15. Diese Gebührenordnung tritt am 1. Januar 1927 in Kraft. Die bisherigen auf Grund des Gesetzes über staatliche Verwaltungsgebühren erlassenen Gebührenordnungen mit Ausnahme der Verwaltungsgebührenordnung vom 15. November 1924 (Volkswohlf. S. 460) für die Tätigkeit der Verwaltungsbehörden bei Ausführung des Grundstücksverkehrsgesetzes vom 10. Februar 1923 (GS. S. 25) werden aufgehoben.

Gebührentarif.

Lfde. Nr.	Gegenstand	Gebühr RM
1	**Abschriften, Auszüge, Ausfertigungen.**	
	a) Abschriften für jede angefangene Seite	0,30
	mindestens jedoch	0,50
	b) Auszüge aus den Akten, öffentlichen Verhandlungen, amtlich geführten Büchern, Registern und Rechnungen, für jede angefangene Seite	0,50
	Ist die Anfertigung des Auszuges mit besonderer Mühewaltung verbunden, kann die Gebühr für jede angefangene Seite erhöht werden bis auf	5,00
	c) Ausfertigung von Schriftstücken, soweit nicht auf Grund dieser Gebührenordnung oder ihres Tarifs eine besondere Gebühr zu entrichten oder Gebührenfreiheit angeordnet ist, und für zweite, dritte und weitere Ausfertigungen (Nebenausfertigungen) die Gebühr wie für Abschriften (T. Nr. 1a) und die Beglaubigungsgebühr (T. Nr. 14).	
	Bestallungen sind gebührenfrei auszufertigen.	
	d) Die Gebühren für die auf besonderen Antrag erteilten Abschriften, Auszüge und Ausfertigungen werden in den Fällen der Gebührenfreiheit als Auslagen (§ 12 dieser Gebührenordnung) erhoben, ausgenommen im Falle des § 2 Ziffer 3.	

Gebührentarif (Fortsetzung).

Lfde. Nr.	Gegenstand	Gebühr RM
2	**Anlagen, gewerbliche.**	
	a) Genehmigung, auch wenn sie unter einer Bedingung, Auflage oder befristet erfolgt, von	
	1. gewerblichen Anlagen, Dampfkesseln und Triebwerken (§§ 16 ff. 24 GewO.; § 59 ABG.) . . .	$^{2}/_{10}$ v. H. der Kosten d. Anlage
	mindestens . . .	10
	2. Veränderungen (§ 25 GewO.) . . .	$^{1}/_{10}$ v. H. der Kosten der Veränderung
	mindestens . . .	5
	3. Fristverlängerungen und Fristungen (§ 49 a. a. O.) . . .	$^{1}/_{20}$ v. H. der Kosten
	mindestens . . .	5
	b) Versagung der Genehmigung . . .	$^{1}/_{10}$ bis $^{1}/_{2}$ der Gebühren zu a
	mindestens im Falle von a 1 . . .	10
	" " " a 2 und 3 . . .	5
	c) Kostenverteilung. Festsetzung der einer Partei zu erstattenden Kosten (Ziffer 33 Abs. 2 Ausf.-Anw. zur GewO.) . . . Gebührenpflichtig ist jede Partei, soweit sie unterliegt.	3 bis 30

	d) Rekursbescheid.	
	1. Ganz oder teilweise ablehnender Bescheid auf den von dem Unternehmer eingelegten Rekurs und auf unbegründete Einwendungen Widersprechender	3 bis 150
	2. Versagung der Genehmigung auf Grund von Einwendungen Widersprechender an Stelle der entsprechenden Gebühr zu a die zu b.	
	3. Erteilung der Genehmigung auf Grund des Rekurses des Unternehmers an Stelle der entsprechenden Gebühr zu b die zu a.	
	e) Etwaige Prüfungsgebühren der staatlichen Prüfungsstelle für statische Berechnungen sind als bare Auslagen einzuziehen.	
6	**Arbeiterschutz.**	
	Genehmigungen von Ausnahmen von den Arbeiterschutzvorschriften	
	durch die untere Verwaltungsbehörde (Bergrevierbeamte) . .	1 bis 50
	" " höhere Verwaltungsbehörde (Oberbergamt)	2 bis 100
	" " oberste Landesbehörde	3 bis 150
7	**Aufzüge.**	
	a) Erlaubnis zur Benutzung von Personenaufzügen	1 bis 50
	b) Gewährung von Ausnahmen von den Vorschriften über die Einrichtung und den Betrieb von Aufzügen	
	1. in einzelnen Fällen	2 bis 100
	2. allgemeiner Art	6 bis 400

Gebührentarif (Fortsetzung).

Lfde. Nr.	Gegenstand	Gebühr RM
10	**Azetylen** (gelöstes Azetylen s. Gase, verflüssigte und verdichtete).	
	a) Zulassung von Bauarten	
	1. für Entwickler	6 bis 400
	2. für Wasservorlagen oder andere Sicherheitsvorrichtungen	2 bis 100
	b) Anmeldebescheinigung eines freizügigen Entwicklers auf dem Abstempelungsscheine	5
	c) Weitere Zulassung von früheren Entwicklerbauarten	3 bis 150
	d) Zulassung von Entwicklerbauarten, die einem „Systemzeugnisse des Deutschen Azetylenvereins" entsprechen	3 bis 150
	e) Zulassung von Ausnahmen von den Vorschriften über die Herstellung, Aufbewahrung und Verwendung von Azetylen sowie über die Lagerung von Kalziumkarbid	
	1. in einzelnen Fällen	2 bis 100
	2. allgemeiner Art	6 bis 400
12	**Baudispense**	1 v. H. von dem Werte des wirtschaftlichen Vorteils, den der Dispens gewährt
	mindestens	1

Nr.		a (Hannov. u. Grenzmark)	b (Hessen-Nassau)
13	**Baupolizei, staatliche** a) in der Provinz Hannover und in den zur früheren Provinz Posen gehörigen Landesteilen der Grenzmark Posen-Westpreußen, b) in der Provinz Hessen-Nassau.		
	I. Grundgebühren.		
	Genehmigung und Beaufsichtigung einschl. einmaliger Rohbau- und einmaliger Gebrauchsabnahme in Hannover und Grenzmark (Gebühr in Spalte a), Genehmigung in Hessen-Nassau (Gebühr in Spalte b).		
	A. Neubauten.		
	1. a) Bei Gebäuden untergeordneter Art, wie Wohnlauben, Scheunen, Schuppen, Ställen usw., für je 100 cbm Rauminhalt	2,50	1,25
	jedoch mindestens	5,—	2,50
	b) Bei Schuppen, Buden usw. von nicht mehr als 50 cbm Rauminhalt, bei Einfriedigungen jeder Art, bei Erstellung oder Veränderung eines einzelnen Innenraums, von Tür- oder Fensteröffnungen, Asch- oder Müllbehältern, Aborten, Dung- oder Jauchegruben oder ähnlichen Bauteilen geringen Umfangs, Brunnen- oder Badeanlagen, Öfen, Herden oder gewerblichen Feuerstätten	2,50	1,25
	c) Bei Reklameanlagen, Schaukästen, Fahnenschildern, Geschäftszeichen, Flächenbemalungen zu Reklamezwecken .	5,—	2,50

Gebührentarif (Fortsetzung).

Lfde. Nr.	Gegenstand	Gebühr a (Hannov. u. Grenzmark) RM	Gebühr b (Hessen-Nassau) RM
	2. Bei Wohngebäuden mit gewöhnlicher Gründung, Holzbalkendecken, aber auch vereinzelten Massivdecken (unter Küchen, Baderäumen usw.) und mit gewöhnlichem hölzernen Dachstuhl sowie bei sonstigen Hochbauten, soweit sie nicht besonders aufgeführt sind, bei Hofkellern und selbständigen Kelleranlagen		
	für je 100 cbm Rauminhalt	5,—	2,50
	jedoch mindestens	10,—	5,—
	3. Bei Gebäuden, die unter die Bestimmungen der Polizeiverordnungen über die baulichen Anlagen, innere Einrichtung und den Betrieb von Theatern, öffentlichen Versammlungsräumen und Zirkusanlagen, über Lichtspieltheater und unter die Bestimmungen über Warenhäuser fallen, mit gewöhnlicher Gründung		
	für je 100 cbm Rauminhalt	7,50	3,75
	jedoch mindestens	15,—	7,50
	bei zeitweiligen Zelthallen und Zirkusbauten	20,—	10,—

	4. Bei Neubauten der Gattung 2 und 3 mit schwierigerem Gründungsverfahren, mit Ausführung der Decken, Pfeiler, Stützen oder des Daches in Eisen, Eisenbeton oder ingenieurmäßig hergestellter Holzkonstruktion neben den Gebühren zu 2 und 3 für je 100 *RM* der Bausumme jener Konstruktionen	2,50	1,25
	5. Bei baulichen Herstellungen mit schwer bestimmbarem Rauminhalt und mit schwierigen statischen Berechnungen, wie Brücken, Masten, Kränen, Hallendächern, Stützmauern, Fabrikschornsteinen, neben der Mindestgebühr zu 2 für je 1000 *RM* der Bausumme dieser Konstruktionen	2,50	1,25
(13)	B. Umbauten und veränderte Benutzungsart.		
	1. Bei erheblicheren Um- und Erweiterungsbauten	die Gebühren wie zu A	
	Bei der Berechnung der Gebühren werden die Räume nur insoweit berücksichtigt, als sie von den Um- oder Erweiterungsbauten betroffen werden.		
	2. Genehmigung zur veränderten Benutzungsart vorhandener Bauten, wenn bauliche Herstellungen oder Änderungen nicht vorgenommen werden	10,—	5,—
	C. Abbrüche		
	von Gebäuden der Gattung A2	10,—	5,—
	A3	20,—	10,—
	A4	30,—	15,—
	A5	5-100	2,50-50

Gebührentarif (Fortsetzung).

Lfde. Nr.	Gegenstand	Gebühr a (Hannov. u. Grenzmark) RM	Gebühr b (Hessen-Nassau) RM
	II. Sondergebühren, bare Auslagen.		
1.	Bei Nachtragsentwürfen, welche von den genehmigten Entwürfen wesentlich abweichen	die Mindestgebühren zu I	
2.	Bei neuen statischen Berechnungen der unter I, 4 und 5 genannten Bauausführungen	die Hälfte der Gebühren zu I, 4 und 5	
	jedoch mindestens	15,—	7,50
3.	(Nur für Hannover und Grenzmark.) Jede gesonderte Rohbau- oder Gebrauchsabnahme einzelner Bauarbeiten oder Bauteile, jede Wiederholung eines fruchtlos verlaufenen Rohbau- oder Gebrauchsabnahmetermins sowie jede sonstige besondere Besichtigung	die Hälfte der Mindestgebühren zu I	
4.	Verlängerung der Baugenehmigung, jedesmal	1/5 der Gebühren zu I	
5.	Prüfung eines Vorentwurfs	die Hälfte der Gebühren zu I	die Gebühren wie zu I

Die Gebühr wird, wenn die Ausführung im wesentlichen nach Maßgabe des Vorentwurfs erfolgt, zur Hälfte auf die Gebühren zu I angerechnet.		
6. Bescheide, durch die ein Baugesuch abgelehnt wird	$^1/_{10}$ der Gebühren zu I, II, 1, 4 u. 6	$^1/_5$ der Gebühren zu I, II, 1, 4 u. 6
jedoch mindestens	1,—	1,—
und höchstens	100,—	100,—
7. Bearbeitung unvollständiger Bauvorlagen, die dem Antragsteller zur Ergänzung oder Änderung zurückgegeben werden müssen	1·50	1·50
8. Auslagen (§ 12 dieser Gebührenordnung).		
a) Ist ein Bauentwurf durch eine besondere amtliche Prüfungsstelle für statische Berechnungen zu prüfen, so sind neben den Gebühren nach dem Rauminhalt oder neben den Mindestgebühren zu I die für die Inanspruchnahme der Prüfungsstelle festgesetzten Gebühren als besondere bare Auslagen zu erheben.		
b) (Nur für Hannover und Grenzmark.) Auslagen, die durch Dienstreisen zwecks Beaufsichtigung der Bauten oder zwecks Rohbau- oder Gebrauchsabnahme entstehen, gelten als durch die Gebühren zu I und II, 3 abgegolten.		

Gebührentarif (Fortsetzung).

Lfde. Nr.	Gegenstand	Gebühr a (Hannov. u. Grenzmark) RM	Gebühr b (Hessen-Nassau) RM
(13)	**III. Berechnung der Gebühren.** 1. Der Rauminhalt der Gebäude wird durch Multiplikation der für die Bebauung in Aussicht genommenen Grundfläche mit der Höhe — von der Kellersohle oder, wo ein Keller nicht vorhanden ist, von dem Fußboden des Erdgeschosses bis zur Oberkante des Hauptgesimses gemessen — festgestellt. Die oberhalb des Hauptgesimses liegenden Gebäudeteile von geringerer Bedeutung sowie Balkone u. Erker werden nicht berechnet. Bei Hofkellern und sonstigen selbständigen Kelleranlagen ist die Höhe von der Kellersohle bis zur Erdoberfläche maßgebend. Die über ein volles Hundert hinausgehenden Kubikmeter werden für ein volles Hundert gerechnet. 2. Soweit die Bausumme für die Berechnung der Gebühren zugrunde zu legen ist, ist die Baukostensumme maßgebend, die zur Herstellung des konstruktiven, für die Rohbauabnahme maßgeblichen Bauzustandes des Bauwerkes notwendig ist, und zwar nach den dann vorhandenen Maßen mit den allgemeingültigen Baustoffpreisen und Löhnen. Die Beträge werden auf volle 1000 RM nach oben abgerundet.		

IV. Ermäßigungen und Befreiungen.

1. Besteht der zu prüfende Bau aus gleichartigen Abschnitten, für welche die völlig gleiche statische Berechnung gelten soll, so sind die Gebühren zu I, 4 und 5 für die Prüfung des zweiten und jedes weiteren Abschnitts auf je die Hälfte zu ermäßigen. Für nur gleichartige Deckenfelder, Stützenzüge oder Binder in demselben Bauwerke sind Ermäßigungen nicht zulässig.
2. Beim gleichzeitigen Neubau einer Mehrzahl von Kleinhausbauten nach dem gleichen Typ — sogenannten Typenbauten — werden die Gebühren zu I, 2 für das zweite und jedes weitere Haus auf die Hälfte ermäßigt.
3. (Nur für Hannover und Grenzmark.) Wird ein genehmigter Bau nicht ausgeführt, so wird auf Antrag die Hälfte der Gebühren erstattet, wenn der Bauschein und die genehmigten Bauvorlagen der Baupolizeibehörde ausgehändigt werden.
4. Gebührenfrei sind.
   a) Bauzäune, Baubuden, Bauaborte, nicht abgebundene Baugerüste, der Verputz, der Anstrich (außer zu Reklamezwecken) und die Ausfugung von Gebäuden;
   b) Bauten, bei denen der Staat mit Patronatsbeiträgen, Gnadengeschenken oder sonstigen baren Beihilfen (abgesehen von Darlehen für Wohnungsbauten) beteiligt ist.

Anmerkung zu T. Nr. 13. Die Gebühren der nichtstaatlichen Baupolizei bleiben der Regelung durch die Gemeinden usw. (§ 6 Abs. 1 Kommunalabgabengeſ.) überlassen.

Gebührentarif (Fortsetzung).

Lfde. Nr.	Gegenstand	Gebühr RM
23	**Dampffässer.**	
	Gewährung von Ausnahmen von den Vorschriften über die Einrichtung und den Betrieb von Dampffässern	
	a) für einzelne Dampfdruckgefäße	2 bis 100
	b) für ganze Gattungen von Dampfdruckgefäßen	6 bis 400
24	**Dampfkessel** (s. auch T. Nr. 2 und 50).	
	Bewilligung von Ausnahmen von den allgemeinen polizeilichen Vorschriften	
	a) in einzelnen Fällen	3 bis 150
	b) für einzelne Kesselarten	6 bis 400
50	**Kraftmaschinen, bewegliche** (bewegliche Dampfkessel und Motoren) s. auch T. Nr. 24.	
	a) Genehmigung zum Betriebe beweglicher Dampfkessel auf oder an öffentlichen Wegen	1 bis 50
	b) Anerkennung der Zuverlässigkeit von Funkenfängern	6 bis 400
	c) Gewährung von Ausnahmen von den Vorschriften über Aufstellung, Beschaffenheit und Betrieb von beweglichen Kraftmaschinen . .	1 bis 50

56	**Lichtspiele.**	
	a) Prüfung von Bildstreifen	
	1. durch Filmprüfstellen; es gelten die reichsrechtlich geregelten Gebührensätze;	
	2. durch Ortspolizeibehörden; die zu 1 bezeichneten Gebührensätze finden Anwendung.	
	b) Ortspolizeiliche Prüfung von	
	1. Plakaten für Filme, für jeden Film . . . . Den Plakaten wird die Reklame durch plastische Darstellungen sowie durch Zurschaustellung von Menschen und Tieren gleichgestellt;	5 bis 200
	2. Filmreklame, die lediglich durch Schrifttext ohne bildliche Darstellung erfolgt, für jeden Film	2 bis 20
	c) Erlaubnis zur Mitwirkung von Kindern bei Filmaufnahmen, für jedes Kind	3 bis 20
	d) Prüfung von Lichtspielvorführungen	10
	e) Prüfung von Erfindungen oder Verbesserungen von Lichtspielapparaten	10 bis 1000
	f) Zulassung als Sachverständiger für Sicherheitsvorrichtungen in Theatern und öffentlichen Vortragsräumen	30 bis 100
	g) Prüfung von Bildwerfern und sicherheitstechnischen Einrichtungen des Bildwerferraums	50 bis 500

Gebührentarif (Fortsetzung).

Lfde. Nr.	Gegenstand	Gebühr RM
61	**Mineralöle.**	
	a) Erlaubnis zur Lagerung	
	1. durch Ortspolizeibehörden (Bergrevierbeamte)	15 bis 30
	2. durch Landespolizeibehörden (Oberbergämter)	30 bis 60
	b) Genehmigung von Ausnahmen von den Vorschriften über den Verkehr mit Mineralölen	10 bis 60
	c) Allgemeine Anerkennung	
	1. bestimmter Bauarten von Lagerungsanlagen, Zapfständern und Straßentankwagen als solche, die den Bedingungen der PolVO. und der Grundsätze für Wegfall der Schutzstreifen genügen	100 bis 150
	2. von Einzelheiten an Lagerungsanlagen, Zapfständern, Straßentankwagen und von Lampen (für Mineralöllager) . .	20 bis 100
	3. Ist die Bauart der Lagerungsanlage (und des Zapfständers) bereits allgemein anerkannt, so sind grundsätzlich die Mindestgebühren zu erheben, höhere nur dann, wenn die Prüfung ein besonderes Maß von Arbeit und Kosten erfordert.	

Ausführungsanweisung zur Verwaltungsgebührenordnung. Vom 29. Dezember 1923 (PrGesBl. S. 292).

1. Zu § 1 Abs. 1. Gebührenpflichtig ist die Amtshandlung, die der einzelne Private erstrebt, und zwar in ihrer Vollendung, nicht jede einzelne amtliche Tätigkeit, die der betreffenden Amtshandlung vorhergeht, also z. B. die Erteilung einer Genehmigung die Ausstellung eines Zeugnisses, eines Passes, nicht etwa die vor der Erteilung oder Ausstellung zu treffenden Feststellungen über die Person des Antragstellers usw. Hierfür darf weder eine staatliche, noch eine andere (z. B. kommunale) Gebühr erhoben werden (§ 1 Abs. 3).

2. Zu § 2 Ziff. 1. Die überwiegend im öffentlichen Interesse erfolgenden Amtshandlungen sind gebührenfrei. Ein überwiegendes Privatinteresse, durch das die Gebührenpflichtigkeit bedingt wird, ist dann anzunehmen, wenn vom Staate eine Einrichtung zwar im ausschließlichen Interesse der Allgemeinheit getroffen worden ist, ihre Inanspruchnahme aber durch den einzelnen in dessen Interesse erfolgt. Es sei z. B. auf die Bestimmungen verwiesen, die eine staatliche Prüfung und eine daraufhin erteilte stattliche Genehmigung erfordern, ohne die anderseits die Erlangung gewisser Rechte oder Befugnisse nicht möglich ist; hier liegt die Einführung des Genehmigungszwanges im Interesse der Allgemeinheit und erfolgt die Erteilung der Genehmigung zugunsten des einzelnen.

3. Zu § 4. Die Gebühr kann im Falle nachgewiesener oder offenkundiger Bedürftigkeit des Pflichtigen auf Antrag herabgesetzt oder erlassen werden. Von dieser Befugnis ist nur nach gewissenhafter Prüfung Gebrauch zu machen.

Über die Herabsetzung oder den Erlaß der Gebühr hat der Vorstand der Behörde oder ein von ihm besonders hierzu bestimmter Beamter nach näheren vom Vorstand aufgestellten Richtlinien zu entscheiden.

4. Zu § 5 Abs. 3. Der auf Grund der Reichsaufwertungsverordnung für die Reichssteuern festgesetzte Goldumrechnungssatz wird vom Reichsminister der Finanzen fortlaufend veröffentlicht, außerdem durch Kreistelegramm an sämtliche Postanstalten bis zu den Postagenturen weitergegeben und dort durch Aushang öffentlich bekanntgemacht.

5. Zu § 6 (jetzt § 5). Ist der Gebührenberechnung der Wert des Gegenstandes zugrunde zu legen, so können zur Ermittlung dieses Wertes die Angaben des Pflichtigen dienen, sofern sie glaubwürdig sind. Andernfalls ist der Wert zu schätzen und die Gebühr danach zu berechnen, falls nicht ein anderer Wert nachgewiesen wird.

6. Zu 8 (jetzt § 7). Auf schnellste Entrichtung der festgesetzten Gebühr ist hinzuwirken. Wenn möglich, soll sie bei der Antragstellung erhoben werden. Es steht dem nichts im Wege, die Vornahme der Amtshandlung von der Gebührenzahlung abhängig zu machen. Der Gebührenpflichtige ist gegebenenfalls auf die bevorstehende Einziehung der Gebühr durch Postnachnahme hinzuweisen. Diese soll dann erfolgen, wenn sie dem Gebührenpflichtigen vorher angezeigt worden ist oder er sich mit ihr einverstanden erklärt hat oder eine ihm gesetzte angemessene Frist (regelmäßig 3 bis 7 Tage) zur Zahlung erfolglos verstrichen ist. Die Kosten der Einziehung hat der Gebührenpflichtige zu tragen.

Die Aushändigung von Urkunden, wie Zeugnissen, Ausweisen, Pässen, Beglaubigungen u. dgl., darf keinesfalls vor der Zahlung der Gebühr erfolgen.

Auf die auszuhändigende Urkunde (Bescheid, Genehmigung, Ausweis usw.) ist von der die Amtshandlung vornehmenden Behörde ein kurzer Gebührenvermerk folgenden Inhalts zu setzen:

„Gebühr .... Goldmark"

oder

„Gebühr .... Goldmark nach einem Gegenstandswert von .... Goldmark"

oder

„Gebührenfrei".

Die Einziehung der Gebühr erfolgt durch die Behörde, die die Urkunde zustellt oder durch die Post zustellen läßt. Diese Behörde hat gegebenenfalls dem Gebührenvermerk hinzuzufügen:

„Erhalten ....

(Name)

(Amtsstempel) (Tag)."

Das Entsprechende gilt für einzuziehende Auslagenbeträge.

7. Zu §§ 10 und 11 (jetzt §§ 9 und 10). Die Höhe der Gebühr bei Zurücknahme des Antrags auf Vornahme einer Amtshandlung ist davon abhängig, inwieweit die sachliche Bearbeitung des Antrags bereits erfolgt ist. Eine sachliche Bearbeitung liegt dann noch nicht vor, wenn lediglich eine Registrierung erfolgt ist. Ist die Amtshandlung vollendet, ist die volle Gebühr fällig.

Über die Höhe der Gebühr hat der Vorstand der Behörde oder ein von ihm besonders hierzu bestimmter Beamter nach näheren vom Vorstande aufgestellten Richtlinien zu entscheiden. Entsprechendes gilt im Falle des § 10 Abs. 1 Satz 2, des § 11 und der Ziff. 3 Satz 2 des Tarifs.

8. Zu § 13 (jetzt § 12). Die Gebühr soll die gewöhnlichen, bei der Vornahme der einzelnen Amtshandlung entstehenden Barauslagen, z. B. für Porto, Schreibmaterialien, Formulare, decken. Postsendungen an Private, die im Interesse des Empfängers liegen, sind nach den Bestimmungen über die geschäftliche Behandlung der Postsendungen in Staatsdienstangelegenheiten als „portopflichtige Dienstsache" zu behandeln. Im übrigen sind nur die besonderen baren Auslagen zu erheben, z. B. für eine zur Vorbereitung oder Ausführung der Amtshandlung erforderliche Dienstreise, Einholung eines Sachverständigengutachtens, auf besonderen Antrag des Gebührenpflichtigen entstehende Unkosten. Derartige Auslagen sind auch zu erstatten, wenn eine Gebührenpflichtigkeit nicht gegeben ist, insbesondere auch im Verkehr mit nichtstaatlichen Behörden.

Die für die Gebührenzahlung geltenden Vorschriften gelten entsprechend für die Erstattung der Auslagen; auch die Bestimmung des § 6 Abs. 1 über den Mindestbetrag und die Abrundung ist anzuwenden.

9. Zu § 15 (weggefallen). Übergangsbestimmungen. Die bisherigen Verordnungen usw., durch die besondere Gebühren festgesetzt sind, bleiben in Kraft, bis andere auf Grund des VGG. an ihre Stelle treten. Insoweit diese bisherigen Bestimmungen gelten, finden § 15 und der zugehörige Gebührentarif keine Anwendung, wohl aber die §§ 9 bis 13.

Im übrigen ist der Tarif anzuwenden, soweit nicht durch besondere Gebührenordnungen der zuständige Minister (§ 1 Abs. 1) andere Gebühren oder Gebührenfreiheit bestimmt hat.

Bei Änderung dieser Gebührenordnung oder der besonderen Gebührenordnungen ist die zur Zeit der Vollendung der Amtshandlung geltende Gebühr zu erheben (§ 7).

10. Rechnungsvorschriften.

Bei jeder Behörde, die staatliche Verwaltungsgebühren erhebt, ist über die Gebühreneinnahme Buch zu führen. Die Bestimmung darüber, ob für die Einnahmen an staatlichen Verwaltungsgebühren nur ein Kassenbuch oder deren mehrere zu führen sind, bleibt dem Behördenvorstand überlassen. In das Kassenbuch oder in die Kassenbücher ist mindestens einzutragen: Der Tag der Einzahlung, der Name des Einzahlers, der gezahlte Betrag und die Angabe, wofür gezahlt ist, dies entweder durch Eintragung in besondere Spalten des Kassenbuchs oder durch einen kurzen Vermerk — die abgekürzte Bezeichnung der Gebühr — in besonderen Spalten.

Wegen Ablieferung und Verrechnung der bei den Staatsbehörden aufkommenden Verwaltungsgebühren bewendet es bei dem bisherigen Verfahren.

Richtlinien zur Verwaltungsgebührenordnung. Vom 15. August 1924.

Vom Abdruck der sehr ins einzelne gehenden Bestimmungen wird hier abgesehen, zumal ihre Anwendung für die Baupolizei beschränkt bleibt, solange noch Baupolizeigebühren nach dem Kommunalabgabengesetz erhoben werden. Aus diesem Grunde ist auch von dem Abdruck weiterer Erlasse, insbesondere des Erlasses des Finanzministerr vom 12. Dezember 1924 betr. die Erhebung von Verwaltungsgebühren (PrBesBl. S. 387) und des Erlasses des Ministers des Innern vom 23. Juni 1925 betr. Gebühren im Beschlußverfahren (PBesBl. S. 19) Abstand genommen worden.

Kommunal-Abgaben-Gesetz. Vom $\frac{\text{14. Juli 1893}}{\text{26. August 1921}}$ (GS. 1893 S. 152, GS. 1921 S. 495).

(Auszug.)

§ 6. Die Gemeinden, Amtsbezirke, Ämter und Landbürgermeistereien sind berechtigt, für die Genehmigung und

Beaufsichtigung von Neubauten, Umbauten und anderen baulichen Herstellungen, sowie für die ordnungs- und feuerpolizeiliche Beaufsichtigung von Messen und Märkten, von Musikaufführungen, Schaustellungen, theatralischen Vorstellungen und sonstigen Lustbarkeiten Gebühren zu erheben. Die Erhebung von Lustbarkeitssteuern schließt die Erhebung von Gebühren für die Beaufsichtiguug der Lustbarkeit aus.

Die im Abs. 1 genannten Verbände dürfen, soweit nicht Gebührenfreiheit gesetzlich angeordnet ist, für einzelne Handlungen ihrer Organe (für eine Tätigkeit), die im wesentlichen im Interesse einzelner erfolgen, Verwaltungsgebühren erheben. Gebührenfrei sind Handlungen, bei denen ein öffentliches Interesse vorliegt, und der mündliche Verkehr. In den zu erlassenden Gebührenordnungen müssen die einzelnen Handlungen, für deren Vornahme eine Gebühr erhoben werden soll, nach Art und Inhalt der Tätigkeit bezeichnet werden,

Die Gebühren sollen so bemessen werden, daß deren Aufkommen die Kosten des bezüglichen Verwaltungszweigs nicht übersteigt.

1. Es handelt sich bei den Baupolizeigebühren nach § 6 KAG. um eine rein kommunale Angelegenheit. Dies schließt natürlich nicht aus, daß die Einziehung von Gebühren durch solche gemeindliche Dienststellen erfolgt, die hinsichtlich der baupolizeilichen Wirksamkeit als Auftragsorgane des Staates tätig sind. Die Tätigkeit der kommunalen Polizei nach der einen und nach der anderen Seite hin muß auseinander gehalten werden. Aufsichtsbehörde ist in dem einen Fall die kommunale Aufsichtsbehörde, im anderen Falle die übergeordnete staatliche Polizeibehörde. Die Genehmigung der Gebührordnungen erfolgt durch den Kreis- oder Bezirksausschuß, in Berlin den Oberpräsidenten. Die frühere Vorschrift, daß das Aufkommen an Gebühren die Einnahmen für den betreffenden Verwaltungszweig nicht über-

steigen darf, ist nach der Novelle von 1921 nur Sollvorschrift. Durch Erlaß vom 30. September 1927 (Volkswohlfahrt S. 968) ist auf die Notwendigkeit der Erhebung ausreichender Gebühren hingewiesen worden. Danach bedeuten die Sätze der Tarifstelle 13 der staatl. VerwGebOrd. vom 30. Dezember 1926 (S. 229) ein geringes Durchschnittsmaß.

2. Nach der genannten Novelle kann nicht nur die Beaufsichtigung und Genehmigung von Bauten mit Gebühren belegt werden, sondern jede Tätigkeit der Baupolizei, die im wesentlichen im Interesse einzelner liegt, also auch eine Prüfung, die zu keiner Genehmigung geführt hat, sei es, daß das Bauvorhaben nicht genehmigungsfähig war, oder daß der Antrag zurückgezogen worden ist. Ist für die Genehmigung und Beaufsichtigung eine einheitliche Gebühr zu erheben, so ist sie auch dann fällig, wenn eine Beaufsichtigung nicht stattfindet (OVG. Bd. 50 S. 52, PrVBl. Bd. 28 S. 240, Baltz-Fischer S. 630 Ziff. 6). Auch die Genehmigung von Ankündigungsmitteln kann nach der Novelle von 1921 mit Gebühren belegt werden. Wiederholte Baugesuche sind gebührenpflichtig, selbst wenn ein Antrag von einem früheren nur unwesentlich abweicht.

3. Für konzessionspflichtige Anlagen können nach § 3 des Gesetzes über die staatlichen Verwaltungsgebühren und Ziff. 3 der Richtlinien vom 15. August 1924 keine Baupolizeigebühren erhoben werden. Dies ergibt sich auch aus Ziff. 1 der Ausführungsanweisung vom 29. Dezember 1923 (vgl. S. 239), wo allerdings auf die inzwischen aufgehobene Gebührenordnung vom gleichen Tage Bezug genommen ist. In dieser war in § 1 Abs. 3 ausdrücklich eine Bestimmung entsprechend der in § 3 des Gesetzes vom 29. September 1923 enthalten, während dieser Absatz in der neuen Verwaltungsgebührenordnung vom 30. Dezember 1926 weggefallen ist.

Für die Nachprüfung der statischen Berechnungen für konzessionspflichtige Anlagen durch die staatliche Prüfungsstelle sind Gebühren nach der Gebührenordnung für diese Prüfstelle zu erheben und als bare Auslagen einzuziehen (vgl. Baltz-Fischer S. 631).

4. Da es sich bei den Gebühren nicht um eine polizeiliche Angelegenheit handelt, so können polizeiliche Auflagen nicht zum Zweck der Erhebung von Gebühren gemacht werden. Beispiels-

weise kann nicht die Einreichung von Unterlagen zur Berechnung von Gebühren durch polizeiliche Verfügung verlangt werden. Auch ist es nicht zulässig, die Genehmigung von der Einreichung solcher Unterlagen abhängig zu machen (vgl. OVG. Bd. 80 S. 418). Dagegen ist es in der Ausführungsanweisung zur staatlichen Gebührenordnung vom 29. Dez. 1923 für zulässig erachtet worden, die Aushändigung der Genehmigung bis zur Zahlung der Gebühren hinauszuschieben (vgl. S. 240 Z. 6, ferner Baltz-Fischer S. 632 Ziff. 6). Beginnt der Antragsteller vorher mit dem Bau, so macht er sich strafbar, da die Genehmigung erst mit der Aushändigung des Bauscheins als erteilt anzusehen ist. Folgerichtig kann die Baupolizei den Bau inhibieren, zumal in der Bauordnung in der Regel vorgeschrieben ist, daß die genehmigungspflichtigen Zeichnungen an der Baustelle auf Verlangen vorgezeigt werden müssen.

§ 7. Gebühren sind im voraus nach festen Normen und Sätzen zu bestimmen. Eine Berücksichtigung Unbemittelter ist nicht ausgeschlossen.

§ 8. Die Festsetzung von Gebühren bedarf in den Fällen des § 4 Abs. 3 und 5 und des § 6 der Genehmigung.

Die Vorschriften des Artikel 5 Nummer 2 des Kriegsgesetzes zur Vereinfachung der Verwaltung vom 13. Mai 1918 (GS. S. 53), soweit sie sich auf Verwaltungsgebühren im Sinne des § 6 Abs. 2 beziehen, werden aufgehoben.

§ 69. Dem Abgabepflichtigen steht gegen die Heranziehung (Veranlagung) zu Gebühren, Beiträgen, Steuern und Naturaldiensten der Einspruch zu. Der Einspruch ist binnen einer Frist von 4 Wochen bei derjenigen Stelle einzulegen, welche die Heranziehung (Veranlagung) vorgenommen hat. Ist die Heranziehung von einer anderen Stelle als dem Gemeindevorstande vorgenommen, so hat diese den Einspruch, falls sie ihm nicht stattgibt, dem Gemeindevorstande zur Entscheidung vorzulegen. Wird der

Einspruch rechtzeitig unmittelbar beim Gemeindevorstande eingelegt, so gilt die Frist als gewahrt.

Der Lauf der Frist beginnt:

1. soweit die Bekanntmachung durch Auslegung der Hebelisten erfolgt ist, mit dem ersten Tage nach Ablauf der Auslegungsfrist;

2. soweit eine besondere Mitteilung vorgeschrieben ist, mit dem ersten Tage nach erfolgter Mitteilung;

3. in allen übrigen Fällen mit dem ersten Tage nach der Aufforderung zur Zahlung bzw. Leistung.

Einsprüche, welche sich gegen den der Veranlagung zugrunde liegenden Staatssteuersatz (§§ 26, 30, 36, 38) und bei besonderen Gemeindeeinkommensteuern (§ 37) gegen die Höhe des zur Staatseinkommensteuer veranlagten Einkommens richten, sind unzulässig.

Vorstehende Bestimmungen finden sinngemäße Anwendung auf Einsprüche wegen Heranziehung oder Veranlagung von Grundbesitzern, Gewerbetreibenden und Einwohnern eines Gutsbezirkes zu den öffentlichen Lasten desselben.

Die Rechtsmittelfrist wird in Lauf gesetzt durch die übliche Mitteilung, daß der Bauschein zur Aushändigung gegen Zahlung der betreffenden Gebühren bereitliegt.

§ 70. Über den Einspruch beschließt der Gemeindevorstand.

Gegen den Beschluß steht dem Pflichtigen binnen einer mit dem ersten Tage nach erfolgter Zustellung beginnenden Frist von zwei Wochen die Klage im Verwaltungsstreitverfahren offen. Zuständig in erster Instanz ist für Landgemeinden (Gutsbezirke) der Kreisausschuß, für Stadtgemeinden der Bezirksausschuß. Der Gemeindevorstand kann zur Wahrnehmung der Rechte der Gemeinde einen besonderen Vertreter bestellen. Gegen die Entscheidung des Bezirksausschusses bei Stadtgemeinden ist nur das Rechtsmittel der Revision zulässig.

Der Entscheidung im Verwaltungsstreitverfahren unterliegen desgleichen Streitigkeiten zwischen Beteiligten über ihre in dem öffentlichen Rechte begründete Verpflichtung zu den im § 69 Abs. 1 bezeichneten Lasten.

Der Einspruchsbescheid muß unter der Firma des Gemeindevorstandes erlassen werden, andernfalls nach dem Kriegsvereinfachungsgesetz vom 13. Mai 1918 (GS. S. 53) unter der Firma des Vorsitzenden (also gegebenenfalls Oberbürgermeister, Bürgermeister), jedoch nicht in seiner Eigenschaft als Träger der Baupolizei, sondern vielmehr als Vorsitzender des Gemeindevorstandes. Zum Beispiel würde die Firma „Oberbürgermeister, Städtische Baupolizei" nicht der Rechtslage entsprechen*).

Die Klage muß zur Wahrung der Frist bei dem Verwaltungsgericht rechtzeitig eingegangen sein. Es genügt nicht, daß sie innerhalb der Frist beim Gemeindevorstand eingegangen ist.

§ 70 a. Wird im Verwaltungsstreitverfahren eine Abgabenordnung für rechtsungültig erklärt, so kann einer neuen Ordnung, die die gleiche oder eine gleichartige Abgabe regelt, rückwirkende Kraft beigelegt werden. Diese erstreckt sich auf die Zeit seit dem Inkrafttreten der für ungültig erklärten Ordnung und auf die Bestimmungen der neuen Ordnung, durch welche die Abgabepflichtigen nicht ungünstiger gestellt werden, als nach der für ungültig erklärten Steuerordnung beabsichtigt war, sie erstreckt sich nicht auf die durch endgültige Heranziehung nach der für ungültig erklärten Steuerordnung erledigten Fälle.

§ 77. (Auszugsweise.) Für die Erteilung der in diesem Gesetze vorbehaltenen Genehmigungen ist nach Maßgabe der

*) Das Kriegsvereinfachungsgesetz ist durch Ges. v. 3. Jan. 1928 (GS. S. 1) bis auf weiteres verlängert.

folgenden Bestimmungen bei Stadtgemeinden der Bezirksausschuß, bei Landgemeinden der Kreisausschuß zuständig.

Gegen den auf Beschwerde ergehenden Beschluß — bei Stadtgemeinden des Provinzialrats, bei Landgemeinden des Bezirksausschusses — steht dem Vorsitzenden dieser Behörde aus Gründen des öffentlichen Interesses die Einlegung der weiteren Beschwerde an die Minister des Innern und der Finanzen zu. Hierbei finden die Bestimmungen des § 123 des Gesetzes über die allgemeine Landesverwaltung vom 30. Juli 1883 Anwendung.

Die Erteilung der Genehmigung kann auf eine von vornherein zu bestimmende Frist von einem oder mehreren Jahren beschränkt werden.

Die Genehmigung und gegebenenfalls die Zustimmung gilt als an dem Tage erteilt, an welchem der zu genehmigende Gemeindebeschluß gefaßt ist, indes können die betreffenden Behörden einen späteren Zeitpunkt hierfür festsetzen.

§ 90. (Abs. 1.) Gebühren, Beiträge, Steuern und Kosten sowie die nach einem von der Aufsichtsbehörde festgestellten Tarife erhobenen Vergütungen (Kurtaxen usw.) unterliegen der Beitreibung im Verwaltungszwangsverfahren nach Maßgabe der Verordnung vom 15. November 1899 (GS. S. 545).

II. Teil.

Reichsgesetze.

Von Bedeutung für die Baupolizei sind namentlich der Begriff des Eigentums und seine Beschränkungen. Art. 153 Abs. 1 RV. sagt hierüber: „Das Eigentum wird von der Verfassung gewährleistet. Sein Inhalt und seine Schranken ergeben sich aus den Gesetzen." Im Bereich der Baupolizei handelt es sich namentlich um die Eigentumsbeschränkungen auf Grund der preußischen Landesgesetze. Aber auch das Reichsrecht enthält eine Anzahl von Baubeschränkungen, die sich im wesentlichen aus den nachfolgenden Bestimmungen ergeben. Erwähnt sei außerdem das Reichsrayongesetz vom 21. Dezember 1871 (RGBl. S. 459), geändert durch das Reichsgesetz vom 25. August 1924 (RGBl. S. 643), ferner das Reichsgesetz über das Enteignungsrecht von Gemeinden bei Aufhebung oder Ermäßigung von Rayonbeschränkungen vom 27. April 1920 (RGBl. S. 697), das im Interesse der Bodenpolitik von Festungsgemeinden erlassen worden ist.

Im folgenden sind die öffentlich-rechtlichen Bestimmungen vorausgenommen, und zwar zunächst die gewerberechtlichen, weil es sich hierbei um ein Gebiet handelt, das sich zum Teil mit dem Baupolizeirecht überschneidet. Baupolizeiliche Belange werden ferner bei einzelnen Bestimmungen zur Behebung der Wohnungsnot berührt (vgl. S. 279). Endlich kommen bei gewissen strafrechtlichen Bestimmungen (vgl. S. 286) baupolizeiliche Fragen in Betracht, während die Beziehungen des öffentlichen Baupolizeirechts zum bürgerlichen Recht nur sehr lose sind. Immerhin gibt es auch hier Vorschriften, die von baupolizeilichen Gesichtspunkten von Interesse und deshalb hier angeführt worden sind (vgl. S. 290).

Reichs-Gewerbeordnung vom 26. Juli 1900 (RGBl. S. 871).

Anlagen, welche einer besonderen Genehmigung bedürfen.

§ 16. Zur Errichtung von Anlagen, welche durch die örtliche Lage oder die Beschaffenheit der Betriebsstätte für die Besitzer oder Bewohner der benachbarten Grundstücke oder für das Publikum überhaupt erhebliche Nachteile, Gefahren oder Belästigungen herbeiführen können, ist die Genehmigung der nach den Landesgesetzen zuständigen Behörde erforderlich.

Es gehören dahin:

Schießpulverfabriken, Anlagen zur Feuerwerkerei und zur Bereitung von Zündstoffen aller Art, Gasbereitungs- und Gasbewahrungsanstalten, Anstalten zur Destillation von Erdöl, Anlagen zur Bereitung von Braunkohlenteer, Steinkohlenteer und Koks, sofern sie außerhalb der Gewinnungsorte des Materials errichtet werden, Glas- und Rußhütten, Kalk-, Ziegel- und Gipsöfen, Anlagen zur Gewinnung roher Metalle, Röstöfen, Metallgießereien, sofern sie nicht bloße Tiegelgießereien sind, Hammerwerke, chemische Fabriken aller Art, Schnellbleichen, Firnissiedereien, Stärkefabriken, mit Ausnahme der Fabriken zur Bereitung von Kartoffelstärke, Stärkesirupfabriken, Wachstuch-, Darmsaiten-, Dachpappen- und Dachfilzfabriken, Leim-, Tran- und Seifensiedereien, Knochenbrennereien, Knochendarren, Knochenkochereien und Knochenbleichen, Zubereitungsanstalten für Tierhaare, Talgschmelzen, Schlächtereien, Gerbereien, Abdeckereien, Poudretten- und Düngepulverfabriken, Stauanlagen für Wassertriebwerke

(§ 23), Hopfen-Schwefeldörren, Asphaltkochereien und Pechsiedereien, soweit sie außerhalb der Gewinnungsorte des Materials errichtet werden, Strohpapierstoffabriken, Darmzubereitungsanstalten, Fabriken, in welchen Dampfkessel oder andere Blechgefäße durch Vernieten hergestellt werden, Kalifabriken und Anstalten zum Imprägnieren von Holz mit erhitzten Teerölen, Kunstwollefabriken, Anlagen zur Herstellung von Zelluloid und Dégrasfabriken, die Fabriken, in welchen Röhren aus Blech durch Vernieten hergestellt werden, sowie die Anlagen zur Erbauung eiserner Schiffe, zur Herstellung eiserner Brücken oder sonstiger eiserner Baukonstruktionen, die Anlagen zur Destillation oder zur Verarbeitung von Teer und von Teerwasser, die Anlagen, in welchen aus Holz oder ähnlichem Fasermaterial auf chemischem Wege Papierstoff hergestellt wird (Zellulosefabriken), die Anlagen, in welchen Albuminpapier hergestellt wird, die Anstalten zum Trocknen und Einsalzen ungegerbter Tierfelle sowie die Verbleiungs-, Verzinnungs- und Verzinkungs-Anstalten, die Anlagen zur Herstellung von Gußstahlkugeln mittels Kugelschrotmühlen (Kugelfräsmaschinen), die Anlagen zur Herstellung von Zündschnüren und von elektrischen Zündern.

Das vorstehende Verzeichnis kann, je nach Eintritt oder Wegfall der im Eingange gedachten Voraussetzung, durch Beschluß des Bundesrats, vorbehaltlich der Genehmigung des nächstfolgenden Reichstags, abgeändert werden.

1. Genehmigungspflichtig sind ausschließlich die im Gesetz angeführten Anlagen, und zwar unter Umständen auch dann, wenn es sich um nicht gewerblichen Zwecken dienende Staatsbetriebe und ähnliche handelt (vgl. Hiller-Luppe S. 63, Brauchitsch V, S. 42, anders Landmann Bd. I, S. 180 unter e). Wenn vor-

handene bauliche Anlagen als genehmigungspflichtige Betriebsstätten benutzt werden, so ist die Genehmigung hierfür nachzusuchen. Über die einzelnen Arten der Anlagen sind eingehende Vorschriften erlassen worden (vgl. Baltz-Fischer S. 32f., Landmann S. 188f., Hiller-Luppe S. 441f.). Zu den genehmigungspflichtigen Anlagen gehören auch Lagerräume, soweit sie Bestandteile von gewerblichen Anlagen sind (OVG. Bd. 42 S. 277, PrVBl. Bd. 16 S. 209, Bd. 28, S. 893). Als Bestandteile von Anlagen können nur diejenigen Einrichtungen gelten, die zu unmittelbaren Zwecken der Anlage errichtet werden sollen, die also dazu bestimmt sind, bei Herstellung des Fabrikats in irgendeiner Weise benutzt zu werden oder zur Aufbewahrung des Fabrikats zu dienen (vgl. Landmann S. 185).

Zum Wiederaufbau von solchen konzessionspflichtigen Anlagen, die durch Naturgewalt zerstört sind, bedarf es keiner neuen Genehmigung (OVG. Bd. 10 S. 283). Dieses gilt jedoch nur dann, wenn die Anlage in gleicher Weise, wie vorher, wieder errichtet wird. Einer besonderen baupolizeilichen Genehmigung bedarf es von vornherein dann nicht, wenn es sich lediglich um die Wiederherstellung zerstörter Teile eines Gebäudes — z. B. einzelner Mauerteile, Dachkonstruktionen usw. — handelt. Wird dagegen eine völlig zerstörte Anlage wieder aufgebaut, so daß man von einer „neuen" baulichen Anlage (vgl. § 1 Aa EBO.) sprechen muß, so würde hieraus an sich eine baupolizeiliche Genehmigungspflichtigkeit zu folgern sein. Da aber nach § 16 GO. genehmigungspflichtige Anlagen nicht einer besonderen baupolizeilichen Genehmigung bedürfen (vgl. § 18) und wieder zu errichtende Anlagen, für die die Genehmigung nicht noch einmal nachgesucht zu werden braucht, ebenso behandelt werden müssen, so folgt daraus, daß der unveränderte Wiederaufbau zerstörter Anlagen, die nach § 16 früher genehmigt waren, keiner baupolizeilichen Genehmigung bedarf. Allerdings sind Fälle denkbar, in denen durch nachträgliche Änderungen an dem Baugrundstück ein baupolizeilich unzulässiger Zustand eingetreten ist, so etwa zufolge von Grenzveränderungen. In diesem Fall würde die Genehmigung nicht die so veränderte Anlage umfassen, und es wird dann für die Wiedererrichtung eine neue Genehmigung nach § 16 GO. nachgesucht werden müssen.

Für genehmigungspflichtige Anlagen kann nicht die Nachsuchung der Genehmigung, sondern nur die Einreichung der Unterlagen gefordert werden (vgl. OVG. im PrVBl. Bd. 49 S. 52).

Wegen der Veränderung genehmigungspflichtiger Anlagen vgl. § 25 GO.

2. Die Genehmigung erfolgt durch den Stadt- oder Kreisausschuß, in den zu Landkreisen gehörigen Städten mit mehr als 10000 Einwohnern durch den Magistrat, ferner bei den gesperrt gedruckten Anlagen durch den Bezirksausschuß. Beschwerdeinstanz ist der Minister für Handel und Gewerbe (§§ 109 f. ZG., Z. 11 f. der AusfAnw. vom 1. Mai 1904).

Wegen der Mitwirkung der Baupolizei vgl. § 18.

3. Nach § 16 genehmigungspflichtige Anlagen unterliegen polizeilichen Einwirkungen nur in beschränktem Maße (vgl. S. 258 Z. 3). Anlagen anderer Art unterliegen den allgemeinen gesetzlichen Vorschriften, namentlich können unbeschränkt Forderungen aus § 10 II 17 ALR. gestellt werden. Hierfür ist, soweit es sich um bauliche Maßnahmen handelt, die Baupolizei zuständig, die, soweit Forderungen der Gewerbeaufsichtsbehörde in Betracht kommen (vgl. § 120 a), mit dieser Hand in Hand arbeiten muß. In Berlin ist hierüber von dem Polizeipräsidenten im Einvernehmen mit der Städtischen Baupolizei folgende Anordnung vom 12. Oktober 1925 getroffen worden:

„a) Sämtliche Entwürfe über gewerbliche Anlagen sowohl bei Neubauten, Umbauten und baulichen Veränderungen sowie die Entwürfe der zugehörigen Anlagen sind von der Baupolizei den Gewerbeaufsichtsämtern zur Stellungnahme vorzulegen.

b) Die Gewerbeaufsichtsämter haben die Entwürfe innerhalb einer Frist von 5, spätestens 8 Tagen, an die Baupolizei mit ihrer Stellungnahme zurückzugeben und im Falle der Behinderung die Baupolizei innerhalb der angegebenen Frist hiervon in Kenntnis zu setzen.

c) Die Baupolizei ist bereit, die Unternehmer bei etwaigen Rücksprachen und sonstigen Gelegenheiten darauf hinzuweisen, daß es sich empfiehlt, bereits bei der Aufstellung der Projekte mit dem Gewerberat in Verbindung zu treten, um von ihm von vornherein Klarheit über die gewerbepolizeilichen Anforderungen zu erlangen.

d) Die von den Gewerberäten gestellten Bedingungen, soweit sie nicht schon bei den Entwürfen beachtet sind, werden bei Gelegenheit der Zustellung der Bauscheine den Unternehmern unter der Überschrift „Gewerbepolizeiliche Anforderungen, welche bei der Inbetriebnahme der Anlage erfüllt sein müssen", bekanntgegeben.

e) Die Städtische Baupolizei wird den Gewerberäten Mitteilung machen, daß die Baugenehmigung erteilt und dabei die gewerbepolizeilichen Anforderungen in den Bauschein aufgenommen sind.

f) Soweit gemeinsame Ortsbesichtigungen von der Städtischen Baupolizei oder dem Gewerberate für erwünscht gehalten werden, sind diese von den beteiligten Dienststellen möglichst rechtzeitig und möglichst durch Fernsprecher zu vereinbaren.

g) Bei der Gebrauchsabnahme durch die Städtische Baupolizei, über die dem Gewerberate Mitteilung zu machen ist, kann sich die Prüfung nur auf bauliche Anlagen erstrecken. Sollten sich aber dabei Zweifel ergeben, ob die Forderungen der Gewerbeaufsichtsämter erfüllt sind, und die Erteilung der Gebrauchsabnahme von der Erfüllung der betreffenden Anforderung abhängig zu machen ist, hat die Baupolizei kurze Mitteilung an den Gewerberat zu machen. Die weitere Erfüllung zur Durchführung dieser Anforderungen ist Sache der Gewerbeaufsichtsbeamten.

Ich ersuche ergebenst, die vorangehenden Richtlinien in Zukunft beim Verkehr mit den Gewerbeaufsichtsämtern zu beachten.

Bei der Prüfung der Baugesuche ist unnötiges Schreibwerk nach Möglichkeit zu vermeiden. Wenn keine besonderen Anforderungen zu stellen sind, ist auf die Entwürfe bei Rücksendung lediglich ein dahingehender kurzer Vermerk zu machen. Die Zahl der gewerbepolizeilichen Bedingungen wird zweckmäßig auf ein Mindestmaß beschränkt."

4. Es ist namentlich Sache der Baupolizei, für die Aufrechterhaltung der Einteilung des Stadtgebietes in Wohngebiete, geschützte Gebiete usw. zu sorgen (vgl. S. 23 und 328 sowie Art. IV § 1 Ziff. 2 u. 3 WG., S. 150). In welchem Umfang die Baupolizei zur Verhütung von Gefahren durch gewerbliche Anlagen zuständig ist, ist nicht immer zweifelsfrei. Soweit eine Gefährdung der Umgebung durch einen in einer besonders

hierfür einzurichtenden Baulichkeit unterzubringenden, nicht unter § 16 GO. fallenden Betrieb zu befürchten ist, ist die Baupolizei für die Anordnung der notwendigen Maßnahmen und nötigenfalls für das Verbot der Baulichkeit ohne weiteres zuständig. Auch kann folgerichtig die Baupolizei bei bestehenden Baulichkeiten dieser Art einen nicht unter § 16 fallenden Betrieb darin verbieten oder von Vorkehrungen abhängig machen, denn es würde nicht angehen, bei noch nicht errichteten Baulichkeiten die Versagung der Genehmigung durch die Baupolizei oder die Auferlegung von Bedingungen zuzulassen, bei vorhandenen Baulichkeiten aber die Zuständigkeit der Baupolizei abzulehnen. Anders in den Fällen, wenn in einer nicht hierfür vorgesehenen Baulichkeit ein Betrieb eingerichtet wird, ohne daß die Genehmigung der Baupolizei zu einer hierzu vorzunehmenden baulichen Änderung in Betracht kommt. Hier ist zu unterscheiden, ob der Betrieb an dieser Stelle ausdrücklich durch Bauordnung verboten ist, in welchem Falle die Zuständigkeit der Baupolizei gegeben ist, oder ob dies nicht zutrifft. In diesem Falle kann die Zuständigkeit der Baupolizei nur auf Umwegen gefolgert werden. Denn an sich ist die Baupolizei bei mißbräuchlicher Benutzung von Baulichkeiten nur dann zuständig, wenn dadurch die Baulichkeit selbst gefährdet wird und hierdurch eine nach § 10 II 17 ALR. zu verhindernde Gefahr entsteht. Nicht aber kann jede mißbräuchliche Benutzung von Baulichkeiten, z. B. durch darin erzeugten dauernden Lärm, durch die Baupolizei verboten werden, vielmehr wäre insoweit die allgemeine Polizeiverwaltung zuständig. Bei einer Gefährdung der Bewohner durch einen Gewerbebetrieb würde jedoch die Sache dann anders liegen, wenn ein solcher Betrieb der Bestimmung des Gebäudes, in dem er untergebracht wird, als Wohngebäude widerspricht. In diesem Falle ist die Zuständigkeit der Baupolizei ebenso anzunehmen, wie in dem Falle, daß von vornherein Räume in Wohngebäuden nach den eingerichteten Unterlagen zu gewerblichen Betrieben bestimmt sind. In solchen Fällen muß die Baupolizei für die entsprechende Beschaffenheit der betreffenden Räume, z. B. für ihre Schallsicherheit, sorgen und die Genehmigung gegebenenfalls versagen. Wenn nun nachträglich durch Heranschaffung von Maschinen und dergleichen der Charakter eines Raumes geändert wird, so muß die Baupolizei die Möglichkeit haben, entsprechende

Forderungen zu stellen oder den Betrieb zu verbieten. Der Fall liegt nicht anders, als wenn umgekehrt ein zu einem gewerblichen Betriebe gehörender Raum ordnungswidrig zum dauernden Aufenthalt von Menschen benutzt wird. Auch in solchen Fällen ist die Zuständigkeit der Baupolizei ohne weiteres gegeben, obgleich auch hier die Gefahr nicht durch die Baulichkeit an sich, sondern nur vermöge des Hinzutretens einer bestimmten Benutzungsart entsteht. Demgemäß ist in § 1 Ad der Einheitsbauordnung für die Einrichtung von gewerblichen, nicht unter § 16 GO. fallenden Betriebsstätten eine baupolizeiliche Genehmigung vorgesehen.

§ 17. Dem Antrag auf die Genehmigung einer solchen Anlage müssen die zur Erläuterung erforderlichen Zeichnungen und Beschreibungen beigefügt werden.

Ist gegen die Vollständigkeit dieser Vorlagen nichts zu erinnern, so wird das Unternehmen mittels einmaliger Einrückung in das zu den amtlichen Bekanntmachungen der Behörde (§ 16) bestimmte Blatt zur öffentlichen Kenntnis gebracht, mit der Aufforderung, etwaige Einwendungen gegen die neue Anlage binnen 14 Tagen anzubringen. Die Frist nimmt ihren Anfang mit Ablauf des Tages, an welchem das die Bekanntmachung enthaltende Blatt ausgegeben worden, und ist für alle Einwendungen, welche nicht auf privatrechtlichen Titeln beruhen, präklusivisch.

Vgl. § 11f der AusfAnw. vom 1. Mai 1904.

§ 18. Werden keine Einwendungen angebracht, so hat die Behörde zu prüfen, ob die Anlage erhebliche Gefahren, Nachteile oder Belästigungen für das Publikum herbeiführen könne. Auf Grund dieser Prüfung, welche sich zugleich auf die Beachtung der bestehenden bau-, feuer- und gesundheitspolizeilichen Vorschriften erstreckt, ist die Genehmigung zu versagen, oder, unter Festsetzung der sich als nötig ergebenden Bedingungen, zu erteilen. Zu den letzteren gehören auch diejenigen Anordnungen, welche zum Schutze der Arbeiter gegen Gefahr für Gesundheit und Leben notwendig sind. Der Bescheid ist schriftlich auszufertigen und muß die festgesetzten Bedingungen enthalten; er muß mit Gründen versehen sein, wenn die Genehmigung versagt oder nur unter Bedingungen erteilt wird.

1. Die allgemein für die Baupolizei gültigen Normen werden in bezug auf die Aufsicht und die Bauabnahmen durch die Vorschriften der Reichsgewerbeordnung nicht berührt (vgl. AusfAnw. vom 1. Mai 1904 Ziff. 31 Abs. 6). Bei der von der Baupolizei vorzunehmenden Prüfung der Unterlagen sind alle vom baupolizeilichen Standpunkt aus zu stellenden Forderungen zu berücksichtigen, d. h. insbesondere solche Forderungen hinsichtlich der Ausführung der Baulichkeiten, die in Anbetracht ihrer Zweckbestimmung zur Vermeidung von Gefahren, gegebenenfalls auch von Belästigungen (vgl. Art. IV § 1 Ziff. 2 WG.) notwendig sind, wie z. B. Doppelfenster und -türen.

Ohne Genehmigung errichtete oder von der erteilten Genehmigung abweichende Bauten sind von der Baupolizei zu inhibieren. Auch die Herstellung des nach der Genehmigungsurkunde in baupolizeilicher Hinsicht zu fordernden Zustandes ist — da sich die Zuständigkeit der Beschlußbehörde ja nur auf die Prüfung und Genehmigung erstreckt — ebenfalls von der Baupolizei zu veranlassen.

2. Die Baupolizei prüft zwar die Bauvorlagen in bautechnischer Hinsicht, erteilt jedoch hierfür keine Genehmigung, sondern gibt lediglich ihre Äußerung an die Genehmigungsbehörde weiter. (Wegen der Gebühren vgl. S. 244 Z. 3.) Baupolizeiliche Forderungen sind in die Genehmigungsurkunde aufzunehmen. Soweit Dispense in Frage kommen, werden sie von der Genehmigungsbehörde erteilt (MinBliV. 1906 S. 52 u. 197).

Wird der Baupolizei ein Projekt zur Prüfung vorgelegt, bei dem es sich um eine nach § 16 genehmigungspflichtige Anlage zu handeln scheint, so wird die Baupolizei dies zunächst klarzustellen haben. Wird nicht einwandfrei festgestellt, daß es sich um eine nach § 16 genehmigungspflichtige Anlage handelt, so steht nichts dem im Wege, daß die Baupolizei die Genehmigung erteilt.

3. Ergibt sich nachträglich die Notwendigkeit baupolizeilicher Forderungen abweichend von der Genehmigung über die darin gestellten Forderungen hinaus, so muß nach der Rechtsprechung des Oberverwaltungsgerichts (vgl. Baltz-Fischer S. 31 Ziff. 2, Brauchitsch V Anm. 3 zu § 16 und Anm. 3 zu § 51 GO., dagegen mit guten Gründen Arndt im VerwArch. Bd. 10 S. 185f.) zunächst eine Änderung der Konzessionsurkunde herbeigeführt werden, sofern das auf Grund eines in die Genehmigungsurkunde aufgenommenen Vorbehaltes (vgl. AusfAnw. Ziff. 28 Abs. 6) möglich ist. Wenn demnach polizeiliche Forderungen nicht gestellt werden können, so bleibt nach der Rechtsprechung des Oberverwaltungsgerichts gemäß § 51 GO. nur die Schließung des Betriebes gegen Entschädigung wegen überwiegender Nachteile und Gefahren für das Gemeinwohl! Jedoch ist aus der Entscheidung des Oberverwaltungsgerichts Bd. 54 S. 376 zu entnehmen, daß bei dringlicher Notlage die Polizei auch ohne das sonst vorgeschriebene Verfahren einschreiten kann.

Das Gesagte gilt z. B. auch bei Störung der Nachbarschaft durch Rauch und Ruß, da zu den nach § 24 GO. genehmigungspflichtigen Kesselanlagen auch die Schornsteine gehören, auf die sich demnach die einmal erteilte Genehmigung mit bezieht (vgl. Brauchitsch V Anm. 1 zu § 24). Nötigenfalls muß also die Baupolizei als die für die zweckmäßige Anlage von Feuerungsstätten und Schornsteinen allgemein zuständige Behörde die Änderung der Genehmigungsurkunde oder schlimmstenfalls die Schließung des Betriebes herbeiführen, indem sie die zuständige Gewerbepolizeibehörde um weitere Veranlassung ersucht (vgl. OVG. Bd. 61 S. 313).

§ 19. Einwendungen, welche auf besonderen privatrechtlichen Titeln beruhen, sind zur richterlichen Entscheidung zu verweisen, ohne daß von der Erledigung derselben die Genehmigung der Anlage abhängig gemacht wird.

Andere Einwendungen dagegen sind mit den Parteien vollständig zu erörtern. Nach Abschluß dieser Erörterung erfolgt die Prüfung und Entscheidung nach den im § 18 enthaltenen Vorschriften. Der Bescheid ist sowohl dem Unternehmer als dem Widersprechenden zu eröffnen.

§ 19a. In dem Bescheide kann dem Unternehmer auf seine Gefahr, unbeschadet des Rekursverfahrens (§ 20), die unverzügliche Ausführung der baulichen Anlagen gestattet werden, wenn er dies vor Schluß der Erörterung beantragt. Die Gestattung kann von einer Sicherheitsleistung abhängig gemacht werden.

§ 20. Gegen den Bescheid ist Rekurs an die nächstvorgesetzte Behörde zulässig, welcher bei Verlust desselben binnen 14 Tagen, vom Tage der Eröffnung des Bescheides an gerechnet, gerechtfertigt werden muß.

Der Rekursbescheid ist den Parteien schriftlich zu eröffnen und muß mit Gründen versehen sein.

§ 21. Die näheren Bestimmungen über die Behörden und das Verfahren, sowohl in der ersten als auch in der Rekursinstanz, bleiben den Landesgesetzen vorbehalten. Es sind jedoch folgende Grundsätze einzuhalten:

1. In erster oder in zweiter Instanz muß die Entscheidung durch eine kollegiale Behörde erfolgen. Diese Behörde ist befugt, Untersuchungen an Ort und Stelle zu veranlassen, Zeugen und Sachverständige zu laden und eidlich zu vernehmen, überhaupt den angetretenen Beweis in vollem Umfange zu erheben.

2. Bildet die kollegiale Behörde die erste Instanz, so erteilt sie ihre Entscheidung in öffentlicher Sitzung, nach erfolgter Ladung und Anhörung der Parteien, auch in dem Falle, wenn zwar Einwendungen nicht angebracht sind, die Behörde aber nicht ohne weiteres die Genehmigung erteilen will, und der Antragsteller innerhalb vierzehn Tagen nach Empfang des die Genehmigung versagenden oder nur unter

Bedingungen erteilenden Bescheids der Behörde auf mündliche Verhandlung anträgt.

3. Bildet die kollegiale Behörde die zweite Instanz, so erteilt sie stets ihre Entscheidung in öffentlicher Sitzung, nach erfolgter Ladung und Anhörung der Parteien.

4. Als Parteien sind der Unternehmer (Antragsteller), sowie diejenigen Personen zu betrachten, welche Einwendungen erhoben haben.

5. Die Öffentlichkeit der Sitzungen kann unter entsprechender Anwendung der §§ 173—176 des Gerichtsverfassungsgesetzes ausgeschlossen oder beschränkt werden.

§ 21a. Die Sachverständigen (§ 21 Ziffer 1) haben über die Tatsachen, welche durch das Verfahren zu ihrer Kenntnis kommen, Verschwiegenheit zu beobachten und sich der Nachahmung der von dem Unternehmer geheim gehaltenen, zu ihrer Kenntnis gelangten Betriebseinrichtungen und Betriebsweisen, solange als diese Betriebsgeheimnisse sind, zu enthalten.

§ 22. Die durch unbegründete Einwendungen erwachsenden Kosten fallen dem Widersprechenden, alle übrigen Kosten, welche durch das Verfahren entstehen, dem Unternehmer zur Last.

In den Bescheiden über die Zulässigkeit der neuen Anlage wird zugleich die Verteilung der Kosten festgesetzt.

§ 23. Bei den Stauanlagen für Wassertriebwerke sind außer den Bestimmungen der §§ 17—22 die dafür bestehenden landesgesetzlichen Vorschriften anzuwenden.

Der Landesgesetzgebung bleibt vorbehalten, die fernere Benutzung bestehender und die Anlage neuer Privatschlächtereien in solchen Orten, für welche öffentliche Schlachthäuser in genügendem Umfange vorhanden sind oder errichtet werden, zu untersagen.

Soweit durch landesrechtliche Vorschriften Bestimmungen getroffen werden, wonach gewisse Anlagen oder gewisse Arten von Anlagen in einzelnen Ortsteilen gar nicht oder nur unter besonderen Beschränkungen zugelassen sind, finden diese Bestimmungen auch auf Anlagen der im § 16 erwähnten Art Anwendung.

§ 24. Zur Anlegung von Dampfkesseln, dieselben mögen zum Maschinenbetriebe bestimmt sein oder nicht, ist die Genehmigung der nach den Landesgesetzen zuständigen Behörde erforderlich. Dem Gesuche sind die zur Erläuterung erforderlichen Zeichnungen und Beschreibungen beizufügen.

Die Behörde hat die Zulässigkeit der Anlage nach den bestehenden bau-, feuer- und gesundheitspolizeilichen Vorschriften sowie nach denjenigen allgemeinen polizeilichen Bestimmungen zu prüfen, welche von dem Bundesrat über die Anlegung von Dampfkesseln erlassen werden. Sie hat nach dem Befunde die Genehmigung entweder zu versagen oder unbedingt zu erteilen, oder endlich bei Erteilung derselben die erforderlichen Vorkehrungen und Einrichtungen vorzuschreiben.

Bevor der Kessel in Betrieb genommen wird, ist zu untersuchen, ob die Ausführung den Bestimmungen der erteilten Genehmigung entspricht. Wer vor dem Empfange der hierüber auszufertigenden Bescheinigung den Betrieb beginnt, hat die im § 147 angedrohte Strafe verwirkt.

Die vorstehenden Bestimmungen gelten auch für bewegliche Dampfkessel.

Für den Rekurs und das Verfahren über denselben gelten die Vorschriften der §§ 20 und 21.

1. Wegen der besonderen Vorschriften vgl. Baltz-Fischer S. 38 Ziff. 28 und 29. Die Prüfung durch die zuständigen Stellen (Dampfkessel-Überwachungsvereine) erstreckt sich auch auf die baulichen Teile der Vorlagen (Schornsteine, Dachkonstruktionen usw.). Jedoch wird hierdurch die Zuständigkeit der Baupolizei hinsichtlich der von ihr zu beachtenden Gesichtspunkte nicht berührt. Der Baupolizei liegt demnach die Prüfung und die Abnahme nach den baupolizeilichen Gesichtspunkten ob (vgl. MinErl. vom 24. November 1905, HMinBl. 1906, S. 12, MinErl. vom 25. Februar 1909, HMinBl. S. 140, § 24 I der Anweisung vom 16. Dezember 1909, HMinBl. S. 555).

Nach dem Erlaß vom 7. November 1910 (HMinBl. S. 546) können unter gewissen Voraussetzungen Bausachverständige der Dampfkesselüberwachungsvereine mit der bautechnischen Prüfung beauftragt werden. Auch in diesem Falle wird die Abnahmebescheinigung von der Baupolizei erteilt. Vgl. ferner den MinErl. vom 23. Januar 1914 (HMinBl. S. 54).

2. Für die Genehmigung ist im allgemeinen der Kreis- oder Stadtausschuß (Magistrat) zuständig, vgl. AusfAnw. vom 16. Dezember 1909 (HMinBl. S. 559) § 9, Hiller-Luppe S. 75.

§ 25. Die Genehmigung zu einer der in den §§ 16 und 24 bezeichneten Anlagen bleibt so lange in Kraft, als keine Änderung in der Lage oder Beschaffenheit der Betriebsstätte vorgenommen wird, und bedarf unter dieser Voraussetzung auch dann, wenn die Anlage an einen neuen Erwerber übergeht, einer Erneuerung nicht. Sobald aber eine Veränderung der Betriebsstätte vorgenommen wird, ist dazu die Genehmigung der zuständigen Behörde nach Maßgabe der §§ 17—23 einschließlich beziehungsweise des § 24 notwendig. Eine gleiche Genehmigung ist erforderlich bei wesentlichen Veränderungen in dem Betrieb einer der im § 16 genannten Anlagen. Die zuständige Behörde kann jedoch auf Antrag des Unternehmers von der Bekanntmachung (§ 17) Abstand nehmen, wenn sie die Überzeugung gewinnt, daß die beabsichtigte Veränderung für die Besitzer oder Bewohner benachbarter Grundstücke oder das Publikum überhaupt neue oder größere Nachteile, Gefahren oder Belästigungen, als mit der vorhandenen Anlage verbunden sind, nicht herbeiführen werde.

Diese Bestimmungen finden auch auf gewerbliche Anlagen (§§ 16 und 24) Anwendung, welche bereits vor Erlaß dieses Gesetzes bestanden haben.

Im Zweifelfall muß die Baupolizei die Entscheidung der Beschlußbehörde veranlassen. Beispielsweise kann der Bau eines neuen Dampfkesselschornsteins eine wesentliche Änderung darstellen. Auch Lagerräume für gewerbliche Betriebe gehören hierher (OVG. Bd. 42 S. 276).

§ 26. Soweit die bestehenden Rechte zur Abwehr benachteiligender Einwirkungen, welche von einem Grundstück aus auf ein benachbartes Grundstück geübt werden, dem Eigentümer oder Besitzer des letzteren eine Privatklage gewähren, kann diese Klage einer mit obrigkeitlicher Genehmigung errichteten gewerblichen Anlage gegenüber niemals auf Einstellung des Gewerbebetriebs, sondern nur auf Herstellung von Einrichtungen, welche die benachteiligende Einwirkung ausschließen, oder, wo solche Einrichtungen untunlich oder mit einem gehörigen Betriebe des Gewerbes unvereinbar sind, auf Schadloshaltung gerichtet werden.

§ 27. Die Errichtung oder Verlegung solcher Anlagen, deren Betrieb mit ungewöhnlichem Geräusche verbunden ist, muß, sofern sie nicht schon nach den Vorschriften der §§ 16 bis 25 der Genehmigung bedarf, der Ortspolizeibehörde angezeigt werden. Letztere hat, wenn in der Nähe der gewählten Betriebsstätte Kirchen, Schulen oder andere öffentliche Gebäude, Krankenhäuser oder Heilanstalten vorhanden sind, deren bestimmungsmäßige Benutzung durch den Gewerbebetrieb auf dieser Stelle eine erhebliche Störung erleiden würde, die Entscheidung der höheren Verwaltungsbehörde darüber einzuholen, ob die Ausübung des Gewerbes an der gewählten Betriebsstätte zu untersagen oder nur unter Bedingungen zu gestatten sei.

Es handelt sich hier um nicht unter §§ 16, 24, 25 fallende Anlagen. Die Baupolizei muß, wenn es sich um die Errichtung von Baulichkeiten handelt, die nach ihrer Einrichtung einen geräuschvollen Betrieb aufnehmen sollen, gegebenenfalls zunächst der Gewerbebehörde Gelegenheit zur Stellungnahme und weiteren Veranlassung geben. Gastwirtschaften gehören nicht zu den hier in Rede stehenden Betrieben. Wird der Betrieb gemäß § 27 unter Auferlegung von Bedingungen gestattet, so gilt in bezug auf nachträgliche polizeiliche Forderungen das gleiche wie bei Genehmigungen nach §§ 16, 24 GO. (vgl. Brauchitsch Anm. 1 zu § 27, Arnstedt Bd. 2 S. 855). Im übrigen finden die allgemeinen baupolizeilichen Bestimmungen Anwendung.

Zuständig ist nach § 111 ZG. der Bezirksausschuß.

§ 28. Die höheren Verwaltungsbehörden sind befugt, über die Entfernung, welche bei Errichtung von durch Wind bewegten Triebwerken von benachbarten fremden Grundstücken und von öffentlichen Wegen innezuhalten ist, durch Polizeiverordnungen Bestimmung zu treffen.

§ 30. Unternehmer von Privatkranken-, Privatentbindungs- und Privatirrenanstalten bedürfen einer Konzession der höheren Verwaltungsbehörde. Die Konzession ist nur dann zu versagen:

a) wenn Tatsachen vorliegen, welche die Unzuverlässigkeit des Unternehmers in Beziehung auf die Leitung oder Verwaltung der Anstalt dartun,

b) wenn nach den von dem Unternehmer einzureichenden Beschreibungen und Plänen die baulichen und die sonstigen technischen Einrichtungen der Anstalt den gesundheitspolizeilichen Anforderungen nicht entsprechen,

c) wenn die Anstalt nur in einem Teile eines auch von anderen Personen bewohnten Gebäudes untergebracht werden soll und durch ihren Betrieb für die Mitbewohner dieses Gebäudes erhebliche Nachteile oder Gefahren hervorrufen kann,

d) wenn die Anstalt zur Aufnahme von Personen mit ansteckenden Krankheiten oder von Geisteskranken bestimmt ist und durch ihre örtliche Lage für die Besitzer oder Bewohner der benachbarten Grundstücke erhebliche Nachteile oder Gefahren hervorrufen kann.

Vor Erteilung der Konzession sind über die Fragen zu c und d die Ortspolizei- und die Gemeindebehörden zu hören.

Für die Genehmigung nach § 30 ist der Bezirksausschuß, in Berlin der Polizeipräsident zuständig (§§ 115, 161 ZG.). Die baupolizeiliche Genehmigung muß außerdem nachgesucht werden. Hierbei ist der Ministerialerlaß vom 30. März 1920 betreffend Anlage, Bau und Einrichtung von Kranken-, Heil- und Pflegeanstalten sowie von Entbindungsanstalten und Säuglingsheimen zu beachten, nach welchem Polizeiverordnungen für sämtliche Provinzen erlassen worden sind. Der Erlaß ist in der Volkswohlfahrt (S. 64) und bei Baltz-Fischer (S. 56 f.) abgedruckt.

§ 33. (Abs. 1—3.) Wer Gastwirtschaft, Schankwirtschaft oder Kleinhandel mit Branntwein oder Spiritus betreiben will, bedarf dazu der Erlaubnis.

Die Erlaubnis darf nur erteilt werden, wenn ein Bedürfnis nachgewiesen ist.

Im übrigen ist die Erlaubnis nur dann zu versagen:

1. wenn Tatsachen die Annahme rechtfertigen, daß der Antragsteller die für den Gewerbebetrieb erforderliche Zuverlässigkeit nicht besitzt, insbesondere dem Trunke ergeben,

das Gewerbe zur Förderung der Schlemmerei, der Völlerei, des verbotenen Spiels, der Hehlerei, unlauterer Handelsgeschäfte oder der Unsittlichkeit oder zur Ausbeutung Unerfahrener, Leichtsinniger oder Willensschwacher, zur sittlichen oder gesundheitlichen Schädigung Jugendlicher oder zum Vertriebe gesundheitsschädlicher, verfälschter oder verdorbener Nahrungs- oder Genußmittel mißbrauchen werde;

2. wenn die zum Betriebe des Gewerbes bestimmten Räumlichkeiten wegen ihrer Beschaffenheit oder Lage den polizeilichen Anforderungen nicht genügen;

3. wenn die Verwendung der Räume dem öffentlichen Interesse widerspricht.

Der jetzige Text ergibt sich aus dem Gesetz vom 24. Februar 1923 (RGBl. I S. 147). Die Baupolizei hat die Eignung der Räume nach baupolizeilichen Gesichtspunkten, insbesondere hinsichtlich der Zulässigkeit als Aufenthaltsräume zu prüfen. Hierbei sind die Ministerialerlasse vom 21. August 1886 (MinBliV. S.182 und 10. Januar 1902 (MinBliV. S. 32) zu beachten.

§ 35. (Abs. 5—7.) Der Betrieb des Gewerbes als Bauunternehmer und Bauleiter, sowie der Betrieb einzelner Zweige des Baugewerbes ist zu untersagen, wenn Tatsachen vorliegen, welche die Unzuverlässigkeit des Gewerbetreibenden in bezug auf diesen Gewerbebetrieb dartun. Der Untersagung muß nach näherer Bestimmung der Landeszentralbehörde die Anhörung von Sachverständigen vorangehen, welche zur Abgabe von Gutachten dieser Art nach Bedarf im voraus von der höheren Verwaltungsbehörde ernannt sind. Soweit es sich um die Begutachtung für handwerksmäßige Gewerbebetriebe handelt, erfolgt die Ernennung nach Anhörung der Handwerkskammer (§ 103) des Bezirkes.

Ist die Untersagung erfolgt, so kann die Landeszentralbehörde oder eine andere von ihr zu bestimmende Behörde die Wiederaufnahme des Gewerbebetriebs gestatten, sofern seit der Untersagung mindestens ein Jahr verflossen ist.

Personen, welche die in diesem Paragraphen bezeichneten Gewerbe beginnen, haben bei Eröffnung ihres Gewerbebetriebes der zuständigen Behörde hiervon Anzeige zu machen.

1. Vgl. Ausführungsanweisung vom 26. Februar[1] 1907 (HMinBl. S. 50) zum Reichsgesetz vom 7. Januar 1907 (RGBl. S. 3).

2. Die Untersagung kann auf sachtechnische oder moralische Unzuverlässigkeit gestützt werden, und zwar sowohl gegenüber Einzelpersonen als auch juristischen Personen. Sie erfolgt durch den Kreisausschuß, in Stadtkreisen und Städten mit mehr als 10000 Einwohnern durch den Bezirksausschuß, auf die Klage der Ortspolizeibehörde des Betriebsortes hin (vgl. Z.59 der AusfAnw., OVG. Bd. 61 S. 317). Zuständig ist an sich die Gewerbepolizei. Jedoch kann, wenn die Gewerbepolizei in der Hand der staatlichen Polizeiverwaltung liegt, die Baupolizei aber städtisch ist, diese gleichwohl zuständig sein, wenn ihr diese Geschäfte ausdrücklich übertragen worden sind (vgl. PrVBl. Bd. 35 S. 11).

3. Die vor Erhebung der Klage zu hörenden Sachverständigen werden von dem Regierungspräsidenten, in Berlin von dem Polizeipräsidenten ernannt (vgl. MinErl. vom 26. Febuar 1907. HMinB. S. 50).

4. Vgl. ferner § 53a.

§ 35a. Mangel an theoretischer Vorbildung kann als eine Tatsache im Sinne des § 35 Abs. 5 gegenüber Bauunternehmern, Bauleitern oder Personen, die einzelne Zweige des Baugewerbes betreiben, nicht geltend gemacht werden, wenn sie das Zeugnis über die Ablegung einer Prüfung für den höheren oder mittleren bautechnischen Staatsdienst oder das Prüfungs- oder Reifezeugnis einer staatlichen oder von der zuständigen Landesbehörde gleichgestellten baugewerklichen Fachschule besitzen oder wenn sie Diplomingenieure sind.

Mangel an theoretischer oder praktischer Vorbildung kann als eine Tatsache im Sinne des § 35 Abs. 5 nicht geltend gemacht werden gegenüber Bauunternehmern und Bauleitern, wenn sie gemäß § 133 die Meisterprüfung im Maurer-, Zimmerer- oder Steinmetzgewerbe bestanden haben, sowie gegenüber Personen, die einzelne Zweige des Baugewerbes betreiben, wenn sie gemäß § 133 die Meisterprüfung in dem von ihnen ausgeübten Gewerbe bestanden haben.

Die Landeszentralbehörden sind befugt, zu bestimmen, welche Prüfungen und Zeugnisse den im Abs. 1 bezeichneten gleichzustellen sind.

§ 49. Bei Erteilung der Genehmigung zu einer Anlage der in den §§ 16 und 24 bezeichneten Arten, ingleichen zur Anlegung von Privatkranken-, Privatentbindungs- und Privatirrenanstalten, zu Schauspielunternehmungen sowie zum Betriebe der im § 33 und § 34a gedachten Gewerbe kann von der genehmigenden Behörde den Umständen nach eine Frist festgesetzt werden, binnen welcher die Anlage oder das Unternehmen bei Vermeidung des Erlöschens der Genehmigung begonnen und ausgeführt und der Gewerbebetrieb angefangen werden muß. Ist eine solche Frist nicht bestimmt, so erlischt die erteilte Genehmigung, wenn der Inhaber nach Empfang derselben ein ganzes Jahr verstreichen läßt, ohne davon Gebrauch zu machen.

Eine Verlängerung der Frist kann von der Behörde bewilligt werden, sobald erhebliche Gründe nicht entgegenstehen.

Hat der Inhaber einer solchen Genehmigung seinen Gewerbebetrieb während eines Zeitraums von drei Jahren eingestellt, ohne eine Fristung nachgesucht und erhalten zu haben, so erlischt dieselbe.

Für die im § 16 aufgeführten Anlagen darf die nachgesuchte Fristung so lange nicht versagt werden, als wegen einer durch Erbfall oder Konkurserklärung entstandenen Ungewißheit über das Eigentum an einer Anlage oder, infolge höherer Gewalt, der Betrieb entweder gar nicht oder nur mit erheblichem Nachteile für den Inhaber oder Eigentümer der Anlage stattfinden kann.

Das Verfahren für die Fristung ist dasselbe wie für die Genehmigung neuer Anlagen.

Die Ausführung eines Teiles der Anlage genügt, um die Frist zu wahren (vgl. Baltz-Fischer S. 41 Ziff. 38). Wegen des Begriffs der Einstellung vgl. MinErl. vom 30. Juni 1892 (MinBliV. S. 348).

§ 51. Wegen überwiegender Nachteile und Gefahren für das Gemeinwohl kann die fernere Benutzung einer jeden gewerblichen Anlage durch die höhere Verwaltungsbehörde zu jeder Zeit untersagt werden. Doch muß dem Besitzer alsdann für den erweislichen Schaden Ersatz geleistet werden.

Gegen die untersagende Verfügung ist der Rekurs zulässig; wegen der Entschädigung steht der Rechtsweg offen.

Vgl. S. 258 Z. 3.

§ 52. Die Bestimmung des § 51 findet auch auf die zur Zeit der Verkündigung des gegenwärtigen Gesetzes bereits vorhandenen gewerblichen Anlagen Anwendung; doch entspringt aus der Untersagung der ferneren Benutzung kein Anspruch auf Entschädigung, wenn bei der früher erteilten

Genehmigung ausdrücklich vorbehalten worden ist, dieselbe ohne Entschädigung zu widerrufen.

§ 53a. Die unteren Verwaltungsbehörden können bei solchen Bauten, zu deren sachgemäßer Ausführung nach dem Ermessen der Behörde ein höherer Grad praktischer Erfahrung oder technischer Vorbildung erforderlich ist, im Einzelfalle die Ausführung oder Leitung des Baues durch bestimmte Personen untersagen, wenn Tatsachen vorliegen, aus denen sich ergibt, daß diese Personen wegen Unzuverlässigkeit zur Ausführung oder Leitung des beabsichtigten Baues ungeeignet sind.

Landesrechtliche Vorschriften, welche den Baupolizeibehörden weitergehende Befugnisse einräumen, bleiben unberührt.

Die Untersagung erfolgt auf Antrag der Ortspolizeibehörde durch den Kreis- oder Bezirksausschuß. Vor der Untersagung sind tunlichst Sachverständige zu hören, die von dem Regierungspräsidenten, in Berlin dem Polizeipräsidenten, zu ernennen sind. Vgl. im übrigen die AusfAnw. vom 26. Februar 1907 (HMBl. S. 50).

§ 54. Wegen des Verfahrens und der Behörden, welche in bezug auf die untersagte Benutzung einer gewerblichen Anlage (§ 51), auf die Untersagung eines Gewerbebetriebs (§ 35), und die Zurücknahme einer Approbation, Genehmigung oder Bestallung (§§ 33a, 53) maßgebend sind, gelten die Vorschriften der §§ 20 und 21.

Gegen die Untersagung der Ausführung oder Leitung eines Baues (§ 53a) findet innerhalb einer Frist von zwei Wochen nach der Zustellung der Einspruch bei der unteren Verwaltungsbehörde statt, dessen Erhebung keine aufschiebende Wirkung hat. Die Erteilung des Bescheids auf den Einspruch, welcher die Anhörung von Sachverständigen gemäß § 35 Abs. 5 vorangehen muß, soll spätestens innerhalb drei Wochen nach der Erhebung des Einspruchs erfolgen. Der Bescheid, der die Untersagung der Ausführung oder Leitung eines Baues gegenüber dem erhobenen Einspruch aufrecht erhält, kann im Wege des Rekurses gemäß §§ 20, 21 angefochten werden. Die Landesregierungen können bestimmen, daß die Anfechtung im Verwaltungsstreitverfahren zu erfolgen hat. Die Einlegung von Rechtsmitteln hat keine aufschiebende Wirkung.

Die Anfechtung des den Einspruch zurückweisenden Bescheides erfolgt durch Klage beim Bezirksausschuß (§ 1 der AB. vom 4. Februar 1907 GS. S. 27).

§ 120a. Die Gewerbeunternehmer sind verpflichtet, die Arbeitsräume, Betriebsvorrichtungen, Maschinen und Gerätschaften so einzurichten und zu unterhalten und den Betrieb so zu regeln, daß die Arbeiter gegen Gefahren für Leben und Gesundheit so weit geschützt sind, wie es die Natur des Betriebs gestattet.

Insbesondere ist für genügendes Licht, ausreichenden Luftraum und Luftwechsel, Beseitigung des bei dem Betrieb entstehenden Staubes, der dabei entwickelten Dünste und Gase sowie der dabei entstehenden Abfälle Sorge zu tragen.

Ebenso sind diejenigen Vorrichtungen herzustellen, welche zum Schutze der Arbeiter gegen gefährliche Berührungen mit Maschinen oder Maschinenteilen oder gegen andere in der Natur der Betriebsstätte oder des Betriebs liegende Gefahren, namentlich auch gegen die Gefahren, welche aus Fabrikbränden erwachsen können, erforderlich sind.

Endlich sind diejenigen Vorschriften über die Ordnung des Betriebs und das Verhalten der Arbeiter zu erlassen, welche zur Sicherung eines gefahrlosen Betriebs erforderlich sind.

§ 120 b. Die Gewerbeunternehmer sind verpflichtet, diejenigen Einrichtungen zu treffen und zu unterhalten und diejenigen Vorschriften über das Verhalten der Arbeiter im Betriebe zu erlassen, welche erforderlich sind, um die Aufrechterhaltung der guten Sitten und des Anstandes zu sichern.

Insbesondere muß, soweit es die Natur des Betriebs zuläßt, bei der Arbeit die Trennung der Geschlechter durchgeführt werden, sofern nicht die Aufrechterhaltung der guten Sitten und des Anstandes durch die Einrichtung des Betriebs ohnehin gesichert ist.

In Anlagen, deren Betrieb es mit sich bringt, daß die Arbeiter sich umkleiden und nach der Arbeit sich reinigen, müssen ausreichende, nach Geschlechtern getrennte Ankleide- und Waschräume vorhanden sein.

Die Bedürfnisanstalten müssen so eingerichtet sein, daß sie für die Zahl der Arbeiter ausreichen, daß den Anforderungen der Gesundheitspflege entsprochen wird und daß ihre Benutzung ohne Verletzung von Sitte und Anstand erfolgen kann.

§ 120 c. Gewerbeunternehmer, welche Arbeiter unter achtzehn Jahren beschäftigen, sind verpflichtet, bei der Einrichtung der Betriebsstätte und bei der Regelung des Betriebs diejenigen besonderen Rücksichten auf Gesundheit und Sittlichkeit zu nehmen, welche durch das Alter dieser Arbeiter geboten sind.

§ 120 d. Die zuständigen Polizeibehörden sind befugt, im Wege der Verfügung für einzelne Anlagen die Ausführung derjenigen Maßnahmen anzuordnen, welche zur

Durchführung der in §§ 120a—120c enthaltenen Grundsätze erforderlich und nach der Beschaffenheit der Anlage ausführbar erscheinen. Sie können anordnen, daß den Arbeitern zur Einnahme von Mahlzeiten außerhalb der Arbeitsräume angemessene, in der kalten Jahreszeit geheizte Räume unentgeltlich zur Verfügung gestellt werden.

Soweit die angeordneten Maßregeln nicht die Beseitigung einer dringenden, das Leben oder die Gesundheit bedrohenden Gefahr bezwecken, muß für die Ausführung eine angemessene Frist gelassen werden.

Den bei Erlaß dieses Gesetzes bereits bestehenden Anlagen gegenüber können, solange nicht eine Erweiterung oder ein Umbau eintritt, nur Anforderungen gestellt werden, welche zur Beseitigung erheblicher, das Leben, die Gesundheit oder die Sittlichkeit der Arbeiter gefährdender Mißstände erforderlich oder ohne unverhältnismäßige Aufwendungen ausführbar erscheinen.

Gegen die Verfügung der Polizeibehörde steht dem Gewerbeunternehmer binnen zwei Wochen die Beschwerde an die höhere Verwaltungsbehörde zu. Gegen die Entscheidung der höheren Verwaltungsbehörde ist binnen vier Wochen die Beschwerde an die Zentralbehörde zulässig; diese entscheidet endgültig. Widerspricht die Verfügung den von der zuständigen Berufsgenossenschaft erlassenen Vorschriften zur Verhütung von Unfällen, so ist zur Einlegung der vorstehend bezeichneten Rechtsmittel binnen der dem Gewerbeunternehmer zustehenden Frist auch der Vorstand der Berufsgenossenschaft befugt.

§ 120e. Durch Beschluß des Bundesrats können Vorschriften darüber erlassen werden, welchen Anforderungen in bestimmten Arten von Anlagen zur Durchführung der in den §§ 120a—120c enthaltenen Grundsätze zu genügen ist. In diese Bestimmungen können auch Anordnungen über das Verhalten der Arbeiter im Betriebe zum Schutze von Leben und Gesundheit aufgenommen werden. Eine Abschrift oder ein Abdruck der Anordnungen ist an geeigneter, allen beteiligten Arbeitern zugänglicher Stelle auszuhängen und in lesbarem Zustand zu erhalten.

Soweit solche Vorschriften durch Beschluß des Bundesrats nicht erlassen sind, können dieselben durch Anordnung der Landeszentralbehörden oder durch Polizeiverordnungen der zuständigen Polzeibehörden erlassen werden. Vor dem Erlasse solcher Anordnungen und Polizeiverordnungen ist den Vorständen der beteiligten Berufsgenossenschaften oder Berufsgenossenschafts-Sektionen Gelegenheit zu einer gutachtlichen Äußerung zu geben. Auf diese finden die Bestimmungen des § 113 Abs. 2, 4 und des § 115 Abs. 4 Satz 1 des Gewerbe-Unfallversicherungsgesetzes (RGBl. 1900 S. 573, 585) Anwendung.

Vgl. Brauchitsch Bd. V S. 688f., 732f., ferner AusfAnw. Ziff. 202.

§ 133 (Abs. 2). Die Befugnis zur Führung des Meistertitels in Verbindung mit einer anderen Bezeichnung, die auf eine Tätigkeit im Baugewerbe hinweist, insbesondere des Titels Baumeister und Baugewerksmeister, wird durch den Bundesrat geregelt. Bis zum Inkrafttreten des Bunderatsbeschlusses darf ein solcher Titel nur dann geführt werden, wenn die Landesregierung über die Befugnis zu seiner Führung Vorschriften erlassen hat, und nur von denjenigen Personen, welche diesen Vorschriften entsprechen. Der Bundesrat kann ferner Vorschriften über die Führung des Meistertitels in Verbindung mit sonstigen Bezeichnungen erlassen, die auf eine Tätigkeit im Handwerke hinweisen.

Baumeister dürfen sich nur Personen nennen, die die große Staatsprüfung abgelegt und damit den Titel Regierungsbaumeister erlangt haben. Die Bezeichnung Baugewerksmeister ist in Preußen nicht erlaubt. Die Übertretung dieser Bestimmungen ist nach § 148 Ziff. 9c GO. strafbar.

§ 147. Mit Geldstrafe bis zu dreihundert Mark und im Unvermögensfalle mit Haft wird bestraft:

2. wer eine gewerbliche Anlage, zu der mit Rücksicht auf die Lage oder Beschaffenheit der Betriebsstätte oder des Lokals eine besondere Genehmigung erforderlich ist (§§ 16 und 24), ohne diese Genehmigung errichtet, oder die wesentlichen Bedingungen, unter welchen die Genehmigung erteilt worden, nicht innehält, oder ohne neue Genehmigung eine wesentliche Veränderung der Betriebsstätte oder eine Verlegung des Lokals oder eine wesentliche Veränderung in dem Betriebe der Anlage vornimmt.

Gesetz über die Sicherung der Bauforderungen. Vom 1. Juni 1909 (RGBl. S. 449).

Erster Abschnitt.

Allgemeine Sicherungsmaßregeln.

§ 1. Der Empfänger von Baugeld ist verpflichtet, das Baugeld zur Befriedigung solcher Personen, die an der Herstellung des Baues auf Grund eines Werk-, Dienst- oder Lieferungsvertrags beteiligt sind, zu verwenden. Eine anderweitige Verwendung des Baugeldes ist bis zu dem Betrage statthaft, in welchem der Empfänger aus anderen Mitteln Gläubiger der bezeichneten Art bereits befriedigt hat.

Ist der Empfänger selbst an der Herstellung beteiligt, so darf er das Baugeld in Höhe der Hälfte des angemessenen

Wertes der von ihm in den Bau verwendeten Leistung, oder, wenn die Leistung von ihm noch nicht in den Bau verwendet worden ist, der von ihm geleisteten Arbeit und der von ihm gemachten Auslagen für sich behalten.

Baugeld sind Geldbeträge, die zum Zwecke der Bestreitung der Kosten eines Baues in der Weise gewährt werden, daß zur Sicherung der Ansprüche des Geldgebers eine Hypothek oder Grundschuld an dem zu bebauenden Grundstücke dient oder die Übertragung des Eigentums an dem Grundstück erst nach gänzlicher oder teilweiser Herstellung des Baues erfolgen soll. Als Geldbeträge, die zum Zwecke der Bestreitung der Kosten eines Baues gewährt werden, gelten insbesondere:

1. solche, deren Auszahlung ohne nähere Bestimmung des Zweckes der Verwendung nach Maßgabe des Fortschreitens des Baues erfolgen soll,

2. solche, die gegen eine als Baugeldhypothek bezeichnete Hypothek (§ 33) gewährt werden.

§ 2. Zur Führung eines Baubuchs ist verpflichtet, wer die Herstellung eines Neubaues unternimmt und entweder Baugewerbetreibender ist oder sich für den Neubau Baugeld gewähren läßt. Über jeden Neubau ist gesondert Buch zu führen.

Neubau im Sinne dieses Gesetzes ist die Errichtung eines Gebäudes auf einer Baustelle, die zur Zeit der Erteilung der Bauerlaubnis unbebaut oder nur mit Bauwerken untergeordneter Art oder mit solchen Bauwerken besetzt ist, welche zum Zwecke der Errichtung des Gebäudes abgebrochen werden sollen.

Aus dem Baubuche müssen sich ergeben:

1. die Personen, mit denen ein Werk-, Dienst- oder Lieferungsvertrag abgeschlossen ist, die Art der diesen Personen übertragenen Arbeiten und die vereinbarte Vergütung;

2. die auf jede Forderung geleisteten Zahlungen und die Zeit dieser Zahlungen;

3. die Höhe der zur Bestreitung der Baukosten zugesicherten Mittel und die Person des Geldgebers sowie Zweckbestimmung und Höhe derjenigen Beträge, die gegen Sicherstellung durch das zu bebauende Grundstück (§ 1 Abs. 3), jedoch nicht zur Bestreitung der Baukosten gewährt werden;

4. die einzelnen in Anrechnung auf die unter Ziffer 3 genannten Mittel an den Buchführungspflichtigen oder für seine Rechnung geleisteten Zahlungen und die Zeit dieser Zahlungen;

5. Abtretungen, Pfändungen oder sonstige Verfügungen über diese Mittel;

6. die Beträge, die der Buchführungspflichtige für eigene Leistungen in den Bau aus diesen Mitteln entnommen hat.

Das Buch ist bis zum Ablaufe von fünf Jahren, von der Beendigung des letzteingetragenen Baues an gerechnet, aufzubewahren.

§ 3. Die Vorschriften des § 2 finden auch auf Umbauten Anwendung, wenn für den Umbau Baugeld gewährt wird.

§ 4. Bei Neubauten ist der Bauleiter verpflichtet, an leicht sichtbarer Stelle einen Anschlag anzubringen, welcher den Stand, den Familiennamen und wenigstens einen ausgeschriebenen Vornamen sowie den Wohnort des Eigentümers, und, falls dieser die Herstellung des Gebäudes oder eines einzelnen Teiles des Gebäudes einem Unternehmer übertragen hat, des Unternehmers in deutlich lesbarer und unverwischbarer Schrift enthalten muß. Wird der Bau von einer Firma als Eigentümer oder Unternehmer ausgeführt, so ist diese und deren Niederlassungsort anzugeben.

§ 5. Baugeldempfänger, welche ihre Zahlungen eingestellt haben oder über deren Vermögen das Konkursverfahren eröffnet worden ist und deren im § 1 Abs. 1 bezeichnete Gläubiger zur Zeit der Zahlungseinstellung oder der Konkurseröffnung benachteiligt sind, werden mit Gefängnis nicht unter einem Monate bestraft, wenn sie vorsätzlich zum Nachteile der bezeichneten Gläubiger den Vorschriften des § 1 zuwidergehandelt haben. Sind mildernde Umstände vorhanden, so kann die Strafe bis auf einen Tag Gefängnis ermäßigt oder auf Geldstrafe bis zu dreitausend Mark erkannt werden.

§ 6. Zur Führung eines Baubuchs verpflichtete Personen, welche ihre Zahlungen eingestellt haben oder über deren Vermögen das Konkursverfahren eröffnet worden ist und deren im § 2 Abs. 3 Ziffer 1 bezeichnete Gläubiger zur Zeit der Zahlungseinstellung oder der Konkurseröffnung benachteiligt sind, werden mit Gefängnis bis zu einem Jahre oder mit Geldstrafe bis zu dreitausend Mark bestraft, wenn sie das vorgeschriebene Baubuch zu führen unterlassen, oder es verheimlicht, vernichtet oder so unordentlich geführt haben, daß es keine genügende Übersicht, insbesondere über die Verwendung der zur Bestreitung der Baukosten zugesicherten Mittel, gewährt.

§ 7. Mit Geldstrafe bis zu einhundertfünfzig Mark und im Unvermögensfalle mit Haft bis zu vier Wochen wird bestraft, wer den Vorschriften des § 4 zuwiderhandelt.

§ 8. Die Vorschriften dieses Abschnitts finden auf Bauten, die bereits vor dem Inkrafttreten des Gesetzes begonnen sind, keine Anwendung.

Zweiter Abschnitt.
Dingliche Sicherung der Bauforderungen.
Erster Titel.
Geltungsbereich dieses Abschnitts.

§ 9. In den durch landesherrliche Verordnung bestimmten Gemeinden findet im Falle eines Neubaues eine Sicherung der Bauforderungen nach den Vorschriften dieses Abschnitts statt. Vor Erlassung der landesherrlichen Verordnung ist die Gemeinde, die amtliche Handelsvertretung, die Handwerkskammer des Bezirkes und die gesetzliche Arbeitervertretung zu hören.

Eine entsprechende Verordnung ist in Preußen nicht ergangen. Von dem Abdruck der weiteren Bestimmungen ist daher hier abgesehen worden.

Verordnung
zur Behebung der dringendsten Wohnungsnot.
Vom 9. Dezember 1919 (RGBl. S. 1968).

§ 1. Die Landeszentralbehörden sind verpflichtet, für diejenigen Bezirke, in denen sich ein dringendes Bedürfnis nach Klein- und Mittelwohnungen in der Übergangszeit nach dem Kriege herausstellt, zur schnellen Durchführung der Unterbringung obdachloser Familien Bezirkswohnungskommissare zu bestellen.

Bezirkswohnungskommissare sind in Preußen die Regierungspräsidenten, für Berlin ist es der Oberpräsident, im Siedlungsverband Ruhrkohlenbezirk der Verbandspräsident.

§ 2. Dem Bezirkswohnungskommissar liegt die Förderung der Herstellung geeigneter Klein- und Mittelwohnungen innerhalb seines Verwaltungsbezirkes ob.

§ 7. Zur Durchführung von Bau- oder Siedlungsvorhaben kann der Bezirkswohnungskommissar Befreiung von bestehenden landesgesetzlichen Vorschriften, Verordnungen, Ortsstatuten und Bauordnungen eintreten lassen oder Fristen zur Erledigung der erforderlichen Genehmigungsverfahren festsetzen. Ist ein Verfahren nach Ablauf der von dem Bezirkswohnungskommissar dafür festgesetzten Frist nicht durchgeführt oder sind die Widersprüche von Beteiligten nicht behoben, so hat der Bezirkswohnungskommissar das Recht, an Stelle der sonst zuständigen Verwaltungs- und Gemeindebehörden die Genehmigungen zu erteilen und die aus Anlaß des Bau- oder Siedlungsvorhabens zu zahlenden Gebühren und Beiträge festzusetzen. Hierbei ist er an die Vorschriften der Landesgesetze, Verordnungen, ortsstatutarischen Bestimmungen und Bauordnungen nicht gebunden.

Der Bezirkswohnungskommissar kann auch anordnen, daß die Gemeinden, Gemeindeverbände oder sonstigen Eigentümer den Anschluß an ihre Versorgungsnetze oder Entwässerungsanlagen unter den von ihm festzusetzenden angemessenen Bedingungen gestatten.

Der Bescheid des Bezirkswohnungskommissars wird mit der Zustellung an die beteiligten Gemeinden, Gemeindeverbände oder sonstigen Eigentümer wirksam. Gegen die Festsetzung der Entschädigung kann der Eigentümer, soweit es sich nicht um kommunale Versorgungsnetze oder Entwässerungsanlagen handelt, innerhalb von 14 Tagen, nachdem sie ihm zugestellt ist, die Entscheidung der Berufungsbehörde (§ 4 Abs. 3) anrufen; im übrigen ist der Bescheid des Bezirkswohnungskommissars unanfechtbar.

Die Gemeinde oder der Gemeindeverband hat kein Widerspruchsrecht gegen die Ausführung und Ingebrauchnahme der auf Anordnung des Bezirkswohnungskommissars errichteten Wohnungen.

Wohnungsmangelgesetz. Vom 26. Juli 1923.

(RGBl. I S. 754 und 1247.)

§ 1. Die oberste für das Wohnungswesen zuständige Landesbehörde kann Gemeindebehörden zu den nach diesem Gesetze zulässigen Anordnungen und Maßnahmen ermächtigen oder verpflichten. Sie kann die Anordnungen und Maßnahmen auch unmittelbar treffen oder die Berechtigung hierzu einer ihr unterstellten Behörde übertragen. Sie führt die Aufsicht über die Durchführung der Anordnungen oder Maßnahmen und erteilt die erforderlichen Anweisungen.

Vgl. die Verordnungen über die Lockerung der Wohnungszwangswirtschaft vom 11. November 1926 (GS. S. 300) und vom 4. Oktober 1927 (GS. S. 192) hinsichtlich der teuerern Wohnungen, Geschäftsräume und der Teilung von Wohnungen. § 2 des Gesetzes bleibt auch insoweit anwendbar. Durch die dritte Verordnung vom 13. Oktober 1927 wird das Wohnungsmangelgesetz für Gemeinden ohne Wohnungsnot mit gewissen Einschränkungen außer Anwendung gesetzt.

§ 2. Ohne vorherige Zustimmung der Gemeindebehörden dürfen

a) Gebäude oder Teile von Gebäuden nicht abgebrochen,

b) mehrere Wohnungen zu einer nicht vereinigt werden.

Räume, die bis zum 1. Oktober 1918 zu Wohnzwecken bestimmt oder benutzt waren, dürfen zu anderen Zwecken, insbesondere als Fabrik-, Lager-, Werkstätten-, Dienst- oder Geschäftsräume nicht verwendet werden. In besonderen Fällen kann die Gemeindebehörde Ausnahmen zulassen, wenn für den beanspruchten Raum neuer Wohnraum erstellt wird.

Die Baupolizei kann die Veränderung oder den Abbruch von Baulichkeiten verhindern, solange die notwendige Genehmigung des Wohnungsamtes nicht vorliegt (OVG. vom 19. Mai 1927 — IV A 8. 26 — PrVBl. Bd. 49 S. 53). Daraus folgt, daß sie eine etwa nachgesuchte Genehmigung zu baulichen Änderungen unter den gleichen Voraussetzungen versagen kann und im allgemeinen versagen muß, da es nach der angeführten Entscheidung Aufgabe der Polizei ist, Angriffe gegen die Rechtsordnung zu verhindern, die Erteilung der baupolizeilichen Genehmigung zu einer nach dem Wohnungsnotrecht unzulässigen baulichen Änderung jedoch einem Angriff auf die Rechtsordnung Vorschub leisten würde. Allerdings ist in einer älteren Entscheidung des Oberverwaltungsgerichtes (Bd. 78 S. 413) gesagt, daß das Verbot des Abbruches, soweit es sich auf die dem Magistrat auf dem Gebiete der Wohnungsfürsorge zustehenden Berechtigungen gründet, außerhalb der Zuständigkeit der Baupolizei liegt. Diese Entscheidung wird jedoch als durch die oben angeführte Entscheidung überholt angesehen werden müssen.

Dagegen ist nach dieser Entscheidung die Baupolizei nicht befugt, die Beseitigung eines entgegen dem Verbot des Wohnungsamtes hergestellten Zustandes zu fordern, soweit nicht polizeiliche Gründe hierfür vorliegen. Eine andere Frage ist es, inwieweit das Wohnungsamt hierzu berechtigt ist. Wegen des privatrechtlichen Ersatzanspruches vgl. Delius im PrVBl. Bd. 47 S. 180.

§ 3. Der Verfügungsberechtigte hat der Gemeindebehörde

a) unverzüglich Anzeige zu erstatten, sobald eine Wohnung oder Fabrik-, Lager-, Werkstätten-, Dienst-, Geschäftsräume oder sonstige Räume unbenutzt sind,

b) ihrem Beauftragten über die unbenutzten Wohnungen und Räume sowie über deren Vermietung Auskunft zu erteilen und ihm die Besichtigung zu gestatten.

Als unbenutzt gelten Wohnungen und Räume der bezeichneten Art, wenn sie völlig leerstehen oder nur zur Aufbewahrung von Sachen dienen, sofern dem Verfügungsberechtigten eine andere Aufbewahrung ohne Härte zugemutet werden kann, oder wenn der Verfügungsberechtigte seinen Wohnsitz dauernd oder zeitweilig in das Ausland verlegt hat.

§ 4. Die Gemeindebehörde kann für eine unbenutzte Wohnung oder andere unbenutzte Räume, die zu Wohnzwecken geeignet sind, von dem Verfügungsberechtigten verlangen, daß er mit einem der ihm bezeichneten Wohnungssuchenden innerhalb einer angemessenen Frist einen Mietvertrag abschließt. Kommt ein Mitvertrag nicht zustande, so setzt auf Anrufen der Gemeindebehörde das Mieteinigungsamt, falls für den Verfügungsberechtigten kein unverhältnismäßiger Nachteil aus der Vermietung an sich oder aus der Art des Mieters zu besorgen ist, einen Mietvertrag fest. Der Vertrag gilt als geschlossen, wenn der Wohnungssuchende oder der Verfügungsberechtigte nicht innerhalb einer vom Mieteinigungsamte zu bestimmenden Frist bei diesem Widerspruch erhebt. Der Inhalt des Vertrages gilt den Parteien gegenüber als vereinbart.

Das Mieteinigungsamt kann dabei anordnen, daß die Gemeinde an Stelle des Wohnungssuchenden als Mieter gilt und berechtigt ist, die Mieträume dem Wohnungssuchenden weiterzuvermieten.

Stellt der Verfügungsberechtigte der Gemeindebehörde Wohnräume, die eine abgeschlossene Wohnung nicht darstellen, oder abgeschlossene Wohnungen, die durch Teilung oder Ausbau einer Wohnung gewonnen werden, bevor eine Beschlagnahme erfolgt ist, freiwillig zur Verfügung, so genügt der Nutzungsberechtigte den Vorschriften des Abs. 1, wenn er mit einem der auf der Wohnungsliste der Gemeindebehörde eingezeichneten Wohnungssuchenden, die vor dem 1. Januar 1914 in Deutschland ihren Wohnsitz hatten oder zu den in § 14 dieses Gesetzes bezeichneten Personen gehören, einen Mietvertrag innerhalb der Frist abschließt. Die Gemeindebehörde ist verpflichtet, dem Verfügungsberechtigten Einblick in die Wohnungsliste zu gewähren.

Die Vorschriften des Abs. 3 gelten auch für den Fall, daß zur Verfügung gestellter Wohnraum durch Aufhebung des Mietvertrags wieder frei wird.

Der Abschluß eines Zwangsmietvertrages entbindet den Eigentümer nicht von seiner Verpflichtung gegenüber der Polizeibehörde. Dies kann nur dann unter Umständen angenommen werden, wenn es sich um Räume handelt, die gegen seinen Willen als Wohnräume in Anspruch genommen worden waren und der Zwangsmietvertrag also nicht lediglich die Auswahl des Mieters und die Festsetzung der Bedingungen betrifft (so Seydel im PrVBl. Bd. 47 S. 587, vgl. OVG. daselbst Bd. 48 S. 324 und Bd. 49 S. 26).

§ 5. Auf Anfordern der Gemeindebehörde hat der Verfügungsberechtigte der Gemeinde unbenutzte Fabrik-, Lager-, Werkstätten-, Dienst-, Geschäftsräume oder sonstige Räume (auch Dachgeschosse) zur Errichtung als Wohnräume gegen Vergütung zu überlassen. Das Mieteinigungsamt bestimmt die Höhe der Vergütung und die Zahlungsbedingungen, wenn eine Einigung hierüber nicht zustande kommt. Die Gemeindebehörde ist berechtigt, den Gebrauch der hergerichteten Räume einem Dritten zu überlassen, insbesondere sie zu vermieten.

Die Anordnung baulicher Veränderungen soll nur nach Anhörung des Verfügungsberechtigten erfolgen und nach Möglichkeit die Schaffung eines dauernd verwertbaren Zustandes anstreben.

Nach Fortfall der der Gemeindebehörde erteilten Ermächtigung sind dem Verfügungsberechtigten die Räume in angemessener Frist zurückzugewähren. Die Frist bestimmt, wenn eine Einigung nicht zustande kommt, das Mieteinigungsamt. Auf Verlangen des Berechtigten hat die Gemeinde den der früheren Zweckbestimmung und Ausstattung entsprechenden Zustand der Räume wiederherzustellen, es sei denn, daß ein schriftliches Einvernehmen über die vorgenommenen Änderungen erzielt war.

Die Beschlagnahme der Räume durch die Gemeinde bewirkt, daß der Eigentümer von der Verpflichtung frei wird, sie gemäß den polizeilichen Bestimmungen instand zu setzen (OVG. Bd. 78 S. 408, Bd. 79 S. 375 und 407, im PrVBl. Bd. 49 S. 26, 262, Seydel im PrVBl. Bd. Bd. 47 S. 586).

§ 6. Machen sich nach dem Ermessen der obersten Landesbehörde infolge besonders starken Mangels an Wohnungen außergewöhnliche Mißstände geltend, so kann die oberste Landesbehörde mit Zustimmung des Reichsarbeitsministers Gemeindebehörden auch zu anderen als den in den §§ 2 bis 5 bezeichneten Anordnungen und Maßnahmen, insbesondere zu Eingriffen in die Freizügigkeit sowie die Unverletzlichkeit der Wohnung und des Eigentums, desgleichen zu Beschränkungen der Zwangsvollstreckung, soweit solche Eingriffe und Beschränkungen zur Behebung oder Milderung der Wohnungsnot dringend erforderlich sind, ermächtigen oder verpflichten oder mit Zustimmung des Reichsarbeitsministers solche Anordnungen und Maßnahmen unmittelbar treffen oder die Berechtigung hierzu einer ihr unterstellten Behörde übertragen. Eingriffe sollen nur erfolgen, nachdem der Versuch einer gütlichen Einigung erfolglos geblieben ist. Soweit für Eingriffe in Privatrechte Entschädigung zu gewähren ist, haftet für die Zahlung der Entschädigung die Stelle, welche die Verfügung trifft.

Für den Fall, daß Umbauten zur Durchführung des Abs. 1 vorgenommen sind, gelten § 5 Abs. 2 und 3 entsprechend.

§ 17. Mit Geldstrafe von mindestens 20000 Mark und mit Gefängnis oder mit einer dieser Strafen wird bestraft:

1. wer einem gemäß § 2 erlassenen Verbote zuwiderhandelt,

2. wer einer gemäß § 3 erlassenen Anordnung zuwider vorsätzlich eine Anzeige oder Auskunft nicht oder nicht rechtzeitig erstattet oder wissentlich unrichtige oder unvollständige Angaben macht oder eine Besichtigung nicht gestattet,

3. wer einer Anordnung zuwiderhandelt, die auf Grund des § 6 erlassen worden ist.

Reichsstrafgesetzbuch. Vom 15. Mai 1871 (RGBl. 1876, S. 40).

§ 330. Wer bei der Leitung oder Ausführung eines Baues wider die allgemein anerkannten Regeln der Baukunst dergestalt handelt, daß hieraus für andere Gefahr entsteht, wird mit Geldstrafe bis zu neunhundert Mark oder mit Gefängnis bis zu einem Jahre bestraft.

1. Verantwortlich ist derjenige, der die Sicherheit der Arbeiter und des Publikums zu gewährleisten hat, z. B. der Maurer-, Zimmer-, Dachdeckermeister. Den Bauleiter trifft die Pflicht,

auch selbständige Handwerksmeister zu beaufsichtigen (Staats- und Selbstverwaltung Bd. 8 S. 306 Nr. 510). Auch einen Arbeiter kann die Verantwortung des Ausführenden nach obiger Strafvorschrift treffen. Der Bauherr ist in der Regel nicht Bauleiter, selbst wenn er den von ihm beauftragten Unternehmern oder den Aufsehern Anweisungen über die Art der Ausführung erteilt. Solche Anweisungen werden unter der stillschweigenden Voraussetzung gegeben, daß sie mit den Regeln der Baukunst nicht im Widerspruch stehen (Goltd., Arch. Bd. 30 S. 390). Auch Unterlassungen können strafbar sein (vgl. Ebermayer zu § 330 StGB., Baltz-Fischer S. 27 Ziff. 5, Satz S. 16 Ziff. 5).

2. Unter den Begriff Bau fallen Baulichkeiten aller Art, auch Erdarbeiten für die Fundamente, ferner Gerüste. Eine zum Besteigen eines Gerüstes dienende Leiter gilt als wesentlicher Bestandteil des Gerüstes (RGSt. Bd. 39 S. 418). Auch Abbruchsarbeiten sind als Bautätigkeit in obigem Sinne anzusehen (PrVBl. Bd. 15 S. 537, 11).

3. Ob ein Verstoß gegen allgemein anerkannte Regeln der Baukunst vorliegt, muß von Fall zu Fall festgestellt werden. Der Umstand, daß es sich um die Vorschriften einer Polizeiverordnung handelt, genügt nicht. Auch andere behördliche Vorschriften, wie Dienstanweisungen an nachgeordnete Stellen, bewirken nicht ohne weiteres eine „allgemein anerkannte“ Regel der Baukunst. Vielmehr müssen die Regeln der Baukunst in der Praxis erprobt und bewährt sein (RGSt. Bd. 44 S. 79, Goltd. Arch. Bd. 39 S. 208, Ebermayer a. a. O.).

§ 367. Mit Geldstrafe bis zu einhundertfünfzig Mark oder mit Haft wird bestraft:

6. wer Waren, Materialien oder andere Vorräte, welche sich leicht von selbst entzünden oder leicht Feuer fangen, an Orten oder in Behältnissen aufbewahrt, wo ihre Entzündung gefährlich werden kann, oder wer Stoffe, die nicht ohne Gefahr einer Entzündung beieinanderliegen können, ohne Absonderung aufbewahrt;

12. wer auf öffentlichen Straßen, Wegen oder Plätzen, auf Höfen, in Häusern und überhaupt an Orten, an wel-

chen Menschen verkehren, Brunnen, Keller, Gruben, Öffnungen oder Abhänge dergestalt unverdeckt oder unverwahrt läßt, daß daraus Gefahr für andere entstehen kann;

13. wer trotz der polizeilichen Aufforderung es unterläßt, Gebäude, welche dem Einsturz drohen, auszubessern oder niederzureißen;

14. wer Bauten oder Ausbesserungen von Gebäuden, Brunnen, Brücken, Schleusen oder anderen Bauwerken vornimmt, ohne die von der Polizei angeordneten oder sonst erforderlichen Sicherungsmaßregeln zu treffen;

Die Vorschriften beziehen sich nach der Rechtsprechung des Reichsgerichts auch auf den Bauherrn, jedoch wird dies von anderer Seite bestritten oder doch eingeschränkt (vgl. Ebermayer S. 1143 Ziff. 2 und die dort angegebene Literatur). Auch die Nichtbeachtung der Unfallverhütungsvorschriften der Berufsgenossenschaften (vgl. S. 364 Z. 2) ist strafbar. Durch die Verwirkung einer Geldstrafe nach §§ 850, 871 RVO. wird die Anwendung obiger Vorschrift nicht ausgeschlossen (Ebermayer a. a. O.).

15. wer als Bauherr, Baumeister oder Bauhandwerker einen Bau oder eine Ausbesserung, wozu die polizeiliche Genehmigung erforderlich ist, ohne diese Genehmigung oder mit eigenmächtiger Abweichung von dem durch die Behörde genehmigten Bauplane ausführt oder ausführen läßt.

1. Jede der genannten Personen haftet selbständig. Der Verwalter fremden Vermögens, der Bauausführungen für den Eigentümer vornimmt, haftet ebenfalls als Bauherr. Als Unternehmer haftet nur der eigentliche Ausführende, nicht die von ihm angestellten Personen, Gesellen usw. (vgl. Saß S. 18 Ziff. 19 bis 21).

2. Wegen des Begriffs Bau vgl. Anm. 2 zu § 330, ferner S. 18 f. und § 1 EVO.

Ein Bau ist auch dann als neu errichtet anzusehen, wenn beispielsweise ein aus Holz bestehendes Gebäude an eine andere Stelle gesetzt wird. Denn ein Bau an einer anderen Stelle ist von baupolizeilichen Gesichtspunkten aus nicht mehr der gleiche und kann einer ganz anderen baupolizeilichen Beurteilung unterliegen. Es würde nicht angehen, die eigenmächtige Versetzung von Baulichkeiten straflos zu lassen. Übrigens kann, wenn die obige Strafvorschrift nicht anwendbar ist, unter Umständen gleichwohl ein strafbarer Verstoß gegen die durch Polizeiverordnungen festgesetzte Anzeigepflicht vorliegen.

Genehmigt ist ein Bau nur dann, wenn die Genehmigung demjenigen erteilt ist, für dessen Rechnung der Bau ausgeführt wird, da die Genehmigung nicht übertragbar ist.

3. Verjährung tritt drei Monate nach Beendigung der Bauausführung ein. Wird nach erfolgter Bestrafung weitergebaut, so liegt eine neue Straftat vor.

§ 368. Mit Geldstrafe bis zu einhundertfünfzig Mark oder mit Haft bis zu vierzehn Tagen wird bestraft:

3. wer ohne polizeiliche Erlaubnis eine neue Feuerstätte errichtet oder eine bereits vorhandene an einen anderen Ort verlegt;

4. wer es unterläßt, dafür zu sorgen, daß die Feuerstätten in seinem Hause in baulichem und brandsicherem Zustande unterhalten, oder daß die Schornsteine zur rechten Zeit gereinigt werden.

§ 369. Mit Geldstrafe bis zu einhundertfünfzig Mark oder mit Haft bis zu vier Wochen werden bestraft:

3. Gewerbtreibende, welche in Feuer arbeiten, wenn sie die Vorschriften nicht befolgen, welche von der Polizeibehörde wegen Anlegung und Verwahrung ihrer Feuerstätten, sowie wegen der Art und der Zeit, sich des Feuers zu bedienen, erlassen sind.

Einführungsgesetz zum Bürgerlichen Gesetzbuch.

Art. 111. Unberührt bleiben die landesgesetzlichen Vorschriften, welche im öffentlichen Interesse das Eigentum in Ansehung tatsächlicher Verfügungen beschränken.

Art. 124. Unberührt bleiben die landesgesetzlichen Vorschriften, welche das Eigentum an Grundstücken zugunsten der Nachbarn noch anderen als den im Bürgerlichen Gesetzbuche bestimmten Beschränkungen unterwerfen. Dies gilt insbesondere auch von den Vorschriften, nach welchen Anlagen sowie Bäume und Sträucher nur in einem bestimmten Abstande von der Grenze gehalten werden dürfen.

Bürgerliches Gesetzbuch.

§ 93. Bestandteile einer Sache, die voneinander nicht getrennt werden können, ohne daß der eine oder der andere zerstört oder in seinem Wesen verändert wird (wesentliche Bestandteile), können nicht Gegenstand besonderer Rechte sein.

§ 94. Zu den wesentlichen Bestandteilen eines Grundstücks gehören die mit dem Grund und Boden fest verbundenen Sachen, insbesondere Gebäude, sowie die Erzeugnisse des Grundstücks, solange sie mit dem Boden zusammenhängen. Samen wird mit dem Aussäen, eine Pflanze wird mit dem Einpflanzen wesentlicher Bestandteil des Grundstücks.

Zu den wesentlichen Bestandteilen eines Gebäudes gehören die zur Herstellung des Gebäudes eingefügten Sachen.

§ 95. Zu den Bestandteilen eines Grundstücks gehören solche Sachen nicht, die nur zu einem vorübergehenden

Zwecke mit dem Grund und Boden verbunden sind. Das gleiche gilt von einem Gebäude oder anderen Werke, das in Ausübung eines Rechtes an einem fremden Grundstücke von dem Berechtigten mit dem Grundstücke verbunden worden ist.

Sachen, die nur zu einem vorübergehenden Zwecke in ein Gebäude eingefügt sind, gehören nicht zu den Bestandteilen des Gebäudes.

Die Frage, ob eine Baulichkeit Bestandteil eines Grundstücks ist, kann für die Baupolizei von Bedeutung sein, weil sie sich in erster Linie an den Eigentümer zu halten hat, gegebenenfalls also nicht an den Eigentümer des Grundstücks, sondern im Falle des § 95 an den Eigentümer des Gebäudes. Diese Fälle werden jedoch nicht häufig vorkommen.

Inhalt des Eigentums.

§ 903. Der Eigentümer einer Sache kann, soweit nicht das Gesetz oder Rechte Dritter entgegenstehen, mit der Sache nach Belieben verfahren und andere von jeder Einwirkung ausschließen.

§ 904. Der Eigentümer einer Sache ist nicht berechtigt, die Einwirkung eines anderen auf die Sache zu verbieten, wenn die Einwirkung zur Abwendung einer gegenwärtigen Gefahr notwendig und der drohende Schaden gegenüber dem aus der Einwirkung dem Eigentümer entstehenden Schaden unverhältnismäßig groß ist. Der Eigentümer kann Ersatz des ihm entstehenden Schadens verlangen.

§ 905. Das Recht des Eigentümers eines Grundstücks erstreckt sich auf den Raum über der Oberfläche und auf den Erdkörper unter der Oberfläche. Der Eigentümer kann jedoch Einwirkungen nicht verbieten, die in solcher Höhe oder Tiefe vorgenommen werden, daß er an der Ausschließung kein Interesse hat.

§ 906. Der Eigentümer eines Grundstücks kann die Zuführung von Gasen, Dämpfen, Gerüchen, Rauch, Ruß, Wärme, Geräusch, Erschütterungen und ähnliche von einem anderen Grundstück ausgehende Einwirkungen insoweit nicht verbieten, als die Einwirkung die Benutzung seines Grundstücks nicht oder nur unwesentlich beeinträchtigt oder durch eine Benutzung des anderen Grundstücks herbeigeführt wird, die nach den örtlichen Verhältnissen bei Grundstücken dieser Lage gewöhnlich ist. Die Zuführung durch eine besondere Leitung ist unzulässig.

§ 907. Der Eigentümer eines Grundstücks kann verlangen, daß auf den Nachbargrundstücken nicht Anlagen hergestellt oder gehalten werden, von denen mit Sicherheit vorauszusehen ist, daß ihr Bestand oder ihre Benutzung eine unzulässige Einwirkung auf sein Grundstück zur Folge hat. Genügt eine Anlage den landesgesetzlichen Vorschriften, die einen bestimmten Abstand von der Grenze oder sonstige Schutzmaßregeln vorschreiben, so kann die Beseitigung der Anlage erst verlangt werden, wenn die unzulässige Einwirkung tatsächlich hervortritt.

Bäume und Sträucher gehören nicht zu den Anlagen im Sinne dieser Vorschriften.

§ 908. Droht einem Grundstücke die Gefahr, daß es durch den Einsturz eines Gebäudes oder eines anderen Werkes, das mit einem Nachbargrundstücke verbunden ist, oder durch die Ablösung von Teilen des Gebäudes oder des Werkes beschädigt wird, so kann der Eigentümer von demjenigen, welcher nach dem § 836 Abs. 1 oder den §§ 837, 838 für den eintretenden Schaden verantwortlich sein würde, verlangen, daß er die zur Abwendung der Gefahr erforderliche Vorkehrung trifft.

§ 909. Ein Grundstück darf nicht in der Weise vertieft werden, daß der Boden des Nachbargrundstücks die erforderliche Stütze verliert, es sei denn, daß für eine genügende anderweitige Befestigung gesorgt ist.

Wenn statt des entfernten Erdreiches eine an sich ausreichende Stützmauer errichtet wird, so schützt dies den Nachbar gleichwohl nicht unter allen Umständen vor Nachteilen. Soll z. B. auf dem Nachbargrundstück eine Baulichkeit errichtet werden, so wird die Baupolizei unter Umständen trotz der Stützmauer hinsichtlich der Fundierung andere Forderungen stellen müssen, als wenn die ursprüngliche gleiche Höhenlage der beiden Grundstücke noch bestehen würde. Abgesehen hiervon würde sich die Baupolizei, wenn die Stützmauer auf dem vertieften Grundstück sich als nicht standfest genug erweist, um dem Druck der auf dem Nachbargrundstück stehenden Gebäude Widerstand zu leisten, wegen der Fundierung dieser Gebäude an den Nachbar, nicht an den Eigentümer der Stützmauer zu halten haben. Es kann demnach die Frage entstehen, ob eine „genügende anderweitige Befestigung" mit der Wirkung, daß sie die Entfernung des Erdreiches vollkommen ausgleicht und keine erhöhten Forderungen hinsichtlich der Fundierung bedingt, überhaupt möglich ist. Wenn nicht, so kann der Nachbar der Vertiefung widersprechen. Auch die Baupolizei ist hierzu unter Umständen befugt (OVG. Bd. 24 S. 98).

Erbbaurecht.

§ 1012. Ein Grundstück kann in der Weise belastet werden, daß demjenigen, zu dessen Gunsten die Belastung erfolgt, das veräußerliche und vererbliche Recht zusteht, auf oder unter der Oberfläche des Grundstücks ein Bauwerk zu haben (Erbbaurecht).

§ 1017. Für das Erbbaurecht gelten die sich auf Grundstücke beziehenden Vorschriften.

Die für den Erwerb des Eigentums und die Ansprüche aus dem Eigentume geltenden Vorschriften finden auf das Erbbaurecht entsprechende Anwendung.

Grundbienstbarkeiten.

§ 1018. Ein Grundstück kann zugunsten des jeweiligen Eigentümers eines anderen Grundstücks in der Weise belastet werden, daß dieser das Grundstück in einzelnen Beziehungen benutzen darf oder daß auf dem Grundstücke gewisse Handlungen nicht vorgenommen werden dürfen oder daß die Ausübung eines Rechtes ausgeschlossen ist, das sich aus dem Eigentum an dem belasteten Grundstücke dem anderen Grundstücke gegenüber ergibt (Grunddienstbarkeit).

§ 1019. Eine Grunddienstbarkeit kann nur in einer Belastung bestehen, die für die Benutzung des Grundstücks des Berechtigten Vorteil bietet. Über das sich hieraus ergebende Maß hinaus kann der Inhalt der Dienstbarkeit nicht erstreckt werden.

Nach dieser Vorschrift kann also von dem Nachbar nicht eine Tätigkeit, sondern nur ein Dulden verlangt werden, und nur in diesem Umfang ist eine rechtliche Sicherheit durch Eintragung einer Grunddienstbarkeit möglich (vgl. S. 328).

III. Teil.

Einheitsbauordnung.

Erlaß des Staatskommissars für das Wohnungswesen vom 25. April 1919.

Der anliegende Entwurf zu einer Bauordnung soll dem schon häufig beklagten Mangel der Einheitlichkeit der Vorschriften der einzelnen Bauordnungen Preußens abhelfen. Ich ersuche daher, dafür zu sorgen, daß er in allen Fällen, in denen der Neuerlaß von Bauordnungen für Städte, Landgemeinden mit stadtartiger Entwicklung und insbesondere Vororte größerer Städte bevorsteht oder in Vorbereitung ist, als Grundlage benutzt wird. Aber auch dort, wo die Bauordnungen Abweichungen wesentlicher Art enthalten, wo zum Beispiel eine Bauklasseneinteilung bisher nicht vorgesehen ist, oder wo die Vorschriften auf dem Großmietshause aufgebaut sind, oder wo ausreichende Vorschriften für den Flachbau nicht bestehen, oder wo die Bauordnungen noch nicht den sonstigen Anforderungen des Wohnungsgesetzes angepaßt sind, ist alsbald eine Neuaufstellung der Bauordnung im Anschluß an den anliegenden Musterentwurf einzuleiten.

Der Entwurf bezweckt, eine Vereinfachung in der Anordnung und Fassung der bisher geltenden baupolizeilichen Vorschriften zu erreichen, und enthält nur solche Bestimmungen, die eine Vereinheitlichung für ganz Preußen zulassen; er ist daher in die einzelnen Regierungs- oder Ortspolizeiverordnungen wörtlich zu übernehmen. Lediglich die wenigen in eckige Klammern gesetzten Stellen können dort, wo für solche Bestimmungen ein Bedürfnis nicht vorliegt, fortgelassen werden. Durch systematische Einteilung des Stoffes will der vorliegende Bauordnungsentwurf eine feststehende Reihenfolge der Abschnitte und eine Festlegung der Paragraphenüberschriften und -zahlen einführen, deren allseitige Annahme den Vorteil hat, daß unter bestimmten Nummern überall die gleichen Angelegenheiten behandelt werden. Wenn es auch einzelnen Behörden schwer fallen mag, sich von ihnen lieb gewordenen äußeren Eigentümlichkeiten in den Bauverordnungsvorschriften zu trennen, so muß ich doch im Interesse der Einheitlichkeit in der Anordnung des Stoffes und des schnelleren Zurechtfindens für alle Beteiligten auf die unveränderte Übernahme der Vorschriften in die Regierungs- und Ortspolizeiverordnungen besonderen Wert legen.

Dem berechtigten Verlangen, daß die örtlichen Besonderheiten hinreichend Berücksichtigung finden, ist dadurch Genüge geschehen, daß die wesentlichsten, für eine örtliche Regelung in Betracht kommenden Paragraphen unausgefüllt geblieben sind. Bei der Ergänzung sind die in der Anlage gegebenen Anregungen und Vorschriften zu beachten, im übrigen aber die heimischen Bauverhältnisse eingehend zu prüfen und die örtlichen Bedürfnisse zu berücksichtigen. Es steht nichts im Wege, daß auch an anderen Stellen, als denjenigen, wo auf eine Regelung durch Regierungs- oder Ortspolizeiverordnung verwiesen ist, Zusätze zu den anliegenden Vorschriften gemacht werden. Ich ersuche jedoch, hiervon nur in den dringendsten Fällen Gebrauch zu machen; denn die baulichen Beschränkungen, die die anliegende Bauordnung bringt, dürften im allgemeinen durchaus ausreichend sein. Keinesfalls dürfen in die Bauordnung technische Abweichungen, die auf persönlichen Auffassungen und Erfahrungen Ihrer jeweiligen zuständigen Berater beruhen, wieder Eingang finden, sondern es darf sich bei der Einfügung von Vorschriften nur um örtliche, auf klimatischer oder landwirtschaftlicher Verschiedenheit beruhende, anerkannte und berechtigte Baugewohnheiten handeln. Zu letzteren gehört z. B. die Einfügung von Vorschriften für diejenigen Gemeinden, in denen auf eine mehr als dreigeschossige Bauweise aus wirtschaftlichen Gründen auch in Zukunft nicht völlig verzichtet werden kann. Erweist sich eine derartige Bauweise in einzelnen Gemeinden für bestimmt umgrenzte Baugebiete als erforderlich, müssen verschärfte Bestimmungen, z. B. hinsichtlich der Standfestigkeit und Feuersicherheit, der Bauart, Gebäudeabstände und Treppenanlagen eingefügt werden.

Entwurf zu einer Bauordnung.

Inhaltsangabe.

Abschnitt I.

Geschäftliche Bestimmungen (Formvorschriften).

Abschnitt II.

Bauvorschriften.

§ 6. Zugänglichkeit der Grundstücke und der Lage der Gebäude.
§ 7. Bauliche Ausnutzbarkeit der Grundstücke.
§ 8. Gebäudeabstand.
§ 9. Gebäudehöhe.
§ 10. Feuerbeständige und feuerhemmende Bauweise.
§ 11. Standsicherheit.
§ 12. Grund- und Kellermauern.
§ 13. Aufgehende Wände.
§ 14. Brandmauern.
§ 15. Decken.
§ 16. Dächer.
§ 17. Treppen.
§ 18. Feuerstätten.
§ 19. Rauchrohre.
§ 20. Schornsteine.
§ 21. Wasserversorgung.
§ 22. Entwässerung und Beseitigung der Abfallstoffe.
§ 23. Lichtschächte.
§ 24. Äußere Gestaltung der baulichen Anlagen.
§ 25. Einfriedigung der Grundstücke, Vorgärten.
§ 26. Räume zum dauernden Aufenthalt von Menschen.
§ 27. Dach- und Kellerwohnungen.
§ 28. Einfamilienhäuser, Kleinhäuser, Mittelhäuser.
§ 29. Holzhäuser, Blockhäuser, Wohnlauben.
§ 30. Anforderungen für besondere Arten von Gebäuden.
§ 31. Fabrikbauten.
§ 32. Viehställe.

Abschnitt III.

§ 33. Schutzmaßregeln bei der Ausführung von Gebäuden und Arbeiterfürsorge.

Abschnitt IV.

§ 34. Abbruch von Gebäuden.

Abschnitt V.
Allgemeine Bestimmungen.

Abschnitt I.
Geschäftliche Bestimmungen.

§ 1. Gegenstand der Baugenehmigung und Bauanzeige. Zuständig zur Erteilung der baupolizeilichen Erlaubnis — Baugenehmigung — ist die Ortspolizeibehörde.

A. Der Baugenehmigung bedürfen:

a) alle neuen baulichen Anlagen über und unter der Erde; hierzu gehören auch Einfriedigungen an Straßen [und Grundstücksgrenzen, Blitzableiter], Brunnen, Dungstätten, Aborte, Abort- und Jauchegruben, Landungsstege, Leitungsmasten, soweit sie auf massivem Sockel aufgestellt sind, Zu- und Abflußleitungen sowie frei stehende Reklametafeln von mehr als 1 m² Größe, frei stehende Schaukästen u. dgl.;

b) bei bestehenden baulichen Anlagen die Herstellung oder Veränderung von tragenden oder unterstützenden Bauteilen (Wänden. Pfeilern, Decken, Eisenkonstruktionen), von Dächern, von Bauteilen, die über die Umfassungswände vortreten, von Fenster- und Türöffnungen in den Außenwänden, von Treppenanlagen, Licht-, Lüftungs- und Aufzugsschächten, Feuerstätten, Schornsteinen, Gasöfen, elektrischen Starkstromanlagen, Motoren, ferner die Veränderungen von Brunnen, Dungstätten, Aborten sowie die Veränderung in der Anlage und Einfriedigung von Vorgärten;

c) bei gewerblichen Zwecken dienenden Räumen jede Veränderung der inneren baulichen Einrichtung;

d) Veränderungen in der Benutzungsart baulicher Anlagen, soweit für die Räume in ihrer neuen Zweckbestimmung besondere baupolizeiliche Vorschriften bestehen. Dies gilt namentlich für die Einrichtung von Räumen zum dauernden Aufenthalt von Menschen, für die Einrichtung von gewerblichen, nicht unter den § 16 der Reichsgewerbeordnung fallenden Betriebsstätten, für die Einrichtung von Versammlungsräumen, für die Einrichtung von Lagerräumen für leicht entzündliche Stoffe usw.;

[e) der Verputz und der Anstrich oder die Ausfugung der vornehmlich Wohnzwecken dienenden Gebäude sowie die Veränderung aller von Straßen, Plätzen oder anderen öffentlichen Verkehrsflächen aus sichtbaren äußeren Umfassungswände].

B. Der Baugenehmigung bedürfen nicht:

a) die Herstellung und Entfernung von unbelasteten Wänden, abgesehen von den Fällen unter Ac;

b) gewöhnliche Unterhaltungsarbeiten an baulichen Anlagen [auch in den Fällen unter Ae];

c) die Errichtung von frei stehenden Reklametafeln bis zu 1 m² Größe, von kleinen Bauten ohne Feuerungsanlage von nicht mehr als 15 m² Grundfläche und 3 m Höhe bis zum First, wie Schuppen, offene Lauben, Garten- und Feldhäuschen, Baubuden u. dgl.; jedoch müssen auch diese baulichen Anlagen im übrigen den Vorschriften der Bauordnung genügen.

C. Bauanzeige.

Die Ortspolizeibehörde ist befugt, auf Antrag des Bauherrn bei weiteren als den unter Bc vorgesehenen geringfügigen baulichen Anlagen von der Forderung der Einholung der Baugenehmigung abzusehen und sich mit einer Bauanzeige zu begnügen; anderseits ist sie auch befugt, bei nicht genehmigungspflichtigen Bauten und Bauarbeiten (vgl. B) Bauanzeige oder Einholung der Baugenehmigung zu verlangen, sobald das öffentliche Interesse es erfordert. Mit der Ausführung eines Baues, von dem Bauanzeige erstattet ist, darf angefangen werden, wenn binnen fünf Tagen die Ortspolizeibehörde nicht widersprochen hat.

D. Bauten des Reiches, des Staates, der Gemeinden und der weiteren Kommunalverbände.

Bei Bauten, welche für Rechnung des Reiches, des Staates, der Gemeinden oder der weiteren Kommunalverbände unter Leitung von Baubeamten ausgeführt werden, müssen die Bauentwürfe mit den nach § 2 erforderlichen Unterlagen — in einfacher Ausfertigung — vor Beginn der Bauausführung der Ortspolizeibehörde zur baupolizeilichen Prüfung und Genehmigung vorgelegt werden. Eines rechnungsmäßigen Nachweises der Tragfähigkeit der Konstruktionen bedarf es bei diesen Bauten nicht.

E. Nach der Reichsgewerbeordnung (§§ 16, 24 und 25) genehmigungspflichtige Anlagen.

Die in den §§ 16, 24 und 25 der Reichsgewerbeordnung bezeichneten Anlagen bedürfen einer besonderen ortspolizeilichen Baugenehmigung nicht.

F. Neben der Baugenehmigung gesetzlich für Bauten vorgeschriebene polizeiliche Genehmigungen.

Bei Gründung neuer Ansiedlungen ist dem Antrage auf Baugenehmigung die Ansiedlungsgenehmigung — §§ 13 bis 20 des Gesetzes vom 10. August 1904 (GS. S. 227) —, bei Errichtung einer Feuerstätte in der Nähe einer Waldung, welche mehr als 100 ha im räumlichen Zusammenhange umfaßt, ist die hierfür nötige besondere Genehmigung — § 47 des Feld- und Forstpolizeigesetzes vom 1. April 1880 (GS. S. 230) —, bei Bauten im Überschwemmungsgebiet von Wasserläufen ist die nach dem Wassergesetz vom 7. April 1913 (GS. S. 53) vorgeschriebene Genehmigung beizufügen.

1. Wegen der Zuständigkeit der Behörden vgl. S. 21 f., hinsichtlich der nach §§ 16, 24 GO. genehmigungspflichtigen Anlagen S. 257.

2. Wegen des Begriffs der baulichen Anlagen vgl. S. 18. Auch Bauten des Reiches, Staates, der Gemeinden sind genehmigungspflichtig (§ 1 D), ferner die der Reichsbahn, soweit es sich nicht um Interessen der Eisenbahnanlagen als eigengearteter öffentlicher Transportanstalten handelt, insbesondere also nicht hinsichtlich des Bahnkörpers und seiner Anlagen. Zu den Anlagen des Bahnkörpers gehören z. B. Brücken, Viadukte und andere damit verbundene Baulichkeiten (OVG. Bd. 68 S. 446; PrVBl. Bd. 49 S. 108). Auch die Bahnsteige nebst Zubehör (Treppen, Überdachungen über den einzelnen Bahnsteigen) werden hierher zu zählen sein. Soweit die Baupolizei hiernach zuständig ist, soll nach einem Erlaß des Volkswohlfahrtsministers vom 17. Mai 1926 bis zum Abschluß der zwischen den beteiligten Ministerien schwebenden Verhandlungen von der Erteilung von Baugenehmigungen für Anlagen der Reichsbahn abgesehen werden. Dagegen sind Zeichnungen anzufordern und im Falle des Verstoßes gegen baupolizeiliche Vorschriften zu monieren. Auch Bauten von Verkehrsunternehmungen, die der landespolizeilichen Genehmigung nach dem Kleinbahngesetz

bedürfen, unterliegen der baupolizeilichen Prüfung und Genehmigung, und zwar jedenfalls insoweit, als es sich nicht um den eigentlichen Bahnkörper mit Zubehör handelt.

Wann eine Baulichkeit als „neue" anzusehen ist, ist Frage des Einzelfalles. Handelt es sich lediglich um die Ersetzung baufälliger oder zerstörter Teile, so liegt eine nicht genehmigungspflichtige Reparatur vor. Ist jedoch eine Baulichkeit derart zerstört, daß der Wiederaufbau als Neubau angesehen werden muß, so ist dieser genehmigungspflichtig. Wegen zerstörter gewerblicher Anlagen vgl. S. 252.

Wanderzirkusse bedürfen an jedem Aufenthaltsort der Genehmigung der Ortspolizeibehörde. Es ist aber zugelassen, von der Prüfung und Erteilung der Genehmigung in der üblichen Form des Bauscheines abzusehen, wenn ein von der Ortspolizeibehörde des Heimatsortes abgestempeltes Revisionsbuch und ein von derselben Behörde ausgestellter Bauschein mit angefügten genehmigten Bauzeichnungen und Festigkeitsberechnungen mit dem Einverständnisvermerk des für den Heimatort zuständigen Regierungspräsidenten vorgelegt wird. Jedoch können nur Bauscheine anerkannt werden, die höchstens zwei Jahre alt sind. Vor jeder Aufstellung muß ein Lageplan eingereicht werden, aus dem die Abstände der Zirkusbauten voneinander und von den Nachbargebäuden ersichtlich sind. Dieser Lageplan ist von der Baupolizeibehörde mit einem Genehmigungsvermerk zu versehen. Vor der Benutzung der Zirkusbauten muß eine Gebrauchsabnahme erfolgen (Erlaß vom 16. Februar 1921, Volkswohlf. S. 135, Baltz-Fischer S. 259).

3. Hinsichtlich der Einrichtung von Bauten als gewerbliche Betriebsstätten (oben Ad) vgl. S. 255, ferner wegen E S. 257.

4. Hinsichtlich der unter F genannten Gesetze vgl. S. 136 f.

§ 2. Bauantrag und Bauvorlagen. Der Antrag auf Erteilung der Baugenehmigung ist schriftlich bei der Ortspolizeibehörde einzureichen. Mit dem Antrage ist vorzulegen:

a) ein Lageplan, welcher im Maßstabe von nicht unter 1:500 — auf Erfordern der Ortspolizeibehörde in größerem Maßstabe —, bei Kleinhäusern nicht unter

1:1000, die Lage des Grundstücks zur Himmelsrichtung, zu den angrenzenden Grundstücken, Straßen, Plätzen und anderen öffentlichen Verkehrsflächen (Wasserstraßen, Eisenbahnen usw.) und gegebenenfalls auch zu Waldungen erkennen läßt. Dabei sind die etwa festgesetzten Straßen- und Baufluchtlinien und Höhenmarken einzuzeichnen; ferner ist die Entfernung des Baues von anderen baulichen Anlagen desselben Grundstücks, von Straßen, Plätzen und anderen öffentlichen Verkehrsflächen, von Nachbargrenzen und den Gebäuden auf Nachbargrundstücken unter Angabe der Bauart und Bedachung der benachbarten Gebäude, sowie die Lage von Brunnen und Dungstätten einzutragen. Die Übereinstimmung der eingetragenen Fluchtlinien und Höhenmarken mit dem Bebauungsplan ist vom Gemeindevorstand zu bescheinigen. Auf Verlangen der Ortspolizeibehörde muß der Lageplan durch einen vereideten Landmesser beglaubigt sein und eine prüfungsfähige Berechnung der zulässigen und der beanspruchten Bebauungsfläche enthalten.

Der Einreichung des Lageplans bedarf es nicht bei Umbauten, bei denen die Lage der äußeren Umfassungswände nicht verändert wird.

b) Bauzeichnungen. In den Bauzeichnungen sind bei Gebäuden darzustellen: die Grundrisse sämtlicher Geschosse mit Angabe der Maße und der Benutzungsart der Räume, die Querschnitte, von denen mindestens einer den Verlauf der Treppen zeigen muß, mit Angabe der Geschoßhöhen, die Ansichten der Gebäudeseiten, die von Straßen, Plätzen oder anderen öffentlichen Verkehrsflächen sichtbar werden, in besonderen Fällen auf Verlangen der Ortspolizeibehörde auch schaubildliche Darstellungen, die das Einpassen des Neubaues in die vorhandene Umgebung zeigen, ferner die Konstruktion und die Abmessungen des Baues im ganzen und in seinen Teilen mit Angabe der Art und der Stärke der zu verwendenden Baustoffe, die Höhenlage des Baues zu dem umgebenden Gelände der Straße und der Hoffläche [bei Wohngebäuden die Ansichten aller Außenflächen], bei Versammlungsräumen die lichten Breiten der Flure, Türen usw.

Soweit es zur baupolizeilichen Prüfung erforderlich ist, sind einzelne Teile des Bauplans durch Sonderzeichnungen zu erläutern.

Bauzeichnungen sind im Maßstabe von nicht unter 1:100 vorzulegen.

c) Festigkeitsberechnungen, durch welche die Tragfähigkeit der Konstruktionen, besonders der aus Eisen und Eisenbeton, aber auch ungewöhnlicher Holzverbände und besonders beanspruchter Teile des Mauerwerks oder Baugrundes rechnungsmäßig nachgewiesen wird.

d) ein Plan für die Vorgartenanlage. Der Plan muß den Grundriß und Querschnitt der Vorgartenanlage sowie eine Ansicht der Einfriedigung enthalten.

Zu a bis d. Bei geringfügigen baulichen Anlagen genügen schriftliche Darlegungen und Handzeichnungen. Aus ihnen muß mindestens die Art und der Zweck der baulichen Anlage hervorgehen. Bei gleichzeitig auf Grund feststehender Typen in gleichartiger Wiederholung auszuführenden Kleinhäusern (§ 28) bedarf es der Einreichung der Unterlagen zu b bis d nur für eins der Kleinhäuser und statt der einzelnen Lagepläne nur eines gemeinsamen Lageplanes.

Die Einreichung der Unterlagen unter c und d kann [mit Genehmigung der Ortspolizeibehörde] auch zu einem späteren [von dieser zu bestimmenden] Zeitpunkte erfolgen.

Das Grundstück, auf welchem gebaut werden soll, ist nach Straße, Hausnummer und Grundsteuerkatasternummer zu bezeichnen. Der Bauantrag muß ferner bei Wohngebäuden, Ställen und gewerblichen Anlagen eine Angabe über die Art der Entwässerung enthalten.

[Bei vornehmlich Wohnzwecken dienenden Gebäuden ist der Verputz und Anstrich oder die Ausfugung anzugeben.]

Die Bauzeichnungen sind in einer, das betreffende Material kennzeichnenden Darstellung auszuführen und auf dauerhaftem Papier oder auf Pausleinwand anzufertigen.

Sämtliche Bauvorlagen sind je in zwei Stücken — auf Erfordern der Ortspolizeibehörde in drei Stücken — einzureichen und müssen die Unterschriften des Bauherrn und des mit der Ausführung Beauftragten (Bauleiter, Bauunternehmer, Planverfasser) tragen. Die Namen des Bauleiters und des Bauunternehmers sowie der Wechsel dieser Personen, gegebenenfalls auch des Bauherrn, sind der Ortspolizeibehörde rechtzeitig schriftlich anzuzeigen.

Der Bauherr ist berechtigt, vor Einreichung des Bauantrages über einzelne den Bau betreffende Fragen die Entscheidung der Ortspolizeibehörde einzuholen.

Ergibt sich im Laufe der Bauausführung die Notwendigkeit einer Abweichung von dem genehmigten Bauplan, so ist die Abweichung sofort anzuzeigen und für sie nachträglich die Baugenehmigung einzuholen.

1. Die Einreichung eines Antrages ist regelmäßig der Anlaß zu der Prüfung des Projektes durch die Behörde. Jedoch ist

ein Antrag nicht Voraussetzung, auch kann nicht der Antrag, sondern nur die Einreichung der Unterlagen erzwungen werden (vgl. OVG. im PrVBl. Bd. 49 S. 52). Dies wird namentlich dann notwendig, wenn ein Bau ohne baupolizeiliche Genehmigung begonnen oder vollendet worden ist. In diesem Falle erfolgt die Genehmigung gegebenenfalls nachträglich.

2. Es ist zulässig, Vorprojekte zur Prüfung grundsätzlicher Fragen, z. B. über die Berechnung der bebaubaren Fläche und die Bebaubarkeit des Grundstücks, Lage und Zahl der Treppen usw. einzureichen. Auch über Dispensfragen kann im voraus die Entscheidung der zuständigen Behörde nachgesucht werden. Über die Prüfung von Vorprojekten pflegen in den Gebührenordnungen besondere Bestimmungen enthalten zu sein.

3. Baugrundstück ist dasjenige Gelände, auf dem der Bau errichtet werden soll und dessen Maße und Gestalt bei der Berechnung der bebaubaren Fläche zugrunde gelegt werden sollen. Es kann aus mehreren Grundbuchparzellen bestehen, auch kann ein Grundbuchblatt mehrere Baugrundstücke umfassen, so namentlich im Falle der Verpachtung einzelner Parzellen eines Geländes an mehrere Personen zu gesonderter wirtschaftlicher Ausnutzung.

Damit ein einheitliches Baugrundstück angenommen werden kann, muß eine gewisse tatsächliche Einheit in bezug auf Lage und Benutzung vorliegen. Mehrere verschiedenen Eigentümern gehörige und von ihnen benutzte Grundstücke werden in der Regel keine tatsächliche Einheit bilden. Wenn dagegen mehrere benachbarte Grundstücke demselben Eigentümer gehören, und für sie ein einheitliches Bauvorhaben in Aussicht genommen worden ist, so ist die Annahme eines einzigen Baugrundstückes möglich. Bilden jedoch zwei benachbarte Grundstücke mit darauf errichteten Häusern jedes für sich eine wirtschaftliche Einheit, so handelt es sich um zwei Baugrundstücke, selbst wenn sie demselben Eigentümer gehören (vgl. OVG. Bd. 56 S. 433, PrVBl. Bd. 25 S. 697, Baltz-Fischer S. 268 unter a). Auch Grundstücke, die von einer öffentlichen Straße durchschnitten werden, bilden kein einheitliches Baugrundstück, selbst wenn sie einheitlich bewirtschaftet werden.

Wegen des Begriffs des Baublocks vgl. S. 325, 390, wegen nachträglicher Veränderungen der Grundstücksgrenzen S. 368.

4. Zu den angrenzenden Grundstücken gehören auch Privatstraßen, z. B. die Zugangsstraßen zu den Bahnhöfen, soweit sie sich im Eigentum der Reichsbahn befinden, desgleichen Privatflüsse. Jedoch sind in ihrem natürlichen Zustand befindliche Betten von Flüssen und Bächen nicht als Nachbargrundstück im Sinne der Bauordnungen anzusehen (OVG. Bd. 55 S. 454, vgl. im übrigen Baltz-Fischer S. 269 unter b).

5. Wegen der das Grundstück kreuzenden Hochspannungsanlagen vgl. Volkswohlf. 1923 S. 522.

6. Die Bestimmung, daß die Übereinstimmung der eingetragenen Fluchtlinien und Höhenmarken mit dem Bebauungsplan vom Gemeindevorstand zu bescheinigen sei, ist nicht ganz klar. Selbstverständlich kann durch die Bauordnung dem Gemeindevorstand nicht eine Verpflichtung in dieser Hinsicht auferlegt werden. Die Bestimmung wird daher dahin auszulegen sein, daß die Baupolizei entweder selbst die vorgeschriebene Bescheinigung des Gemeindevorstandes (Tiefbauverwaltung) nachsuchen oder den Antragsteller hierzu veranlassen muß. Übrigens wird bei bestehenden Fluchtlinien die Höhenlage der Straße durchaus nicht immer feststehen (vgl. v. Strauß und Torney-Saß S. 84 Ziff. 2). In diesem Fall kommt die Bescheinigung der Übereinstimmung insoweit nicht in Betracht.

7. Die Personen, mit denen die Behörde zu tun hat, sind in erster Linie der Bauherr und der Ausführende. Der Unternehmer braucht bei Einreichung des Projektes noch nicht angegeben zu werden, sondern es genügt neben der Unterschrift des Bauherrn die des Bauleiters oder Planverfassers. Nicht ganz zweifelsfrei ist es, ob nach dem Grundsatz, daß jedes Baugesuch geprüft werden muß, sofern nur ein Interesse des Antragstellers daran erkennbar ist (vgl. S. 61 f.), auch die Unterschrift des Eigentümers in den örtlichen Bauordnungen, wie es in Berlin geschehen ist, verlangt werden kann. Aus §§ 65, 67 I 8 ALR. (so Baltz-Fischer S. 276) läßt sich dies meines Erachtens nicht herleiten, denn die Baupolizei muß jedes ernsthafte Bauprojekt prüfen und die Genehmigung erteilen, falls öffentliche Interessen nicht entgegenstehen. Auch allgemeine polizeiliche Gesichtspunkte können die Notwendigkeit der Unterschrift des Eigentümers in dieser Allgemeinheit kaum begründen. Dagegen ist die Forderung dann berechtigt, wenn jemand ein Projekt

überreicht, dessen Ausführung von vornherein zufolge der mangelnden Zustimmung des Eigentümers ausgeschlossen erscheint, also etwa dann, wenn auf einer Straße, einem Bahnhofsvorplatz oder anderem in öffentlicher oder privater Hand befindlichen Gelände, dessen Bebauung von vornherein ausgeschlossen ist, gebaut werden soll. In diesem Fall kann die Baupolizei die Prüfung ablehnen, wenn nicht der Antragsteller die Zustimmung des Grundstückseigentümers beibringt. Liegt kein solcher Fall vor, so wird von der Einholung der Unterschrift des Eigentümers selbst dann Abstand zu nehmen sein, wenn die Befugnis hierzu in der Bauordnung ausdrücklich festgestellt ist.

8. Ausländischen Korporationen und anderen juristischen Personen des Auslandes soll die Baugenehmigung zu gewerblichen Anlagen und die etwa erforderliche gewerbepolizeiliche Erlaubnis erst erteilt werden, nachdem sie die zum Erwerb von Grundstücken erforderliche Genehmigung auf Grund des Gesetzes vom 4. Mai 1846 (GS. S. 235) bzw. die auf Grund des AE. vom 14. Februar 1882 (GS. S. 18), oder die nach § 18 der Gewerbeordnung vom 22. Juni 1861 (vgl. § 12 der Reichsgewerbeordnung vom 1. Juli 1883, RGBl. S. 177) erforderliche ministerielle Erlaubnis zum Geschäftsbetrieb in Preußen erlangt haben (MinErl. vom 7. Februar 1897, MinBliV. S. 35, und vom 1. April 1902, MinBliV. S. 69).

§ 3. Erteilung der Baugenehmigung (Bauschein). Über die Baugenehmigung wird von der Ortspolizeibehörde ein Bauschein ausgestellt. Die Bauvorlagen werden von der Ortspolizeibehörde mit Genehmigungsvermerk versehen. Von den Bauvorlagen ist je ein Stück zusammen mit dem Bauschein dem Bauherrn auszuhändigen. Bauschein und genehmigte Bauvorlagen sind nicht mehr zu trennen und müssen vom Beginn der Arbeiten an zur Einsicht bereitgehalten werden.

Vor Aushändigung des Bauscheins darf mit dem Bau, abgesehen von der Anlage von Kalkgruben und der Vornahme gewöhnlicher Ausschachtungen, nicht begonnen werden. [Ausnahmsweise kann die Ortspolizeibehörde in besonderen Fällen auch vor Aushändigung des Bauscheins den Beginn der eigentlichen Bauarbeiten gestatten.]

Der Bauschein verliert seine Gültigkeit, wenn innerhalb Jahresfrist nach seiner Aushändigung mit dem Bau nicht begonnen oder wenn der begonnene Bau ein Jahr lang unterbrochen wird; doch kann die Gültigkeit auf Antrag verlängert werden.

Die Erteilung des Bauscheins erfolgt unbeschadet der Rechte Dritter.

1. Über die Prüfung des Projektes, das die Grundlage für die Genehmigung bildet, ist in der Einheitsbauordnung naturgemäß nichts gesagt, da es sich insoweit um eine interne Angelegenheit der Behörde handelt. In großen Städten liegt es auf der Hand, daß die Prüfung von den hier überall vorhandenen höheren und mittleren technischen Beamten und gegebenenfalls der statischen Prüfstelle vorgenommen wird. Eine staatliche Prüfstelle für statische Berechnungen ist bei der Bau- und Finanzdirektion in Berlin errichtet.

Hinsichtlich der Prüfung der Baugesuche in kleineren Städten und auf dem Lande sind die Ministerialerlasse vom 16. Oktober 1899 und 23. Juni 1900 (Baltz-Fischer S. 254 f.) von Bedeutung. Soweit darin die Anstellung von höheren Technikern verlangt wird, gelten als solche auch technische Kommunalbeamte, die zwar die zweite Prüfung nicht abgelegt haben, aber im Verlaufe einer längeren Tätigkeit den Nachweis ihrer Befähigung erbracht haben. (Baltz-Fischer S. 255.)

2. Abgesehen von der technischen Prüfung durch die Baupolizei selbst sind die Baugesuche nach anderen Gesichtspunkten unter Umständen noch von anderen Behörden zu prüfen und ihnen zu diesem Zwecke zur Begutachtung zuzuleiten, so der Gewerbe-Aufsichtsbehörde bei gewerblichen, nicht unter §§ 16, 24, 25 GO. fallenden Anlagen (vgl. S. 253 Z. 3), der Feuerwehr, der Straßenpolizei, der Straßenbaupolizei u. a. m. Ferner findet eine Nachprüfung nach gewissen verwaltungsrechtlichen Grundsätzen, insbesondere nach dem Fluchtliniengesetz und gegebenenfalls dem

Ansiedlungsgesetz statt. Hierzu kommen die neuerdings immer mehr in den Vordergrund gestellten städtebaulichen Gesichtspunkte, deren Berücksichtigung — soweit das Gesetz keine unmittelbare Grundlage für ihre Durchsetzung gibt — häufig auf dem Wege über das ortsstatutarische Bauverbot erzwungen wird. Im ganzen ist es unmöglich, sich dem Eindruck zu entziehen, daß die Freiheit des Bauens in Preußen in immer größerem Umfang eingeschränkt ist. Mag dies in gewissem Umfang im Interesse des Gemeinwohles berechtigt sein, so darf doch keinesfalls der Gesichtspunkt außer acht gelassen werden, daß die Behörden nach Möglichkeit die Bautätigkeit zu fördern und dem Publikum zu helfen haben. Jegliche Überspannung sowie jede schematische Anwendung an sich gegebener behördlicher Befugnisse muß daher vermieden werden. Ferner hat der Antragsteller einen Anspruch darauf, daß sein Gesuch ohne Zeitverlust behandelt wird. Soweit andere Dienststellen mit dem Gesuch zu befassen sind, muß die Baupolizei die Sache im Auge behalten und gegebenenfalls auf Beschleunigung dringen.

Wie bei der technischen Prüfung, so ist auch bei der Prüfung in verwaltungsrechtlicher Hinsicht die Baupolizei selbst verantwortlich. Sie muß also zu etwa erfolgten Einwendungen anderer Dienststellen Stellung nehmen und darf wegen einer offenbar durch Gesetz nicht begründeten Einwendung kein Baugesuch ablehnen. Soweit es nicht angängig erscheint, unbegründete Einwendungen außer acht zu lassen, muß die Entscheidung höherer Instanzen herbeigeführt werden.

3. Die Baugenehmigung kann an sich formlos erteilt werden. Dies empfiehlt sich aber nur in den einfachsten Fällen. Für den Normalfall ist in der Einheitsbauordnung die Baugenehmigung in Form eines Bauscheins vorgesehen. In den Fällen, in denen nach der Bauordnung die Genehmigung nur durch Bauschein erteilt werden kann, genügt eine mündliche Erklärung der Behörde nicht. Schon deshalb liegt auch in der stillschweigenden Duldung einer Baulichkeit keine Baugenehmigung, desgleichen nicht in einer Rohbau- oder Gebrauchsabnahme.

Bedingungen der Behörde brauchen nicht ausdrücklich in dem Bauschein erwähnt zu sein, vielmehr genügt unter Umständen die Kenntlichmachung in den Bauzeichnungen.

4. Die geprüften Bauvorlagen erhält der Antragsteller mit dem Genehmigungsvermerk zurück. Dieser kann mit Faksimilestempel unterzeichnet sein. Auch bei dem Bauschein selbst kann die Unterschrift durch einen Faksimilestempel ersetzt werden. Der Bauherr hat für einen angemessenen Aufenthaltsort an der Baustelle, an dem der Bauschein und die Zeichnungen eingesehen werden können, zu sorgen.

5. Wegen der Erteilung einer vorläufigen Bauerlaubnis ist in Berlin folgende Anweisung vom 1. Dezember 1925 erlassen worden: „Zwecks gleichmäßiger Handhabung der Vorschrift in § 3 Ziff. 1 Abs. 2 der neuen Bauordnung ersuchen wir, den Beginn der eigentlichen Bauarbeiten niemals eher zu gestatten, als bis die baupolizeiliche Prüfung des Entwurfs und der statischen Berechnungen, namentlich bei künstlichen Fundierungen, Eisenbetonkonstruktionen u. dergl. soweit abgeschlossen ist, daß keine wesentlichen Bedenken mehr vorliegen, besonders nicht hinsichtlich der Bodenpressungen, der Gründungsart und der Pfeilerstellungen. Ferner muß feststehen, daß

a) die Fluchtlinie nicht überschritten ist oder die Zustimmung der Gemeinde zur Überschreitung vorliegt,
b) die Straße anbaufähig fertiggestellt ist oder andernfalls die Ausnahmebewilligung der Gemeinde vorliegt.

Auch bei vorliegender Zustimmung zu a darf der Beginn der eigentlichen Bauarbeiten nicht gestattet werden in den Fällen der Verfügungen vom 22. Dezember 1922 BP.gen 3 (Dienstblatt I 1093) und vom 10. Januar 1924 BP.gen 3 (Die Verfügungen betreffen die Überschreitung einer nach § 10 FlG. genehmigten Fluchtlinie und Bauten außerhalb der Fluchtlinie auf Straßenland). Nur wenn eine fluchtlinienplanmäßig festgelegte, abgeschrägte Straßenecke mit Genehmigung der Gemeinde bebaut werden soll, kann von einer zuvorigen Zustimmung des Herrn Ministers abgesehen werden.

Die Erlaubnis darf sich bei Neubauten grundsätzlich nur auf die Vornahme der Erdarbeiten und Fundierungen und nur in ganz besonders gearteten Fällen, in denen auf Grund der bisherigen Unterlagen das Erfordernis einer nachträglichen Verstärkung der Gründung oder Änderung der Pfeilerstellungen völlig ausgeschlossen erscheint, auch auf die Herstellung des Kellergeschosses bis zur Erdoberfläche erstrecken. Liegen die genannten Voraussetzungen nicht vor oder soll die Erlaubnis zu Bauarbeiten über die Erdoberfläche hinaus erteilt werden, so ist ungesäumt und jedenfalls rechtzeitig die Zustimmung der Zentrale einzuholen. Ungenehmigte Bauten sind zu hindern. Sollten sie in ganz besonders dringenden Notfällen geduldet werden, so ist zunächst ehe etwas Weiteres geschieht an die Zentrale zu berichten.

Besteht die Vermutung, daß ein Bau ohne Genehmigung in Angriff genommen ist oder werden soll, so ist das Baupolizeirevier mit der Kontrolle zu beauftragen. Jeder Auftrag dieser Art ist in den Akten zu vermerken."

6. Über die rechtliche Bedeutung der Baugenehmigung vgl. S. 63.

§ 4. Baupolizeiliche Abnahmen. Der Bauherr hat der Ortspolizeibehörde anzuzeigen, wann er mit dem Bau beginnen will; er muß den von ihr mit der Überwachung betrauten Personen — Beamten, Sachverständigen — jederzeit Zutritt zur Baustelle und Einblick in den Bauschein und die Bauvorlagen gewähren.

Alle Bauten, die der Baugenehmigung bedürfen, unterliegen baupolizeilichen Abnahmen.

a) Die Rohbauabnahme hat zu erfolgen, sobald der Bau in seinen Mauern, Gewölben, Eisenkonstruktionen einschließlich derjenigen der notwendigen Treppen sowie in Balkenlagen und Dacheindeckung vollendet ist. Die Dacheindeckung darf hierbei eine vorläufige sein. Eine Teilabnahme einzelner Teile, insbesondere der Eisenkonstruktionen der Treppen, ist zulässig. Die Rohbauabnahme ist schriftlich bei der Ortspolizeibehörde zu beantragen. Bei der Rohbauabnahme müssen alle Teile des Baues sicher zugänglich sein und alle für die Standsicherheit wesentlichen Konstruktionen so weit offen liegen, daß die Abmessungen geprüft werden können. Über die Rohbauabnahme wird eine Bescheinigung — Rohbauabnahmeschein — erteilt. In dem Rohbauabnahmeschein wird der Zeitpunkt bestimmt, wann mit den inneren und äußeren Putzarbeiten begonnen werden darf.

Auf die Rohbauabnahme kann die Ortspolizeibehörde bei geringfügigen baulichen Anlagen verzichten. Ein solcher Verzicht ist im Bauschein ausdrücklich zu vermerken.

In besonderen Fällen kann auch eine Grundmauerabnahme oder die Abnahme anderer einzelner Bauarbeiten und Bauteile von der Ortspolizeibehörde im Bauschein ausdrücklich vorgeschrieben werden.

b) Der Gebrauchsabnahme unterliegen Gebäude, welche zum dauernden Aufenthalt von Menschen bestimmte Räume (§ 26) enthalten. Sie darf nicht früher als drei Monate nach Aushändigung des Rohbauabnahmescheins erfolgen. Für Einfamilienhäuser, Kleinhäuser und Mittelhäuser (§ 28) kann die Frist von der Ortspolizeibehörde ermäßigt werden, bei Kleinhäusern mit Mietwohnungen und bei Mittelhäusern jedoch auf höchstens zwei Monate wenn der Nachweis erbracht wird, daß infolge günstiger Bauzeit, Witterung und Bauart der Bau genügend ausgetrocknet ist. Die Ortspolizeibehörde kann die Frist ferner bei Umbauten, bei Fabrikgebäuden und Geschäftsgebäuden ermäßigen, wenn keine Nachteile zu erwarten sind. Zum Gebrauchsabnahmetermin hat der Bauherr eine Bescheinigung des Bezirksschornsteinfegermeisters über die Benutzbarkeit der Schornsteine und Feuerungsanlagen beizubringen. Über die Gebrauchsabnahme wird eine Bescheinigung — Gebrauchsabnahmeschein — erteilt. Vor Aushändigung des Gebrauchsabnahmescheins darf das Gebäude nicht in Benutzung genommen werden. Bei geringfügigen baulichen Anlagen kann die Ortspolizeibehörde auf die Gebrauchsabnahme verzichten. Der Verzicht muß im Bauschein ausdrücklich vermerkt sein.

c) Bauten des Reiches, des Staates, der Gemeinden und der weiteren Kommunalverbände.

Bei Bauten, die für Rechnung des Reiches, des Staates, der Gemeinden oder der weiteren Kommunalverbände unter Leitung von Baubeamten ausgeführt werden, bedarf es der baupolizeilichen Rohbau- und Gebrauchsabnahme nicht.

1. Die Unterlassung der Anzeige des Baubeginnes ist nach § 38 EBO. strafbar, desgleichen die Fortsetzung des Baues vor der vorgeschriebenen Bauabnahme.

2. Auf die erfolgte Anzeige vom Baubeginn setzt die Kontrolltätigkeit der Baupolizei ein. Diese hat die Bauausführungen dauernd zu überwachen, und zwar sollen größere Bauten mindestens einmal wöchentlich besichtigt werden (Erl. vom 22. März 1910, MinBliV. S. 99 Abs. 6). Bei Bauten des Reichs, des Staates, der Gemeinden usw. erübrigen sich die Kontrollen. Dies gilt jedoch nicht hinsichtlich der Überwachung der Bauten in bezug auf den Arbeiterschutz (vgl. S. 363). Bauten der Reichsbahn werden hinsichtlich der Überwachung wie Bauten des Reiches zu behandeln sein.

3. Üblicherweise wird über die Rohbauabnahme ein Protokoll aufgesetzt, in das Abweichungen von dem Bauschein aufzunehmen sind. Dieses ist dem anwesenden Bauherrn oder seinem Vertreter zur Unterschrift vorzulegen. Geringfügige Bemängelungen sollen nicht dazu führen, den Rohbauabnahmetermin als fruchtlos verlaufen zu bezeichnen, sondern es soll Gelegenheit gegeben werden, die Mängel zu beseitigen und dann nachträglich die Erteilung des Rohbauabnahmescheins nachzusuchen.

4. Entsprechendes gilt für die Gebrauchsabnahme. Das Verlangen, eine Bescheinigung des Schornsteinfegermeisters beizubringen, ist rechtlich bedenklich, da es Sache der Behörde ist, die erforderliche Sachkenntnis selbst zu haben oder ein etwa erforderliches Gutachten sich zu verschaffen. Die in der Einheits-

bauordnung getroffene Regelung entspricht aber den Bedürfnissen der Praxis. Es ist Sache des Bauherrn, den Bezirksschornsteinfegermeister so rechtzeitig hinzuzuziehen, daß er die erforderlichen Feststellungen treffen kann. Auch kann die Baupolizei dies veranlassen. Vgl. Erlaß vom 29. November 1921 (Volkswohlf. S. 517): „Es bleibt den örtlichen Baupolizeibehörden unbenommen, Besichtigungen der Bauten im Rohbau durch den Bezirksschornsteinfeger anzuordnen, sooft sie es im Einzelfall je nach der Zuverlässigkeit des Bauunternehmers oder der Sachkunde ihrer eigenen Kontrollbeamten für erforderlich halten. Ebenso ist es den Bauherren überlassen, wie sie sich die Bescheinigung des Bezirksschornsteinfegermeisters, die sie zum Gebrauchsabnahmetermin vorzulegen haben, verschaffen und wann sie diesen zur Vornahme von Besichtigungen im Bau befindlicher Schornsteine und Feuerungsanlagen auffordern wollen. Es steht auch nichts im Wege, dort, wo ein Bedürfnis hervortritt, durch örtliche Bekanntmachung Warnungen an die Bauenden zu erlassen, sich rechtzeitig die Mitwirkung des Bezirksschornsteinfegers bei Errichtung von Schornsteinen und Feuerungsanlagen zu sichern, damit sie bei nachträglicher Feststellung von Mängeln durch diese vor Schaden bewahrt werden.

Die ausdrückliche Aufnahme einer Vorschrift in die Bauordnung aber, daß zu der Rohbauabnahme und der Gebrauchsabnahme stets der Bezirksschornsteinfeger heranzuziehen ist, halte ich weder für erforderlich, noch für zweckmäßig. Eine derartige Vorschrift würde auch meinen Bestrebungen, den oft und nachdrücklich vertretenen Wünschen der Architektenschaft auf Abwälzung einer tunlichst weitgehenden Verantwortlichkeit auf die Bauausführenden nachzugeben und die Zahl der Bauvorschriften im einzelnen nach Möglichkeit einzuschränken, entgegenstehen".

5. Vor der Erteilung des Gebrauchsabnahmescheins dürfen Räume, die zum dauernden Aufenthalt von Menschen dienen, nicht in Benutzung genommen werden. Hierzu gehört beispielsweise das Einbringen von Möbeln in die Wohnungen (vgl. Johow Bd. 19 S. 264). Allerdings wird unter den heutigen Verhältnissen das Beziehen von Wohnungen häufig schon vor Erteilung des Gebrauchsabnahmescheins geduldet werden müssen. In diesem Falle empfiehlt es sich aus steuerlichen Gründen (vgl.

Erl. des FinMin. vom 20. Juli 1894 II 8947), eine vorläufige Benutzungserlaubnis auszusprechen. Die Gebrauchsabnahme oder die vorläufige Benutzungserlaubnis ist dem Katasteramt zum Zwecke der Grundvermögensteuerveranlagung mitzuteilen.

6. Das Verbot der vorzeitigen Benutzung betrifft nach dem Wortlaut der Einheitsbauordnung lediglich den Akt des Inbenutzungnehmens. Da dies nach § 38 strafbar ist, so kann es nicht durch Zwangsstrafen nach § 132 LVG. verboten werden (vgl. S. 215 Z. 6). Wird jedoch die verbotswidrig erfolgte Benutzung fortgesetzt und soll dieser Zustand beseitigt werden, so sind zu diesem Zwecke Zwangsstrafen nach § 132 LVG. zulässig, denn es handelt sich dann nicht mehr um die Belegung einer durch die Bauordnung verbotenen Handlung, nämlich der Beziehung der Wohnung, mit Strafe, sondern um eine Bestrafung wegen des Aufrechterhaltens des unzulässigen Zustandes. Übrigens handelt es sich bei dem Verbot der Benutzung vor der Gebrauchsabnahme um eine formelle Vorschrift, die für sich allein die Baupolizei noch nicht berechtigt, die Räumung zu verlangen. Dies ist vielmehr nur dann zulässig, wenn die Räume zur Benutzung nicht oder noch nicht geeignet sind (OVG. Bd. 51 S. 391, Bd. 69 S. 391).

7. Durch die Erteilung des Rohbau- oder Gebrauchsabnahmescheins erkennt die Behörde die ordnungsmäßige Herstellung der Räumlichkeiten an. Dies hindert sie jedoch nicht, nachträglich die Beseitigung eines von ihr etwa übersehenen oder nachträglich sich herausstellenden ordnungswidrigen Zustandes zu verlangen.

8. In der Berliner Bauordnung ist außerdem vorgeschrieben, daß auf Verlangen der Baupolizei eine Bescheinigung des städtischen Vermessungsamtes darüber beizubringen sei, daß die Fluchtlinie innegehalten ist. Um dieser Vorschrift zu genügen, wird zweckmäßig der Bauherr bereits die Absteckung der Fluchtlinie vor Beginn des Baues bei dem städtischen Vermessungsamt beantragen, zumal diesem die sichersten Unterlagen hierfür zur Verfügung stehen. Auch pflegt die Straßenbaupolizei dies zur Bedingung zu machen, die in den Bauschein als Forderung der Straßenbaupolizei aufgenommen wird. Die Forderung ist zweifellos zweckmäßig und wird sich auch rechtlich halten lassen, denn die Fluchtlinienpläne, nach denen die Absteckungen zu erfolgen haben, werden nicht immer geeignet sein, die Lage der

Fluchtlinien in bezug auf die Grenzen jedes betroffenen Grundstücks ohne oft weitausholende und Fehlerquellen in sich bergende Messungen und Berechnungen zu treffen. Er würden auch unabsehbare Schwierigkeiten entstehen, wenn die von einem Landmesser abgesteckte Fluchtlinie von dem städtischen Vermessungsamt bei Nachprüfung nicht anerkannt werden könnte. Man wird unter diesen Umständen ein polizeiliches Interesse an der Absteckung durch das städtische Vermessungsamt anerkennen müssen. Ohne Zweifel würde es zulässig sein, daß die Baupolizei selbst das Vermessungsamt um die Absteckung und die Bescheinigung ersucht.

§ 5. Ausnahmen und Befreiungen (Dispense). Alle Bestimmungen dieser Bauordnung gelten als zwingende, soweit nicht eine Ausnahme ausdrücklich zugelassen ist. Über letztere hat die Ortspolizeibehörde zu befinden. Auch von den zwingenden Vorschriften kann Befreiung (Dispens) erteilt werden, aber nur dann, wenn die Durchführung der Vorschrift im Einzelfall zu einer offenbar nicht beabsichtigten Härte führen würde und die Abweichung von den Vorschriften mit dem öffentlichen Interesse nicht unvereinbar ist, oder wenn das öffentliche Interesse eine Änderung erfordert. Zuständig für die Erteilung der Dispense ist der $\frac{\text{Bezirksausschuß}}{\text{[Regierungspräsident]}}$. Gegen die Beschlüsse des Bezirksausschusses findet binnen zwei Wochen die beim $\frac{\text{Bezirksausschuß}}{\text{[Regierungspräsidenten]}}$ einzubringende Beschwerde an den Oberpräsidenten statt, der endgültig entscheidet (Wohn.-Ges. vom 28. März 1918 Art. 4, § 5 — GS. S. 31 —).

1. Die Einheitsbauordnung unterscheidet zwischen Ausnahmen, die im Text ausdrücklich zugelassen sind, und Befreiungen (Dispense) von zwingenden Vorschriften. Um zugelassene Ausnahmen handelt es sich, wenn Wendungen wie „Ausnahmen sind zulässig" oder „können zugelassen werden", gebraucht werden, zu-

meist auch bei Ausdrücken wie „in der Regel", nicht dagegen bei der Fassung „es ist zulässig". In diesen Fällen wird vielmehr ein bereits durch die Bauordnung, nicht erst von der Behörde zugebilligter Nachlaß strengerer Anforderungen anzunehmen sein. Befreiungen können von allen materiellen Vorschriften der Bauordnung erteilt werden, sofern die im Text genannten Voraussetzungen dafür vorliegen. Jedoch wird dies hinsichtlich der grundlegenden Bestimmungen der Bauordnungen, insbesondere die Ausnutzbarkeit der Grundstücke, nur selten der Fall sein. Eine Härte ist nicht darin zu erblicken, daß die finanzielle Ausnutzbarkeit eines Grundstücks beeinträchtigt wird, vielmehr bildet dies die Regel. Da es sich bei den Dispensen nur um Befreiungen von Vorschriften der Bauordnung handelt, so kann im Wege des Dispenses natürlich nicht von der Innehaltung allgemeiner polizeilicher Vorschriften, insbesondere nicht von den nach § 10 II 17 ALR. zu stellenden Anforderungen entbunden werden.

Die Vorschriften des § 5 können sinngemäß nur auf den Abschnitt II der Einheitsbauordnung angewandt werden, denn hinsichtlich der formellen Vorschriften wird angenommen werden müssen, daß die Behörde ohne weiteres in der Lage ist, in geeigneten Fällen von der Durchführung von Bestimmungen beispielsweise über die Beschaffenheit der einzureichenden Unterlagen abzusehen, wenn dies ausnahmsweise einmal zulässig sein sollte. Hinsichtlich der Abschnitte III bis V kommt ein Dispens ebenfalls kaum in Betracht.

2. Bei der Prüfung von Dispensgesuchen ist die Gesamtheit der einschlägigen Verhältnisse in Betracht zu ziehen. In erster Linie muß das öffentliche Interesse stehen, das unter Umständen die Erteilung eines Dispenses sogar fordern wird. Wegen der hierbei zu stellenden Bedingungen vgl. S. 67. Im öffentlichen Interesse sind unter Umständen auch privatrechtliche Verhältnisse in Betracht zu ziehen, und es kann die Herbeiführung eines bestimmten privatrechtlichen Zustandes zur Bedingung gemacht werden. So ist es unter Umständen zulässig, eine Befreiung von der Abtretung des Straßenlandes an die Gemeinde abhängig zu machen (vgl. Baltz-Fischer S. 288 Abs. 2). Auch die Regelung der Beziehungen zu einem Nachbargrundstück, z. B. das Verlangen der Eintragung einer Dienstbarkeit zur Sicherung des Zustandes, der die Voraussetzung für die Erteilung des Dispenses

bilden soll, gehört hierher. Steht insoweit regelmäßig ein polizeiliches Interesse im Vordergrund, das durch Forderungen der genannten Art gesichert werden soll, so sind anderseits rein privatrechtliche Interessen um ihrer selbst willen bei der Gewährung von Dispensen zu berücksichtigen. Denn an der Innehaltung der Vorschriften der Bauordnung kann auch der Nachbar, der ja seinerseits ebenfalls an die Vorschriften gebunden ist, ein erhebliches Interesse haben, und es würde häufig unbillig sein, dies außer acht zu lassen. Der Nachbar wird also in jedem Fall zu hören sein, wenn seine Interessen berührt werden. Jedoch steht es im Ermessen der Behörde, wieweit sie diesem Rechnung tragen will. Den häufig genug auftretenden Bestrebungen von Nachbarn, sich ihre Zustimmung von dem Antragsteller abkaufen zu lassen, darf nicht durch zu große Rücksicht auf den Nachbar in Fällen, in denen dies nicht am Platz ist, Vorschub geleistet werden.

3. Die Gewährung einer Ausnahme erfolgt in der Regel ausdrücklich und pflegt besonderen Gebühren zu unterliegen. Jedoch kann unter Umständen in der Erteilung eines Bauscheins die stillschweigende Gewährung einer Ausnahme gesehen werden. Dies würde derjenige darzutun haben, der sich auf die erteilte Ausnahme beruft. Die stillschweigende Gewährung eines Dispenses kommt in der Regel deshalb nicht in Betracht, weil aus der Erteilung des Bauscheins durch die Ortspolizeibehörde nicht auf den Willen der Dispensbehörde geschlossen werden kann. Abgesehen hiervon würde in keinem Fall angenommen werden können, daß eine Behörde einen Dispens hat erteilen wollen, ohne daß dies ausdrücklich festgestellt worden ist.

4. Nach der Entscheidung des Oberverwaltungsgerichts Bd. 29 S. 354 enthält der Dispens eine Änderung des materiellen geltenden Rechts. Hieraus wird gefolgert, daß Dispense grundsätzlich unwiderrufbar seien und deshalb auch kein Widerruf vorbehalten werden dürfe (vgl. Baltz-Fischer S. 292 Ziff. 10). Dagegen weist das Oberverwaltungsgericht in der Entscheidung vom 8. März 1912 (BaupolizMittlg. Bd. 11 S. 11) mit Recht darauf hin, daß sich der Dispens nicht grundsätzlich von der Bauerlaubnis unterscheide. Unter den gleichen Voraussetzungen wie bei dieser muß auch die Zurücknahme von erteilten Dispensen zulässig sein, selbst wenn der Widerruf nicht vorbehalten ist (vgl. Pahlke im

Verwaltungsarchiv Bd. 32 S. 43, 44). Dies gilt jedenfalls dann, wenn die Voraussetzungen sich ändern, auf Grund deren der Dispens erteilt worden ist (vgl. OVG. a. a. O.).

5. Zuständig ist der Kreisausschuß oder Bezirksausschuß, sofern nicht in der Bauordnung etwas anderes bestimmt ist (vgl. MinErl. vom 21. September 1922 — II S. 631 —). Durch die örtliche Bauordnung kann also ein anderes zur Erledigung polizeilicher Aufgaben berufenes Organ bestimmt werden, und zwar auch die Ortspolizeibehörde selbst oder die Aufsichtsbehörde. Bei gewerblichen Anlagen, die nach §§ 16, 24 GO. genehmigungspflichtig sind, ist zur Erteilung des Dispenses die Genehmigungsbehörde zuständig. Wegen der Beschwerden gegen die Entscheidungen der Kreis- und Bezirksausschüsse vgl. §§ 121 LVG., 145 ZG., Art. IV § 5 WG. Liegt die Erteilung von Dispensen einer anderen Behörde ob, so ist nur die Beschwerde im Dienstaufsichtswege gegeben, jedoch geht die Beschwerde gegen die Entscheidungen der Regierungspräsidenten nicht an den Volkswohlfahrtsminister, sondern an den Oberpräsidenten (Art. IV § 5 WG.). Auch die Behörde kann Beschwerde gegen einen Dispensbescheid einlegen.

6. Ob die Behörde von dem ihr freigestellten Ermessen angemessenen Gebrauch gemacht hat, unterliegt nicht der Entscheidung des Verwaltungsrichters. Der angefochtene Bescheid darf jedoch nicht auf unverkennbar rechtlich unzulässigen oder auf tatsächlicher Anhaltspunkte entbehrenden Erwägungen beruhen, also nicht willkürlich sein (OVG. Bd. 6 S. 295, PrVBl. Bd. 8 S. 74 und 53). Es müssen erkennbar objektive Gesichtspunkte für die Entscheidung maßgebend gewesen sein. Hierzu gehört z. B. die Erwägung, daß eine Ausnahme grundsätzlich nicht zulassen sei. Im allgemeinen wird der Nachweis, daß die Behörde willkürlich gehandelt habe, kaum zu erbringen sein.

Abschnitt II.

Bauvorschriften.

§ 6. Zugänglichkeit der Grundstücke und Lage der Gebäude. Es dürfen nur solche Grundstücke bebaut werden, welche unmittelbar an einen öffentlichen Fahrweg (Fahrstraße) grenzen. Auf anderen Grundstücken kann die Ortspolizeibehörde die Errichtung von Gebäuden gestatten, wenn die Grundstücke einen eigenen Zugang — von angemessener Breite und Befestigung — von einem öffentlichen Fahrweg (Fahrstraße) haben oder wenn für sie die Herstellung eines solchen Zugangs sichergestellt ist. Für Gebäude auf frei liegenden Feldgrundstücken sind weitere Ausnahmen zulässig.

Für die Errichtung von Wohngebäuden an Straßen oder Straßenteilen, die nach den polizeilichen Bestimmungen des Orts für den öffentlichen Verkehr und den Anbau noch nicht fertiggestellt sind, gelten die hierfür auf Grund des Baufluchtliniengesetzes vom 2. Juli 1875 (GS. S. 561) erlassenen ortsstatutarischen und polizeilichen Bestimmungen.

Wo Baufluchtlinien nach Maßgabe dieses Gesetzes bestehen, müssen alle Gebäude in der Baufluchtlinie errichtet werden. Das gänzliche oder teilweise Zurücktreten der Gebäude hinter der Baufluchtlinie oder sonstige Abweichungen dürfen von der Ortspolizeibehörde gestattet werden, wenn sichergestellt ist, daß eine Verunstaltung des Straßen-, Orts- oder Landschaftsbildes vermieden wird. Wegen eines Überschreitens der Baufluchtlinie ist der §11 des genannten Gesetzes maßgebend.

1. Wegen des Begriffs Grundstücke vgl. S. 307 Z. 3.

2. Unter den öffentlichen Straßen (vgl. hierzu Kersten im PrVBl. Bd. 47 S. 591) sind hier auch die öffentlichen Plätze zu verstehen. Es kann sich auch um sogenannte uneigentliche Privatstraßen handeln, bei denen das Straßenland Privateigentum ist. Nur muß es sich um Straßenland handeln, das für den öffentlichen Verkehr unwiderruflich freigegeben ist. Die Straße muß bereits vorhanden und darf nicht lediglich durch Fluchtlinien ausgewiesen sein. Das Vorhandensein von Fluchtlinien hat daher keine ausschlaggebende Bedeutung. Auch an Straßen, die noch

nicht durch Fluchtlinien ausgewiesen sind, kann gebaut werden. Nach dem ortsstatutarischen Bauverbot sind allerdings häufig solche Straßen als noch nicht angelegt anzusehen. In diesem Fall greifen die ortsstatutarischen Bestimmungen gemäß § 12 FlG. Platz (vgl. S. 111). Ein Gebäude liegt auch dann an der Straße, wenn es höher als diese und durch eine Stützmauer von der Straße getrennt liegt.

3. Normalerweise liegen die Häuserfronten in der Baufluchtlinie, abgesehen von Hinterhäusern, um die es sich hier nicht handelt (vgl. Clouth S. 27 Ziff. 2). Wenn das Straßenbild nicht gestört wird, so soll das Zurücktreten gestattet werden können. Lediglich diese Rechtslage sollte anscheinend im Absatz 3 Satz 1 und 2 festgestellt werden. Dagegen dürfte sich Satz 1 daselbst nicht auf die Fälle des Überschreitens der Baufluchtlinie beziehen. Wollte man dies annehmen, so würde für jede Überschreitung ein Dispens erforderlich sein, was nach Satz 3 a. a. O. wohl ausgeschlossen sein sollte, denn die Vorschriften des § 11 FlG. genügen vollkommen, um sämtlichen in Betracht kommenden Interessen Rechnung zu tragen. Da danach ohnehin unter Umständen die Aufsichtsbehörde eingreifen muß — in Berlin ist gegebenenfalls sogar die Zustimmung des Staatsministeriums erforderlich —, so würde es namentlich in diesen Fällen eine unnötige Erschwerung bedeuten, wenn man außerdem noch einen Dispens als erforderlich betrachten wollte.

4. Eine nach § 11 FlG. zu beurteilende Fluchtlinienüberschreitung liegt nicht bei solchen Vorbauten vor, die durch die Bauordnung gestattet sind (vgl. v. Strauß u. Torney-Saß S. 126, Baltz-Fischer S. 311 Ziff. 8a, ferner § 80 ALR.). Eine andere Frage ist es, inwieweit die Gemeinde als Eigentümerin des Straßenlandes Vorbauten widersprechen kann. Dies ist mit Rücksicht auf §§ 78 bis 82 I 8 ALR. nicht unstreitig. Das Oberverwaltungsgericht (Bd. 28 S. 76, Bd. 35 S. 28) nimmt an, daß diese Vorschriften das Recht der Gemeinde als Eigentümerin des Straßenlandes unberührt lassen. Für die Baupolizei ist die Frage kaum von Bedeutung, da ein Widerspruch der Gemeinde als Eigentümerin des Straßenlandes, soweit es sich um Vorbauten der genannten Art handelt, bei der Beurteilung nach baupolizeilichen Gesichtspunkten wirkungslos sein würde (vgl. S. 63 Z. 5).

§ 7. Bauliche Ausnutzbarkeit der Grundstücke. Die Vorschriften dieses Paragraphen bleiben der Regelung durch Regierungs- oder Ortspolizeiverordnung überlassen.

1. Es handelt sich zunächst um die Geschoßzahl. Der Begriff der einzelnen Geschosse wird zuweilen zweifelhaft sein. Zum Begriff des Kellergeschosses gehört das Eingesenktsein unter die umgebende Erdoberfläche, jedoch ist nicht jedes eingesenkte Geschoß als Kellergeschoß anzusehen. So wird man namentlich bei eingeschossigen Gebäuden, wie Kirchen, Turnhallen, Kinotheatern, Sälen usw., deren Sohle tiefer liegt als der umgebende Erdboden, nicht sagen können, daß sie nur aus einem Kellergeschoß bestehen. Die Anschauungsweise des täglichen Lebens wird hier den Ausschlag geben müssen. Bei den Vollgeschossen können ebenfalls Zweifel entstehen, so bei Restaurationsbetrieben in mehreren Etagen, bei denen der obere Teil von den unteren nicht ganz abgeschlossen ist, sondern etwa in der Mitte den Blick in den unteren Teil freiläßt. In diesen Fällen werden in der Regel zwei oder auch mehr Geschosse anzunehmen sein. So hat das Oberverwaltungsgericht entschieden in einem Fall, bei dem in einem Raum von etwa 80 qm eine Galerie von etwa 38 qm Fläche sich befand, über und unter der ein Luftraum von 3 m Höhe freiblieb. (Entsch. v. 8. Juli 1913, XI A 15. 12). Auch die Grenze zwischen Dachgeschoß und einem unmittelbar durch eine flache oder wenig geneigte Decke abgeschlossenen Vollgeschoß ist häufig flüssig. Allgemein ist unter dem Dachgeschoß derjenige Gebäudeteil zu verstehen, der unmittelbar unter dem Dache liegt, von den Dachflächen eingeschlossen wird und den Dachstuhl enthält. (PrVBl. Bd. 29 S. 325, Bd. 30 S. 340, Baltz-Fischer S. 271 Z. 9.)

2. Außer der Geschoßzahl kann die Ausnutzbarkeit durch die bebaubare Fläche bestimmt werden, und zwar gemäß der Anlage zur Einheitsbauordnung zweckmäßig nach Zehnteln der Grundstücksfläche. Aus der Verbindung der Geschoßzahl mit der hieraus sich ergebenden Bruchzahl ist nach der Berliner Bauordnung eine „Ausnutzungsziffer" des Grundstücks zu berechnen. Jedoch folgt aus dieser Berechnungsmethode nicht, daß innerhalb der Ausnutzungsziffer das Grundstück in beliebiger Höhe oder Flächenausdehnung bebaut werden kann. Sie ist vielmehr nur von

Interesse in Verbindung mit gewissen anderen Vorschriften (z. B. § 7 Ziff. 17 BBO., vgl. Z. 3).

Ferner handelt es sich um die Ausdehnung und die Lage der Gebäude namentlich zur Straßenfront. Durch Bauordnung kann vorgeschrieben werden, daß Baugrundstücke über eine bestimmte Entfernung von der Baufluchtlinie hinaus in der Tiefe nicht bebaut werden dürfen. (OVG. Bd. 63 S. 443.) Vgl. im übrigen die Anmerkungen bei Baltz-Fischer S. 298f. und hinsichtlich der Berliner Bauordnung bei Clouth S. 30f.

3. Von besonderer rechtlicher Bedeutung sind die in der Berliner Bauordnung enthaltenen Vorschriften über Baugemeinschaften, durch die eine größere Ausnutzung einzelner Grundstücke zugelassen wird, wenn zugleich die normale Ausnutzung eines anderen Grundstücks in demselben Baublock beschränkt wird. Eine Durchbrechung der Bestimmungen über die Geschoßzahl der betreffenden Bauklasse soll aber nur ausnahmsweise zugelassen werden. Die Berliner Bestimmungen (§ 7 Z. 17 BBO.) lauten:

„Auf Grund eines einheitlichen Aufteilungs- und Bebauungsplanes für einen Baublock oder eine Siedlung kann für einzelne Grundstücke eine stärkere Bebauung der Grundstücksfläche als für die Bauklasse vorgesehen ist, zugelassen werden, wenn im ganzen Block keine größere Fläche bebaut wird, als insgesamt für den Baublock zulässig ist. — Baugemeinschaft. —

Ebenso kann in diesem Falle für einzelne oder alle Grundstücke eine höhere Bebauung zugelassen werden, wenn die Ausnutzungsziffer der Bauklasse des Gebietes nicht überschritten wird.

In beiden Fällen muß die Art der Bebauung in einer von der Baupolizei geforderten Form rechtlich gesichert werden, wobei auch eine nachträgliche Mehrbebauung auszuschließen ist."

Wie aus den Worten „für einzelne Grundstücke" in Absatz 1 hervorgeht, handelt es sich bei einem Baublock im Sinne obiger Vorschrift immer um mehrere Grundstücke. Besteht ein zur Bebauung bestimmtes Gelände aus einem einzigen Grundstück, so kann Ziffer 17 nicht angewandt werden. Die hier gewährten Vergünstigungen sind dann nur im Wege des Dispenses erreichbar. Übrigens läßt sich auch die in Absatz 3 vorgesehene rechtliche Sicherung im allgemeinen nur dann erzielen, wenn es sich um mehrere Grundstücke handelt. Denn zur Sicherung der baupolizeilichen Bedingungen hinsichtlich der geringeren Ausnutzung einzelner Grundstücke wird im allgemeinen nur die Eintragung einer Grunddienstbarkeit auf dem Grundbuchblatt des weniger ausgenutzten Grundstücks zugunsten des mehr ausgenutzten Grundstücks in Betracht kommen.

Das belastete Grundstück darf nicht demselben Eigentümer gehören wie das begünstigte Grundstück, jedoch ist es unschädlich, wenn dieser Zustand nach erfolgter Eintragung der Grunddienstbarkeit eintritt (RGZ. Bd. 47 S. 204, Bd. 39 S. 237). Eine Eintragung zugunsten der Behörde ist nicht statthaft (RGZ. Bd. 61 S. 338). Wenngleich das Reichsgericht diesen Standpunkt für gewisse Fälle neuerdings geändert hat (vgl. RGZ. Bd. 111 S. 392), so wird er hinsichtlich der hier in Betracht kommenden Eintragungen, bei denen es sich nur um öffentlich-rechtliche Beziehungen zwischen der Behörde und einer Privatperson handelt, nach wie vor als maßgeblich anzusehen sein (vgl. S. 393 a.a.O.). Wegen der hieraus sich ergebenden Folgerungen vgl. Brandi im PrVBl. Bd. 27 S. 887, Baltz-Fischer S. 251.

Der Inhalt der Eintragung richtet sich nach den von der Baupolizei zu stellenden Forderungen. Im Falle des § 7 Ziff. 17 Abs. 1 BBO. wird der Bruchteil der Fläche anzugeben sein, der nicht bebaut werden darf. Im Falle des Absatz 2 wird außerdem eine Beschränkung hinsichtlich der Geschoßzahl einzutragen sein. Eine Beschränkung des Inhalts, daß die Ausnutzung eines bestimmten Baublocks nicht die aus der Bauordnung sich ergebende Ausnutzungsziffer überschreiten darf, wie überhaupt die Bezugnahme auf Vorschriften der Bauordnung, ist nicht zulässig.

Soweit eine Grunddienstbarkeit hiernach nicht eingetragen werden kann, kommt die Vereinbarung einer Vertragsstrafe und als dingliche Sicherung die Eintragung einer Sicherungshypothek hierfür in Betracht. Jedoch ist darauf zu achten, daß hierbei nicht die Beleihung des Grundstücks in einer Weise verhindert wird, die das Zustandekommen des Projektes gefährdet.

Wird das nach § 7 Ziff. 17 BBO. weniger ausnutzbare Grundstück mehr als zulässig bebaut, jedoch so, daß die für das Grundstück für sich allein zugelassene Ausnutzung nicht überschritten wird, so kann nicht etwa gegen den Eigentümer dieses Grundstücks vorgegangen werden, sondern es muß von dem Eigentümer des Grundstücks, für das eine Mehrbebauung gegenüber der normalen zugelassen worden ist, die Herstellung eines den normalen Vorschriften der Bauordnung entsprechenden Zustandes verlangt werden. Hieraus ergibt sich, daß es im eigensten Interesse des Eigentümers des begünstigten Grundstückes liegt, die Löschung einer die Voraussetzung der Zulassung der Bebauung nach § 7 Ziff. 17 BBO. bildenden Grunddienstbarkeit nicht zu bewilligen. Ist eine Bebauung nach dieser Vorschrift in der Voraussetzung der grundbuchlichen Eintragung zugelassen worden und erfolgt die Eintragung nicht, so muß die Behörde gleichfalls die Herbeiführung eines solchen baulichen Zustandes verlangen, daß jedes Grundstück für sich allein den Vorschriften der Bauordnung entspricht. Diese Forderung muß gegebenenfalls mit Nachdruck durchgesetzt werden. Eine Härte liegt hierin insofern nicht, als ja der Forderung durch die Eintragung einer entsprechenden Grunddienstbarkeit jederzeit abgeholfen werden kann.

§ 8. Gebäudeabstand. Die Vorschriften dieses Paragraphen bleiben der Regelung durch Regierungs- oder Ortspolizeiverordnung überlassen.

1. Es handelt sich in erster Linie um die Lage von Baulichkeiten zu anderen Baulichkeiten auf demselben oder auf einem Nachbargrundstück. Man unterscheidet die offene und die geschlossene Bauweise. Im Gebiet der offenen Bauweise und dort, wo etwa im Gebiet der geschlossenen Bauweise bereits nach der offenen Bauweise gebaut worden ist, muß jeder Nachbar mit seinem Gebäude von der Grenze abrücken. Umgekehrt muß im Gebiet der geschlossenen Bauweise, oder wo im Gebiet der offenen Bauweise etwa bereits an die Grenze herangebaut worden ist, jeder Nachbar seine Gebäude an die Grenze setzen. Diese Vorschriften sind hinsichtlich der offenen Bauweise einfach zu handhaben, da in diesen Fällen die Baupolizei ohne weiteres in der Lage ist, die Genehmigung zu einer an die Grenze heranreichenden Baulichkeit zu versagen. Anders liegt die Sache, wenn eine geschlossene Bauweise anzustreben ist. Zwar kann gegebenenfalls das Heranbauen an die Grenze verlangt werden. Jedoch schließt dies nicht aus, daß häßliche Brandgiebel sichtbar bleiben, zumal wenn der Bau niedriger sein soll, als das Nachbar-

gebäude. Auch bei den Seitenflügeln und Seitengebäuden besteht die Gefahr, daß die Brandmauern unbedeckt bleiben, da die Baupolizei nicht die Möglichkeit hat, den Nachbar zur Errichtung eines Gebäudes zu zwingen, das diese dem Anblick entzieht. In der Berliner Bauordnung ist deshalb der Bau von Seitenflügeln und Seitengebäuden nur unter gewissen Voraussetzungen zugelassen worden, durch die dem besagten Übelstand vorgebeugt werden soll. Leider fehlt es jedoch an der Möglichkeit, die Errichtung von bedeckenden Nachbargebäuden durch grundbuchliche Eintragung zu sichern.

2. Höfe müssen gewisse Mindestabmessungen haben, deren Berechnung bei ungleichmäßiger Gestaltung allerdings häufig zweifelhaft sein wird (vgl. OVG. Bd. 63 S. 433). Die Beschaffenheit der Höfe unterliegt der Aufsicht durch die Baupolizei. Diese hat dafür zu sorgen, daß nicht durch Unebenheiten Gefahren für die Anwohner entstehen und nicht durch die Lagerung von Gegenständen die für die Feuerwehr erforderliche Bewegungsfreiheit beeinträchtigt wird. Das gleiche gilt von den Durchfahrten. Die Freihaltung von Durchfahrten von baulichen Anlagen kann gegebenenfalls auf Grund der besonderen baupolizeilichen Vorschriften, von anderen Gegenständen nach § 10 II 17 ALR., soweit erforderlich, von der Baupolizei verlangt werden (vgl. OVG. Bd. 61 S. 408).

3. Wegen der Hofgemeinschaften gilt Entsprechendes wie oben über Baugemeinschaften (S. 325) ausgeführt ist. Insbesondere ist auch hier die Eintragung einer entsprechenden Grunddienstbarkeit nur möglich, wenn das belastete und das begünstigte Grundstück nicht demselben Eigentümer gehören. Die Eintragung muß etwa dahin gehen, daß der Eigentümer des belasteten Grundstücks nicht berechtigt ist, die auf dem — dem Antrag auf Eintragung angehefteten — Lageplan mit . . . bezeichnete Hoffläche zu bebauen, abgesehen etwa von solchen Baulichkeiten, die nach der Bauordnung nicht als Bebauung zu rechnen sind.

4. Nach der Anlage zur Einheitsbauordnung sollen hier auch die Vorschriften über Wohn- und Industriegebiete gebracht werden, außerdem gegebenenfalls die Vorschriften über die Ortsteile, die gegen störende Betriebe (vgl. Art. IV § 1 Ziff. 2 WG.) geschützt werden sollen. Wann ein Betrieb als störend anzusehen ist, muß von Fall zu Fall beurteilt werden. Un-

gewöhnliches Geräusch, das ein Verbot des Betriebes begründen würde, entsteht z. B. nicht in einem größeren, gewerblich nicht unbedeutenden Bezirk durch den handwerksmäßigen Betrieb einer Schmiede (OVG. 61 S. 414).

In Berlin ist über das Gesetz hinaus die Bildung von Geschäftsvierteln vorgesehen. Da diese Bestimmungen nicht auf gesetzlicher Grundlage beruhen, so können Geschäftsviertel nicht durch die Bauordnung ausgewiesen, sondern nur auf Grund einer Vereinbarung mit den Grundstückseigentümern anerkannt werden mit der Wirkung, daß eine größere Ausnutzung möglich wird, wogegen keine neuen Wohnungen eingerichtet werden dürfen. Es handelt sich hierbei um einen Versuch, hinsichtlich dessen praktische Erfahrungen noch nicht vorliegen.

§ 9. Gebäudehöhe. Als Gebäudehöhe ist das Maß von der Erdoberfläche des Außengeländes vor den Umfassungswänden bis zur Schnittlinie der Umfassungswände mit der Dachfläche zu verstehen. Ist eine Dachbrüstung (Attika) vorhanden, so ist ihre Höhe mitzurechnen.

Bei Giebelhäusern wird die Gebäudehöhe bis zu ein Drittel Höhe des Giebeldreiecks gerechnet.

Ist die Erdoberfläche in der Längsrichtung der Frontwand geneigt, so ist das mittlere Höhenmaß in Rechnung zu stellen.

Aufbauten auf den an der Straße liegenden Frontwänden, wie Türme, Giebel, Luken, sind der Fronthöhe im Durchschnitt zuzurechnen. Ausnahmen im Einzelfalle kann die Ortspolizeibehörde zulassen, wenn zu befürchten ist, daß infolge des Wechsels in den Hauptgesimshöhen das Straßenbild nachteiliger beeinflußt wird, als es von einzelnen Aufbauten zu erwarten ist. Auch bei Eckhäusern und solchen Häusern, die Straßenzielpunkte bilden, können im Interesse schönheitlicher Ausgestaltung von der Ortspolizeibehörde Ausnahmen zugelassen werden.

Die weiteren Vorschriften dieses Paragraphen bleiben der Regelung durch Regierungs- oder Ortspolizeiverordnung überlassen.

Vgl. die Ausführungsanweisung (S. 381), ferner Baltz-Fischer S. 314f., Clouth S. 54f.

§ 10. Feuerbeständige und feuerhemmende Bauweise. Bauliche Anlagen sind in allen wesentlichen Teilen feuerbeständig herzustellen, sofern nicht in den Vorschriften dieser Bauordnung ein geringerer Feuerschutz — feuerhemmende Bauweise — zugestanden oder überhaupt kein besonderer Feuerschutz gefordert wird.

Die Anforderungen, die an die feuerbeständige oder feuerhemmende Bauweise zu stellen sind, müssen denjenigen entsprechen, die im Regierungsamtsblatte öffentlich bekanntgegeben werden.

Der Begriff „feuerbeständig" tritt an die Stelle des bisherigen Begriffes „feuerfest", der Begriff „feuerhemmend" an die Stelle des bisherigen Begriffes „feuersicher". Vgl. ferner den Erlaß vom 12. März 1925 — II 9. 161 —.

§ 11. Standsicherheit. Bauliche Anlagen sind in allen Teilen nach den Erfahrungen der Baukunst aus guten, zweckentsprechenden Baustoffen herzustellen. Die Anforderungen, welche an die Festigkeit der Baustoffe zu stellen, die Zahlen, die den Festigkeitsberechnungen zugrunde zu legen, und die Belastungen, die für den Baugrund und die einzelnen Gebäudeteile zulässig sind, sowie sonstige Konstruktionsvorschriften müssen denjenigen entsprechen, die im Regierungsamtsblatte öffentlich bekanntgemacht werden.

Tragende Teile von Stein oder Metall dürfen nicht auf Holz gelagert werden. Ausnahmen kann die Ortspolizeibehörde zulassen.

Verzierungen, Gesimse und sonstige Bauteile am Äußeren eines Gebäudes dürfen nur in solchen Baustoffen hergestellt werden, die sich in dauerhafter Weise an dem Baukörper befestigen lassen.

1. Jede bauliche Anlage muß für sich allein stehen können (vgl. OVG. Bd. 45 S. 407, ferner S. 47, 293).

2. Bekanntmachungen, die nach obiger Vorschrift erlassen sind, haben nicht die Bedeutung selbständiger Polizeiverordnungen, sondern enthalten lediglich eine Mitteilung der Grundsätze, nach denen die Prüfung stattfinden wird. Sie genügen nicht für sich allein, um polizeiliche Forderungen zu rechtfertigen, sondern nur im Zusammenhang mit anderen baupolizeilichen Vorschriften, auf Grund deren ohne den Nachweis einer Gefahr Forderungen gestellt werden können, oder in Verbindung mit § 10 II 17 ALR.

§ 12. Grund- und Kellermauern. Tragende Mauern und Pfeiler müssen auf festem, natürlichem oder künstlich befestigtem Boden unter Frosttiefe gegründet sein. Für Kleinhäuser kann die Ortspolizeibehörde von der Vorschrift, daß die Mauern bis unter Frosttiefe geführt werden sollen, Ausnahmen zulassen.

Zur Verhütung des Aufsteigens und des seitlichen Eindringens der Bodenfeuchtigkeit sind Grund- und Kellermauern in Gebäuden mit Räumen zum dauernden Aufenthalt von Menschen (§ 26) durch Isolierung zu schützen.

§ 13. Aufgehende Wände. Die Vorschriften dieses Paragraphen bleiben der Regelung durch Regierungs- oder Ortspolizeiverordnung überlassen.

§ 14. Brandmauern. Brandmauern sind Mauern, die bestimmt sind, die Verbreitung eines Brandes zu verhindern. Sie müssen von Grund aus feuerbeständig, ohne Öffnungen und Hohlräume in der Stärke von mindestens einem Stein hergestellt werden. Hölzerne Träger, Balken und Rahmenstücke dürfen in Brandmauern nur eingelegt werden, wenn die Mauer noch mindestens 13 cm stark verbleibt und auf der anderen Seite verputzt wird. Brandmauern brauchen nicht über Dach geführt werden, müssen aber beiderseitig bis unter die Dachhaut geputzt sein.

Brandmauern sind herzustellen:

a) zum Abschluß von Gebäuden, die unmittelbar an der Nachbargrenze errichtet werden. Gemeinsame Brandmauern sind zulässig. (Wegen der Doppel-, Gruppen- und Reihenhäuser vergleiche den vorletzten Absatz dieses Paragraphen.)

b) zur Trennung von Räumen mit Feuerstätten von anderen Räumen auf demselben Grundstück, die infolge ihrer Bauart oder Benutzung der Feuersgefahr besonders ausgesetzt sind;

c) in ausgedehnten Gebäuden mindestens in Abständen von 40 m.

Die Ortspolizeibehörde kann zulassen, daß Brandmauern zwecks einheitlicher Benutzung der Räume durch Öffnungen durchbrochen werden. Diese sind im Dachgeschoß stets, in den übrigen Geschossen in der Regel mit feuerhemmenden und rauchsicheren Türen zu versehen (§ 10).

In Doppel-, Gruppen- und Reihenhäusern, sofern sie Einfamilienhäuser, Kleinhäuser oder Mittelhäuser (§ 28) sind, kann zugelassen werden, daß die Trennungswand zwischen zwei Gebäuden einen halben Stein stark oder als Fachwerkwand hergestellt wird; in Abständen von ungefähr 40 m sind aber die Trennungswände feuerbeständig ohne Öffnungen in der Stärke der Brandmauern herzustellen.

Enthält ein einzelnstehendes Einfamilienhaus oder ein Kleinhaus Wohn- und Wirtschaftsräume unter einem Dach, kann die Trennungswand ebenfalls einen halben Stein stark oder als Fachwerkwand hergestellt werden, wenn sie durch beiderseitigen Verputz auch im Dachraum feuerhemmend und wenn die Eindeckung feuerbeständig ist.

1. Grundsätzlich sollen Brandmauern keine Öffnungen haben. Diese Vorschrift dient in erster Linie der Feuersicherheit. Ob das Nachbargrundstück bebaut ist und in welcher Weise es benutzt wird, ist ohne Belang (OVG. Bd. 6 S. 309). Außerdem liegt ein baupolizeiliches Interesse daran, daß die dem Nachbargrundstück zugewendeten unmittelbar an der Grenze liegenden Wände nicht durch Öffnungen durchbrochen werden, insofern vor, als durch Lichtöffnungen ein Fensterrecht entstehen könnte, und zwar auch durch kleine Lichtöffnungen mit Glasbausteinen oder ähnlichem Verschluß (RGZ. vom 26. April 1913 V 555/12). Die Entstehung des Fensterrechtes würde zur Folge haben, daß der Nachbar nicht an die Grenze heranbauen darf, was an sich unerwünscht sein und im Gebiet der geschlossenen Bauweise einen Widerspruch mit den baupolizeilichen Bestimmungen bedeuten würde. Unter Umständen, z. B. wenn ein schmales Baugrundstück zwischen zwei Brandmauern mit Fenstern liegt, würde überhaupt die Möglichkeit der Bebauung genommen und eine Baulücke dadurch verewigt sein. In Berlin sind Öffnungen mit eingemauerten Glasverschlüssen durch Polizeiverordnung vom 18. Oktober 1913/9. November 1925 verboten. Danach kann auch die Entfernung vorhandener Glasanschlüsse verlangt werden.

2. Dem Nachteil, der durch die Entstehung eines Fensterrechtes nach § 142 I 8 ALR. entstehen würde, kann durch die Eintragung einer Grunddienstbarkeit des Inhalts vorgebeugt werden, daß die Entstehung eines Fensterrechts ausgeschlossen und der Eigentümer des benachbarten Grundstücks berechtigt sei, die Lichtöffnungen zuzubauen. Für bestimmte Teile des alten Berlins bedarf es übrigens einer solchen Eintragung nicht, da für dies Gebiet bei Einführung des Allgemeinen Landrechts am 1. Juni 1794 die „Spezialbauobservanzen für Berlin", die das Nachbarrecht regeln, in Kraft geblieben sind. Danach kann durch das bloße Vorhandensein von Fenstern in der dem Nachbargrundstück zugekehrten Wand nicht das Recht erworben werden, dem Nachbar das Verbauen der Fenster zu untersagen, mögen diese

auch noch so lange vorhanden sein (vgl. Oesfeld S. 84, Entsch. des Obertribunals Bd. 45 S. 75).

3. Nach obiger Vorschrift dürfen also Brandmauern keine Öffnungen haben, anderseits dürfen Wände, in welchen sich Öffnungen befinden, nicht an der Nachbargrenze errichtet werden. Auch darf die Grenze nicht an eine solche Wand verlegt werden. Wird eine neue Wand an Stelle einer alten, mit Öffnung versehenen Wand errichtet, so gelten für die neue Wand die Vorschriften der Bauordnung, es dürfen also nicht wiederum Öffnungen angebracht werden. Handelt es sich lediglich um eine Änderung vorhandener Öffnungen, so ist auch dieser in der Regel die baupolizeiliche Genehmigung zu versagen, denn der neue Zustand unterliegt naturgemäß der baupolizeilichen Prüfung nach dem zur Zeit der Genehmigung geltenden Recht. Das gleiche gilt, wenn zugemauerte Öffnungen wieder hergestellt werden sollen (OVG. Bd. 18 S. 367, PrVBl. Bd. 11 S. 173, Bd. 12 S. 304).

4. Zu den Nachbargrundstücken, an deren Grenzen Brandmauern zu errichten sind, gehören auch private Eisenbahnzufuhrwege (OVG. Bd. 6 S. 181), nicht dagegen solche Privatstraßen, die unter polizeilicher Billigung für den Anbau bestimmt sind (OVG. Bd. 36 S. 409, Bd. 42 S. 359, 360). Entsprechendes gilt für Flüsse und Bäche, die sich in ihrem natürlichen Zustand befinden (OVG. Bd. 55 S. 450), während in bezug auf einen im Privateigentum der Gemeinden stehenden Teich das Oberverwaltungsgericht die für Nachbargrundstücke geltenden Vorschriften angewendet hat (OVG. Bd. 43 S. 379). Die Flächen der öffentlichen Straßen gehören naturgemäß nicht zu den Nachbargrundstücken im Sinne der Bauordnung. Die Straße muß aber tatsächlich vorhanden und darf nicht nur im Fluchtlinienplan ausgewiesen sein (PrVBl. Bd. 11 S. 575, OVG. Bd. 10 S. 303, Bd. 19 S. 375, 386).

§ 15. Decken. Holzbalkendecken über und unter Räumen, die zum Aufenthalt von Menschen dienen, müssen Zwischendecken mit Auffüllung erhalten.

Zur Verfüllung von Decken, insbesondere von Holzbalkendecken, darf kein Stoff verwendet werden, der gesundheitsschädliche, insbesondere verwesende oder fäulnisfähige Bestandteile enthält. Es ist deshalb namentlich die Verwendung von Bauschutt, Gipsabfällen, Kehricht, Papierstücken oder Lumpen verboten.

Vor der regensicheren Eindeckung eines Gebäudes darf nicht mit der Verfüllung der Decken vorgegangen werden.

Holzbalkendecken in Räumen zum dauernden Aufenthalt von Menschen (§ 26) müssen verputzt werden; doch kann die Ortspolizeibehörde Ausnahmen zulassen. In Einfamilienhäusern und Kleinhäusern (§ 28) sind Holzbalkendecken auch ohne Verputz oder Verschalung zulässig.

Die Decken, über welchen sich Waschküchen, Badestuben, Räucherkammern und andere der Schädigung durch Wasser oder Feuer besonders ausgesetzte Räume befinden, müssen feuerbeständig und wasserundurchlässig hergestellt werden. Ausnahmen hiervon kann die Ortspolizeibehörde zulassen, wenn es sich um nachträgliche Einrichtungen handelt.

Durchfahrten unter Räumen zum dauernden Aufenthalt von Menschen (§ 26) müssen feuerbeständige Decken (§ 10) erhalten.

Kellerdecken in Wohngebäuden, die für mehr als eine Familie bestimmt sind, und in Kellerräumen, die zur Lagerung feuergefährlicher oder fäulnisfähiger Stoffe dienen, müssen feuerbeständig (§ 10) sein. Ausnahmen können von der Ortspolizeibehörde zugelassen werden. Kellerdecken in Kleinhäusern (§ 28) brauchen nicht feuerbeständig hergestellt zu werden.

§ 16. Dächer. Dächer und Dachteile müssen feuerhemmend (§ 10) eingedeckt sein. Stroh-, Rohr-, Reth- und Schindeldächer dürfen von der Ortspolizeibehörde in Gebieten der offenen Bauweise und für landwirtschaftliche

Bauten zugelassen werden. Solche Dächer müssen aber von der Nachbargrenze und von den anderen Gebäuden desselben Grundstücks mindestens 15 m, von Gebäuden mit Bedachung der gleichen Art mindestens 25 m entfernt bleiben. Es darf zur Befestigung des nicht feuerhemmenden Eindeckungsstoffes nur unverbrennliches Material verwendet werden.

Bei steilen Dächern kann die Ortspolizeibehörde Schutzmaßregeln gegen das Herabfallen von Schnee, Eis und Teilen der Dachdeckung, ferner die Anbringung von Standflächen für Ausbesserungsarbeiten und für Schornsteinreinigung, von Aussteigeluken, Leiterhaken u. dgl. fordern.

Gegen das Herabfallen von Glasstücken bei Glasdächern und Oberlichten sind Schutzvorrichtungen anzubringen, sofern nicht Drahtglas verwendet wird.

Wo Dächer unmittelbar auf die Straße oder auf die Nachbargrenze entwässern, müssen Vorkehrungen zum Abfangen und Ableiten des Dachwassers getroffen werden. Das auf die Straße geleitete Wasser muß mit der Straßenentwässerung in Verbindung gebracht werden.

§ 17. Treppen. Jede Treppe einschließlich der Treppenabsätze muß sicher gangbar sein. Treppen müssen mit Handläufer versehen sein. Bei Wendelstufen darf der Auftritt in einer Entfernung von 15 cm von der schmalsten Stelle nicht geringer als 10 cm sein. Treppen müssen überall mindestens 1,80 m Kopfhöhe aufweisen.

Jedes nicht zu ebener Erde liegende Wohngeschoß muß durch eine oder mehrere Treppen zugänglich sein, von denen der Ausgang ins Freie jederzeit gesichert ist (Notwendige Treppen). Ausnahmen bezüglich des Dachgeschosses können von der Ortspolizeibehörde mit Rücksicht auf die besondere

Benutzungsart zugelassen werden. Von jedem zum dauernden Aufenthalt von Menschen bestimmten Raum muß eine Treppe auf höchstens 25 m Entfernung erreichbar sein, wobei der Abstand von der Mitte des betreffenden Raumes bis zur Treppenhaustür gemessen wird.

Alle notwendigen Treppen müssen feuerhemmend sein, vom Tageslicht genügend erhellt werden und in unmittelbarer Verbindung durch alle Vollgeschosse führen. Die Treppenräume notwendiger Treppen müssen feuerhemmende Decke, feuerbeständige Wände und unmittelbaren Ausgang ins Freie haben und in Wohngebäuden mit mehr als sechs Wohnungen außerdem gegen Verqualmung aus dem Kellergeschoß in ausreichender Weise gesichert sein.

Das Steigungsverhältnis der notwendigen Treppen darf nicht steiler als 19/26 cm sein; in Mittelhäusern, in Gebäuden von nicht mehr als zwei Vollgeschossen und in Einfamilienhäusern, auch wenn sie mehr als zwei Vollgeschosse haben, darf das Steigungsverhältnis 20/25 cm betragen.

Die Laufbreite der Treppen wird in Höhe des Handläufers gemessen, und zwar in der Mittelachse desselben. Wandhandläufer bleiben außer Ansatz.

In Mehrfamilienhäusern von mehr als zwei Vollgeschossen, von denen jedes zwei oder mehr Wohnungen enthält, muß die Laufbreite der notwendigen Treppe mindestens 1,10 m betragen.

In Mehrfamilienhäusern mit mehr als zwei Vollgeschossen, von denen jedes nur e i n e Wohnung enthält, muß die notwendige Treppe mindestens 1 m Laufbreite haben.

In sonstigen Mehrfamilienhäusern, in Einfamilienhäusern (§ 28) mit mehr als zwei Vollgeschossen und in Mittelhäusern muß die notwendige Treppe mindestens

0,90 m Laufbreite haben, wobei aber die Treppenabsätze mindestens 1 m Breite erhalten müssen.

Keller- und Dachgeschoßtreppen von Mittelhäusern brauchen nur 70 cm breit zu sein und dürfen Steigungen bis zu 45° aufweisen.

Die Treppen in Kleinhäusern, die nur von einer Familie benutzt werden, dürfen beliebige sein, d. h. es werden keine besonderen Anforderungen über Ausmaß und Anlage gestellt.

Ist mehr als eine selbständige Wohnung in einem Kleinhause vorgesehen, so muß die Treppe unmittelbar ins Freie führen oder in einem mit einem uumittelbaren Ausgang ins Freie versehenen Flur liegen, dessen Wände feuerhemmend sind.

Als Kellertreppen in Kleinhäusern genügen auch hölzerne Leiterstufen, die von Küchen und Nebenräumen unmittelbar zugänglich sein dürfen.

§ 18. Feuerstätten. Feuerstätten in Gebäuden müssen in allen Teilen aus unverbrennlichen Baustoffen hergestellt werden und dürfen nur in solchen Räumen angelegt werden, die vermöge ihrer baulichen Beschaffenheit und Lage zu Bedenken wegen Feuersgefahr nicht Anlaß geben.

Kesselfeuerungen und andere größere Feuerungen dürfen nur unmittelbar auf Fundamenten oder auf feuerbeständiger Unterlage errichtet werden.

Nicht feuerbeständiger Fußboden unter Feuerstätten muß gegen Feuersgefahr gesichert sein.

Eiserne Feuerstätten müssen mindestens 25 cm, Feuerstätten aus Stein oder Kacheln mindestens 15 cm von verputztem oder feuerhemmend umkleidetem Holzwerk entfernt sein. Von freiem Holzwerk (Konstruktionshölzern) müssen diese Entfernungen 50 bzw. 25 cm betragen; Türbekleidungen, Fußleisten usw. werden dem verputzten Holzwerk gleich geachtet.

Eiserne Feuerstätten in Räumen, in denen feuergefährliche Arbeiten vorgenommen oder leicht entzündliche Stoffe gelagert werden, sind mit einem Schutzmantel aus Eisenblech zu umgeben oder in einer anderen gleichwertigen Weise zu isolieren.

1. Vgl. § 1 A b EBO.

2. Im Falle einer Gefährdung durch schadhafte Feuerstätten kann die Baupolizei je nach Lage der Sache die Ausbesserung oder die Entfernung der Feuerstätte verlangen. Die Verfügung ist in der Regel an den Eigentümer zu richten (vgl. S. 44), das Verbot der Benutzung dagegen gegebenenfalls an den Mieter.

§ 19. Rauchrohre. Die Rauchrohre der Feuerstätten müssen aus unverbrennlichem, dichtem Stoff hergestellt und innerhalb desselben Geschosses in die Schornsteine geführt werden. Bei Anschluß mehrerer Rohre an denselben Schornstein müssen die Einmündungen in verschiedener Höhe liegen. Eiserne Rauchrohre müssen von verputzem Holzwerk mindestens 25 cm, von freiem Holzwerk (Konstruktionshölzern) mindestens 50 cm entfernt bleiben. Sind die Rohre unverbrennlich ummantelt, so genügt eine Entfernung von 12 cm.

In Rauchrohren von Heizöfen und in letzteren selbst dürfen Absperrvorrichtungen, die das Entweichen der Feuergase in den Schornstein vollständig verhindern, nicht angebracht werden. Wenn ein Rauchrohr unmittelbar ins Freie führt, so kann die Ortspolizeibehörde verlangen, daß seine Ausmündung mit einem Funkenfänger versehen wird.

Wenn Rauchrohre nicht gradlinig geführt werden, müssen sie an den Brechpunkten mit Reinigungsschiebern versehen sein.

§ 20. Schornsteine. Schornsteine müssen feuerbeständig mit vollen Fugen gemauert sein und gleichbleibenden lichten Querschnitt erhalten. Vor Holzfachwerkwänden muß das Schornsteinmauerwerk ohne Verband mit der Fachwandausmauerung aufgeführt werden, wobei der Zwischenraum zwischen Fachwand und Schornstein voll auszumauern ist. Auf Holz oder andere brennbare Bauteile dürfen Schornsteine weder mittelbar noch unmittelbar aufgesetzt oder gestützt werden.

Gemauerte Schornsteine müssen auf den Außenseiten geputzt und auf den Innenseiten glatt ausgestrichen werden. Die Schornsteine müssen so weit über die Dachfläche hinausgeführt werden, daß eine gute Absaugung und Ableitung des Rauches stattfindet und eine Gefährdung der Umgebung durch Funken, Ruß und Rauch vermieden wird. Die Seitenwände (Wangen) von gemauerten Schornsteinen müssen mindestens einen halben Stein stark, an der Außenseite von Umfassungswänden mindestens einen Stein stark sein. Wenn zwei Brandmauern nebeneinander in gleicher Höhe vorhanden sind, genügt ein halber Stein Stärke für die Grenzwangen.

Gemauerte Schornsteine von größeren Zentralheizungen und größeren Feuerstätten, wie Backöfen, Schmieden, Darren u. dgl., müssen Wangenstärken von mindestens einem Stein erhalten.

Die Innenflächen der Schornsteine müssen von Balken und Dachhölzern mindestens 20 cm entfernt bleiben.

Die Schornsteine sind so einzurichten, daß sie in allen

Teilen ordnungsmäßig gereinigt werden können. Die Reinigungsöffnungen müssen mindestens die Größe des lichten Schornsteinquerschnitts haben und mit feuerhemmenden und rauchsicheren Verschlußvorrichtungen versehen werden. Ungeschütztes Holzwerk muß mindestens 50 cm, feuerhemmend verkleidetes mindestens 30 cm von den Reinigungsöffnungen entfernt bleiben. Soll die Reinigung eines Schornsteins vom Dache aus geschehen, müssen Aussteigeluken und bei steilen Dächern Laufbretter angebracht werden.

Schornsteine, die durch Gelasse führen, in denen leicht entzündliche Stoffe lagern oder verarbeitet werden, sind durch Latten- oder Gitterverschläge in mindestens 30 cm Abstand zu umgeben.

Aufsätze auf Schornsteinen sind zulässig, wenn sie die ordnungsmäßige Reinigung nicht verhindern.

Es werden weite — besteigbare — und enge — unbesteigbare — Schornsteinrohre unterschieden.

Die besteigbaren Schornsteine müssen eine Lichtweite von mindestens 43/43 cm haben und dürfen außer den Raucheinmündungen und einer Einsteigöffnung am Fuße keine weiteren Öffnungen in den Wänden erhalten. Bei größeren Abmessungen lichter Weite sind Steigeisen in Abständen von nicht über 50 cm anzubringen.

Jedes unbesteigbare Schornsteinrohr ist mit einem überall gleichen Querschnitt aufzuführen, der im Lichten nicht geringer als ein halber Stein Normalformat sein darf.

In ein unbesteigbares Schornsteinrohr von 225 cm² innerer Weite dürfen höchstens drei Rauchrohre gewöhnlicher Zimmeröfen eingeführt werden. Ausnahmen kann die Ortspolizeibehörde zulassen; insbesondere dürfen einzelne Feuerstätten in Dach- und Kellergeschossen, wenn ihre Benutzung seltener zu erwarten steht, auch an Schornsteine der Vollgeschosse angeschlossen werden. Für jedes weiter einzuführende Rauchrohr ist die Weite des Schornsteinrohrs um 75 cm^2 zu vergrößern. Ein Kochherd mit mehr als einer Feuerung wird bei der Berechnung der Zahl und Weite der Schornsteinrohre zwei Zimmeröfen gleichgestellt.

Anders als senkrecht dürfen Schornsteinrohre nur geführt werden, wenn sie in feuerbeständigen Wänden liegen oder durch feuerbeständige Konstruktionen unterstützt sind. Hierbei darf die Neigung für besteigbare Schornsteine nicht weniger als 60 Grad, für unbesteigbare Schornsteine nicht weniger als 45 Grad betragen.

In Werkstätten und Küchen mit größerer Dampfentwicklung müssen Wrasenrohre angebracht werden. Die Mitbenutzung der Wrasenrohre zu Feuerungs- und Lüftungszwecken ist verboten. Auspuffrohre von Verbrennungskraftmaschinen (Gas-, Benzin-, Petroleummotoren u. a.) sind in besondere Abzugsrohre einzuführen.

1. Für den ordnungsmäßigen Zustand der Schornsteine hat naturgemäß die Baupolizei zu sorgen. Ihre Tätigkeit bezieht sich auf die Verhütung von Gefahren, von Störungen in den geschützten Gebieten, ferner auf den Schutz des Verkehrs nach § 6e, f PVG. In bezug auf gewerbliche Anlagen vgl. S. 258 Z. 3.

Eine Gefahr durch Rauch ist dann als vorliegend anzusehen, wenn jemand verhindert wird, die Fenster zu öffnen und Wohnräume aus diesem Grunde nicht genügend gelüftet werden können (OVG. Bd. 51 S. 383). Eine Gefahr ist jedoch nicht schon bei jeder Belästigung durch Rauch oder Ruß anzunehmen, ferner nicht im Falle, daß eine Reinigungstür an einem Schornstein in einer Wohnung angebracht ist und bei der Reinigung des Schornsteins diese verschmutzt wird. Vgl. im übrigen S. 37.

2. Hinsichtlich gefährdeter Nachbargrundstücke ist davon auszugehen, daß es jedermann freisteht, auf seinem Grundstück Feuerstätten zu errichten. Kommt jedoch der Rauch aus einem niedrigen Schornstein in die Räume eines Nachbargebäudes und wird hierdurch eine Gefahr hervorgerufen, so ist der Eigentümer der Feuerstätte verpflichtet, die erforderlichen Vorkehrungen zur Abwendung der Gefahr zu treffen (OVG. Bd. 51 S. 383). Nur wenn eine Gefährdung von Bewohnern des Nachbargrundstücks dadurch eintritt, daß auf diesem eine höhere Bebauung zugelassen wird, als an sich zulässig wäre, wird diese Zulassung dem Nachbarn unter der Bedingung zu erteilen sein, daß er für die auf dem Grundstück mit dem niedrigeren Schornstein erforderlichen Vorkehrungen, namentlich also die Höherführung des Schornsteins, Sorge trägt.

§ 21. Wasserversorgung. Die Vorschriften dieses Paragraphen bleiben der Regelung durch Regierungs- oder Ortspolizeiverordnung überlassen.

Es kann vorgeschrieben werden, daß alle bebauten Grundstücke, die an einer mit Wasserleitung versehenen Straße liegen, einen besonderen Anschluß erhalten sollen (OVG. Bd. 61 S. 380). Dies kann nur durch Polizeiverordnung, nicht etwa durch Ortsstatut, geschehen. Zahlt der Hauseigentümer das Wassergeld nicht und besteht Gefahr, daß das Wasser daraufhin abgesperrt wird, so wird der nächstliegende Weg zur Sicherung eines ordnungsmäßigen Zustandes im allgemeinen der sein, daß die Baupolizei den zur Zahlung des Wassergeldes erforderlichen Betrag, durch Verfügung nach § 132 LVG. einzieht und an das Wasserwerk abführt. Nur wenn ausnahmsweise das notwendige Wasser (z. B. auch zum Zweck der Spülung) auf andere, den Verpflichteten weniger belastende Weise herbeigeschafft werden kann, so ist dieser Weg zu wählen.

§ 22. Entwässerung und Beseitigung der Abfallstoffe. Die Vorschriften dieses Paragraphen bleiben der Regelung durch Regierungs- oder Ortspolizeiverordnung überlassen.

1. Die Anordnungen hinsichtlich der Entwässerung von Grundstücken sind baupolizeilicher Art (Baltz-Fischer S. 338 Ziff. 1

Abs. 2). Es ist Sache der Baupolizei, nicht nur die Anlegung von Dachrinnen nach der Straßenfront, sondern auch die Ableitung des durch die Dachabfallrinne abfließenden Wassers über den Bürgersteig nach der Straßenrinne bzw. durch Anschluß des Abfallrohres in die öffentlichen Entwässerungsleitungen zu fordern (Baltz-Fischer S. 361, Ziff. 6). Hingegen ist hinsichtlich der Kanalisation der Straße die für die Beschaffenheit der Straße verantwortliche Polizeiverwaltung zuständig, wobei die Hausanschlußleitung als zu den Entwässerungsanlagen des Grundstücks gehörig anzusehen sein wird.

2. Der Eigentümer eines Grundstücks ist verpflichtet, für dessen ordnungsmäßige Entwässerung zu sorgen. Für Neubauten ist bei Einrichtung der Unterlagen anzugeben, wie die Entwässerung erfolgen soll. Andernfalls kann die Genehmigung versagt werden. Die Einreichung von Zeichnungen zur Entwässerung bereits vorhandener Baulichkeiten kann durch Geldstrafe erzwungen werden (OVG. vom 29. Mai 1878, Berliner Gemeinderecht Bd. 18 S. 77). Durch Polizeiverordnung, nicht aber durch Ortsstatut kann vorgeschrieben werden, daß jedes bebaute Grundstück, das an einer mit öffentlicher Kanalisation versehenen Straße liegt, an diese angeschlossen werden muß, und zwar durch einen ein anderes Grundstück nicht berührenden und anderen Grundstücken nicht dienenden Anschluß. Für zulässig ist auch eine Bestimmung des Inhalts zu erachten, daß von dem Anschluß nur mit Zustimmung der Gemeinde abgesehen werden kann, und weiterhin eine polizeiliche Verfügung des Inhalts, daß von dem Anschluß nur unter den von der Gemeinde gestellten Bedingungen Abstand genommen werden kann, selbst wenn es sich hierbei lediglich um eine Geldzahlung an die Gemeinde handelt. Denn vom Oberverwaltungsgericht ist mehrfach anerkannt worden, daß eine Kanalisation in Anbetracht der Kostspieligkeit der Anlage nur unterhalten werden kann, wenn alle Grundstücke angeschlossen werden müssen (vgl. OVG. Bd. 26 S. 54, Bd. 28 S. 356 und PrVBl. Bd. 20 S. 279). Die pekuniären Interessen der Gemeinde zu wahren liegt daher insoweit zugleich im polizeilichen Interesse. Daß die Erfüllung gewisser Bedingungen im Interesse der Gemeinde zur Voraussetzung gemacht werden kann, wenn von einer polizeilichen Verordnung Abstand genommen werden soll, ist z. B. auch hinsichtlich der Anlegung von Vor-

gärten anerkannt (vgl. S. 349 und Baltz-Fischer S. 349, Ziff. 14).

3. Es ist Sache der Baupolizei, für eine hinreichende Zahl von Aborten zu sorgen, und zwar auch dann, wenn die Forderung sich nicht auf eine Polizeiverordnung stützen läßt (OVG. im PrVBl. Bd. 48 S. 614, vgl. auch OVG. Bd. 49 S. 400). Verpflichtet ist in erster Linie der Eigentümer, doch liegt es ihm nicht unter allen Umständen ob, eine hinreichende Anzahl von Aborten herzustellen, zumal wenn ohne sein Zutun auf dem Grundstück Verhältnisse eingetreten sind, durch welche die bisherigen Aborte nicht ausreichen. In diesem Fall muß die Baupolizei gegebenenfalls Forderung hinsichtlich der Art der Benutzung, z. B. getrennt nach Geschlechtern, verlangen (OVG. im PrVBl. Bd. 48 S. 380).

§ 23. Lichtschächte. Die Lichtschachtwände müssen über die Dacheindeckung geführt werden. Die Sohle des Lichtschachtes muß für die Reinigung zugänglich, wasserdicht und genügend entwässert sein.

Lichtschächte, die durch mehr als zwei Vollgeschosse führen, müssen mindestens 6 m² Grundfläche mit 2 m kleinster Abmessung haben. Die umschließenden Wände müssen feuerbeständig sein. Im übrigen ist eine Mindestgrundfläche von 3 m² bei 1,50 m kleinster Abmessung erforderlich, und für die umschließenden Wände genügt feuerhemmende Herstellung.

Öffnungen nach dem Dachraum müssen mit rauchsicherem und feuerhemmendem Verschluß versehen sein. Öffnungen, die lediglich der Lichtzufuhr zum Dachraum dienen, können aus Drahtglas hergestellt werden, das fest in die Lichtschachtwände eingefügt werden muß.

Die Grundfläche der Lichtschächte ist als bebaute Fläche anzusehen. Räume zum dauernden Aufenthalt von Menschen dürfen an Lichtschächten nicht angelegt werden.

§ 24. Äußere Gestaltung der baulichen Anlagen. Das Äußere der baulichen Anlagen (§ 1) muß in bezug auf Bauart, Bauform, Baustoff und Farbe so beschaffen sein, daß es die einheitliche Gestaltung des Straßenbildes nicht stört; insbesondere sind Eindeckungen, die nach Farbe, Musterung und Stoff die einheitliche Gestaltung des Straßenbildes stören, nicht zulässig.

Bei der Errichtung baulicher Anlagen ist auf den Schutz der Bau- und Naturdenkmäler gegen Verunstaltung und auf die heimische Bauweise Rücksicht zu nehmen.

Die von Straßen, Plätzen oder anderen öffentlichen Verkehrsflächen, insbesondere Wasserstraßen, Eisenbahnen aus sichtbaren äußeren Umfassungswände sind in dauernd gutem Zustande zu erhalten.

1. Es darf sich nicht lediglich um eine Störung des Gesamteindruckes des Gebäudes handeln, vielmehr kann nur auf Grund einer Störung des Straßenbildes eingeschritten werden. Die nach dem Erlaß des Volkswohlfahrtsministers vom 29. Juni 1923 (Volkswohlf. S. 359) in die Bauordnungen aufzunehmenden Bestimmungen stehen hiermit im Widerspruch, insoweit aus diesen Vorschriften nicht ersichtlich ist, daß über das einzelne Gebäude hinaus das Straßenbild geschützt werden sollte (vgl. OVG. im PrVBl. Bd. 48 S. 76). Abgesehen hiervon ist es bedenklich, eine Vorschrift dieser Art für das ganze Stadtgebiet zu erlassen (vgl. Wever in den Baupol. Mitt. Bd. 14 S. 177).

Im Falle der Beanstandung eines Anstrichs kann nicht eine bestimmte andere Farbe verlangt werden. (OVG. im PrVBl. Bd. 49 S. 52). Ein Verstoß gegen die Bestimmung einer Polizeiverordnung, daß die Wände sich in gutem Zustand befinden müssen, liegt nicht bei geringfügigen und unauffälligen Putzschäden vor (OVG. vom 30. Sept. 1926 IV A 23/24). Auch gegen Reklameschilder, die das Straßenbild beeinträchtigen, können durch Polizeiverordnungen nach Art. IV des Wohnungsgesetzes Bestimmungen erlassen werden (OVG. vom 26. März 1926, Baupol. Mitt. Bd. 14 S. 151).

2. Eine Vorschrift des Inhaltes, daß Brandmauern sich im wesentlichen decken müssen, wie sie in der Berliner Bauordnung enthalten ist, wird nicht dahin ausgelegt werden können, daß in einer Baulücke so hoch gebaut werden muß, daß der Nachbargiebel gedeckt wird. Dies würde unter Umständen zur Verhinderung des Baues überhaupt führen. Zudem wird ja nicht durch den niedrigen Bau eine Verunzierung herbeigeführt, sondern durch den unbedeckt bleibenden Nachbargiebel, und dieser wird durch einen niederen Bau wenigstens zum Teil bedeckt. Allerdings wird hierdurch vielfach die Möglichkeit genommen werden, einen höheren Bau zu errichten, durch den der Giebel vollständig gedeckt wird.

3. Als öffentliche Verkehrsfläche ist jede Fläche anzusehen, auf der ein öffentlicher Verkehr sich abspielt. Unter diese Voraussetzung fallen also auch Privatstraßen und Privatflüsse.

4. Unabhängig von diesen Bestimmungen sind die Vorschriften des Verunstaltungsgesetzes zu beachten.

§ 25. Einfriedigung der Grundstücke, Vorgärten. Alle bebauten Grundstücke sind auf der Straßenfluchtlinie — wo eine solche nicht besteht, auf der Straßengrenze —, soweit diese nicht mit Gebäuden besetzt sind, sowie auf den seitlichen, zwischen der Straßenfluchtlinie oder Straßengrenze und der Gebäudevorderseite liegenden Grundstücksgrenzen mit einer Einfriedigung zu versehen.

Durch die Vorgartenflächen zu den Hauseingängen und zu den Zugängen und Zufahrten zum Hofe führende Wege können teilweise oder ganz von der Einfriedigung frei bleiben. Werden in den Einfriedigungen Türflügel angebracht, so dürfen sie über die Straßenfluchtlinie nicht hinausschlagen.

Vorgärten sind mit angemessener Bepflanzung zu versehen und in dieser Weise zu unterhalten. Die Benutzung der Vorgärten zu anderen Zwecken als zur gartenmäßigen Ausnutzung kann von der Ortspolizeibehörde gestattet werden; jedoch darf durch eine solche Benutzung die einheitliche Gestaltung des Straßenbildes nicht gestört werden.

In den Vorgärten kann die Ortspolizeibehörde die Errichtung von Lauben und Gartenhäuschen zulassen, wenn sich ihre Größe und Bauart dem Charakter der Umgebung anpaßt und die Gemeinde hierzu die Einwilligung erteilt.

1. Wegen der Zulässigkeit von Forderungen betreffend die Einfriedigung von Grundstücken vgl. S. 21. Aus dem gleichen Grunde kann eine verschließbare Tür in der Durchfahrt zu einem Grundstück gefordert werden. Die Zugänglichkeit muß aber gewahrt bleiben (OVG. Bd. 68 S. 424, PrVBl. Bd. 27 S. 807). Eine besondere Art der Ausführung kann von dem Eigentümer lediglich innerhalb der Grenzen des Verunstaltungsgesetzes verlangt werden, soweit es sich nicht um Vorgärteneinfriedigungen handelt.

2. Vorgartenland ist die Fläche zwischen Baufluchtlinie und Straßenfluchtlinie. Die Anlegung von Vorgärten kann polizeilich erzwungen werden, jedoch erst dann, wenn die Straße plangemäß hergestellt ist (OVG. Bd. 33 S. 422) und wenn das Grundstück bebaut wird. Wann ein Grundstück als bebaut anzusehen ist, ist Frage des Einzelfalles. Verpflichtet ist nicht nur der Eigentümer des Vorgartengeländes, sondern unter Umständen ein sonstiger Besitzer, selbst wenn irrtümlicherweise das Eigentum der Gemeinde übertragen ist (OVG. Bd. 61 S. 390).

3. Die Änderung von Fluchtlinienplänen, durch welche Vorgärten vorgeschrieben werden, kann nur auf dem durch das Fluchtliniengesetz vorgeschriebenen Wege erfolgen (OVG. Bd. 68 S. 435). Dagegen würde es möglich sein, für einzelne Grundstücke, auch mehrere nebeneinanderliegende, unbeschadet der verbleibenden rechtlichen Eigenschaft des Geländes als Vorgartenland, von der Anlage oder Einrichtung von Vorgärten evtl. im Wege des Dispenses abzusehen. In vielen Fällen wird dies aus Gründen des Verkehrs geradezu notwendig sein. In Berlin ist hierüber eine Vereinbarung zwischen der Stadt und dem seinerzeit zuständigen Polizeipräsidenten als Baupolizeibehörde getroffen worden, wonach ein Verzeichnis von Straßen aufgestellt worden ist, in denen auf die Anlegung von Vorgärten bestanden

werden sollte, und von anderen Straßen, in denen davon abgesehen werden sollte unter der dem Eigentümer aufzuerlegenden Bedingung, das Straßenland an die Stadt abzutreten. Diese Bedingung ist vom Oberverwaltungsgericht für zulässig erachtet worden (vgl. Baltz-Fischer S. 349, Z. 14). Immerhin wird die Anlegung von Vorgärten im Interesse der Regelung der Eigentumsverhältnisse hinsichtlich des Straßenlandes nicht in solchen Fällen gefordert werden können, in denen der ganze Charakter der Straße dies nicht oder nicht mehr zuläßt und die Ausführung der baupolizeilichen Forderungen einen mit den Erfordernissen des Verkehrs nicht in Einklang zu bringenden Zustand hervorrufen würde. Ein unmittelbarer Zwang hinsichtlich der Abtretung des Straßenlandes kann in keinem Falle ausgeübt werden.

4. Hinsichtlich des Zweckes der Vorgärten vgl. S. 167. Aus den ästhetischen und hygienischen Zwecken der Vorgärten folgt, daß über die Anlegung und Einfriedigung Vorschriften erlassen werden können, die diesen Gesichtspunkten Rechnung tragen (vgl. für Berlin die Landespolizeiverordnung vom $\frac{\text{8. Juli 1914}}{\text{9. Dez. 1925}}$). Jede Benutzung des Vorgartens, die seiner Bestimmung nicht entspricht, ist verboten und kann nur im Wege der Bewilligung einer Ausnahme oder der Befreiung zugelassen werden. Dies gilt namentlich für die Zulassung eines Schankwirtschaftsbetriebes in Vorgärten, selbst wenn der Betrieb in diesem Umfang polizeilich genehmigt ist, ferner für die Aufstellung von Waren oder die Anbringung von Reklameschildern in Vorgärten oder an ihren Einfriedigungen. Ein im Verwaltungsstreitverfahren verfolgbares Recht auf Gewährung einer Ausnahme steht niemandem zu.

5. Besteht neben der Baufluchtlinie keine besondere Straßenfluchtlinie, ist aber ein Teil des Straßenlandes dem Eigentümer des angrenzenden Grundstücks zur Benutzung überlassen worden, so handelt es sich um sogenannte provisorische Vorgärten. Diese gehören nach öffentlichem Recht zum Straßenland. Die Vorschriften der Bauordnungen gelten im allgemeinen nicht für solche uneigentliche Vorgärten. Jedoch wird sich die Anwendbarkeit einzelner Vorschriften z. B. aus Gründen der Verkehrssicherheit folgern lassen, so hinsichtlich des Verbots des Aufschlagens von Türen von Einfriedigungen nach außen. Dieser

Rechtszustand befriedigt allerdings nicht (vgl. Graf Westarp im Verw.-Arch. Bd. 14 S. 63 f., hierzu Baupol. Mitt. Bd. 3 S. 147). Hinsichtlich der Bestimmungen über Vorgärten nach dem Verunstaltungsgesetz vgl. S. 84 Z. 2.

§ 26. Räume zum dauernden Aufenthalt von Menschen. Es werden unterschieden: Räume, die zum dauernden, und solche, die nicht zum dauernden Aufenthalt von Menschen bestimmt sind.

a) Als Räume zum dauernden Aufenthalt von Menschen ohne Rücksicht auf die Dauer der tatsächlichen Benutzung gelten außer Wohn-, Schlaf-, Arbeits- und Geschäftsräumen auch Wohndielen, Küchen, Gesindestuben, Werkstätten, Arbeiterkantinen, Bureaus, Verkaufsläden, Versammlungsräume;

b) als Räume, die nicht zum dauernden Aufenthalt von Menschen bestimmt sind, gelten insbesondere Gänge, Flure, Dielen, Vorplätze, Treppen, Treppenflure, Kleiderablagen, Aborte, für den Hausbedarf bestimmte Badestuben, Rollkammern, Speisekammern, Vorratsräume, Keller- und Bodengelasse, Räucherkammern, Trockenböden, Wintergärten, Gewächshäuser, Kegelbahnen, Heizräume, Kessel- und Maschinenräume für Heizungs-, Lüftungs-, Beleuchtungs- und Aufzugseinrichtungen, Lagerkeller, auch wenn in ihnen die mit der Lagerung und Aufbewahrung notwendig verbundenen Arbeiten verrichtet werden, u. dgl., ferner in Einfamilienhäusern, Kleinhäusern und Mittelhäusern (§ 28) Waschküchen, Spülküchen und für den Hausbedarf bestimmte Werkstätten.

Alle Räume, die zum dauernden Aufenthalt von Menschen bestimmt sind, müssen gegen Feuchtigkeit und Witterungseinflüsse in ausreichendem Maße geschützt sein; sie müssen mit unmittelbar ins Freie führenden Fenstern von solcher

Zahl, Lage, Größe und Beschaffenheit versehen sein, daß hinreichende Tagesbeleuchtung erzielt und genügende Lüftung möglich wird.

Jede Wohnung muß wenigstens einen durchsonnten Wohnraum haben. Nordlage einer Wohnung in allen ihren Teilen ist verboten. Die Ortspolizei kann eine Ausnahme von der letzteren Vorschrift zulassen, falls die Durchführung der Vorschrift im Einzelfalle zu einer Härte führen würde und die sonstigen Licht- und Luftverhältnisse für die fragliche Wohnung günstig sind.

Räume zum dauernden Aufenthalt von Menschen müssen eine lichte Höhe von mindestens 2,50 m haben. Zubehörräume im Dachgeschoß, die zum dauernden Aufenthalt von Menschen zugelassen sind, dürfen nicht weniger als 2,20 m lichte Höhe aufweisen. Bei ungleichen Höhenlagen der Decken oder der Fußböden hat Durchschnittsberechnung stattzufinden.

Selbständige Wohnungen sind solche Wohnungen, die für einen Hausstand bestimmt sind und in ihrem Hauptteil selbständig abgeschlossen werden können.

Auf eine Treppe dürfen in jedem Geschoß im allgemeinen nicht mehr als zwei Wohnungen angewiesen sein. Die Zahl kann erhöht werden, wenn die Grundrißgestaltung eine Querlüftung jeder der Wohnungen gestattet.

Der Fußboden jedes zum dauernden Aufenthalt von Menschen bestimmten Raumes muß mindestens 0,40 m über dem höchsten Grundwasserstande liegen.

Die Fußböden der Räume zum dauernden Aufenthalt von Menschen müssen gedielt oder mit einem anderweitigen dichten und abwaschbaren Belag versehen werden.

Flure und Gänge, welche den Zugang zu Räumen zum dauernden Aufenthalt von Menschen bilden, müssen ausreichend belichtet und genügend zu lüften sein.

Räume zum dauernden Aufenthalt von Menschen dürfen über Stallungen, Fabrik- und Lagerräumen nur eingerichtet werden, wenn die Decken der Räume darunter feuerhemmend und dunstsicher hergestellt sind und der Zugang in einem besonderen Treppenraum mit feuerbeständigen Wänden und feuerhemmender Decke liegt.

1. Die Nachprüfung, ob ein Raum zu dauerndem Aufenthalt von Menschen geeignet ist, geschieht nach den besonderen Vorschriften der Bauordnung und nach allgemeinen baupolizeilichen Gesichtspunkten (§ 10 II 17 ALR.). Bei Neubauprojekten sind die angegebenen Zwecke der einzelnen Räume zugrunde zu legen. Die bloße Vermutung, daß möglicherweise in späterer Zeit Räume zu anderen Zwecken als den angegebenen benutzt werden könnten und daß sie hierfür nicht geeignet sein würden, genügt nicht, die Baugenehmigung zu versagen oder besondere Forderungen zu stellen. Sind Räume nach den eingereichten Plänen zu dauerndem Aufenthalt von Menschen nicht geeignet, so hat die Baupolizei nur auf die Unzulässigkeit dieser Art der Benutzung hinzuweisen. Wegen der Räumung vorzeitig bezogener Wohnungen vgl. S. 317 Z. 6.

2. Bei Räumen in Häusern, die unter der Herrschaft einer früheren Bauordnung errichtet sind, richtet sich die Benutzbarkeit nach § 35. Waren also nach der maßgeblichen Bauordnung keine Sondervorschriften über Aufenthaltsräume vorhanden, so ist anzunehmen, daß die benutzten Räume den damals gültigen Bestimmungen entsprachen, und zwar meines Erachtens unabhängig von dem Nachweis, ob die Räume seinerzeit zu dauerndem Aufenthalt von Menschen benutzt wurden oder nicht. Dies gilt jedoch nur soweit, als nicht die allgemeinen polizeilichen Vorschriften (§ 10 II 17 ALR.) schon damals der Benutzung der Räume entgegenstanden. Ein Anhaltspunkt hierfür wird sich häufig aus einem entsprechenden Hinweis in den Zeichnungen ergeben. In solchen Fällen und im übrigen unter den Voraus-

setzungen von § 35 Absatz 1 ist die Räumung von zu dauerndem Aufenthalt von Menschen dienenden Teilen älterer Gebäude zu verlangen, soweit nicht statt der Räumung die Herstellung eines geeigneten Zustandes zu fordern ist (vgl. S. 50 f.).

3. Die Räumungsverfügung darf die Aufforderung enthalten, die Möbel aus den ungeeigneten Räumen zu entfernen, soweit sich auf andere Weise das Benutzungsverbot nicht durchführen läßt. Auch die Entfernung von Öfen, Heizkörpern und dergl. kann zu diesem Zweck verlangt werden (vgl. Baltz-Fischer S. 357 unten). Die Räumungsverfügung ist in erster Linie an den Benutzer der Räume zu richten. Dem Eigentümer ist zugleich aufzugeben, die Räume ebenfalls nicht zu benutzen oder benutzen zu lassen, wobei ihm gegebenenfalls die Bewirkung eines den Vorschriften der Bauordnung entsprechenden Zustandes zur Wahl zu stellen sein wird.

4. Gegebenenfalls ist die Räumung von der Baupolizei auf Kosten des Verpflichteten zu bewirken. Auch kann das Verbot der weiteren Benutzung durch Geldstrafen nach § 132 LVG. durchgesetzt werden. Beides ist aber auseinanderzuhalten. Es kann also regelmäßig nicht die Räumung, sondern nur die Unterlassung weiterer Benutzung durch Geldstrafen erzwungen werden.

5. Hinsichtlich der Lichtzufuhr enthält die Berliner Bauordnung u. a. die Bestimmung, daß ein Raum als Aufenthaltsraum zugelassen werden kann, wenn er ausreichend Luft und Licht mittelbar durch eine verglaste Loggia oder Veranda erhält, vorausgesetzt, daß zur Wohnung noch wenigstens zwei Aufenthaltsräume gehören. Vgl. im übrigen OVG. Bd. 60 S. 453 und Min.-Erl. vom 20. Mai 1921 (Volkswohlf. S. 307).

§ 27. Dach- und Kellerwohnungen. Die Vorschriften dieses Paragraphen bleiben der Regelung durch Regierungs- oder Ortspolizeiverordnung überlassen.

Wegen des Begriffs der Dach- und Kellerwohnungen vgl. S. 324 Z. 1. Unter Wohnung ist die Gesamtheit derjenigen Räume zu verstehen, in welchen ein gemeinschaftliches Wohnbedürfnis befriedigt wird (OVG. Bd. 30 S. 383).

§ 28. Einfamilienhäuser, Kleinhäuser, Mittelhäuser.

A. Begriffe.

1. Als Einfamilienhaus gilt ein Haus, das für das Wohnen nur einer Familie bestimmt ist.

Seine Eigenart als Einfamilienhaus erfährt keine Änderung durch die Unterbringung von Wohnungen für Bedienstete im Hause oder in den Nebenanlagen.

Jede Veränderung der Zweckbestimmung, insbesondere die Unterbringung von Pensions- oder Krankenanstalten, beseitigt die Eigenart als Einfamilienhaus. Ein solches Haus unterliegt den allgemeinen gültigen Vorschriften dieser Polizeiverordnung.

2. Kleinhäuser sind Wohngebäude, die folgenden Anforderungen entsprechen:

a) sie dürfen nicht mehr als zwei Vollgeschosse haben,

b) sie dürfen in jedem Geschoß nur eine geringe Anzahl von Kleinwohnungen enthalten, d. h. von solchen Wohnungen, die nach Größe, Anordnung, Raumzahl, Raumhöhe und Ausstattung den ortsüblichen Bedürfnissen der minderbemittelten Bevölkerung entsprechen,

c) sie dürfen keine Nebenwohngebäude (Seitenflügel, Mittelflügel, Quergebäude) haben, während andere Nebengebäude (Ställe, Schuppen, kleine Werkstätten, Aborte usw.) zulässig sind,

d) sie müssen — soweit nicht Dispens (§ 5, Satz 3) zugelassen wird — mit einer zur Garten- oder landwirtschaftlichen Nutzung geeigneten Freifläche von mindestens 200 m² dauernd ausgestattet sein.

3. Mittelhäuser sind Wohnhäuser für Klein- und Mittelwohnungen, die folgenden Anforderungen entsprechen:

a) sie dürfen nicht mehr als drei Vollgeschosse haben — ein Wohnhaus verliert die Eigenschaft als Mittelhaus nicht, wenn im Bedarfsfalle Einzelwohnräume, die als Zubehör zu den unteren Geschoßwohnungen dienen, im Dachgeschoß eingebaut sind —, oder sie dürfen nicht mehr als zwei Vollgeschosse und ein voll ausgebautes Dachgeschoß mit selbständigen Wohnungen haben,

b) sie dürfen nicht mehr als sechs Wohnungen enthalten, wobei jedes Geschoß aus höchstens acht Räumen zum dauernden Aufenthalt von Menschen bestehen darf, deren Größe und Ausstattung den ortsüblichen Verhältnissen bei Klein- und Mittelwohnungen entspricht,

c) sie dürfen in den unteren Vollgeschossen keine größeren Geschoßhöhen als 3,30 m, im obersten Vollgeschoß als 3 m — gerechnet von Fußbodenoberkante zu Fußbodenoberkante — haben,

d) sie dürfen keine Wohnräume im Kellergeschoß haben.

Zu 1. Einfamilienhäuser.

Im Kellergeschoß dürfen Küchen und auf der Sonnenseite Räume für Bedienstete eingerichtet werden. Der Fußboden solcher Räume darf nicht tiefer als 1 m unter der Erdoberfläche liegen. Die Wände und der Fußboden sind gegen Erdfeuchtigkeit in geeigneter Weise zu sichern. Vgl. hierzu ferner §§ 4b, 14, 15, 17.

Zu 2. Kleinhäuser.

Im Kellergeschoß dürfen Räume zum dauernden Aufenthalt von Menschen nicht untergebracht werden. Bei der Lage an Bergabhängen gelten nur die Räume als zum Kellergeschoß gehörig, deren Fußboden durchweg unterhalb des Außengeländes liegt.

Dachgeschosse, die in der Hauptsache für Wohnzwecke ausgebaut sind, gelten als Vollgeschosse. In Kleinhäusern mit zwei Vollgeschossen darf nur die Hälfte der Fläche des Dachraums zu Wohnräumen ausgebaut werden; auch dürfen diese nur als Zubehör der Geschoßwohnungen, nicht als selbständige Wohnungen dienen.

Im Dachboden über dem Kehlgebälk (Spitzboden) dürfen Trockenböden und Abstellkammern untergebracht werden. Die Ausnutzung solcher Räume für Wohnzwecke darf nur ausnahmsweise, und zwar nur für kinderreiche Familien und solange dringender Bedarf für diese nachgewiesen wird, von der Ortspolizeibehörde gestattet werden.

Vgl. hierzu ferner §§ 2, 4b, 12, 14, 15, 17.

Zu 3. Mittelhäuser.

Im Falle des vollen Ausbaues des Dachgeschosses muß über dem Kehlgebälk genügend Raum für Abstellkammern und Trockenböden [(etwa 10 m² für jede Wohnung)] zur Verfügung bleiben, wenn nicht durch Ausnutzung der toten Dachwinkel usw. und durch Nebenkammern im Dachgeschoß selbst Gelegenheit zur Abstellung gegeben wird. Bei der Lage an Bergabhängen gelten nur die Räume als zum Kellergeschoß gehörig, deren Fußboden mehr als zur Hälfte unterhalb des Außengeländes liegt.

Vgl. hierzu ferner §§ 4b, 14, 17.

In Wohngebäuden, die nach den Vorschriften für Mittelhäuser gebaut sind oder gebaut werden und bereits drei Vollgeschosse aufweisen, darf das Dachgeschoß zu ein bis zwei weiteren Wohnungen ausgebaut werden, und zwar als Dauerzustand, wenn in dem fraglichen Gemeindegebiete eine mehr als dreigeschossige Bauweise nach der Bauordnung bereits zulässig ist (Erlaß des Ministers für Volkswohlfahrt vom 5. März 1923 — II 9. 101 —). Durch Erlaß vom 13. Juni 1923 — II 9. 371 — ist zugelassen, daß an der Beschränkung auf Häuser mit sechs Wohnungen vorübergehend für die Dauer der Wohnungsnot nicht mehr festgehalten wird und daß im Ausnahme- und Befreiungswege in jedem Stockwerk bis zu vier Wohnungen zugelassen werden, sofern die Wohnungen so liegen, daß nach Behebung der Wohnungsnot der vorschriftsmäßige Zustand ohne erhebliche Neubauten hergestellt werden kann (vgl. die „Baupolizeilichen Vorschriften" Anm. zu § 28).

§ 29. Holzhäuser, Blockhäuser, Wohnlauben.

1. Holzhäuser, insbesondere Blockhäuser, dürfen für Wohnzwecke unter folgenden Bedingungen hergestellt werden:

a) sie dürfen nicht mehr als zwei selbständige Wohnungen (§ 26) enthalten,

b) sie dürfen nicht mehr als zwei Wohngeschosse enthalten,

c) die Entfernung der Gebäude von den Nachbargrenzen muß mindestens 5 m, diejenige von gleichartigen Gebäuden mindestens 10 m betragen,

d) das Sockelmauerwerk der Gebäude muß standsicher sein (§ 10),

e) sie müssen mit einem feuerhemmenden Dach versehen sein (§ 10).

2. **Wohnlauben** sind als Wohnhäuser (Wohngebäude) im Sinne des § 13 ff. des Gesetzes, betreffend die Gründung neuer Ansiedlungen in den Provinzen Ostpreußen, Westpreußen, Brandenburg, Pommern, Posen, Schlesien, Sachsen und Westfalen, vom 10. August 1904 (GS. S. 227), des § 1 des Gesetzes, betreffend die Gründung neuer Ansiedlungen im Herzogtum Lauenburg, vom 4. November 1874 (Amtl. Wochenblatt für das Herzogtum Lauenburg S. 291 ff.) und des § 12 des Gesetzes, betreffend die Anlegung und Veränderung von Straßen und Plätzen in

Städten und ländlichen Ortschaften, vom 2. Juli 1875 (GS. S. 561) nicht anzusehen, wenn sie nur vorübergehend, und zwar höchstens für die Zeit vom 15. April bis 15. Oktober jedes Jahres zum Aufenthalt von Menschen dienen und wenn die Bewohner anderwärts eine feste Wohnung haben.

[a) Sie dürfen eine Grundfläche bis 30 m² und außerdem eine Veranda von höchstens 10 m² erhalten.

b) Die Entfernung der Wohnlauben von den Nachbargrenzen muß mindestens 5 m betragen. Wohnlauben dürfen auch unmittelbar an den Nachbargrenzen gebaut werden. Für aneinander gebaute Wohnlauben gelten die Bestimmungen des § 14 Absatz 4. Von der Vorschrift der Mindestentfernung von den Nachbargrenzen kann die Ortspolizeibehörde Ausnahmen zulassen.

c) Sie dürfen nur ein Geschoß haben; jedoch ist die Anlage eines Vorratskellers in solchen Abmessungen zulässig, daß er nicht für Wohnzwecke benutzt werden kann.

d) Die Umfassungswände der Wohnlauben dürfen aus Holzfachwerk, Holz, Eisenblech, Drahtputz, Gipsdielen und ähnlichen Stoffen hergestellt werden.

e) Wohnlauben müssen mit feuerhemmenden Stoffen gedeckt werden. Ausnahmen kann die Ortspolizeibehörde zulassen.

f) Die Einrichtung einer Feuerstätte ist zulässig; doch muß sie in allen Teilen aus unverbrennlichen Baustoffen hergestellt werden. Unter Herden und Öfen ist der Fußboden, wenn er nicht aus unverbrennlichem Stoff hergestellt ist, durch eine feuerhemmende Bekleidung und darüber durch einen mindestens 0,05 m hohen, den Durchzug der Luft gestattenden Hohlraum mit mindestens zwei Luftöffnungen zu schützen und vor den Heizöffnungen in einem Vorsprung von 0,50 m und in einer über die Feueröffnung nach beiden Seiten hin vortretenden Breite von 0,30 m feuerhemmend zu bekleiden. Die Wand, an der die Feuerstätte steht, muß in der Ausdehnung der Feuerstätte und mindestens 0,20 m ringsherum darüber hinaus aus feuerhemmendem Stoff bestehen oder in der angegebenen Ausdehnung feuerhemmend bekleidet werden. Eiserne Feuerstätten müssen von freiem Holzwerk (Konstruktionshölzern) mindestens 0,50 m entfernt sein.

g) Der Rauch ist von Feuerstätten durch dichte Rohre aus feuerhemmendem Baustoff unmittelbar durch das Dach oder die Wand ins Freie zu leiten. Hinsichtlich des Abstandes der Rauchrohre von Wänden oder von freiem Holzwerk gelten dieselben Bestimmungen wie für Feuerstätten.

h) Als Nebenanlagen der Wohnlauben sind außer Abortbuden Ställe für Kleinvieh bis zu 10 m² Fläche zulässig. Menschliche Auswurfstoffe dürfen nur in wasserdichten Behältern oder Gruben gesammelt und aufbewahrt werden.]

1. Wohnlauben unterliegen also nach der Fassung der Einheits-Bauordnung, die auf Art. IV § 1 Z. 6 WG. beruht, nicht den Beschränkungen des ortsstatutarischen Bauverbots und des Ansiedlungsgesetzes. Wenn sie den Bestimmungen der Bauordnung nicht entsprechen, oder wenn dieser in anderer Weise, z. B. hinsichtlich der Dauer der Bewohnung oder des Nachweises einer festen Wohnung, nicht genügt ist, so gelten sie nicht als Wohnlauben, unterliegen also den allgemein geltenden Bestimmungen. Das gleiche gilt dann, wenn durch örtliche Bauordnungen in bestimmten Gebieten die Errichtung von Wohnlauben verboten ist. Eine solche Vorschrift kann nur die Bedeutung haben, daß die für Wohnlauben vorgesehenen Erleichterungen für Baulichkeiten, die an sich den Vorschriften über Wohnlauben entsprechen, aber in Gebieten errichtet werden, in denen die Errichtung von Wohnlauben ausgeschlossen ist, nicht gelten sollen.

2. Nach obigem kommt keine Befreiung von den Vorschriften über die Wohnlauben in Betracht, sondern allenfalls Befreiung durch den Bezirkswohnungskommissar (vgl. S. 282) oder nach § 12 Abs. 4 FlG. von dem ortsstatutarischen Bauverbot, das zufolge des Verstoßes gegen die Bauordnungsvorschriften Anwendung findet. Diese Befreiung wird aber sehr selten erteilt werden.

3. Bei Wohnlauben, die ohne baupolizeiliche Genehmigung oder entgegen den Bedingungen des Bauscheins oder der Bauordnung errichtet sind, kann ein den gesetzlichen Vorschriften entsprechender Zustand entweder dadurch herbeigeführt werden, daß ein Zustand geschaffen wird, der den Vorschriften des § 29 entspricht, also z. B. durch Verkleinerung des Gebäudes, oder dadurch, daß das Bewohnen verhindert wird. Auf die Genehmigung zur Errichtung einer Wohnlaube kann sich der Eigentümer demgegenüber nicht berufen, denn bei einem Verstoß gegen die hierfür geltenden Vorschriften handelt es sich eben nicht mehr um eine Wohnlaube, sondern um ein Kleinhaus.

4. In Berlin ist die Errichtung von Wohnlauben nur auf unbebauten Grundstücken zugelassen. Wann ein Grundstück als bebaut zu gelten hat, muß von Fall zu Fall entschieden werden. Z. B. wäre es nicht zweckentsprechend, etwa ein Rittergut oder den Dauerwald, soweit darauf Gebäude errichtet sind, als bebautes Grundstück im Sinne obiger Vorschrift anzusprechen. Dagegen ist diese Vorschrift für städtische Grundstücke von durchgreifender Bedeutung. Übrigens wird nicht schon jede geringfügige Bebauung etwa mit einem landwirtschaftlichen Zwecken dienenden Schuppen als Bebauung im Sinne dieser Vorschrift anzusehen sein. Auch ist es denkbar, daß sich auf dem Grundstück bereits Anlagen befinden, die es weder zu einem bebauten Grundstück machen, noch auch als Nebenanlagen zu der Wohnlaube (vgl. § 29 EBO. unter h) angesehen werden können. Man denke z. B. an Gewächshäuser, die zu einem Gärtnereibetriebe gehören. Solche Baulichkeiten werden, insoweit es sich um die Bebauung eines Grundstücks mit einer Wohnlaube handelt, als nicht vorhanden anzusehen sein. Soweit, wie in Berlin, eine Mindestgröße des Baugrundstückes vorgeschrieben ist, muß diese jedoch zur Verfügung bleiben.

§ 30. Anforderungen für besondere Arten von Gebäuden. Abgesehen von solchen Gebäudearten, über die durch besondere Polizeiverordnung bestimmte Anforderungen vorgeschrieben sind, bleibt der Ortspolizeibehörde vorbehalten, für Gebäude von größerer Ausdehnung und Feuersgefahr im Einzelfall weitergehende baupolizeiliche Anforderungen zu stellen.

Als solche Anforderungen kommen vornehmlich in Betracht: Bestimmungen über die Lage einzelner Gebäudeteile zur Straße oder zu anderen Gebäuden, über die Öffnungen nach der Straße und nach den Nachbargrundstücken, über die Entfernung von den Nachbargrenzen, über die Größe der Höfe und Freiflächen, über die Stärke und Bauart der Wände, Decken und Fußböden, über die Anlage von Feuerstätten, Schornsteinen, Brandmauern, Feuerlöscheinrichtungen, über die Ummantelung eiserner Träger und Stützen, über die Anordnung, Zahl, Breite und Steigung der Treppen und Ausgänge, über die Anlage der Luft-, Dunst- und Abwässerabzüge, über die Zuführung frischer Luft, über die Einrichtung der Aborte, Brunnen, Wasserbehälter, Heizungsvorkehrungen, über die Aufbewahrung und Beseitigung von brennbaren Abfällen oder unreinen Abgängen u. dgl.

[Maschinelle und sonstige Einrichtungen, deren Betrieb Geräusche oder Erschütterungen hervorruft, dürfen nicht an solchen Mauern befestigt werden, durch die eine Übertragung derartiger Störungen auf Räume zum dauernden Aufenthalt von Menschen stattfindet.]

Vgl. auch § 31.

Es kommen namentlich Theater, öffentliche Versammlungsräume und Zirkusanlagen, Lichtspieltheater, Warenhäuser,

Mühlen, Garagen in Betracht. Hierüber sind auf Grund ministerieller Bestimmungen Polizeiverordnungen zu erlassen. Vgl. im übrigen Baltz-Fischer S. 366 Ziff. 1.

§ 31. **Fabrikbauten.** Auf Grundstücken, die zur Errichtung gewerblicher Betriebsstätten größeren Umfangs (Fabriken) bestimmt sind, kann die Ortspolizeibehörde — sofern die Betriebsweise oder die Fabrikation der herzustellenden Gegenstände es erforderlich erscheinen läßt — für die Fabrikgebäude eine Bebauung nach Maßgabe der Bestimmungen dieses Paragraphen gestatten.

Für die Ermittlung der Bebauung eines Grundstücks kommt die Baumasse der Gebäude in Betracht. Die zulässige Baumasse beträgt . . . . cbm für jedes Quadratmeter.

Werden Baulichkeiten auf demselben Grundstücke nicht unmittelbar aneinander gebaut, so ist zwischen ihnen ein Abstand von mindestens 5 m einzuhalten. Wenn eine oder beide der gegenüberliegenden Umfassungswände Öffnungen, die zu Räumen zum dauernden Aufenthalt von Menschen gehören, enthalten, muß der Abstand dem arithmetischen Mittel aus den Höhen der beiden Baulichkeiten entsprechen. Zwischen Wohngebäuden und anderen Gebäuden können größere Abstände vorgeschrieben werden.

An Straßen errichtete Fabrikgebäude dürfen nicht höher sein, als der Abstand zwischen ihnen und der gegenüberliegenden Baufluchtlinie beträgt. Wo eine solche nicht besteht, tritt an ihre Stelle die gegenüberliegende Straßengrenze. — Keinesfalls darf die Höhe der Gebäude das Maß von . . . . m überschreiten.

§ 32. **Viehställe.** In Ställen auf Wohngrundstücken muß der Fußboden undurchlässig sein. Zur Aufnahme der

Stallabgänge müssen in den Ställen oder in ihrer nächsten Nähe undurchlässige Gruben angelegt werden.

[Wenn Stallgebäude mit Gebäuden, in welchen sich Räume zum dauernden Aufenthalt von Menschen befinden, zusammengebaut werden, oder wenn in ihnen derartige Räume eingerichtet werden, so dürfen Öffnungen der Stallräume nur in einer — nach allen Richtungen gemessenen — Entfernung von 4 m von den Fenstern der Räume zum dauernden Aufenthalt von Menschen angelegt werden. (Vgl. auch § 26 letzter Absatz.)]

Die vorstehenden Bestimmungen finden auf Ställe für kleine Tiergattungen (Kaninchen usw.), für eine einzelne Ziege, ein einzelnes Schwein und insbesondere für Federvieh keine Anwendung.

Abschnitt III.

§ 33. Schutzmaßregeln bei der Ausführung von Gebäuden und Arbeiterfürsorge. Die Bauausführenden (Bauunternehmer oder Bauleiter) haben die Vorkehrungen zu treffen, die geeignet sind, um Unglücksfälle der auf dem Baugrundstück beschäftigten und dort sonst verkehrenden Personen zu verhüten, sowie Verkehrsstockungen auf der Baustelle und in ihrer Nähe vorzubeugen.

Im einzelnen wird bestimmt: [Siehe Anlage.]

1. Hinsichtlich des Arbeiterschutzes kommen in erster Linie die Bestimmungen der §§ 105 bis 133f der Reichsgewerbeordnung in Betracht. (Verbot der Sonntagsarbeit abgesehen von Notfällen und gewissen Ausnahmen, Arbeitsbücher, Zeugnisse, Lohnbücher, Arbeitszettel, Auszahlung der Löhne, Einbehaltung, Fortbildungsschule, Sicherheitsvorschriften, Arbeitszeit, Verhältnisse der Gesellen und Gehilfen, der Lehrlinge, Meistertitel, Verhältnisse der Betriebsbeamten, Werkmeister, Techniker). Nach der Novelle vom 28. Dezember 1908 (RGBl. S. 667) finden

ferner die Bestimmungen der §§ 133g bis 139aa (Arbeitsordnung, Kinder, Jugendliche, Arbeiterinnen, Verbot ihrer Verwendung zum Transport von Baumaterialien) auf Bauten mit mindestens 10 Arbeitern Anwendung.

2. Nach der Reichsversicherungsordnung vom 19. Juli 1911 in der Fassung vom 22. Dezember 1924 (RGBl. S. 779) sind alle Bauarbeiter gegen Unfälle in ihrem Gewerbe versichert. Vor jeder Baugenehmigung muß nachgewiesen werden, daß Sicherheit für die Beiträge oder Prämien nach § 772 Abs. 3 RVO. geleistet worden ist. Versicherungsträger sind die Baugewerks-Berufsgenossenschaften. Diese haben nach § 848 RVO. (in der Fassung des Gesetzes vom 14. Juli 1925 RGBl. S. 97) dafür zu sorgen, daß nach Möglichkeit Unfälle verhindert werden und bei Unfällen den Verletzten eine wirksame erste Hilfe zuteil wird. Ferner sind Vorschriften zu erlassen über:

1. die Einrichtungen und Anordnungen, welche die Mitglieder zur Verhütung von Unfällen in ihren Betrieben zu treffen haben,
2. das Verhalten, das die Versicherten zur Verhütung von Unfällen in den Betrieben zu beachten haben.

Im Verfolg dieser Bestimmungen sind von dem Verband der Berufsgenossenschaften im Jahre 1913 Normal-Unfallverhütungsvorschriften erlassen worden.

3. Ministerialerlasse und Polizeiverordnungen betreffend die in baulicher und gesundheitlicher Hinsicht zu stellenden Forderungen. Von dem Abdruck muß hier abgesehen werden. Das Nähere vgl. bei Baltz-Fischer S. 583 f. Wegen der Durchführung des Arbeiterschutzes durch Kontrollen vgl. Erlasse vom 27. Febr. und 24. Juli 1903 (MinBliV. S. 38, 260), 22. März 1910 (MinBliV. S. 99), 24. Januar 1914 (Baltz-Fischer S. 602).

4. In bezug auf die Überwachung von Bauten durch Personen aus dem Arbeiterstand — auch bei Reichs- und Staatsbauten (vgl. § 4 des Musters zu einer Dienstanweisung, Baltz-Fischer S. 604) — ist ein Erlaß des Staatssekretärs für das Wohnungswesen vom 13. Dezember 1918 ergangen. Danach sind in Orten, in denen bereits amtlich bestelltes Baupolizeipersonal für die Bautenkontrolle vorhanden ist, neben diesem eine oder mehrere aus dem Bauarbeiterstande hervorgegangene Personen als Baukontrolleure anzustellen, deren Aufgabe es sein soll, die den Bau

kontrollierenden Baubeamten zu unterstützen. Daneben sollen sie befugt sein, auch selbständig Revisionen vorzunehmen. Hierbei haben sie die Abstellung der wahrgenommenen Zuwiderhandlungen gegen die bestehenden Arbeiterschutzbestimmungen durch Benehmen mit den Bauleitern und gegebenenfalls durch Anzeige bei der Ortspolizeibehörde herbeizuführen. Für die Tätigkeit eines Baukontrolleurs aus dem Arbeiterstande sollen in erster Linie Bauarbeiter, die ihren Beruf nicht mehr ausüben können, insbesondere Kriegsbeschädigte, herangezogen werden. Für ihre Auswahl soll in der Regel die Vermittelung der gewerkschaftlichen Organisationen in Anspruch genommen werden. Die Vorschläge dieser sind tunlichst zu berücksichtigen. Voraussetzung für die Auswahl der Kontrolleure muß sein, daß es sich um Arbeiter handelt, die eine Lehrlingszeit im Baugewerbe durchgemacht und mindestens 5 Jahre praktisch auf Bauten gearbeitet haben. Vgl. im übrigen Baltz-Fischer S. 603 f.

Abschnitt IV.

§ 34. Abbruch von Gebäuden. Spätestens eine Woche vor dem Abbruch eines Gebäudes ist der Ortspolizeibehörde zur Erteilung der Abbruchserlaubnis (Abbruchsschein) schriftlich Anzeige in zwei Stücken zu erstatten. Die Anzeige muß enthalten:

1. die genaue Bezeichnung des Gebäudes;
2. die Angabe, ob darin
   a) eiserne Fachwerkskonstruktionen,
   b) mit Eisen bewehrte Bauteile aus Stein oder Beton vorhanden sind;
3. Name, Stand und Wohnung des Abbruchunternehmers.

[Vor Behändigung des Abbruchsscheines darf mit dem Abbruch nicht begonnen werden.]

Die Baupolizei darf den Abbruch nur dann verbieten, wenn polizeiliche Gründe dies rechtfertigen. Hierher würde auch eine drohende gröbliche Verunstaltung gehören (vgl. S. 43). Wegen des Abbruches bei fehlender Zustimmung des Wohnungsamtes vgl. S. 282. S. auch die Strafvorschrift in § 330 StGB. (vgl. S. 287 Z. 2).

Abschnitt V.

Allgemeine Bestimmungen.

§ 35. Vorhandene bauliche Anlagen. Auf bauliche Anlagen, die zur Zeit ihrer Errichtung den damals gültigen baupolizeilichen Bestimmungen entsprachen, und auf Bauten, die auf Grund genehmigter Bauentwürfe bereits begonnen sind, findet die nachträgliche Durchführung etwa nicht beobachteter Bestimmungen dieser Bauordnung nur dann statt, wenn polizeiliche Gründe, insbesondere solche der öffentlichen Sicherheit, es notwendig machen.

Für bauliche Arbeiten, welche einzeln oder zusammengenommen eine erhebliche Veränderung eines Gebäudes oder Gebäudeteils darstellen, kann die Baugenehmigung auch davon abhängig gemacht werden, daß gleichzeitig die durch den Entwurf an sich nicht berührten Gebäude und Gebäudeteile, soweit sie den Vorschriften dieser Bauordnung widersprechen, mit dieser in Übereinstimmung gebracht werden.

1. Die baupolizeilichen Vorschriften haben grundsätzlich keine rückwirkende Kraft. Ausnahmsweise können sie sich aber Rückwirkung auf bestehende Zustände beilegen. Dies ist z. B. der Fall, wenn nachträglich der Anschluß eines bereits bestehenden Hauses an die Kanalisation verlangt wird, denn es handelt sich hierbei um eine Umgestaltung der baulichen Einrichtung des Hauses abweichend von dem genehmigten Bauplan.

2. Zweifel können bestehen in bezug auf die Frage, was für Baulichkeiten zu gelten hat, die vor dem Inkrafttreten der Bauordnung mit einer § 35 gleichlautenden Vorschrift fertiggestellt sind, ohne daß die baupolizeiliche Genehmigung hierzu erteilt

worden ist. Wird die Behörde nachträglich mit einem solchen Bau befaßt, so kann sie bei der Prüfung naturgemäß nur das zur Zeit geltende öffentliche Recht zugrunde legen. Die Einheitsbauordnung sieht aber in dieser Hinsicht vor, daß auf Baulichkeiten, die zur Zeit ihrer Errichtung den damals gültigen baupolizeilichen Bestimmungen entsprachen, im allgemeinen das frühere Recht anzuwenden sei. Danach würde also die Baulichkeit zu genehmigen sein, sofern sie nur den seinerzeit geltenden Vorschriften entsprach. Abweichungen von der jetzt geltenden Bauordnung würden demnach auch keines Dispenses bedürfen, denn einmal finden deren Vorschriften in baulicher Hinsicht nach ihrer eigenen Bestimmung ja keine Anwendung, so daß kein Verstoß gegen zwingende Vorschriften in Betracht kommt; zum andern würden auch durchaus nicht immer die Voraussetzungen gegeben sein, unter denen nach § 5 eine Befreiung gewährt werden kann.

Nach dieser Auffassung würde also kein Unterschied zwischen genehmigten und ungenehmigten Bauten aus der Zeit vor Inkrafttreten der gegenwärtigen Bauordnung zu machen sein. Dies erscheint auch insofern folgerichtig, als ein Verstoß gegen eine formelle Vorschrift nicht eine andersartige Beurteilung in sachlicher Hinsicht zur Folge haben sollte. Anders liegt die Sache dann, wenn, wie in § 40 Ziff. 4 der Berliner Bauordnung vom 15. August 1897 gesagt ist, daß lediglich auf „zu Recht bestehende Baulichkeiten" im allgemeinen die Vorschriften der früheren Bauordnung Anwendung finden. Hieraus würde in der Tat mit dem Oberverwaltungsgericht gefolgert werden müssen, daß ungenehmigte Baulichkeiten zu Unrecht bestehen und mithin den Vorschriften in baulicher Hinsicht unterliegen, die zur Zeit der Befassung der Baupolizei gelten. Diese Auffassung wird von Baltz-Fischer (S. 374 Ziff. 2) meines Erachtens zu Unrecht auch für den Wortlaut der Einheitsbauordnung vertreten.

3. Polizeiliche Gründe im Sinne dieser Vorschrift liegen dann vor, wenn eine Gefahr, evtl. auch eine Belästigung des Verkehrs (§ 6e, f. PVG.) stattfindet. In solchen Fällen könnte die Baupolizei auch ohne eine § 35 entsprechende Vorschrift eingreifen, denn bei der Genehmigung können nicht alle Zufälle, aus denen eine Gefahr erwachsen kann, vorhergesehen werden, und es wäre unmöglich, solche nachträglich eintretende Gefahrzustände hingehen zu lassen. Das gleiche gilt für den Fall, daß später Er-

fahrungen oder Kenntnisse gesammelt worden sind, die einen genehmigten Zustand als gefährlich erscheinen lassen. Die Verfügungen, die in solchen Fällen zu erlassen sind, werden daher ebensowohl auf § 35 EBO. als auf § 10 II 17 ALR. gestützt werden können.

§ 36. Veränderungen der Grundstücksgrenzen. Werden durch Veränderungen der Grenzen bebauter Grundstücke Verhältnisse geschaffen, welche den Vorschriften dieser Bauordnung zuwiderlaufen, so sind die betreffenden Gebäude oder Gebäudeteile entsprechend umzugestalten oder zu beseitigen.

Die Grenze eines Baugrundstücks wird nicht unter allen Umständen durch die Übertragung einer Parzelle auf ein anderes Grundbuchblatt geändert, denn gleichwohl kann das Baugrundstück ein einheitliches bleiben (vgl. S. 307 Z. 3). Ist dies nicht der Fall, so kann in Berlin z. B. durch die Eintragung einer Hofgemeinschaft oder eine Vereinbarung gemäß § 7 Ziff. 17 BBO., letzten Endes durch Nachsuchen eines Dispenses die Übereinstimmung mit den Vorschriften der Bauordnung herbeigeführt werden. Geschieht dies nicht oder ist dies nicht möglich, so muß die Baupolizei die notwendigen baulichen Maßnahmen fordern. Ein Mittel, die Abtrennung eines Teiles des Baugrundstücks zu verhindern, hat die Behörde nicht. Die Behörde erhält hiervon lediglich Kenntnis durch die Katasterämter oder die Grundbuchämter.

§ 37. Inkrafttreten und Übergangsbestimmungen. Diese Bauordnung tritt am Tage der amtlichen Veröffentlichung unter gleichzeitiger Aufhebung aller mit ihr im Widerspruch stehenden Bestimmungen, insbesondere der Bauordnung vom ......, in Kraft.

Die auf Grund der bisher gültigen Bauordnung bereits erteilten Bauscheine verlieren die Gültigkeit nach Ablauf von drei Monaten vom Tage der Veröffentlichung dieser Verordnung ab, wenn nicht inzwischen der Bau begonnen ist, und bei Neubauten, wenn nicht inzwischen die Grundmauern gelegt sind.

Es kann auch ein bestimmter Termin des Inkrafttretens bestimmt werden. Von der Übergangsvorschrift des Abs. 2 wird Befreiung nicht gewährt werden können. Wollte man Befreiungen auch von solchen formellen Vorschriften gelten lassen, so müßte man dies beispielsweise auch hinsichtlich § 3 Abs. 3 und anderer Vorschriften dieser Art tun, was wohl kaum in Betracht kommt.

§ 38. Strafen. Übertretungen der vorstehenden Bestimmungen werden, soweit nicht sonstige weitergehende Strafbestimmungen, insbesondere des § 330, § 367 Ziff. 12 bis 15, § 368 Ziff. 3 und 4 und § 369 Ziff. 3 des Reichsstrafgesetzbuches vom 15. Mai 1871 Platz greifen, mit einer Geldstrafe bis zu .... Mark oder im Unvermögensfalle mit verhältnismäßiger Haft geahndet. Daneben bleibt die Ortspolizeibehörde befugt, die Herstellung vorschriftsmäßiger Zustände herbeizuführen.

1. Es steht im Belieben der Behörde, ob sie Strafen verhängen will oder nicht. Wegen des Verhältnisses von Übertretungsstrafen zu Zwangsstrafen vgl. S. 215 Z. 6.

2. Die Befugnis zum Erlaß von Strafverfügungen durch die Polizeibehörden ergibt sich aus dem Gesetz betreffend den Erlaß polizeilicher Strafverfügungen wegen Übertretungen vom 23. April 1883, den § 413 f. der StrPO. (RGBl. 1924 S. 364) und aus Art. III der Verordnung über Vermögensstrafen und Bußen vom 6. Februar 1924 (RGBl. S. 44). Danach können durch polizeiliche Strafverfügungen Geldstrafen bis zu 150 Reichsmark verhängt werden, an deren Stelle im Falle der Nichtbeitreibbarkeit eine Haftstrafe nach § 29 Abs. 2 StGB. (RGBl. 1924 S. 45) tritt. Danach beträgt die Höchstdauer 6 Wochen, sofern nicht eine geringere Haftstrafe wahlweise neben der Geldstrafe in der maßgeblichen Strafvorschrift angedroht ist. Durch MinErl. vom 30. Juni 1925 — Id. 468 — (MinBliV. S. 747) ist jedoch angeordnet worden, daß die Ortspolizei-

behörden Haftstrafen nur bis zu 2 Wochen verhängen sollen. Nach § 27c StGB. sollen Geldstrafen den Gewinn übersteigen, den der Täter aus der Straftat gezogen hat. Sie können zu diesem Zweck durch das Gericht auch höher als 150 RM. festgesetzt werden.

Die Strafverfügung muß außer der Festsetzung der Strafe die strafbare Handlung, Zeit und Ort derselben, die angewendete Strafvorschrift, die Beweismittel und die Kasse bezeichnen, an welche die Geldstrafe zu zahlen ist. Sie muß ferner die Eröffnung enthalten, daß der Beschuldigte binnen einer Woche gerichtliche Entscheidung beantragen könne, daß der Antrag bei der Polizeibehörde oder dem Gericht eingereicht werden könne, und daß die Strafverfügung, falls innerhalb der bestimmten Frist kein Antrag auf gerichtliche Entscheidung erfolgt, vollstreckbar werde. Die ausgefertigte Verfügung ist dem Beschuldigten durch einen vereideten öffentlichen Beamten zuzustellen (§ 10 der AusfAnw. vom 8. Juni 1883, vgl. auch die weiteren Bestimmungen daselbst).

3. Für den materiellen Inhalt der polizeilichen Strafverfügung sind die allgemeinen strafrechtlichen Grundsätze anzuwenden. So können z. B. polizeiliche Strafverfügungen nicht gegen juristische Personen erlassen werden, desgleichen nicht nach eingetretener Verjährung durch Ablauf von drei Monaten seit der Straftat. Hierbei ist zu beachten, daß die Ausführung eines Baues ohne Genehmigung ein Dauerdelikt ist, die Verjährung also erst mit dem Aufhören der Bautätigkeit zu laufen beginnt. Wegen einer strafbaren Handlung kann nur eine einmalige Bestrafung erfolgen. Wenn aber jemand trotz erfolgter Bestrafung ein ohne Genehmigung begonnenes Bauwerk weiterführt, so ist stets ein neuer Tatwille und eine neue strafbare Handlung anzunehmen (vgl. Löwe-Rosenberg, Anm. 9 zu § 413 StrPO.).

Wenn es sich um eine Bestrafung wegen des polizeiwidrigen Zustandes eines Grundstückes handelt, so ist im allgemeinen der Grundstückseigentümer verantwortlich. Er kann sich nur dadurch von der Bestrafung befreien, daß er nachweist, daß er das Seine getan, auch etwa zur Verwaltung des Grundstücks angestellte Personen hinreichend beaufsichtigt habe. Ein außerhalb des Ortes wohnender Eigentümer haftet jedoch nur für die sorgfältige Auswahl seines Vertreters.

4. Verhängte Polizeistrafen können zurückgenommen oder gemildert werden, solange sie noch nicht rechtskräftig geworden sind. Von dieser Befugnis darf die Polizeibehörde jedoch nur dann Gebrauch machen, wenn sie die Überzeugung gewonnen hat, daß sie bei Erlaß der Strafverfügung von irrtümlichen tatsächlichen oder rechtlichen Voraussetzungen ausgegangen war, oder daß sie, soweit es sich um die Herabminderung einer Strafe handelt, Umstände nicht berücksichtigt hatte, welche die Übertretung in einem milderen Licht erscheinen lassen. Die Zurücknahme einer noch nicht rechtskräftigen Strafverfügung ist auch dann zulässig, wenn der Betroffene nachweist, daß es nicht in seiner Macht lag, die Übertretung, derentwegen er bestraft worden ist, zu vermeiden (vgl. Genzmer S. 208/9 Anm. 10). Nach Beginn der Hauptverhandlung vor dem Amtsgericht ist die Rücknahme der Strafe unzulässig (vgl. KG. im PrVBl. Bd. 48 S. 602).

5. Beantragt der Beschuldigte gerichtliche Entscheidung, so ist die Sache dem Amtsanwalt zur weiteren Veranlassung zu übersenden. Als Antrag auf gerichtliche Entscheidung gilt jeder Ausdruck der Unzufriedenheit mit der erfolgten Bestrafung.

Wird nach Einlegung des Rechtsmittels nicht binnen drei Monaten nach Erlaß der polizeilichen Strafverfügung eine richterliche Handlung herbeigeführt, so ist die Sache verjährt.

Rechtskräftige Strafen sind in eine Liste einzutragen (Ausf.-Anw. vom 8. Juni 1883 zum Gesetz vom 23. April 1883). Sie können auf Antrag nicht ohne weiteres niedergeschlagen, sondern nur im Wege des vom Wohlfahrtsminister ausgeübten Begnadigungsrechtes erlassen werden.

Geldstrafen für baupolizeiliche Übertretungen fallen der zuständigen Polizeiverwaltung zu. Die Kosten von Haftstrafen sind von ihr zu tragen.

Anlage.

Die folgenden Ausführungen sollen für die wichtigsten Ergänzungen des vorstehenden Bauordnungsentwurfs als Anhalt dienen:

Der **§ 6** ist noch durch Vorschriften über die Zugänglichkeit der Hintergebäude und Höfe zu ergänzen, wobei davon auszugehen ist, daß alle Höfe und Gebäude ihrem Zweck entsprechende sichere

Zugänge von der Straße erhalten müssen und Hintergebäude mit der Straße in Verbindung zu bringen sind. Abmessungen und Bauart etwa notwendiger Durchfahrten sind so zu bestimmen, daß das Durchbringen der ortsüblichen Feuerlöschgeräte möglich ist.

Für die Fälle, in denen Baufluchtlinien nicht festgesetzt sind, ist das Entfernungsmaß der Gebäude von öffentlichen Wegen den örtlichen Verhältnissen entsprechend festzusetzen.

Zu § 7. Bauliche Ausnutzbarkeit der Grundstücke. Es sind in allen Bauordnungen grundsätzlich Abstufungen der Ausnutzbarkeit der Grundstücke — Bauzonen, Bauklassen, Baustaffeln — vorzusehen. Solche Abstufungen waren bereits in den Erlassen des Herrn Ministers der öffentlichen Arbeiten vom 24. April und 20. Dezember 1906 — III B 1, 1136 und 3717 — empfohlen, ohne daß indes diese Anordnung bisher durchweg durchgeführt ist. Sie hat nunmehr durch die Ziffer 1 des § 1 des Art. 4 des Wohnungsgesetzes eine einwandfreie gesetzliche Grundlage erhalten.

Allgemeines: Geschoßzahl und bebaubare Fläche.

Die Abstufung der baulichen Ausnutzbarkeit der Grundstücke für Wohnzwecke hat einmal nach der Geschoßzahl und sodann nach der bebaubaren Grundstücksfläche zu erfolgen. Die baupolizeilichen Beschränkungen in dieser Hinsicht haben sich als ein wirksames Mittel zur Erreichung einer den neuzeitlichen Anschauungen entsprechenden Wohnungsbeschaffung und Ortsanlage erwiesen. Abgesehen von dem Einfluß der Lage und der besonderen Verwendbarkeit des Grundstücks für bestimmte Zwecke werden die Bodenpreise in erster Linie durch die nach den bestehenden Baunormen zugelassene Ausnutzbarkeit bestimmt. Eine geringere Ausnutzbarkeit wirkt einer Steigerung der Bodenpreise entgegen. Gegenwärtig lassen die meisten Bauordnungen noch eine durch die örtlichen Verhältnisse nicht gerechtfertigte zu große Höhe der Wohngebäude und eine zu weit gehende Bebaubarkeit der Grundstücke hinsichtlich der Fläche auch in solchen Stadtgebieten zu, wo nichts zu einer derartigen Ausnutzung des Grund und Bodens nötigt. Demgegenüber ist mehr als bisher für Abstufung der Bauvorschriften, besonders in schnell wachsenden Gemeinden, aber auch anderwärts, Vorsorge zu treffen. Die örtliche Abstufung der Bauvorschriften wird häufig zweckmäßig auch nach einzelnen Straßen und Plätzen zu erfolgen haben, kann sich gegebenenfalls sogar auf bestimmte Baublöcke beschränken. Daher wird es sich vielfach empfehlen, die endgültige Regelung der Ausnutzbarkeit der Grundstücke durch baupolizeiliche Vorschriften nicht zu frühzeitig, sondern erst zusammen mit der förmlichen Feststellung des Fluchtlinienplans vorzunehmen. Unter Umständen hat die Festsetzung der Bauklassen noch Zeit bis zum Beginn des Straßenausbaues. Es wird darauf Bedacht zu nehmen sein, daß alles vermieden wird, was eine vorzeitige Steigerung der Bodenpreise für das betreffende Gebiet zur Folge hat.

Baugebiet und Außengebiet.

Das Wohnungsgesetz (Art. 4, § 1, Z 1) schafft die Möglichkeit, eine Vorschrift dahin zu erlassen, daß dort, wo Fluchtlinien nicht festgestellt sind, nur offene Bauweise mit Gebäuden von nicht mehr als einem Obergeschoß über dem Erdgeschoß zugelassen ist. Es werden demgemäß in jeder Banordnnug zwei Gebiete zu unterscheiden sein, ein Baugebiet und ein vom planmäßigen Bauen noch nicht ergriffenes Gebiet, sog. Außengebiet.

Das Außengebiet hat im allgemeinen alle diejenigen Liegenschaften zu umfassen, für welche sich ein Baulandpreis noch nicht gebildet hat; hierzu können auch Gebiete gehören, die in der bisher gültigen Bauordnung bereits einer Bauklasse zugeteilt sind. Die Abgrenzung des Außengebiets muß sich nach den örtlichen Verhältnissen richten. Für eine gesundheitliche Entwicklung der Städte ist es am günstigsten, wenn die Außengebiete möglichst groß festgelegt werden, um so mehr, als nach dem Kriege mit einem weiteren grenzenlosen Wachstum der Städte einstweilen nicht wird gerechnet werden können. Für das Außengebiet ist, wie im Wohnungsgesetz vorgesehen ist, für Wohngebäude offene Bauweise mit nicht mehr als einem Obergeschoß und Erdgeschoß vorzuschreiben. Eine Beschränkung der bebaubaren Fläche wird sich für dieses Gebiet im allgemeinen erübrigen.

Im folgenden sind unterschieden: Vollgeschoß, Kellergeschoß und Dachgeschoß.

Begriffsbestimmung der einzelnen Geschosse der Wohngebäude.

a) Vollgeschosse liegen oberhalb der Erdoberfläche — höchstens bis zu 50 cm unter ihr — und sind von senkrechten Umfassungswänden umschlossen;

b) als Kellergeschoß gilt das Geschoß, das unterhalb des ersten Vollgeschosses (des Erdgeschosses) sich befindet;

c) als Dachgeschoß ist ein Geschoß anzusehen, in welches die Konstruktionsteile des Dachverbandes und der geneigten Dachfläche hinreichen.

Geschoßzahl.

Für das Baugebiet wird hinsichtlich der Geschoßzahl der Wohngebäude in den meisten Gegenden eine Bauweise mit zwei Vollgeschossen vollkommen ausreichen; allenfalls könnten daneben noch Teile des Dachgeschosses für Räume zum dauernden Aufenthalt von Menschen als Zubehör für die unteren Wohnungen freigegeben werden. Wo zwei Wohngeschosse nicht ausreichend sind, sollte das Wohngebäude mit drei Vollgeschossen durchweg die Regel bilden und auf ihm sich jede städtische Bauordnung aufbauen. Auch die Musterbauordnung geht vom dreigeschossigen Hause aus. Die Bestimmungen über Standfestigkeit und Feuerschutz der Wohngebäude in ihr rechnen nur mit Gebäuden von höchstens drei Vollgeschossen.

Neben zwei Vollgeschossen etwa den Ausbau des Dachgeschosses als Vollgeschoß mit selbständigen Wohnungen zuzulassen, empfiehlt sich nur dann, wenn durch die Bauordnungsvorschriften Gewähr dafür geboten wird, daß genügend Raum für Abstellkammern und Trockenböden (etwa 10 qm für jede Wohnung) zur Verfügung steht.

Für besondere Gebäudearten, wie Verwaltungs-, Geschäfts-, Fabrikgebäude, hinsichtlich der Geschoßzahl oder ihrer Ausnutzungsmöglichkeit Ausnahmen zuzulassen, steht nichts im Wege.

In denjenigen größeren Städten, in denen ein Bedürfnis für viergeschossige Wohnweise besteht, sind solche Bauten auf bestimmte Straßen oder Straßenteile zu beschränken und in der Bauordnung als Ausnahmen zu behandeln, für die besondere — verschärfte — Vorschriften vorzusehen sind, wobei auch die durch Erlaß des Herrn Ministers der öffentlichen Arbeiten vom 31. März 1915 — III B 8. 13 C — als Anhalt empfohlenen Anregungen des preußischen Feuerwehrbeirats zu beachten sind.

Eine höhere Bauweise als die viergeschossige ist für neu der Bebauung zu erschließendes Gelände nirgends mehr zuzulassen.

Dort, wo die Bauordnungen gleichzeitig für größere und kleinere Gemeinden gelten sollen, hat eine unterschiedliche Behandlung der Gemeinden hinsichtlich der Geschoßzahl der Wohngebäude stattzufinden, schon um die Widerstände größerer Städte auf Herabsetzung der Geschoßzahl, die unter Hinweis auf das kleineren Städten gewährte Maß der baulichen Ausnutzung zu erfolgen pflegen, herabzumindern.

Durchweg ist darauf zu dringen, daß das Kellergeschoß nirgends mehr zu Räumen zum dauernden Aufenthalt von Menschen in Anspruch genommen wird. Wo ein Bedürfnis zur Anlage von Pförtnerwohnungen im Kellergeschoß besteht, sind für diese besonders scharfe Vorschriften zu geben, die eine unerlaubte, über das für die Pförtnerwohnungen zugelassene Maß hinausgehende Ausnutzung des Kellergeschosses unmöglich machen.

Wo Hintergebäude zugelassen werden (vgl. Bemerkungen zu § 8), ist es nicht erforderlich, daß die Geschoßzahl dieser derjenigen der Vordergebäude entspricht; vielmehr wird es sich vielfach empfehlen, die Geschoßzahl der Hintergebäude gegenüber der Geschoßzahl der Vordergebäude herabzusetzen.

Bebaubare Fläche.

Die Grundstücksausnutzung nach der bebaubaren Fläche erfolgt am zweckmäßigsten nach einer Zehntel-Berechnung. Dabei hat für die Berechnung der bebaubaren Fläche grundsätzlich nur der hinter der Baufluchtlinie liegende Teil des Grundstücks in Betracht zu kommen. Fallen die Baufluchtlinie und die Straßenfluchtlinie nicht zusammen, ist also ein Vorgartengelände vorhanden, kann ein Teil des Vorgartengeländes als unbebaut zur Ermittlung der bebaubaren Fläche herangezogen werden, jedoch ist tunlichst anzustreben, daß ein Streifen von mindestens 3 m Tiefe von der Grundstücksfläche zuvor abgerechnet wird.

Die von der Bebauung freizulassende Fläche eines Grundstücks sollte in neu zu erschließendem Gelände grundsätzlich um so höher sein, je höher die Wohnweise ist, die für die betreffende Bauzone eingeführt ist. Für einheitlich entstehende Siedlungen empfiehlt es sich, die wahlfreie Aufschließung des Geländes innerhalb eines Baublocks zuzulassen, d. h. in der Bauordnung die Möglichkeit zu schaffen, die Zahl der Wohngeschosse in Wechselbeziehung zur bebauten Fläche zu bringen, damit es dem einen Baublock einheitlich besiedelnden Bauherrn möglich ist, unter Freilassung einer unbebauten Fläche, die größer ist, als die Bauordnung für das betreffende Baugebiet vorschreibt, stellenweise eine größere Ausnutzung nach der Geschoßzahl zu erreichen und auf diese Weise eine größere wirtschaftliche Verwertung und abwechslungsreiche architektonische Ausgestaltung zu ermöglichen. Eine derartige Vorschrift enthält z. B. die neue Berliner Vorortbauordnung des Regierungspräsidenten in Potsdam vom 10. Mai 1918 im § 56a Ziff. 5b, von der eine Abschrift sich am Schluß befindet. Auch die weitere dort enthaltene Vorschrift über Übertragbarkeit der bebaubaren Fläche bei einheitlichen Siedlungen ist beachtenswert.

In neu zu erschließendem Gelände sollte für die geschlossene dreigeschossige Bauweise nirgends mehr als 50 % bebaubar, bei zweigeschossiger Bauweise nicht mehr als 60 % bebaubar zugelassen werden. Ob bei Eckgrundstücken 10 % mehr an Bebauung gewährt werden kann, bedarf in jedem Falle der sorgfältigen Nachprüfung nach Maßgabe des örtlichen Bedürfnisses. Im allgemeinen wird von einer Bevorzugung der Eckgrundstücke abzusehen sein. Für Wohngrundstücke, die in der Außenstadt und in Vororten gelegen sind, wird im allgemeinen eine bebaubare Fläche von nur 30 % ausreichend sein. Für kleinere Städte mit im wesentlichen nur zweigeschossiger Bauweise werden unbedenklich 40 bis 50 % an bebaubarer Fläche zugelassen werden können.

Bei der Berechnung der Bebauungsfläche sind Nebenhöfe und Lichthöfe als bebaute Fläche mitzurechnen, dagegen Mauervorsprünge und Pfeilervorlagen von weniger als 50 cm Ausladung und weniger als einem Zehntel der freien Wandfläche, ferner Freitreppen, Kellerhälse, Schutzdächer, frei stehende Mauern und ähnliche Anlagen außer Betracht zu lassen; auch steht nichts im Wege, daß je nach den örtlichen Verhältnissen für kleine einstöckige Nebenbauten, wie Gartenhäuser, Vorhallen,

Veranden, Galerien, Lauben, Umgänge, Aborte, Ställe, Schuppen, Gewächshäuser, Kegelbahnen und dergl. Ausnahmen vorgesehen werden.

Zu § 8. Gebäudeabstände. Das Baugebiet ist einzuteilen in Gebiete der geschlossenen und der offenen Bauweise. Es sind daher überall Vorschriften darüber aufzunehmen, ob und inwieweit im Baugebiet die geschlossene Bauweise zugelassen oder die offene Bauweise vorgeschrieben ist. Als Unterart der offenen Bauweise ist die halboffene (Gruppenhausbau) zu regeln, während die Regelung des Reihenhausbaues sowohl als Abart der offenen Bauweise und im Anschluß an diese, als auch durch Verbot der Hintergebäude, Einschränkung der Seiten- und Mittelflügel, Beschränkung der Vorderhaustiefe, Festsetzung hinterer Baulinien — sog. Randbebauung — im Anschluß an die geschlossene Bauweise denkbar ist.

Abstand der Gebäude an der Straße. Bauwich.

Der bei der offenen Bauweise einzuhaltende seitliche Mindestabstand ist als Bauwich zu bezeichnen. Das Bauen in offener Bauweise ist in Gebieten der geschlossenen Bauweise zu erschweren. Daher ist vorzuschreiben, daß in den Gebieten der geschlossenen Bauweise die Gebäude an der Straße entweder in unmittelbarem Anschluß an die Nachbargebäude errichtet werden oder von den seitlichen Nachbargrenzen einen Abstand von mindestens 5 m einhalten müssen. Falls auf dem Nachbargrundstück bereits eine Brandmauer auf der Grenze vorhanden ist, ist zu fordern, daß der Neubau unmittelbar auf der Nachbargrenze zu errichten ist. Anderseits erscheint es zweckdienlich, eine Vorschrift auch darüber aufzunehmen, daß die Ortspolizeibehörden den vorgenannten Abstand dann verlangen dürfen, wenn der Nachbarbau einen Abstand von dieser Nachbargrenze gehalten hat, damit das Freistehen einer Brandmauer beim beabsichtigten Neubau, wenn es in ästhetischer Hinsicht zu Bedenken Anlaß gibt, insbesondere die einheitliche Gestaltung des Straßenbildes stört, verhindert werden kann.

In den Gebieten der offenen Bauweise und im Außengebiet ist durchweg die Errichtung von Wohnhäusern mit frei stehenden Brandgiebeln zu verbieten (vgl. Art. 4, § 3 des Wohnungsgesetzes).

Im übrigen sind die Abstände der Gebäude an den Straßen in den Gebieten der offenen und halboffenen Bauweise nach den örtlichen Verhältnissen und Baugewohnheiten festzusetzen.

Abstand der Gebäude auf demselben Grundstück.

Für die Regelung der Abstände der Gebäude auf demselben Grundstück ist folgendes zu beachten: Zwischen allen nicht unmittelbar aneinanderstehenden Gebäuden desselben Grundstücks wird in der Regel ein freier Raum von mindestens 5 m Breite vorzuschreiben sein. Wenn die gegenüberliegenden Wände feuerbeständig aufgeführt werden und keine Fenster haben (wobei als gegenüberliegende solche Wände und Gebäudeteile anzusehen sind, deren Richtungswinkel 75 Grad nicht überschreiten), so genügt ein Abstand von 2,50 bis 2 m.

Für Gebäude mit feuergefährlichen Betrieben oder Lagern muß ein größerer Abstand als 5 m vorgesehen werden, der sich nach den örtlichen Verhältnissen, insbesondere dem Umfang des Betriebes oder der Lagerung und seiner Gefährlichkeit, richten muß.

Für die Baugrundstücke sind Höfe von bestimmter Mindestgröße, die sich nach der Gebäudehöhe und Zahl der Wohngeschosse zu richten hat, vorzusehen. Es ist darauf Bedacht zu nehmen, daß die Bebauung des Hinterlandes die Freilassung größerer zusammenhängender Flächen im Innern der Baublöcke gewährleistet. Von dem Verbot der Errichtung von Hintergebäuden ist tunlichst weitgehend Gebrauch zu machen. Hinterwohngebäude sollten im neu aufzuschließenden Gelände des Gebietes der geschlossenen Bauweise überhaupt nicht mehr zugelassen werden.

Wohnhausbauten von mehr als zwei Vollgeschossen müssen von der hinteren Grundstücksgrenze mindestens 5 m entfernt bleiben. Die Errichtung von Seitenflügeln mit selbständigen Wohnungen ist tunlichst zu verbieten. Wo Seitenflügel zugelassen werden, ist darauf zu halten, daß die Ausnutzung des Nachbargrundstücks in einer Form sichergestellt ist, daß die Brandmauern auf der Grenze durch etwa gleich hohe und lange Anbauten verdeckt werden.

Falls in bereits bebauten Stadtgebieten auf eine Bebauung mit Mittelflügeln und Quergebäuden nicht verzichtet werden kann, ist hiergegen dann nichts einzuwenden, wenn die Grundstückstiefe hinreichend groß ist und eine Hofgemeinschaft eingeführt wird; jedoch ist eine Bebauung derart, daß durch Seitenflügel und Quergebäude ringsumschlossene enge Höfe entstehen, zu verbieten.

Industrieviertel.

Neben der Abgrenzung der Wohngebiete nach Bauklassen darf eine moderne Bauordnung auf eine Einwirkung bei der Ansiedlung von Industrieanlagen nicht verzichten.

Die Ziffer 3 des § 1 des Artikels 4 des Wohnungsgesetzes sieht hier die Bestimmung vor, daß besondere Ortsteile, Straßen und Plätze durch die Bauordnungen ausgeschieden werden können, in denen nur die Errichtung von Wohngebäuden mit Nebenanlagen, oder solche, in denen nur die Errichtung von gewerblichen Anlagen mit Nebengebäuden zugelassen zu werden brauchen. Eine solche Trennung ist in der Praxis schon vielfach vorhanden, und es liegt für eine solche Vorschrift zweifellos ein Bedürfnis vor. Daß der Erlaß einer solchen Vorschrift nicht dazu führen darf, für ganze Wohnviertel gewisse Handwerksbetriebe völlig auszuschließen, bedarf keiner Hervorhebung. Anderseits, wenn die Betriebe in Industrievierteln liegen, kann ihnen eine solche Vorschrift auch zugute kommen. Sie schützt die Unternehmer gegen private Klagen und nachbarliche Schikanen wegen störenden Lärms, Rauchbelästigung und übler Gerüche.

Will eine Gemeinde nicht eine so einschneidende Bestimmung treffen, so ist auch z. B. eine Vorschrift zulässig, die vorsieht, daß wahlweise, entweder Industriebauten bis zu vier oder fünf Geschossen, bei fünf Zehnteln bebaubarer Fläche, oder Wohngebäude, diese aber nur mit zwei Geschossen bei drei Zehnteln bebaubarer Fläche, errichtet werden dürfen. Diese Maßnahme dürfte sich in vielen Fällen auch bereits als geeignetes Mittel zur Ansiedlung von Industrie an den dafür von den Gemeinden auserseheneu Stellen erweisen. Auch empfiehlt es sich, dem Fabrikbau insofern eine gewisse Freiheit einzuräumen, daß für ihn nicht eine Höchstzahl der Geschosse und bebaubaren Fläche wie bei den Wohngebäuden vorgeschrieben, sondern daß für die Ermittlung der zulässigen Bebauung ein kubisches Maß zugelassen wird (etwa 9 cbm Baumasse für jedes Quadratmeter der Grundstücksfläche).

Eine Beeinflussung des Siedlungscharakters der verschiedenen Ortsviertel kann weiter durch die Aufnahme einer Vorschrift in die Bauordnung, wie sie Ziffer 2 des § 1 des Artikels 4 des Wohnungsgesetzes enthält, erreicht werden. Die Anordnung, daß für gewisse Ortsteile, Straßen und Plätze die Errichtung von Anlagen aller Art nicht zugelassen ist, die beim Betrieb durch Verbreitung übler Dünste, durch starken Rauch oder ungewöhnliches Geräusch Gefahren, Nachteile oder Belästigung für die Nachbarschaft oder das Publikum überhaupt herbeizuführen geeignet sind, hat sich vielfach als wünschenswert im Interesse eines den Anforderungen der öffentlichen Gesundheitspflege Rechnung tragenden Ausbaues der Städte erwiesen. Nach der bisherigen (vgl. Entsch. OVG. Bd. 41 S. 322, Bd. 43 S. 376, PrVBl. 25 S. 131) waren Polizeiverordnungen der bezeichneten Art unzulässig, soweit sie über die Abwendung von Gefahren hinaus einen Schutz gegen Nachteile oder Belästigungen bezwecken und dabei nicht von der Rücksicht auf die Leichtigkeit des Verkehrs auf öffentlichen Wegen, Straßen, Plätzen usw. geleitet sind. Nunmehr genügt zur Ausschließung solcher Anlagen aus gewissen Ortsteilen die Rücksicht auf die Abwendung von Belästigungen und Nachteilen für die Nachbarn und das Publikum überhaupt.

Formelle Vorschriften.

Die durch die Abstufung der Bebaubarkeit entstehenden Bauzonen (Bauklassen-, Baustaffelgebiete) sind nicht im Text der Bauordnung, sondern in einer Anlage zu ihr, die integrierender Teil der Bauordnung werden muß und nur im Wege der Polizeiverordnung abgeändert werden darf, mit ihren Grenzbezeichnungen aufzunehmen. Die Bauklassengrenzen bilden am zweckmäßigsten die Straßenmitten; doch soll damit nicht ausgeschlossen werden, daß z. B. für gewisse Straßen, insbesondere Verkehrsstraßen, beiderseitig eine einheitliche und intensivere Bauweise als für die anderen Seiten der sie begrenzenden Baublöcke vorgeschrieben wird. In gleicher Weise sind die Grenzen zwischen dem Baugebiet und Außengebiet im Anhang zur Bauordnung festzulegen. Wird die Bauordnung als Regierungspolizeiverordnung erlassen, steht nichts im Wege, die Zuweisung der einzelnen Gemeindegebiete zu den einzelnen Bauklassen durch Ortspolizeiverordnungen bewerkstelligen zu lassen, wobei jedoch die Zustimmung des Regierungspräsidenten zu der Bauklassenbestimmung oder etwaiger späterer Bauklassenänderungen vorzubehalten bleibt.

Zweckmäßig ist ferner, jeder Bauordnung einen zeichnerisch dargestellten Bauklassenplan beizufügen.

Bei Aufnahme der sämtlichen vorstehend erörterten Vorschriften in die Regierungs- oder Ortspolizeiverordnungen würde der Inhalt der §§ 7 und 8 so umfangreich werden, daß er an Übersichtlichkeit verlieren würde. Es sind daher für einen Teil der Vorschriften neue Paragraphenbezeichnungen zu wählen, die jedoch nicht nach fortlaufenden Ziffern, sondern, weil sonst die Einheitlichkeit der Paragraphenbezeichnungen der folgenden Vorschriften gestört werden würde, als § 7a, 7b usw., § 8a, 8b usw. zu bezeichnen sind.

Wenn auch die Vorschriften über die Ausnutzung des Baugeländes in möglichst weitgehendem Maße örtlich verschieden geregelt werden sollen, so soll doch damit keineswegs nun etwa eine örtliche Regelung der gesamten Vorschriften der §§ 7 und 8 angestrebt werden, vielmehr werden wohl fast in allen Regierungsbezirken die Verhältnisse — abgesehen vielleicht von den größeren Stadtkreisen — soweit gleichmäßig sein, daß Vorschriften allgemeiner Art auch über die Ausnutzung des Baugeländes in der Regierungspolizeiverordnung gegeben werden können, ja, daß selbst ein einheitliches Bauklassensystem für die Städte usw. eines Regierungsbezirks aufgestellt werden kann.

Zu § 9. Gebäudehöhe. An der bisher ziemlich allgemein üblichen Vorschrift, daß die Gebäudehöhe an der Straße die Straßenbreite nicht überschreiten darf, ist nicht mehr festzuhalten. Wo die Gebäudehöhe in Beziehung zur Straßenbreite gesetzt wird, wird unter Straßenbreite im allgemeinen die tatsächliche mittlere Breite des Straßendammes einschließlich des Bürgersteiges vor dem Gebäude zu verstehen sein. Sind Baufluchtlinien vorhanden, soll der Abstand dieser, andernfalls der Hausfronten, maßgebend sein. Bei wechselnder Straßenbreite darf ein einheitliches mittleres Höhenmaß für das ganze Gebäude gewählt werden. Ebenso darf bei Eckgebäuden an verschieden breiten Straßen ein mittleres Höhenmaß für das ganze Gebäude gewählt werden. Vielfach wird es sich auch empfehlen, vorzuschreiben, daß die an der breiteren Straße gestattete Höhe auch an der schmäleren Straße bis auf 15 Meter von der Ecke oder bis auf die ortsübliche Vorderhaustiefe zugelassen wird. Für schmale Straßen alter Stadtteile werden besondere Vorschriften vorzusehen sein.

Anzustreben ist, daß der Wechsel in der Gebäudehöhe innerhalb der Straßenansicht eines Grundstücks liegt. Auch bei einem Wechsel der Bauklassen empfiehlt sich, daß die Vermittlung der verschiedenen Höhen innerhalb eines Grundstücks stattfindet.

Die Höhe der Hintergebäude soll weder das an der Straße zulässige Höhenmaß der zugehörigen Vordergebäude noch die Breite des senkrechten Abstands von der gegenüberliegenden Hausfront überschreiten. Ausnahmen, insbesondere für solche Hintergebäude, die überwiegend gewerblichen, landwirtschaftlichen oder öffentlichen Zwecken dienen, können in Bauordnungen vorgesehen werden. Es sind dann aber Bestimmungen für eine ausreichende Licht- und Luftzufuhr zu treffen.

Für Fabriken, Lagerhäuser, Schornsteine und andere Nutzbauten können bezüglich der Höhe freiere Bestimmungen gegeben werden; doch ist Rücksichtnahme auf die Umgebung und auf den Schutz des Orts- und Straßenbildes gegen Verunstaltung geboten.

Für öffentliche Bauten und ihnen gleichzuachtende private Monumentalgebäude, Türme und Denkmäler sind Ausnahmen vorzusehen, damit bei ihnen vorwiegend künstlerische Gesichtspunkte bezüglich der Höhenbestimmung Geltung erlangen können.

Zu § 13. Es kann davon abgesehen werden, für aufgehende Wände, insbesondere auch für Umfassungswände, ausschließlich feuerbeständige Bauart zu verlangen. Vielmehr ist der Einführung neuerer Bauweisen, wenn sie den öffentlichen Interessen des Feuerschutzes, der Standsicherheit und der Gesundheitspflege gerecht werden, kein Widerstand entgegenzusetzen. Insbesondere in Gegenden, in denen mehrgeschossiger Fachwerkbau bodenbeständig ist, ist dieser für Einfamilienhäuser, Kleinhäuser und Mittelhäuser — wenn nötig mit der ortsüblichen Bekleidung als Wetterschutz —, ebenso die Verwendung von Leichtsteinen mit Außenputz und Verkleidung sowie jede andere behördlich anerkannte Bauweise zuzulassen, wenn sie den örtlichen Verhältnissen entspricht. Für Umfassungswände der Kleinhäuser ist Fachwerk nur mit teilweiser Wetterschutzbekleidung zulässig, nicht dagegen die Anwendung von nur vorgeblendetem Fachwerk mit Hintermauerung. Ferner sind Lehmstampfbau, Ausführung in Lehmpatzen und sogenannten Grünlingen, Holzbohlwerk und andere Bauweisen gestattet.

Auch da, wo feuerbeständige Bauart vorgeschrieben ist, empfiehlt es sich, zuzulassen, daß Holzwerk zur Verzierung und architektonischen Gliederung im Äußeren verwendet wird, ohne daß dadurch die Wände den Charakter der Feuersicherheit einbüßen.

Nebenbaulichkeiten ohne Feuerstätten dürfen auch in Brettwerk hergestellt werden, jedoch müssen Ausbauten in dieser Ausführung feuerhemmende Bedachung erhalten.

Für Scheidewände, die verschiedene Wohnungen desselben Geschosses voneinander trennen, ist vorzuschreiben, daß sie mindestens einen halben Stein stark und in der Regel feuerhemmend hergestellt sein müssen; jedoch sind auch Wände aus doppelten Gips- oder Zementdielen, doppelten Schlackenbetonplatten oder dergleichen mit ausgefülltem Zwischenraum (Koksasche, Torfmull) in gleicher Stärke zulässig. Balkentragende Zwischenwände dürfen in Einfamilienhäusern, Kleinhäusern und Mittelhäusern auch von ausgemauertem, geputztem Fachwerk oder als einen halben Stein starke Ziegelwand hergestellt werden, wenn für Verteilung des Balkendrucks durch gemeinsame Unterlage gesorgt ist. Für die Mauerstärken kann unter Berücksichtigung der klimatischen Verhältnisse und der Beschaffenheit der örtlich zur Verfügung stehenden Baustoffe für Mittelhäuser die folgende Liste als Anhalt dienen: (siehe S. 384/385).

Bei Anwendung von Luftschichten in den Außenwänden ist eine Vergrößerung der Mauerstärke um das Maß dieser Schichten vorzusehen.

Brettverkleidung als Wetterschutz oder zur Verzierung gilt nicht als Veränderung der feuerbeständigen Bauart, ebensowenig der Dachüberstand der Sparren nebst Stirnbrett und die Anbringung kleiner hölzerner Vorbauten. Für Außenwände von Dachausbauten darf feuerbeständige Ausführung nicht gefordert werden.

Geschoß	1 Belastete Außenmauern mit Öffnungen	2 Belastete Treppenhaus- oder Mittelhausmauern	3 Nicht gemeinschaftliche Brand- oder Giebelmauern ohne Öffnung und Belastung bei Vorhandensein gleich starker Mauern auf dem Nachbargrundstück	4 bei Fehlen gleich starker Mauern auf dem Nachbargrundstück
Kellergeschoß .	2	1½	1½	1½
Erdgeschoß . .	1½	1	1½	1½
1. Obergeschoß	1½	1	1	1½
2. Obergeschoß	1½	½	1	1
Dachgeschoß .	1	½	½*)	1

Als Mauerstärke der Außenwände von Kleinhäusern genügen 30 cm bei Anwendung von Außenputz und Hohlschichten oder 38 cm oder 1½ Stein ohne Außenputz und Hohlschichten. Es können auch 1 Stein starke Außenwände gestattet werden, wenn gute Ziegel- oder Schwemmsteine verwendet werden und wenn in mildem Klima oder geschützter Lage zu erwarten ist, daß die Ersparnis bei den Baukosten nicht durch Wärmeverlust im Winter aufgewogen wird.

Bei Fachwerk- und Holzbauten ist die Schwelle des Fußbodens der Erdgeschoßräume mindestens 25 cm über das Außengelände zu verlegen.

Scheidewände, die verschiedene Wohnungen desselben Geschosses voneinander trennen, können in Gebäuden mit Kleinwohnungen in geringerer Stärke bis ½ Stein stark zugelassen werden; auch Wände aus doppelten Gips- oder Zementdielen,

*) Bei gleichzeitig ausgeführten Gruppenbauten.

5	6	7
Gemeinschaftliche Giebel- oder Brandmauern		Unbelastete Treppenhausmauern
mit Belastung	ohne Belastung	
1½	1½	1 Stein Stärke
1½	1	1 „ „
1	1	1 „ „
1	1(½)*)	½ „ „
1	½	½ „ „

doppelten Schlackenbetonplatten oder dergleichen sind zulässig.

Zu § 16. Es sind Vorschriften über die Ausführungsart der Dachaufbauten aufzunehmen. Für senkrechte Dachaufbauten (Giebel, Dachluken, Erker, Fenster, Türen) können Einschränkungen bezüglich ihrer Größe und ihres Abstandes von der Nachbargrenze festgesetzt werden.

Zu § 21. Es ist vorzuschreiben, daß für jedes Grundstück, das zu Wohn- und Arbeitszwecken bebaut werden soll, gesundheitlich einwandfreies Trinkwasser und die zu Feuerlöschzwecken ausreichende Menge an Wasser in einer den örtlichen Verhältnissen entsprechenden Weise sichergestellt sein muß.

Kessel- oder Schachtbrunnen sollten von Abortgruben, Dungstätten, Stallungen, Jauchen-, Senk- und Sammelgruben u. dgl. einen Abstand von mindestens 10 m haben. Wird von dem Bauherrn nachgewiesen, daß der Untergrund hinreichend undurchlässig ist, kann eine Ermäßigung der Entfernung durch die Ortspolizeibehörde im Einzelfalle bis 5 m vorgesehen werden. Wird ein Kesselbrunnen mit Pumpe versehen, so muß er wasserdicht abgedeckt und umpflastert werden. Das Pflaster muß so weit über dem Erdboden liegen, daß reichliches Gefälle zur Ableitung des Auslaufwassers vorhanden ist.

In Gegenden, wo noch offene Zieh- oder Schöpfbrunnen üblich sind, muß der Brunnenkessel mit mindestens 1 m hoher Einfassung versehen und mit starkem Gefälle umpflastert sein.

Eiserne Röhrenbrunnen sollten mindestens 10 m Abstand von Gruben u. dgl. halten, sofern die Wasserentnahmeschicht in

*) Bei Gruppenbauten.

weniger als 4 m Tiefe liegt. Das Maß von 10 m kann bis auf 5 m ermäßigt werden, wenn das Brunnenrohr durch undurchlässige Bodenschichten bis 10 m Tiefe geführt werden mußte, um die wasserführende Schicht zu erreichen. Bei größerer Brunnentiefe kann das Abstandsmaß auch weniger als 5 m betragen.

Es muß angestrebt werden, daß die Wasserversorgung von Grundstücken, die mit Wohnhäusern von mehr als zwei Vollgeschossen bebaut werden, im allgemeinen nur durch Druckwasserleitung geschieht. Die Genehmigung zum Bau derartiger Wohngebäude wird tunlichst von der Bedingung abhängig zu machen sein, daß der Anschluß an eine Druckwasserleitung gesichert ist. Im übrigen ist noch in den Regierungs- oder Ortspolizeiverordnungen festzusetzen, wann die Wasserversorgung eines Grundstücks als ausreichend nach den örtlichen Verhältnissen anzusehen ist. Für die Wohnung sollte aber mindestens eine brauchbare Wasserzapfstelle vorhanden sein.

Für die Versorgung der Kleinhäuser mit gesundheitlich einwandfreiem Trinkwasser und mit Wasser zu Feuerlöschzwecken genügt da, wo nicht der Anschluß an eine öffentliche gemeinsame Wasserleitung möglich ist, das Recht der Benutzung eines öffentlichen Brunnens oder der Mitbenutzung eines Privatbrunnens; Voraussetzung hierbei ist, daß die Brunnen in einer nach dem Ermessen der Ortspolizeibehörde ausreichenden Nähe des Kleinhauses liegen.

Zu § 22. Jedes bebaute Grundstück muß mit Einrichtungen zur ordnungsmäßigen Entwässerung, soweit diese sich nicht oberirdisch in natürlichem Gefälle vollzieht, versehen werden. Gesundheitsschädliche Flüssigkeiten sind so abzuleiten oder so zu sammeln, daß keine Schädigung oder Belästigung der Menschen eintritt.

Für eine Benutzung der Straßenrinnen und des öffentlichen Kanalnetzes sind jeweilig örtliche Bestimmungen zu geben.

Für jede selbständige Wohnung und für jede selbständige Betriebs- oder Arbeitsstätte ist eine Abortanlage zu fordern.

Die Einrichtung, Belichtung und Lüftung der Abortanlagen sind in den einzelnen Bauordnungen nach den örtlichen Verhältnissen und Bedürfnissen festzusetzen.

Aborte innerhalb der Wohnungen sollten im allgemeinen nur da zugelassen werden, wo der Anschluß an eine Schwemmkanalisation gesichert ist. Außerhalb der Wohnungen, aber innerhalb von Wohnhäusern, können sie zugelassen werden bei nicht mehr als zwei Vollgeschossen, wenn sie von gut gelüfteten Vorräumen zugänglich sind und die Abfallstoffe in undurchlässigen, dichtschließenden Behältern (Tonnen, Gruben) angesammelt und regelmäßig geräumt werden. Im einzelnen sollten folgende Vorschriften dort, wo keine Schwemmkanalisation besteht, durchweg in den Bauordnungen Aufnahme finden: Innerhalb der Umfassungswände liegende Tonnenräume oder Gruben müssen mit undurchlässigen Decken und Wänden und wasserdichten Fußböden versehen und durch Dunstrohre bis über die obersten Wohnraumfenster entlüftet sein. Tonnenräume müssen von außen unmittelbar zugänglich sein. Abortgruben unter Wohnhäusern müssen mindestens 1 m vor die Umfassungsmauer reichen und dort mit Entleerungs- und Reinigungsöffnung versehen sein; sie sind mindestens 0,50 m über dem Grundwasserstand anzulegen. Außerhalb gelegene Abortgruben sind wasserdicht herzustellen, dichtschließend zu überdecken und bei weniger als 10 m Abstand von Wohnräumen mit Entlüftungsvorrichtungen zu versehen.

Ist ein öffentliches Kanalnetz mit Wasserspülung vorhanden, so darf außerhalb des Gebiets der geschlossenen Bebauung vom Anschluß abgesehen werden, wenn

a) die Aborte an eine den baupolizeilichen Vorschriften entsprechende Grube, Tonnen- oder Kasteneinrichtung ohne Wasserspülung angeschlossen sind und die landwirtschaftliche Verwendung der Auswurfstoffe in benachbarter, hierfür genügender Landfläche Bedürfnis ist;

b) wenn das Haus mit einer zur Garten- oder landwirtschaftlichen Nutzung geeigneten Fläche dauernd ausgestattet ist.

In Kleinhäusern dürfen, da bei ihnen mit dem Hausgrundstück eine Garten- und Ackerfläche verbunden sein muß, die für die landwirtschaftliche Verwertung der Abfallstoffe im allgemeinen ausreichen wird, auch einfachere Einrichtungen nach dem Tonnen- oder Kastensystem zugelassen werden. Die Entscheidung hierüber wird zweckmäßig der Ortspolizeibehörde überlassen.

Die Anlage von Sickergruben, die dazu bestimmt sind, Abwasser dem Untergrunde, wenn er hierzu geeignet ist, zu ständiger

Aufnahme zuzuführen, darf von der Ortspolizeibehörde nur nach eingehender Prüfung im Einzelfalle ausnahmsweise zugelassen werden.

Zur Aufnahme von Stallabgängen kann die Ortspolizeibehörde die Anlage von Dünger- und Jauchegruben fordern. Düngerstätten müssen einen undurchlässigen Boden erhalten und mit erhöhter Randeinfassung versehen werden. Jauchegruben sind wasserdicht herzustellen und abzudecken.

Die Einrichtung von Asch- und Müllbehältern ist in den einzelnen Bauordnungen nach den örtlichen Verhältnissen und Bedürfnissen festzusetzen.

Zu § 24. Die Regelung dieser Materie im einzelnen muß den Regierungs- und Ortspolizeiverordnungen überlassen bleiben. Es können von hier aus nicht bestimmte Vorschriften gegeben werden, auf welche Weise die Pflege der heimatlichen Bauweise und der Schutz der Bau- und Naturdenkmäler gehandhabt werden soll, da es sich um Verhältnisse handelt, die fast in jedem Ort, zum mindesten in den einzelnen Landesteilen verschieden beschaffen sind. Die gesetzlichen Grundlagen für diese Vorschriften sind das Verunstaltungsgesetz vom 15. Juli 1907 und die Artikel 4 § 1 Ziff. 4 und Artikel 9 § 2 des Wohnungsgesetzes vom 28. März 1918.

Der Begriff „bauliche Anlage" ist im weitesten Sinne des § 1 des Bauordnungsentwurfs zu verstehen. Es gehören hierzu also z. B. auch Denkmäler, Mauern, Tore, frei stehende Reklametafeln jeder Größe usw.

Unberührt bleiben die weitergehenden Vorschriften der auf Grund der §§ 2 bis 4 des Verunstaltungsgesetzes erlassenen Ortsstatute.

Zu § 25. Dieser Paragraph enthält nur einige allgemeine Bestimmungen grundlegender Art. Einzelvorschriften bleiben der Regelung durch Regierungs- und Ortspolizeiverordnung überlassen.

In den Vorschriften über Höhe, Baustoffe und Bauart der Einfriedigungen erscheint weitgehendes Entgegenkommen angebracht. Insbesondere wird in Kleinhaus- und Mittelhauskolonien möglichst freier Spielraum für die Verwendung von lebenden Hecken und für die Anlage von Grünstreifen vor den Häusern zu lassen sein.

Zu § 27. Werden in einer Bauordnung selbständige Wohnungen oder gewerbliche Räume im Dachgeschoß zugelassen, so sind gleichzeitig Bestimmungen über die Festigkeit und den Feuerschutz des Dacheinbaues, über die Bauart und Zugänglichkeit der Treppen zu den Dachräumen und über die Art der Anordnung der Fenster zu treffen.

Die Errichtung von Räumen zum dauernden Aufenthalt von Menschen im Kellergeschoß ist, worauf schon oben hingewiesen ist, überall zu untersagen. Nur die Unterbringung von Waschküchen ist zuläsig. Sollten die örtlichen Verhältnisse die Benutzung einzelner Räume des Kellergeschosses ausnahmsweise für Wohnzwecke notwendig machen, so dürfen solche Räume für Wohnzwecke nur gestattet werden, wenn sie nicht ausschließlich auf die Lichtzuführung von Norden angewiesen sind und der Einfall von Sonnenlicht unter einem Winkel von wenigstens 45 Grad möglich ist. Werden Waschküchen im Kellergeschoß untergebracht, müssen sie eine ausreichende Beleuchtung durch Tageslicht erhalten.

Zu § 33. Es sind Vorschriften darüber zu geben, ob und inwieweit die Errichtung und Benutzung von Baugerüsten und Bauzäunen einer ortspolizeilichen Genehmigung bedürfen, und ferner im einzelnen Vorschriften über die Anbringung von Gerüsten, Schutzdächern und Baurüstungen, die Abdeckung von Balken- und Trägerlagen, die Herstellung von Brustwehren, die Einfriedigung von Öffnungen, die Ausrüstung von Betondecken, Gewölben usw., die Aufstellung von Bauzäunen sowie die Lagerung von Baumaterialien aufzunehmen. Bestehen bereits Gerüstordnungen oder Straßenpolizeiverordnungen, in denen derartige Bestimmungen vorhanden sind, ist auf diese an dieser Stelle zu verweisen.

Zum Nachweis der Standsicherheit der Baurüstungen kann die Beibringung von Festigkeitsberechnungen verlangt werden. Auch kann die Beleuchtung der Bauzäune und Baugerüste nach Bedarf gefordert werden.

Bei Ausführung von Bauten in der Nähe vorhandener Gebäude sind Vorschriften wegen der zur Sicherung der letzteren notwendigen Vorkehrungen (Ausführung der Grundmauern in kurzen Strecken, Absteifen oder Unterfahren der Mauern anstoßender Gebäude u. dgl.) vorzusehen.

Ferner empfiehlt es sich, hier die Vorschriften der Polizeiverordnungen über die Arbeiterfürsorge auf Bauten, die auf Grund der vom Minister der öffentlichen Arbeiten vom 4. Juli 1913 — III. B. 8. 297 — herausgegebenen Grundsätze erlassen sind, aufzunehmen, jedenfalls aber an dieser Stelle auf ihr Vorhandensein sowie auf die für den Schutz der Bauarbeiter gegen Unfälle erlassenen Unfallverhütungsvorschriften der örtlich zuständigen Bauberufsgenossenschaften hinzuweisen.

Abschrift zu § 7, S. 376.

5a. Auf Grund eines für einen Baublock einheitlichen Aufteilungs- und Bebauungsplans kann der Regierungspräsident eine Bebauung von mehr als drei Zehntel der Baugrundstücke zulassen, wenn im ganzen keine größere Fläche des Baublocks bebaut wird, als die Summe von drei Zehnteln der Baugrundstücke ergibt.

5b. Auf Grund eines für einen Baublock einheitlichen Aufteilungs- und Bebauungsplans kann der Regierungspräsident eine dreigeschossige Bauweise zulassen, wenn nur zwei Zehntel der Baugrundstücke bebaut werden. Auch in diesem Falle kann eine Mehrbebauung der Grundstücke gestattet werden, wenn im ganzen keine größere Fläche des Baublocks bebaut wird, als die Summe von zwei Zehnteln der Baugrundstücke ergibt.

5c. In den Fällen der Ziffern 5a und 5b ist die rechtliche Sicherung der genehmigten Art der Bebauung in der vom Regierungspräsidenten geforderten Form nachzuweisen.

Vorschriften für Wohnlauben.

Erlaß des Staatskommissars für das Wohnungswesen vom 18. November 1918.

St. 6. 89.

Die erhebliche Bedeutung, die das Laubenkolonistenwesen für die großstädtische Bevölkerung, namentlich auch mit Rücksicht auf die Nützlichkeit besitzt, die es während des Krieges für die Ernährungsfrage gewonnen hat, bedarf keiner weiteren Ausführungen. Die Ziffer 6 des § 1 des Art. 4 des Wohnungsgesetzes schafft im Gegensatz zu der bisherigen Rechtslage die Handhabe, im Wege der Bauordnung eine gewisse wohnliche Benutzung von Gartenhäuschen (Lauben) zu ermöglichen, ohne daß sie Wohnhäuser im Sinne der Ansiedlungsgesetze und des ortsstatutarischen Bauverbots sind. Ein gesetzliches Recht zum Bewohnen der Lauben schlechthin ist angesichts der mannigfachen und erheblichen Bedenken auf dem Gebiete wichtiger Gemeindeinteressen (Straßenanlage, Armenrecht usw.), der Ungleichheit der wörtlichen Verhältnisse und der danach auch sehr verschiedenartigen polizeilich wahrzunehmenden Interessen nicht gewährt worden. Es ist Aufgabe der für die Aufstellung von Bauordnungen zuständigen Behörden, die Bedingungen, unter denen die Errichtung von Wohnlauben zugelassen wird, so zu gestalten, daß neben den berechtigten Wünschen der städtischen Bevölkerung nach vorübergehender Benutzung solcher Lauben die Rechte und Interessen der Gemeinden sowie derjenigen der Gesundheit, Ordnung, Ruhe und Sicherheit gewahrt werden. (Vgl. Ausführungsanweisung zu Artikel 4 § 1 Ziffer 6 des Wohnungsgesetzes vom 17. Mai 1918.)

Ich ersuche demgemäß, dafür zu sorgen, daß dort, wo ein Bedürfnis zur Errichtung von Wohnlauben besteht, entsprechende Vorschriften in die Bauordnungen aufgenommen werden. Dabei ist grundsätzlich jedenfalls daran festzuhalten, daß die Laubenbewohner stets eine feste Wohnung haben müssen, auch während der Dauer der Benutzung der Lauben. Wenn von diesem Grundsatze Ausnahmen dort zugelassen werden, wo eine Wohnungsnot eingetreten ist, ist hiergegen nicht nur nichts einzuwenden, sondern eine solche Maßnahme würde sich durchaus im Rahmen der im Erlasse des Herrn Ministers der öffentlichen Arbeiten vom

6. Oktober 1917 — III. B. 8. 272. C — vorgeschlagenen Mittel zur Minderung der Wohnungsnot halten. Es wird jedoch auch für diese Maßnahme von vornherein eine Beschränkung der ausschließlichen, ohne gleichzeitige anderweitige Wohnung erfolgenden Benutzung auf einen nach dem unbedingten Bedürfnis bestimmten, knappen Zeitraum festzusetzen sein. Ich nehme dieserhalb auf meinen Runderlaß vom 11. d. M. — St. 6. 43 —, betreffend baupolizeiliche Genehmigung von Leichtbauten, Bezug.

Als Bedingungen für die Zulassung von Wohnlauben als Wohnstätten können noch in Frage kommen: Festsetzung eines Höchstflächenraumes, Beschränkung der Baulichkeiten auf ein Geschoß oder eine bestimmte Höhe bis zur Dachkrone, Verbot von Feuerungsanlagen, abgesehen von der Kochstelle. Für eine Übergangszeit weitere Feuerstätten und ausnahmsweise sogar ein Bewohnen auch im Winter zuzulassen, bestehen nach Prüfung der besonderen Verhältnisse keine Bedenken. Die Wohnlauben sollen grundsätzlich nur Unterkunft für eine Familie bieten, wobei aber das Aneinanderbauen mehrerer Häuschen im Interesse des besseren Wärmeschutzes nicht ausgeschlossen sein soll. Einer Befestigung, Beleuchtung und Kanalisierung der Straßen, an denen die Wohnlauben errichtet werden, wird es im allgemeinen nicht bedürfen. Dabei wird das Recht der Gemeinden auf Erhebung der Anliegerbeiträge und die Verpflichtung der Grundstückseigentümer zu Ansiedlungsleistungen für den Fall der endgültigen Bebauung der Grundstücke durch besonderen Vorbehalt zu wahren sein.

Die Erleichterung in der Herstellung von Wohnlauben darf nicht dazu führen, daß sich Mißstände einstellen, die mit den Anforderungen der öffentlichen Sittlichkeit unvereinbar sind.

Sachregister.

(Die Zahlen bedeuten die Seiten, die eingeklammerten Zahlen die Nummer der Erläuterungen oder den Paragraphen.)

Guttentagsche Sammlung

Deutscher Reichs- und Preußischer Gesetze

einschließlich

de Gruyter'sche Sammlung Deutscher Gesetze

(Handkommentare)

Systematisches Verzeichnis

Bürgerliches Recht

- Bürgerliches Gesetzbuch
- Schuldverhältnisse insbesondere
- Sachenrecht insbesondere
- Familien- und Erbrecht
- Handelsrecht
- Versicherungsrecht
- Gewerberecht
- Arbeitsrecht
- Sozialpolitische Gesetze
- Geistig-gewerbl. Rechtsschutz

Zivilprozeß

- Freiwillige Gerichtsbarkeit
- Konkursordnung u. Zwangsvollstreckung

Strafrecht u. Strafprozeß

Öffentliches Recht

- Staatsrecht
- Verwaltungsrecht
- Reichsrecht / Landesrecht
- Steuerrecht

Februar 1928

Walter de Gruyter & Co., Berlin W 10 und Leipzig

Bürgerliches Recht

Bürgerliches Gesetzbuch

Band

Reichsgesetze:

38/39. **Bürgerliches Gesetzbuch nebst Einführungsgesetz.** Von A. Achilles. In Verbindung mit F. André, O. Meyer, O. Strecker, K. v. Unzner herausgegeben von M. Greiff. 12. Auflage. — 1926. 24.—

84. **Sammlung kleinerer privatrechtlicher Reichsgesetze.** Von G. Müller. — 1903. 5.50

129. **Zivilrechtkriegsgesetze.** Von Fischer. — 1918. 1.50

116. **Kriegs-Zivil- und Finanzgesetze.** 3. Auflage. — 1915. 1.50

116 a. Desgl. Zweite Folge: Jahr 1915. — 1916. 1.20

Preußische Gesetze:

23. **Ausführungsgesetze zum Bürgerlichen Gesetzbuche.** Von P. Siméon. 3. Auflage. — 1914. 2.20

Textausgaben:

Bürgerliches Gesetzbuch. 14. Auflage. — 1925. 5.—

Schuldverhältnisse insbesondere

Reichsgesetze:

34. **Die Abzahlungsgeschäfte.** 3. Auflage von E. Wilke. — 1910. 1.20

93. **Sicherung der Bauforderungen.** Von E. Harnier. 3. Auflage. — 1912. 1.50

55. **Beschlagnahme von Lohn- und Gehaltsforderungen.** Von G. Meyer. 6. Auflage. — 1927. 4.50

70. **Das Reichshaftpflichtgesetz.** Von G. Eger. — 1903. Vergriffen.
Als Ersatz: Seligsohn, **Haftpflichtgesetz.** — 1920. (Außerhalb der Sammlung.) 8.—, geb. 9.50

94. **Die Beamtenhaftpflichtgesetze des Reiches und der Länder.** Von H. Delius. 3. Auflage. — 1921. 3.20

52. **Rechte der Besitzer von Schuldverschreibungen.** Von H. Göppert. 2. Auflage von E. Trendelenburg. — 1915. 1.50

50. **Der Viehkauf (Viehgewährschaft).** Von H. Stölzle. 6. Auflage. — 1926. 15.—

Band

90. **Das Internationale Privatrecht,** Die Haager Abkommen über. Von G. Bogeng. — 1908. 2.—

98. **Sechs Haager Abkommen über Internationales Privatrecht.** H. Dungs. — 1910. 1.50

Preußische Gesetze:

37. **Enteignung von Grundeigentum.** Von O. Meyer. 3. Auflage. — 1927. 5.50

Sachenrecht insbesondere

de Gruyter'sche Sammlung Deutscher Gesetze (Handkommentare):

Aufwertungsrecht von Michaelis. — 1926. Mit Nachtrag 1927. 16.—

Nachtrag einzeln —.30

Reichsgesetze:

135. **Erbbaurecht.** Von H. Günther. — 1919. 2.—

42. **Grundbuchordnung.** Von O. Fischer und R. Fischer. 9. Auflage. — 1927. 5.—

156. **Mietrecht und Wohnungsmangelgesetz.** Von Krieg. 3. Auflage. — 1925. Mit Nachtrag 1927. 7.—

Nachtrag einzeln 1.50

Textausgaben:

Aufwertungsgesetze mit Einleitung. Von Michaelis. — 1925. Mit Nachtrag 1927. 1.50

Reichsmietengesetz. — 1922. —.50

Familienrecht und Erbrecht

Reichsgesetze:

45. **Entmündigungsrecht.** Von P. Koll. — 1900. 1.20

58. **Recht der unehelichen Kinder.** Von H. Jastrow. — 1901. Mit Nachtrag 1925. 1.60

47. **Deutsches Vormundschaftsrecht.** Von M. Schultzenstein und P. Köhne. 2. Auflage. — 1901. Vergriffen.

124. **Todeserklärung Kriegsverschollener.** Von J. Partsch. — 1917. 2.—

59. **Beurkundung des Personenstandes und die Eheschließung.** Von F. Fidler. 2. Auflage. — 1912. 2.30

Preußische Gesetze:

3. **Nottestamente.** Von E. Kurtz. — 1904. 1.50

Handelsrecht

Band **Reichsgesetze:**

4. **Handelsgesetzbuch** ohne Seerecht. Von Litthauer und Mosse. 17. Auflage. Von E. Heymann. — 1926. 14.—

162. **Handelsrechtliche Nebengesetze.** Von Schreiber. — 1926. 14.—

169. **Bank- und Börsengesetze.** Von Arthur Nußbaum. — 1927. 11.—

41. **Börsengesetz.** Von Th. Hemptenmacher. 3. Auflage von O. Meyer. — 1915. 3.50

26. **Münz- und Notenbankwesen.** Von R. Koch. 7. Auflage von Schacht. — 1925. 14.—

117. **Darlehnskassengesetz.** Von H. Salomon u. K. Bud. — 1915. 1.80

40. Gesetz, betr. die **Pflichten der Kaufleute bei Aufbewahrung fremder Wertpapiere (Depotgesetz).** Von F. Lusensky. 3. Auflage. — 1916. Mit Nachtrag 1924. 1.—

24. **Aktiengesellschaft und Kommanditgesellschaften auf Aktien.** Von H. Keyßner und H. Veit Simon. 7. Auflage. In Bearbeitung.

32. **Gesellschaften mit beschränkter Haftung.** Von L. Parisius und H. Crüger. 17. Auflage. — 1926. 3.50

29. **Erwerbs- und Wirtschaftsgenossenschaften.** Von L. Parisius und H. Crüger. 19. Auflage. — 1928. 4.—

51. **Hypothekenbankgesetz.** Von H. Göppert. 2. Auflage von Seidel. — 1911. Mit Nachtrag 1926. 2.20

100. **Kaligesetz.** Von B. Voelkel. — 1910. 2.40

167. **Verordnung gegen Mißbrauch wirtschaftlicher Machtstellungen** (Kartellgesetz). Von Staffel. — 1927. 3.50

115. **Das vertragliche Wettbewerbsverbot (Konkurrenzklausel).** Von G. Baum. — 1914. 3.—

113. **Postscheckgesetz.** Von J. Weiland. — 1914. Mit Nachtrag 1918. Vergriffen.

113 a. **Postscheckordnung.** Von J. Weiland. — 1914. Mit Nachtrag 1918. 1.50

85. **Scheckgesetz.** Von M. Apt. Vergriffen. Neue Auflage von W. Schmidt. In Bearbeitung.
    Kommentar von Michaelis. — 1927. (Außerhalb der Sammlung.) 16.—, geb. 18.—

5. **Wechselordnung.** Von J. Stranz und M. Stranz. 12. Auflage. — 1923. Mit Nachtrag 1926, enthaltend **Wechselstempelgesetz und Scheckgesetz.** 3.50
    Nachtrag einzeln —.60

Band

36. **Privatrechtliche Verhältnisse der Binnenschiffahrt und Flößerei.** Von E. Löwe. 6. Auflage. — 1923. 4.—

19. **Die Seegesetzgebung.** Von W. E. Knitschky. 5. Auflage von O. Rudorff. — 1913. 8.—

Preußische Gesetze:

54. **Anlegung von Sparkassenbeständen in Inhaberpapieren.** Von H. Döhring. — 1914. 2.80

21. **Handelskammern.** Von F. Lusensky. 2. Aufl. — 1909. 3.—

Textausgaben:

Handelsgesetzbuch mit **Seerecht.** 11. Auflage. — 1924. 2.60

Wechselordnung. — 1908. Mit Anhang: Wechselprozeß und Ausführungsanweisung. — 1920. —.50

Versicherungsrecht

Reichsgesetze:

62. **Private Versicherungsunternehmungen.** Von H. Koenige. 3. Auflage von Koenige und Petersen. — 1927. 20.—

83. **Versicherungsvertrag.** Von P. Hager und E. Bruck. 5. Auflage. — 1926. 14.—

164. **Aufwertung von Versicherungsansprüchen.** Teil I: **Lebensversicherungen.** Von Berliner und Pfaffenberger. — 1926. 6.50

164 a. Desgl. Teil II: **Sach-** (Feuer-, Glas-, Wasser- usw.) **und Transportversicherung, Unfall- und Haftpflichtversicherung.** — 1926. Mit Nachtrag 1927. 3.50

Nachtrag einzeln —.30

Gewerberecht

Reichsgesetze:

6. **Reichsgewerbeordnung** nebst Ausführungsbestimmungen. Von Fr. Hiller und H. Luppe. 20. Auflage. — 1921. Mit Nachtrag, enthaltend alle Änderungen und Neuerungen bis Ende 1924. 6.—

Nachtrag einzeln 1.50

64. **Handel mit Drogen und Giften,** Gesetzsammlung, betr. den. Von H. Sonnenfeld. 3. Auflage. — 1926. 12.—

Band

48. **Drogen-, Gift- und Farbenhandel außerhalb der Apotheken,** Gesetze, betr. den. Von J. Broh. — 1899. 1.20

130. **Ersatzlebensmittelverordnung.** Von H. E. Wendel. — 1918. 1.50

54. **Nahrungsmittelgesetze** mit Erläuterungen. Von Georg Lebbin. 2. Auflage in zwei Bänden.
   a) I. **Lebensmittelgesetz** vom 5. Juli 1927 mit Nebengesetzen (Margarine, Fleisch, Milch, Süßstoff, Essigsäure usw.). Von Lebbin und Gießner. — 1928. 8.50
   b) II. **Getränkegesetze und Getränkesteuergesetze** (Wein, Bier, Branntwein, Mineralwasser). Unter Mitarbeit von Kniebe. — 1926. 10.—

65. **Weingesetz.** Von G. Lebbin. 2. Auflage. — 1909. Vergriffen.

71. **Kinderarbeit in gewerblichen Betrieben.** Von H. Spangenberg. 2. Auflage. — 1904. 1.20

Preußische Gesetze:

16. **Konzessionierung gewerblicher Anlagen.** Von W. v. Rüdiger. 2. Auflage. — 1901. Vergriffen.

Textausgaben:

Gewerbeordnung, Preußische Ausführungsanweisung zur. — 1904. 1.—

Arbeitsrecht

Reichsgesetze:

138 a. **Arbeiterschutz und Arbeitsrecht.** Von A. Günther. 2. Auflage. Teil I: **Arbeitszeitschutz.** Von Günther und Schneider. — 1927. 7.50

138 b. **Betriebsrätegesetz.** Von A. Günther. — 1920. Vergriffen.

168. **Arbeitsgerichtsgesetz.** Von Depène. — 1927. 3.60

74. **Die Kaufmannsgerichte.** Von M. Apt. 3. Auflage. — 1904. Vergriffen.

112. **Kaufmannsgerichtsgesetz.** Von H. Depène. — 1914. 2.60

112 a. **Kaufmanns- und Gewerbegerichtsgesetz nebst Schlichtungsordnung.** (Ergänzungsband zu Bd. 112.) Von H. Depène. 1924. 3.50
   Die Bde. 112 und 112 a enthalten zusammen den vollständigen Text des Gewerbegerichtsgesetzes.

Preußische Gesetze:

58. **Arbeitsnachweis.** Von P. Wölbling. — 1920. 1.—

Sozialpolitische Gesetze

Band	Reichsgesetze:	
106—109.	**Reichsversicherungsordnung.** Von F. Caspar und A. Spielhagen. 1913—1922. 4 Bände. Komplett.	18.—
161.	**Reichsversicherungsordnung.** Von Lippmann. — 1925.	11.—
161 a.	Desgl. **Ergänzungsband,** enthaltend die neue Fassung des **Unfallversicherungsgesetzes** sowie die Änderungen der übrigen Bücher der RVO. Von Lippmann. — 1926.	4.—
161 b.	Desgl. **Zweiter Ergänzungsband,** enthaltend die im ersten Halbjahr 1926 ergangenen Änderungen der RVO. — 1926.	—.80
155.	**Reichsknappschaftsgesetz.** Von Max Reuß und Fritz Hense. 2. Auflage. — 1926. Mit Nachtrag 1927.	12.—
152.	**Wohlfahrtsgesetze.** Von Behrend und Stranz-Hurwitz. Teil I. — 1923.	5.—
152 a.	Desgl. Teil II. — 1925.	9.—
	152 und 152 a zusammen bezogen	12.—
165.	**Handbuch der Erwerbslosenfürsorge.** Von Schmeißer. 2. Auflage. — 1926. Mit Nachtrag 1927.	13.—
	Nachtrag einzeln	2.50
160.	**Fürsorgepflicht.** Von Sandré. — 1925.	6.—
154.	**Jugendwohlfahrtsgesetz und Jugendgerichtsgesetz.** Von Drewes und Sandré. — 1923. Mit Nachtrag, enthaltend die Ergänzungen bis April 1924.	6.—

Textausgaben:

Versicherungsgesetz für Angestellte. 2. Auflage. — 1927. 2.50

Geistig-gewerblicher Rechtsschutz

Reichsgesetze:

81.	**Urheberrecht an Werken der bildenden Künste und der Photographie.** Von L. Fuld. 2. Auflage. — 1926.	6.—
60.	**Das Urheberrecht an Werken der Literatur und der Tonkunst.** Von O. Lindemann. 4. Auflage. — 1921.	1.80
102.	**Urheberrecht an Mustern und Modellen** und Schutz von **Gebrauchsmustern.** Von J. Neuberg. — 1911.	2.40
95.	Die Berner Übereinkunft über **Internationales Urheberrecht.** Von H. Dungs. — 1910.	1.—
61.	**Verlagsrecht.** Von B. Marwitz. 3. Auflage. — 1922.	1.60
22.	**Patentgesetz.** Von R. Lutter. 8. Auflage. — 1920. Mit Nachtrag 1927.	4.—
	Nachtrag einzeln	1.—

Band

87a. **Das deutsche Warenzeichenrecht.** Von Freund und Magnus. 6. Auflage von Jüngel und Magnus. Teil I: **Die internationalen Verträge.** — 1924. 9.—
Teil II: In Bearbeitung.

37. **Unlauterer Wettbewerb.** Von A. Pinner und A. Elster. 8. Auflage. — 1927. 5.—

Zivilprozeß

de Gruyter'sche Sammlung Deutscher Gesetze (Handkommentare):

Zivilprozeßordnung. Von Sydow-Busch-Krantz. 19. Auflage. — 1926. 25.—

Reichsgesetze:

14. **Gerichtsverfassungsgesetz.** Von R. Sydow. Fortgeführt von L. Busch. 10. Auflage. — 1925. 6.—

15. **Das deutsche Gerichtskostengesetz.** Von R. Sydow. Fortgeführt von L. Busch, F. Koehler und Krieg. 11. Auflage. In Bearbeitung.

17. **Gebührenordnung für Rechtsanwälte usw.** Von R. Sydow. Fortgeführt von L. Busch und O. Krieg. 13. Auflage. In Bearbeitung.

16. **Rechtsanwaltsordnung.** Von R. Sydow. 5. Auflage von M. Jacobsohn. — 1907. Mit Nachtrag 1910. Vergriffen.

80. **Gerichtliche Registerführung.** Von O. Lindemann. — 1906. 2.40

Preußische Gesetze:

17. **Preußisches Gerichtskostengesetz.** Von P. Simeon. 8. Auflage. In Vorbereitung.

35. **Geschäftsordnung für Gerichtsvollzieher.** Von E. Exner. — 1904. 3.—

Textausgaben:

Zivilprozeßordnung mit **Gerichtsverfassungsgesetz** und **Einführungsgesetzen.** — 1924. 3.50

Freiwillige Gerichtsbarkeit

Band

Reichsgesetze:

46. **Freiwillige Gerichtsbarkeit.** Von H. Jastrow. 6. Auflage von Herm. Günther. — 1921. 4.50

76. **Die Rechtshilfe im Verkehr mit den ordentlichen Gerichten.** Von A. Friedländer. — 1906. 1.50

163. **Notariatsrecht.** Von Szkolny und L. Kober. — 1925. 8.50

Preußische Gesetze:

4. **Gebührenordnung für Notare** vom 28. Oktober 1922. Von Rausnitz. 6. Auflage. — 1925. 7.—

29. **Ärztliche Ehrengerichte, das Umlagerecht und die Kassen der Ärztekammern.** Von F. Fidler. — 1901. 1.50

Textausgaben:

Freiwillige Gerichtsbarkeit. — 1920. 1.—

Konkursordnung und Zwangsvollstreckung

Reichsgesetze:

13. **Konkursordnung und Anfechtungsgesetz.** Von R. Sydow. Fortgeführt von L. Busch und O. Krieg. 14. Auflage. — 1926. Mit Nachtrag 1927, enthaltend die **Vergleichsordnung.** 10.—
Nachtrag einzeln —.80

127. **Geschäftsaufsicht zur Abwendung des Konkurses.** Von G. Klien und Ernst Jaeger. — 1917. Durch Nachträge ergänzt. 3.—

43. **Zwangsvollstreckung.** Von J. Krech und O. Fischer. 9. Auflage von O. Fischer. — 1922. 3.50

Textausgaben:

Konkursordnung. 2. Auflage. — 1915. Mit Nachtrag 1925. 1.—

Strafrecht

Band **Reichsgesetze:**

2. **Strafgesetzbuch.** Von Fr. v. Liszt und E. Delaquis. 27. Auflage von E. Kohlrausch. — 1927. 8.—
9. **Sammlung kleinerer strafrechtlicher Reichsgesetze.** Von N. H. Kriegsmann. 3. Auflage. — 1910. 4.—
53. **Reichspreßgesetz.** Von A. Born. 3. Auflage. — 1924. 4.—
133. **Reichswuchergesetzgebung.** Von Ad. Lobe. — 1918. 2.80
67. **Militärstrafgesetzbuch.** Von A. Romen und E. Rissom. 3. Auflage. — 1918. Vergriffen.

Preußische Gesetze:

34. Sammlung der wichtigsten **preußischen Strafgesetze.** Von Lindemann. 2. Auflage. — 1912. 3.50
36. **Polizeiverordnungen in Preußen.** Von O. Lindemann. 2. Auflage. — 1912. 2.50

Textausgaben:

Strafgesetzbuch. — 1925. 3.—

Strafprozeß

de Gruytersche Sammlung Deutscher Gesetze (Handkommentare):

Strafprozeßordnung von Feisenberger. — 1926. Mit Nachtrag 1927. 17.—

Nachtrag einzeln —.80

Reichsgesetze:

12. **Strafprozeßordnung und Gerichtsverfassungsgesetz.** Von E. Kohlrausch. 21. Auflage. — 1927. 7.50
158. **Strafprozeßordnung.** Alte und neue Fassung synoptisch gegenübergestellt. Von Feisenberger. — 1924. Mit Nachtrag 1927. 4.50
3. **Militärstrafgerichtsordnung.** Von A. Romen und E. Rissom. 2. Auflage. — 1918. 5.—
128. **Verhaftung und Aufenthaltsbeschränkung.** Von A. Romen. — 1917. 1.20
73. **Entschädigung für unschuldig erlittene Verhaftung und Bestrafung.** Von A. Romen. — 1904. 1.70

Textausgaben:

Strafprozeßordnung. 5. Auflage. — 1924. Mit Nachtrag 1927. 2.50

Öffentliches Recht

Staatsrecht

Band

Reichsgesetze:

137. **Reichsverfassung.** Von Arndt. 3. Auflage. — 1927. 8.—
166. **Das deutsche Ausländerrecht.** Von Fraustädter und Kreutzberger. — 1927. 9.—
86. **Die Auslieferungsverträge des Deutschen Reiches.** Von A. Cohn. — 1908. 4.—
44. **Auswanderungswesen.** Von F. Stoerk. — 1899. 2.—
134. **Der Ostfrieden.** Von Karl Strupp. — 1918. 3.—
111. **Reichs- und Staatsangehörigkeitsgesetz.** Von A. Romen. 2. Auflage. In Bearbeitung.
141. **Sozialisierungsgesetze.** Von Reier. — 1920. 2.20
99. **Die Abkommen der Haager Friedenskonferenz.** Vergriffen.
Jetzt: Wehberg, **Völkerbundakte.** — 1919. (Außerhalb der Sammlung.) 4.—

Preußische Gesetze:

1. **Die Verfassung des Freistaats Preußen.** Von A. Arndt. — 1921. 2.—
Ausführlicher Kommentar von Stier-Somlo. — 1921. (Außerhalb der Sammlung.) 3.—

Textausgaben:

Verfassung des Freistaates Preußen. — 1921. —.60

Verwaltungsrecht

a) Reichsrecht

Reichsgesetze:

82. **Reichsbeamtengesetz.** Von A. Arndt. 3. Auflage. — 1923. Mit Nachtrag, enthaltend die Änderungen bis 1924. 3.50
122. **Belagerungszustand.** Von H. Pürschel. — 1916. 3.50
35. **Die Reichs-Eisenbahngesetzgebung.** Von W. Coermann. — 1895. Vergriffen.
66. **Die Eisenbahngesetzgebung.** Von W. Pietsch. 2. Auflage. — 1913. Vergriffen.
91. **Eisenbahn-Verkehrsordnung.** Von E. Blume. 3. Auflage von Weirauch. — 1926. 12.—

Band

147. **Filmzensur.** Von Szczesny. — 1920. 1.50

68. **Fleischbeschaugesetz.** Von G. Lebbin und G. Baum. — 1903. 2.80

27. **Gesundheitswesen im Deutschen Reich.** — 1888. Vergriffen.

56. **Bekämpfung gemeingefährlicher Krankheiten.** Von B. Burkhardt. — 1900. 1.20

63. **Gesetzestafel des deutschen Reichsrechts.** Von H. Bruhns. 2. Auflage. — 1913. 3.—

49. **Deutsche Kolonialgesetzgebung.** Von Ph. Zorn. 2. Auflage von Sassen. — 1913. 5.—

21. **Die Konsulargesetzgebung.** Von Ph. Zorn. 3. Auflage von A. Zorn. — 1911. 4.50

75. **Konsulargerichtsbarkeit.** Von A. F. Vorwerk. — 1908. 1.60

92. **Verkehr mit Kraftfahrzeugen.** Von R. Kirchner. 3. Auflage. — 1915. Mit Nachtrag 1926. 5.—
Nachtrag einzeln 1.50

119. **Kriegsleistungsgesetz.** Vergriffen.

118. **Militärhinterbliebenengesetz.** Von Reh. — 1915. 2.20

79. **Die Militärpensionsgesetze.** Von A. Romen. Vergriffen.

136. **Militärversorgungsgesetz.** Von H. Günther. — 1919. 2.30

7. **Post- und Telegraphen-Gesetzgebung.** Vergriffen.

120. **Telegraphenwegegesetz.** Von Wolf. — 1916. 1.—

148. **Reichsausgleichsgesetz.** Von Decke. — 1920. 1.50

150. **Reichsschädengesetze.** Von Adolf Hohenstein und Wenzel Goldbaum. — 1922. 4.—

97. **Schutzgebietsgesetz.** Von J. Gerstmeyer. — 1910. 2.50

105. **Das Geldwesen in den deutschen Schutzgebieten.** Von W. Hintze. — 1912. 1.80

140. **Die Siedelungsgesetzgebung im Reich und in Preußen.** Von W. Holzapfel. — 1920. 3.—

125. **Vaterländischer Hilfsdienst.** 3. Auflage. — 1917. 1.—

88. **Vereinsgesetz.** Von A. Romen. 5. Auflage. In Bearbeitung.

33. **Vereins- und Versammlungsrecht.** Von E. Ball. 2. Auflage von F. Friedenthal. — 1907. 2.—

103. **Reichs-Viehseuchengesetz.** Von W. v. Hippel. 2. Auflage. — 1913. 4.—

Band

89. **Vogelschutzgesetz.** Von L. v. Borberger. — 1909. 1.—

69. Reichsgesetz über die **Naturalleistungen der bewaffneten Macht im Frieden.** Von W. v. Hippel. — 1903. 1.—

114. **Waffengebrauch und Festnahmerecht des Militärs.** Von A. Romen und C. Rissom. — 1914. 1.80

142. **Wirtschaftliche Demobilmachung.** Von Gg. Fischbach. — 1920. 1.—

Preußische Gesetze:

48. **Zweckverbandsgesetz für Groß-Berlin.** Von L. Brühl, K. Gorban und W. Ledermann. — 1912. 4.—

b) Landesrecht

Preußische Gesetze:

50. **Gesetz, betr. die Anlegung und Veränderung von Straßen und Plätzen in Städten und ländlichen Ortschaften.** Von O. Meyer. — 1913. 3.—

46. **Austritt aus der Landeskirche.** Von H. Caro. — 1911. 2.40

2. **Preußische Beamtengesetzgebung.** Von K. Pfafferoth. 5. Auflage. — 1916. 2.40

51. **Das preußische Disziplinargesetz für die nichtrichterlichen Beamten.** Von E. v. Dultzig. — 1914. 4.20

25. **Preußische Kommunalbeamtengesetzgebung.** Von F. Kremski. — 1901. 3.—

22. **Anstellung und Versorgung der Kommunalbeamten.** Von W. Ledermann. 2. Auflage von L. Brühl. — 1914. 2.—

26. **Diensteinkommen der Lehrer und Lehrerinnen.** Von E. Cremer. — 1900. 2.20

12. **Allgemeines Berggesetz.** Von Schlüter und Hense. 4. Auflage. In Vorbereitung.

47. **Feuerbestattung.** Von W. Lohmann. — 1912. 1.50

28. **Die Fürsorgeerziehung Minderjähriger.** Von P. F. Aschrott. 3. Auflage. — 1917. 2.80

31. **Die preußischen Gesindeordnungen.** Zwei Bände. Von St. Gerhard.
    - 31 a. Altpreußische Provinzen und Rheinland. 2. Auflage. — 1914. 3.—
    - 31 b. Hannover, Schleswig-Holstein, Hessen-Nassau und Hohenzollern. — 1902. 2.50

24. **Die Hinterlegungsordnung (1879).** Von G. Bartels. 2. Auflage. — 1908. 2.—

Band

53. **Hinterlegungsordnung** von 1913. Von Hagemann. — 1914. 2.20

41. **Die preußischen Jagdpolizeigesetze.** Von F. Kunze und R. Kühnemann. 2. Auflage. — 1907. Vergriffen.

19. **Jagdscheingesetz.** Von F. Kunze. 2. Auflage. — 1899. 2.—

45. **Rechtsverhältnisse der Juden in Preußen.** Von M. Kollenscher. — 1910. 2.40

15. **Die Kreisordnungen.** Von O. Kolisch. — 1894. Vergriffen.

57. **Landeskulturbehörden,** Gesetz über. Von W. Holzapfel. — 1919. 2.—

42. **Allgemeine Landesverwaltung** und **Zuständigkeit der Verwaltungs- und Verwaltungsgerichtsbehörden.** Von K. Friedrichs. 3. Auflage. — 1927. 5.—

44. **Quellenschutzgesetz.** Von C. Voelkel. — 1909. 1.—

33. **Rentenguts- und Anerbenrechtsgesetzgebung.** Von M. Peltasohn und B. Peltasohn. — 1903. Vergriffen.

30. **Preußisches Staatsschuldbuch** und **Reichsschuldbuch.** Von J. Mücke. — 1902. 2.—

59. **Bildung der neuen Stadtgemeinde Berlin.** Von P. Wölbling. 2. Auflage. — 1920. 1.40

32. **Städteordnung.** Von W. Ledermann und L. Brühl. 2. Auflage. — 1913. 6.—

56. **Das preußische Tumultschadengesetz.** Von Bruno Friedländer. — 1919. —.80

60. **Umlegungsordnung.** Von W. Holzapfel. — 1921. 1.80

43. **Verschuldungsgrenze** für land- und forstwirtschaftlich benutzte Grundstücke. Von R. Leweck. — 1908. 2.40

49. **Gesetze gegen die Verunstaltung landschaftlich hervorragender Gegenden.** Von O. Goldschmidt. — 1912. 2.40

40. **Verwaltungsstrafverfahren.** Von R. Katzenstein. — 1907. 3.50

39. **Unterhaltung der öffentlichen Volksschulen.** Von A. Marcks. — 1906. 1.80

52. **Preußisches Wassergesetz.** Von G. Wulff und F. Herold. 2. Auflage von G. Wulff. — 1928. 12.—

55. **Preußisches Wohnungsgesetz.** Von B. Schmittmann. — 1918. 2.60

Steuerrecht

Band **Reichsgesetze:**

143. **Reichsabgabenordnung.** Von Nieberl. 2. Auflage. — 1927. 12.—
126. **Besitzsteuergesetz.** Von A. Mrozek. Vergriffen.
151. **Einkommensteuer und Körperschaftsteuer.** Von Hollaender. — 1926. Mit Nachtrag, enthaltend die Änderungen vom 22. Dezember 1927. 24.—
77. **Das Erbschaftssteuergesetz.** Von B. Henckel. 1920. Vergriffen. Neue Fassung von H. Schachian. 4. Auflage. — 1926. (Außerhalb der Sammlung.) 2.50

54 b. **Nahrungsmittelgesetze** mit Erläuterungen. Von Georg Lebbin. 2. Auflage in zwei Bänden. II. **Getränkegesetze und Getränkesteuergesetze** (Wein, Bier, Branntwein, Mineralwasser). Unter Mitwirkung von Kniebe. — 1926. 10.—

139. **Grunderwerbsteuergesetz.** Von Otto Lindemann. 2. Auflage. — 1926. Mit Nachtrag 1927. 4.—
Nachtrag einzeln —.30
159. **Industriebelastungsgesetz.** Von Höpker. — 1925. 4.—
121. **Direkte Kriegssteuer.** Von A. Mrozek. — 1916. 3.50

131 a. **Reichsfinanzgesetzgebung 1918.** Bd. I: **Getränkesteuern.** Von G. Mayer. — 1918. 2.50

131 b. **Reichsfinanzgesetzgebung 1918.** Bd. II: **Einkommen, Umsatz** usw. Von G. Mayer. — 1919. 1.50

149. **Reichsnotopfergesetz.** Von Friedmann und Wrzeszinsky. — 1921. 4.—
18. **Reichsstempelgesetz.** Von P. Loeck. Vergriffen. Wird durch Kapitalverkehrssteuergesetz ersetzt. Erläuterte Ausgabe in Bearbeitung.
145. **Steuer- und Kapitalflucht.** Von E. H. Meyer. 2. Auflage. — 1921. 1.60
157. **Dritte Steuernotverordnung vom 14. Februar 1924** mit den Vorschriften über **Aufwertung.** 2. Auflage unter dem Titel: **Aufwertungsgesetze.** Von Michaelis. — 1925. 16.—
132. **Umsatzsteuergesetz.** Von Otto Lindemann. 4. Auflage. — 1926. 10.—
110. **Wehrbeitragsgesetz.** Von A. Fernow. 2. Auflage. — 1913. 1.60
146. **Tabaksteuergesetz.** Von Wündisch. — 1920. Mit Nachtrag 1925. 4.—
Nachtrag einzeln 1.50

Band

78. **Zigarettensteuergesetz.** Von Cuno. Vergriffen.

101. **Zuwachssteuergesetz.** Von W. Cuno. Vergriffen.

153. **Zwangsanleihegesetz.** Von Simon und Beutner. — 1923. 8.—

Preußische Gesetze:

20. **Die preußischen Erbschaftssteuergesetze.** Von U. Hoffmann. — 1905. 3.—

13. **Ergänzungssteuergesetz.** Von A. Fernow. 5. Auflage. 1914. 3.—

11. **Gewerbesteuergesetz.** Von A. Fernow. Vergriffen.

14. **Kommunalabgabengesetz.** Von F. Adickes. 6. Auflage von Falk. — 1922. 3.50

38. **Kreis- und Provinzialabgabengesetz.** Von F. Schmidt. — 1906. 1.20

18. **Preußisches Stempelsteuergesetz.** Von P. Loeck und W. Seyffarth. 10. Auflage von Eiffler. In Bearbeitung.

61. **Preußische Verwaltungsgebührenordnung.** Von K. Eiffler. — 1925. Mit Nachtrag 1925. 6.—

27. **Warenhaussteuer.** Von G. Strutz. — 1900. 1.20

Textausgaben:

Erbschaftsteuergesetz. Neue Fassung von H. Schachian. 4. Auflage. — 1926. 2.50

Reichssteuergesetze 1925 (Steuerüberleitungsgesetz mit Durchführungsbestimmungen — Einkommensteuer, Körperschaftssteuer, Reichsbewertungsgesetz, Vermögensteuer, Erbschaftsteuer). — 1925. 4.—

Wehrbeitrag und **Besitzsteuer.** — 1913. —.50

Zuwachssteuergesetz. — 1911. —.50

—, **Ausführungsbestimmungen.** — 1911. —.40

Druck von Otto Walter, Berlin S 14

II. 28.

FSC
www.fsc.org
MIX
Papier | Fördert
gute Waldnutzung
FSC® C083411

Kolibri 360 GmbH
Ferdinand-Jühlke-Straße 7
99095 Erfurt, Deutschland
produktsicherheit@kolibri360.de